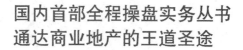

国内首部全程操盘实务丛书
通达商业地产的王道圣途

经营管理卷

王道

China's
commercial
real estate
solutions

中国商业地产完全解决方案

王玮　徐永梅◎主编

经济管理出版社
ECONOMY & MANAGEMENT PUBLISHING HOUSE

图书在版编目（CIP）数据

王道：中国商业地产完全解决方案（经营管理卷）/
王玮，徐永梅主编. —北京：经济管理出版社，2008.5
ISBN 978-7-5096-0192-1

Ⅰ. 王... Ⅱ. ①王... ②徐... Ⅲ. 城市商业—房地
产—经济管理 Ⅳ. F293.3

中国版本图书馆 CIP 数据核字（2008）第 027219 号

出版发行：**经济管理出版社**

北京市海淀区北蜂窝 8 号中雅大厦 11 层

电话：(010)51915602　　　　　邮编：100038

印刷：北京交通印务实业公司　　　　　经销：新华书店

组稿编辑：张　艳　　　　　责任编辑：张　艳
技术编辑：蒋　方　　　　　责任校对：超　凡

720mm×1000mm/16　　　　　30.5 印张　　　560 千字
2008 年 7 月第 1 版　　　　　2008 年 7 月第 1 次印刷

定价：五卷共 680.00 元

书号：ISBN　978-7-5096-0192-1/F·188

编辑委员会

序一：超越门户之见，共享成功经验

王　玮

　　星巴克创始人霍华德·舒尔茨是美籍犹太人，他在 20 多年前访问以色列，教堂神父给他讲了"二战"期间发生的一桩往事。一个冬天，德国纳粹将犹太人驱赶在一起，用火车运往欧洲某地的集中营，火车必须经过漫长一夜才能到达目的地，欧洲冬季的深夜是那样的寒冷，而每 6 个人中只有一人能得到一条毯子御寒。但没有人争吵，没有人抢夺，因为，幸运分到毯子的那个人总会平静地将毯子铺开，和周围其他五人分享，分享这难得的温暖。

　　这个故事给霍华德·舒尔茨很大的震撼和启发，后来，他将这种理念引进自己的企业，他不仅为公司的临时职工提供福利，还创立了美国企业历史上第一个"期股"形式，即让公司所有员工都获得公司的股权。此举开始时受到公司高层很多人反对，而且推行之初公司经营呈现亏损，但是，他坚持和员工分享公司利益的政策，他相信通过利益共享，与员工形成互相信任的密切的伙伴关系，并将这种信任和真诚传递给顾客，股东的长期利益才会增加，这么做的效果比单纯广告宣传对公司作用要大得多。事实证明他是正确的。公司很快扭亏为盈，更被誉为全球最受尊敬的公司，股票市值在十多年间上升了 100 倍，市值达到 300 亿美元。

　　看到这个故事后我也受到很大的震动。"学会与人分享"，我们都或多或少地受过这种教育，但践行起来却是少之又少。这不仅源于个人智慧问题，也许更关乎个人理想与道德，非不知也，是不为也。

　　中国地产业在饱受争议中前行，企业责任感的问题一度成为社会热议的话题。我想，如果把这个问题简单化，亦可以归结到"与人分享"的问题上来。开发企业成功了，应该学会与全社会共享成功，回报社会。中国许多优秀地产企业家就为我们作出了榜样。事实上，国外有专家对慈善现象进行过深入研究，研究的结论是：捐赠越多的企业反而会发展得越好。这使我们对慈善和捐赠又有了新的认识。正如中国传统价值观里面说的，"舍得舍得"，有"舍"才会"得"，"舍"和"得"其实是辩证统一的。

说到项目开发和企业管理方面，任何一个成熟的开发企业都会积累一套比较成熟的经验做法。但这些东西往往会被大家作为核心竞争力或者核心资源等给封存起来，视为公司竞争利器而不肯轻易示人。但我想，现在已经不是靠一本秘籍打拼天下的时代了，再说闭门造车的秘籍也总会有某些缺陷。因此，我们组织了一批专业商业地产人士把商业地产的一些实战操作进行总结完善，集结成册予以出版，希望借此与广大业内同仁分享，并在交流中也给我们以启迪。丛书如能对大家有所裨益，亦善莫大焉！

序二：成功 = 99%的标化 + 1%的创新

谢 黎

企业管理专家常说，世界上有两种智慧，一种是把简单的事情变复杂，一种是把复杂的事情变简单。

地产开发纷繁复杂，头绪众多，住宅开发是如此，商业地产开发更是如此。如何使复杂的地产开发简单化和标准化是所有开发企业的共同课题。如果细究起来，目前地产行业的标准化正在朝着几个方向发展：

一是产品类型标准化：现在许多优秀开发企业都在进行全国战略布局，开发项目众多，产品标准化后的异地复制成为大公司加快开发速度、降低风险和减少成本的必由之路。如知名的地产连锁品牌中体产业奥林匹克花园就在体育文化社区标准化方面进行了许多有益和有效的探索，所以能在全国快速开展奥林匹克花园的连锁开发。

二是产品构建的标准化：主要是学习日本欧美等国家先进技术，使住宅能像一般流水线产品一样进行批量生产，然后进行组装，真正实现"住宅产业化"。

三是实现管理标准化：即实现地产开发与经营的各个环节操作的手册化、作业指导化，这样就会有效提高工作效率，同时能对工作目标进行有效控制。

当然，我们必须承认，事物总是发展变化的，每一个地产项目受地缘环境的诸多影响，必定有许多独一无二的地方。因此，任何的标准化都无法穷尽各种变化。古人云"吾生也有涯，而知也无涯"，但人们仍然会"以有涯随无涯"，"发奋识遍天下字，立志读尽人间书"。地产完全标准化几乎是一个无法实现的任务，但仍然是所有开发商的终极目标。

既然无法实现完全标准化，地产创新就仍是一个永恒的主题。但事实上，地产发展日益成熟的今天，创新殊非易事。没有相当智慧和相当实力，奢谈创新无异于清谈天下、于事无补。因此，相形之下，标准化仍是我们现实的首要目标。

和住宅开发相比，商业开发更复杂，更像一场马拉松比赛。成功的招销只是项目成功的第一步，招销结束后的经营与管理才是项目永续发展的关键。因此，我们编辑这套丛书，希望对商业地产开发的全程操作流程标准化进行一些探索，并特别对商业经营管理和物业管理予以关注，希望为商业地产找到真正的成功之匙。非常之人方能成就非常之事，成功之道注定艰辛，愿与所有地产开发商共勉！

目　录

电脑信息管理篇

招商客户管理篇

营销企划管理篇

现场管理篇

商业营运管理篇

电脑信息管理篇

第一章　信息系统操作手册

第一节　供应商管理

1　经营方式的分类及其区别。

1.1　经销。

结算方式：款到发货、货到付款、账期、分期付款、预付款

特点：货品在到达商场后，货品的所有权即属于商场，一般而言，供应商不接收退货；进价比较固定。

1.2　成本代销。

结算方式：据实结算（按销售结）

特点：

1.2.1　价格可随市场行情改变。

1.2.2　货品可随时退厂。

1.2.3　货品所有权属于厂家，库存委托商场管理。

1.2.4　厂家会给出一个成本价，商场定价时在这个成本价上加点，结算时按成本价结算，定价权在商场。

1.3　扣率代销。

结算方式：据实结算（按销售结）

特点：

1.3.1　与成本代销差不多，唯一的区别是：成本代销以成本计算，而扣率代销以倒扣计算。

1.3.2　厂家定出售价，商场进行监控，结算时按一定扣率提成，定价权在厂家。

1.4　联营。

结算方式：据实结算

特点：

1.4.1 以专柜形式出现。

1.4.2 从管理角度来讲，厂聘营业员，货品由厂聘营业员管理。

1.4.3 厂家定出售价，商场进行监控，结算时按一定扣率提成，定价权在厂家。

1.5 租赁。

结算方式：付固定租金，商家对其没有任何监控的权力（一般为了形象问题，商场代为收银；结算时将销售额减去租金）

注：在 R2000 系统中，对于经营方式的控制并未做到十分严格，而主要是以管理方式、核算方法、计价方式以及是否需要定价开关来控制商品属性。

2 关于供应商的几点说明。

2.1 供应商的状态。

潜在：新增的供货商都是潜在的。

试销：潜在的供货商在试销期内视同正式供货商，只是不能参与结算。

正式：潜在的供货商转为正式的，可以引进新品，在各类单据中使用。

淘汰：只能调出来查看，无法再使用它了。

清退中：是一种中间状态，将正式的供货商转为淘汰的。

简述一下清退的流程：

新品引进时只有正式供货商和在试销期内的供货商才能出现。

业务单据里只有正式供货商和在试销期内的供货商才能出现。

2.2 供应商的经营状态。

正常：可进行正常业务。

停售：停售的供货商，它下属的商品无法在前台销售，但不是完全意义上的停止销售。

停购：停购的供货商在订单里无法使用。

停款：停款的供货商在结算模块中无法进行，可以生成结算单但是不能付款。

停购、停款的供货商在订单和结算中无法使用。

全面挂起：全面挂起的供货商在所有单据中无法使用。

第二节 合同的作用及其与订货和结算的联系

1 合同的状态。

合同状态有五种：未生效、已生效、提前解除、正常终止、暂停使用。

1.1 未生效：指合同在生效前的状态，即刚录入时的状态，在此阶段，可以对合同进行修改，删除操作。

1.2 已生效：指合同经审批确认后在有效期内的状态，在此状态，包括订货、进货、结算等一切需要从合同采集数据的工作都以此合同数据为准。

1.3 提前解除：指合同未到合同有效截止期限，人为地终止此份合同的有效期。

1.4 正常终止：此状态与提前解除相对应，是指合同到有效截止期限后，由计算机系统自动将此份合同改为正常终止状态，结束此份合同的使用。

1.5 暂时停用：是指在合同有效期内，将此生效合同暂时搁置，停止使用，待需要重新启用此合同时再将此合同改为生效状态。

2 合同上的几个问题。

2.1 合同主体。

2.2 费用明细：适用所有合同。

费用明细

行号	范围	门店	柜组	开始日期	结束日期	费用项目	扣款方式	费用总金额	月扣款比率	每月按定额扣款金额	备 注

注：扣款方式中有以下三种方式：①每月按定额扣款：该种方式在结算时按上表中的"每月按定额扣款金额"扣款。②每月按销售比例扣款：该种方式结算时按上表中的"月扣款比率"×"本月销售金额"扣款。③一次性定额扣款：一次性在第一次结算时按"费用总金额"扣除。

2.3 保底、返利。

保底：适用联营的合同，保底金额、保底扣率、超额金额、超额扣率。

返利：适用所有合同，年终返利、阶段返利。

2.4 账期：适用经销、代销，给出订单的缺省值。

2.5　合同场地所占面积。

说明：

合同按经营方式进行分类，主要有经销、成本代销、扣率代销、联营、租赁五种。一个供应商可以有多种经营方式，但在某一个时间点上或时间段内，某个供应商的某种经营方式只允许有一份生效合同。

第三节　商品编码的分类以及各种分类的作用

1　商品的控制。

1.1　管理方式：

管库存单品；

管库存金额；

单品统销；

非单品统销；

电子秤。

1.2　核算方式：

先进先出：经销优先、赠品优先、低价优先。

综合毛利率：（售价 – 进价）/售价

1.3　计价方式：

顺加：顺加金额、顺加比率（以进价为标准进行顺加）

顺加比率 =（售价 – 进价）/进价

倒扣：倒扣金额、倒扣比率（以售价为标准进行倒扣）

倒扣比率 =（售价 – 进价）/售价

1.4　是否定价。

2　商品的分类。

2.1　直销商品。

适用经营方式：适用于各种经营方式，由管理方式、核算方法及是否定价开关来控制商品属性。

财务核算：依据计价方式来控制。

2.2　子母商品。

适用经营方式：适用于各种经营方式，由管理方式、核算方法及是否定价开关来控制商品属性。

特点：首先将母商品定义出来，再按照规格、尺寸、款式、花色等不同定义子商品。在各种业务单据（如入库退厂、调拨、配送、盘点、损溢及销售）中，都是以子商品进行流转的，核算到子商品上，而母商品只有定价及设置经营配置的权力。

2.3 专柜分类码。

适用经营方式：联营。

特点：针对于购物中心此种业态，有许多专柜，此种商品编码是对专柜码的快捷定义。

2.4 加工商品。

特点：用于加工过程中对于加工成品的定义。不允许入库，只能用于配送、调拨、盘点及销售。

3 用于销售环节的商品编码。

销售码是依附于单品码而存在的一种编码，它主要分为下面几种：

3.1 一品多原印码。

一品多原印码主要用于管理同一商品生产厂出厂时有多个原印条码的库存及销售，下面这种情况也可以用：

同一柜组且进价、售价均相同的一组单品，如：康师傅方便面有各种口味，每种口味包装袋上的商品编码均不一样，如果都按单品进行管理分开进货、出售，容易将商品弄混，最后造成库存不准，为解决此问题而采用一品多原印码。方法为：选定一个作为核算码（用于进货、记账等），在商品资料中录入，然后将其他码作为一品多原印码录入；则后台只需按核算码入库，而前台无论用何种编码销售均可（电脑系统会自动减核算码的库存）。

优点：管理库存方便、准确性高。

缺点：无法区分哪种口味销售好。

如果采用单品管理则优缺点和上面相反。

3.2 一品多包装码。

主要用于商品有多种包装的情况，例如：可口可乐可以一听出售，也可以一箱（24听）出售，但箱装码和听码不一样且卖出一箱要减去24听的库存；此时可以采用一品多包装码。

此时库存单位为最小包装的单位。

3.3 组包码。

主要用于商场的促销，即将不同的单品捆在一起用另一个商品编码出售，但销售金额核算至各个单品上；可由商家定价，但差价部分由商场承担。

3.4 服务费码。

用于商场的一些特殊服务项目，只适用于销售环节。

3.5 以旧换新码。

用于商场的一种特殊促销手段，定义某种旧商品以一定的折算金额来抵去卖出商品的销售金额。例如：用旧电视机来抵 60 元，而将新电视机用销售金额减去 60 元的价格销售出去，而定义的以旧换新码代表的是旧电视机，换新代码就是新电视机，折算金额就是旧电视机抵扣的金额。

3.6 其他。

R2000 系统提供了强大的商品加工、拆分、组装功能。

4 商品的基本状态。

正式、潜在、淘汰。

5 商品的经营状态。

5.1 正常：正常业务。

5.2 停购：停止购进。

5.3 停售：停止销售。

5.4 封仓：停止购进，停止销售。

5.5 淘汰：商品淘汰，停止一切业务，状态不能恢复正常。

说明：

A. 停购、停售、封仓状态可以恢复正常。

B. R2000 系统支持对某一供应商的某一种商品进行经营状态的控制。

第四节 基本编码的准备

1 管理层次编码。

按商品从其存放的具体位置进行划分：

三级：2-2-3 为各级的长度。

如：00 配送中心

   0001 一号仓库

   0001001 一楼

   0001002 二楼

   01 红岭店

   0101 一楼

   0101001 食品柜

　　0101002　日用品柜

　　0102　二楼

　　02　景田店

2　货位。

共7位。

第1位为楼层；

第2、3位为货架的列数；

第4、5位为货架的列数；

第6位为货架的层数；

第7位为板卡号。

3　大中小类。

分四级，2-2-2-2为各级的长度。

　　00　耐用消费品

　　0001　家用电器

　　000101　电视机

　　00010101　长虹电视

　　000102　空调

　　00010201　格力空调

4　品牌。

5　产地。

6　企业内部分类。

7　税率定义。

第五节　业务流程——供应商、商品引进

1　经销、代销新供应商的新商品引进工作程序。

订单分为三种，其作用及含义如下：

1.1　一次到货订单：一次到货，即一张订货单只对应一张入库单，收货品种必须与订单相符，收货数量必须小于等于订单数量。

1.2　多次到货订单：可多次到货，收货品种必须与订单品种相符，每一品种必须一次到货，一张订单对应多张入库单。

1.3　永续订单：无数量控制，在有效期内和合同总金额内可无限次收货

（主要用于生鲜类商品——避免每日输入订单的麻烦）。

工作程序如下：

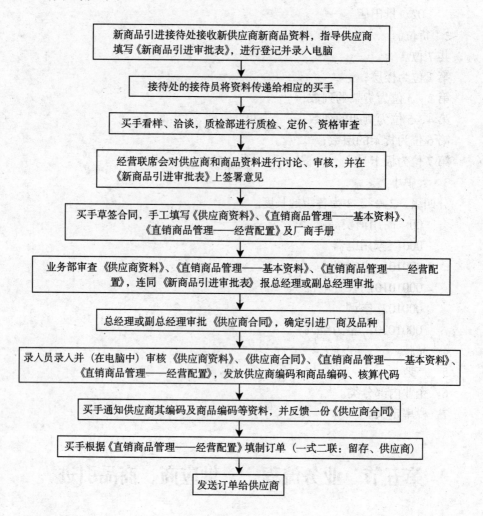

说明：

（1）经营联席会由业务部负责人召集，相关买手、业务经理、业务部物价员参加。

（2）《供应商合同》包括：供应商合同、费用明细、保底与返利、账期、合同经营场地范围五个表。

2 老供应商的新商品购销、代销引进工作程序。

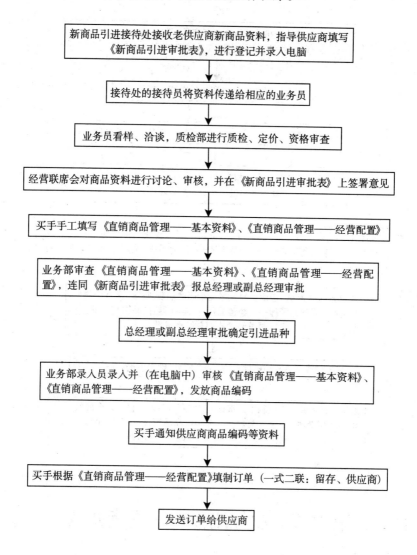

新商品引进接待处接收老供应商新商品资料，指导供应商填写《新商品引进审批表》，进行登记并录入电脑

接待处的接待员将资料传递给相应的业务员

业务员看样、洽谈，质检部进行质检、定价、资格审查

经营联席会对商品资料进行讨论、审核，并在《新商品引进审批表》上签署意见

买手手工填写《直销商品管理——基本资料》、《直销商品管理——经营配置》

业务部审查《直销商品管理——基本资料》、《直销商品管理——经营配置》，连同《新商品引进审批表》报总经理或副总经理审批

总经理或副总经理审批确定引进品种

业务部录入人员录入并（在电脑中）审核《直销商品管理——基本资料》、《直销商品管理——经营配置》，发放商品编码

买手通知供应商商品编码等资料

买手根据《直销商品管理——经营配置》填制订单（一式二联：留存、供应商）

发送订单给供应商

3 联营（专柜）、租赁供应商引进工作程序（只限于不管库存的联营）。

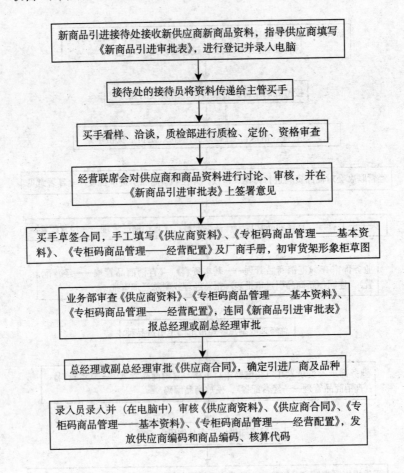

新商品引进接待处接收新供应商新商品资料，指导供应商填写
《新商品引进审批表》，进行登记并录入电脑

接待处的接待员将资料传递给主管买手

买手看样、洽谈，质检部进行质检、定价、资格审查

经营联席会对供应商和商品资料进行讨论、审核，并在
《新商品引进审批表》上签署意见

买手草签合同，手工填写《供应商资料》、《专柜码商品管理——基本资料》、《专柜码商品管理——经营配置》及厂商手册，初审货架形象柜草图

业务部审查《供应商资料》、《专柜码商品管理——基本资料》、《专柜码商品管理——经营配置》，连同《新商品引进审批表》报总经理或副总经理审批

总经理或副总经理审批《供应商合同》，确定引进厂商及品种

录入员录入并（在电脑中）审核《供应商资料》、《供应商合同》、《专柜码商品管理——基本资料》、《专柜码商品管理——经营配置》，发放供应商编码和商品编码、核算代码

第六节　业务流程——进货补货

1　经、代销商品进货。

说明：

1.1　订单的两种方式：手工输入订单和由补货单生成的订单。

1.2　入库单由于输入及收货的地点不同，分为仓库验收单、正规连锁验收单。

1.3　入库单的两种方式：手工输入入库单和由订单生成的入库单。

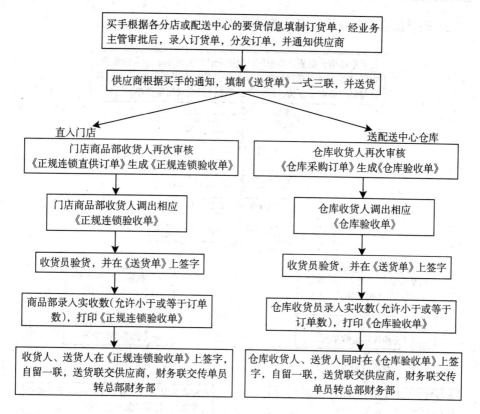

说明：

（1）《送货单》三联为：第一联为收货联，第二联为财务联，第三联为供应商联，双方签字后留两联，一联由商品部或仓库留存，一联随验收单传财务作账。

（2）生产日期和保质期必须在《商品验收入库单》中录入。

（3）如赠品为供应商返利给商家，则作商品正常的验收入库处理，在备注栏内注明"实物返利"；如赠品为供应商送给顾客，则在商品上粘贴"赠品"字样，不作商品验收入库。

2　预付款或现金自采购商品进货程序。

```
买手根据柜台要货计划或库存情况先谈价并填制、录入订货单，
立即将新商品引进接待处人员根据要货信息及采购商品方向及
时与供应商电话谈价，同时手工填制《资金付出审批单》
```

报业务经理、主管审核

报副总经理审批

买手到财务部办理领款手续

买手到指定地点采购指定商品

买手或供应商携订单到门店或仓库交货

直入门店	配送中心
门店商品部收货人再次审核《正规连锁直供订单》	仓库收货人再次审核《仓库采购订单》
门店商品部收货人调出相应《正规连锁验收单》	仓库收货人调出相应《仓库验收单》
收货员验货	收货员验货
商品部录入实收数（允许小于或等于订单数），打印《正规连锁验收单》	仓库收货员录入实收数（允许小于或等于订单数），打印《仓库验收单》
收货人、送货人在《验收单》上签字，自留一联，送货联交供应商，财务联交传单员转总部财务部	仓库收货人、送货人同时在《验收单》上签字，自留一联，送货联交供应商，财务联交传单员转总部财务部

3　联营商品进货工作程序。

联营供应商送货

理货区验货

柜组收货

4 门店要货。

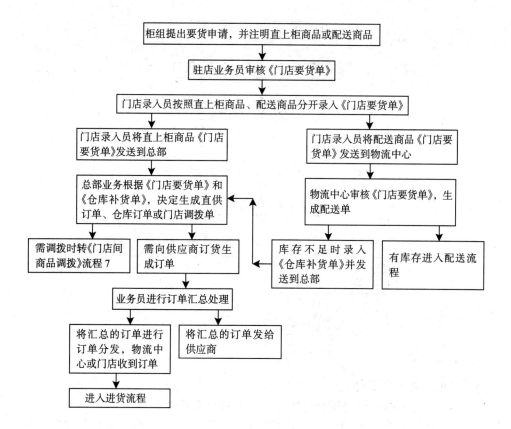

5 仓库补货。

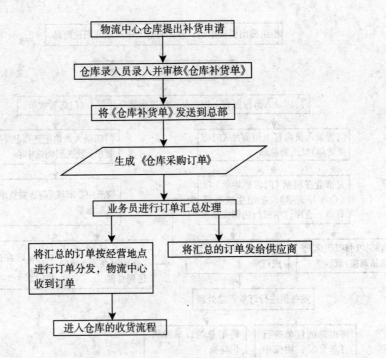

说明：

订单汇总与订单分发：

（1）汇总订单是由仓库补货单或门店要货单汇总生成的。

（2）在订单汇总界面中，选择要生成订单的供应商，按"汇总"键后，系统便会将对应选中供应商的仓库补货单或门店要货单按供应商进行汇总，生成汇总订单。

（3）在订单分发界面中，可以对已生成的汇总订单进行修改。

在订单分发界面上，可对已生成的汇总订单审核确认，审核后的汇总订单，会按照各个地点进行分发，对应每个地点生成一张订单。

6 配送工作程序。

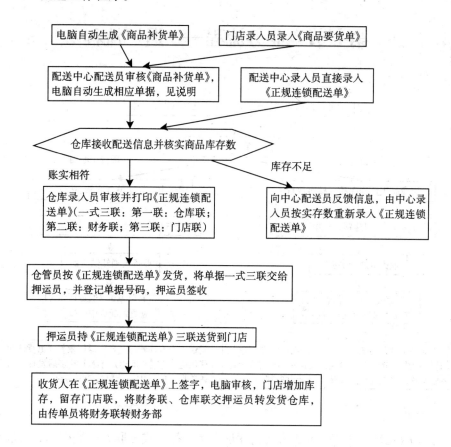

说明：

（1）配送单的两种方式：由补货单生成和直接手工录入配送单。

（2）由于配送单在物流中心发货审核后，物流中心与门店都无权修改，因此，如果在配送过程中出现了损溢，处理的方法有两个：

A. 在门店收货审核之前，配送单退回到物流中心，在物流中心重新输入一张新的配送单。

B. 门店收货审核之后，在门店作《正规连锁退配单》将库存修改过来。

（3）可以指定批次进行配送和退配。

配退工作程序：门店商品退配送中心的操作依上述流程反向进行。

第七节　业务流程——退厂流程

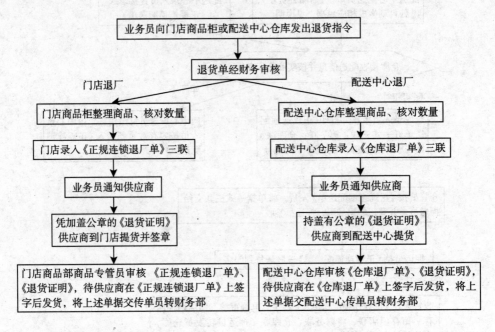

说明：

（1）《正规连锁退厂单》和《仓库退厂单》各一式三联，一联财务，二联供应商，三联门店或仓库留存。

（2）退厂方式：有指定入库单和不指定入库单，还有对输入的每个商品指定批次。

1）指定入库单：对指定的入库单上的商品进行退厂。

2）不指定入库单：系统自动按照先进先出的顺序进行退厂。

3）指定批次：可以对每个商品指定它自己的批次号进行退厂。若既在单据表头上指定了入库单号，而又对输入的商品指定了批次号，则系统会以每个商品的批次号为准。

（3）退厂单的进价：若指定入库单退厂，系统会自动取对应入库单中的商品进价。另外，对于任何一种退厂方式，都可以手工修改商品的进价，即：可以指定进价退厂，系统会按照退厂单上显示的进价进行退厂，其进价的差额会计入收货调整。

第八节　业务流程——调拨

1　门店间商品调拨。

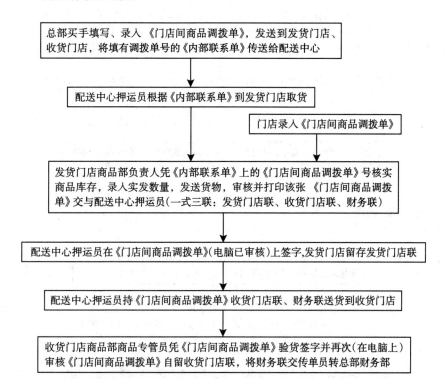

总部买手填写、录入《门店间商品调拨单》，发送到发货门店、收货门店，将填有调拨单号的《内部联系单》传送给配送中心

配送中心押运员根据《内部联系单》到发货门店取货

门店录入《门店间商品调拨单》

发货门店商品部负责人凭《内部联系单》上的《门店间商品调拨单》号核实商品库存，录入实发数量，发送货物，审核并打印该张《门店间商品调拨单》交与配送中心押运员（一式三联：发货门店联、收货门店联、财务联）

配送中心押运员在《门店间商品调拨单》(电脑已审核)上签字,发货门店留存发货门店联

配送中心押运员持《门店间商品调拨单》收货门店联、财务联送货到收货门店

收货门店商品部商品专管员凭《门店间商品调拨单》验货签字并再次(在电脑上)审核《门店间商品调拨单》自留收货门店联，将财务联交传单员转总部财务部

2　仓库间调拨。

```
┌─────────────────────────────────────────────────────┐
│ 业务员填写、录入《商品仓间调拨单》，发送到相应仓    │
│ 库，将填有调拨单号的《内部联系单》传送给配送中心    │
└─────────────────────────────────────────────────────┘
                          ↓
┌─────────────────────────────────────────────────────┐
│ 配送中心押运员根据《内部联系单》到发货仓取货        │
└─────────────────────────────────────────────────────┘
                          ↓
┌─────────────────────────────────────────────────────┐
│ 发货仓负责人凭《内部联系单》上的《商品仓间调拨单》  │
│ 号核实商品库存，录入员录入实发数量，发送货物，（在  │
│ 电脑上）审核并打印该张《商品仓间调拨单》交与配送中  │
│ 心押运员（一式三联：发货仓联、收货仓联、财务联）    │
└─────────────────────────────────────────────────────┘
                          ↓
┌─────────────────────────────────────────────────────┐
│ 押运员在《商品仓间调拨单》（电脑已审核）上签字，发货│
│ 仓留存发货仓联                                       │
└─────────────────────────────────────────────────────┘
                          ↓
┌─────────────────────────────────────────────────────┐
│ 押运员持《商品仓间调拨单》收货仓联、财务联送到收货仓│
└─────────────────────────────────────────────────────┘
                          ↓
┌─────────────────────────────────────────────────────┐
│ 收货仓理货员在《商品仓间调拨单》上验收签字再次（在电│
│ 脑上）审核《商品仓间调拨单》自留收货仓联，将财务联交│
│ 传单员转总部财务部                                   │
└─────────────────────────────────────────────────────┘
```

3　柜间调拨。

```
┌─────────────────────────────────────────────────────┐
│ 柜组提出申请，门店录入员填写、录入《柜间商品调拨    │
│ 单》，将填有调拨单号的《内部联系单》传送给门店商品  │
│ 部商品专管员                                         │
└─────────────────────────────────────────────────────┘
                          ↓
┌─────────────────────────────────────────────────────┐
│ 商品部商品专管员根据《内部联系单》上的《柜间商品调拨│
│ 单》号核实商品库存，录入实发数量，审核并打印该张    │
│ 《柜间商品调拨单》（一式三联：发货联、收货联、财务联）│
└─────────────────────────────────────────────────────┘
                          ↓
┌─────────────────────────────────────────────────────┐
│ 商品部根据《柜间商品调拨单》三联到发货柜组将商品调配│
│ 到收货柜组                                           │
└─────────────────────────────────────────────────────┘
                          ↓
┌─────────────────────────────────────────────────────┐
│ 发货柜组负责人、收货柜组负责人在《柜间商品调拨单》（ │
│ 三联）上签字，各自留下一联，商品部商品专管员负责将财│
│ 务联交门店传单员转财务部                             │
└─────────────────────────────────────────────────────┘
```

第九节　业务流程——加工、拆分与组装

1　生鲜加工。

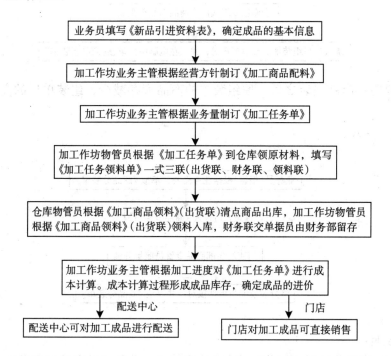

说明：

（1）加工的原材料可以是任意购销或代销商品。

（2）《加工任务单》上决定本次加工任务形成的成品数量。

（3）本次加工任务的《加工任务领料单》决定了本次任务的成本。

（4）成本计算决定了成品的成本，成品商品定义时决定了成品的售价。

2 组装。

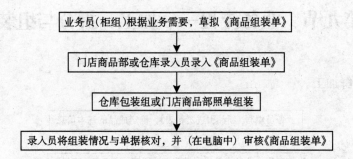

业务员(柜组)根据业务需要，草拟《商品组装单》

门店商品部或仓库录入员录入《商品组装单》

仓库包装组或门店商品部照单组装

录入员将组装情况与单据核对，并（在电脑中）审核《商品组装单》

说明：商品组装之后，原组装单的商品库存减少，组装单后的商品库存增加。

3 拆分。

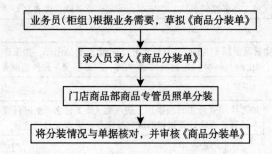

业务员(柜组)根据业务需要，草拟《商品分装单》

录入员录入《商品分装单》

门店商品部商品专管员照单分装

将分装情况与单据核对，并审核《商品分装单》

说明：

（1）商品分装后，原分装的商品库存减少，分装后的商品库存增加。

（2）在拆分单中，成本分摊的方式有两种：

A. 按售价金额：拆分后的商品的进价 = 拆分原料进价 × (售价金额/拆分后商品售价金额之和)

B. 按数量：拆分后的商品的进价 = 拆分原料进价 × (数量/拆分后商品数量之和)

4 商品打包。

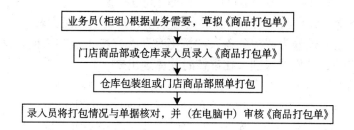

说明：

（1）商品打包后形成的新商品编码是一个仅供销售的条码，该条码没有库存，在销售时自动减去被打包商品的库存。

（2）门店花篮打包等业务可用此程序操作。

第十节 业务流程——盘点与损溢

1 盘点。

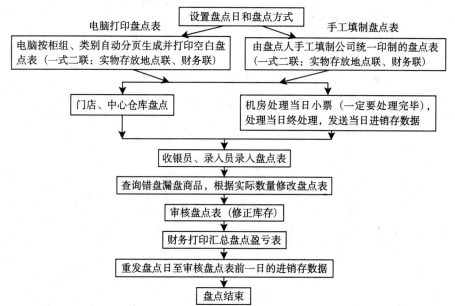

注：系统当前状态只能有一个生效的盘点日。

说明：

（1）系统允许各门店柜组可以在不同时间进行盘点。

（2）系统可以自动归纳同一商品的总数量，打出错盘漏盘表。

（3）盘点方式分为"按单盘"、"按柜盘"及"按类盘"三种。盘点方式只针对单品有效，它们的区别只在审核时才体现出来。

A. 按单审：是按照一张单据一张单据地审核。

B. 按柜审：是将对应选定柜组的所有单据一次全部审核掉。

C. 按类审：是将对应选定小类的所有单据一次全部审核掉。

2 损溢。

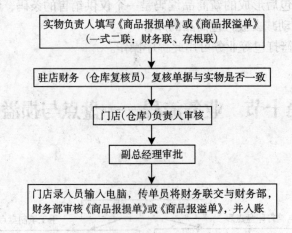

说明：

（1）损溢单是实现手工修改管理库存单品的库存的单据。

（2）损溢单不能指定进价来报损（溢），但可以指定批次进行损溢。

第十一节 业务流程——销售

1 超市。

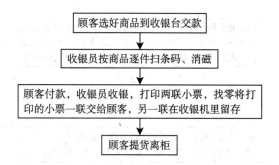

顾客选好商品到收银台交款

收银员按商品逐件扫条码、消磁

顾客付款，收银员收银，打印两联小票，找零将打印的小票一联交给顾客，另一联在收银机里留存

顾客提货离柜

2 普通收款模式（封闭柜台收银）。

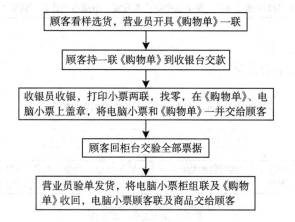

顾客看样选货，营业员开具《购物单》一联

顾客持一联《购物单》到收银台交款

收银员收银，打印小票两联，找零，在《购物单》、电脑小票上盖章，将电脑小票和《购物单》一并交给顾客

顾客回柜台交验全部票据

营业员验单发货，将电脑小票柜组联及《购物单》收回，电脑小票顾客联及商品交给顾客

说明：

（1）《购物单》由柜台营业员手工开具。

（2）将电脑小票定为一式二联的理由是：顾客退换货时以电脑小票的流水号作为查询依据。

3　预收款销售模式（主要适用于电器开单区）。

3.1　顾客自提货。

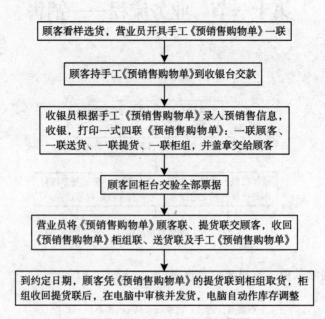

顾客看样选货，营业员开具手工《预销售购物单》一联

顾客持手工《预销售购物单》到收银台交款

收银员根据手工《预销售购物单》录入预销售信息，收银，打印一式四联《预销售购物单》：一联顾客、一联送货、一联提货、一联柜组，并盖章交给顾客

顾客回柜台交验全部票据

营业员将《预销售购物单》顾客联、提货联交顾客，收回《预销售购物单》柜组联、送货联及手工《预销售购物单》

到约定日期，顾客凭《预销售购物单》的提货联到柜组取货，柜组收回提货联后，在电脑中审核并发货，电脑自动作库存调整

3.2　送货上门。

3.2.1　配送中心发货。

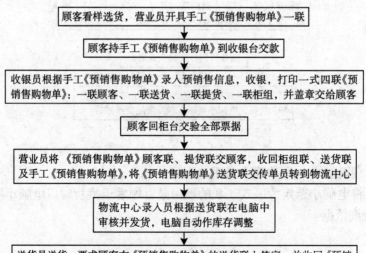

顾客看样选货，营业员开具手工《预销售购物单》一联

顾客持手工《预销售购物单》到收银台交款

收银员根据手工《预销售购物单》录入预销售信息，收银，打印一式四联《预销售购物单》：一联顾客、一联送货、一联提货、一联柜组，并盖章交给顾客

顾客回柜台交验全部票据

营业员将《预销售购物单》顾客联、提货联交顾客，收回柜组联、送货联及手工《预销售购物单》，将《预销售购物单》送货联交传单员转到物流中心

物流中心录入人员根据送货联在电脑中审核并发货，电脑自动作库存调整

送货员送货，要求顾客在《预销售购物单》的送货联上签字，并收回《预销售购物单》的提货联通过传单员交回柜组备查，送货联交车队作送货统计

3.2.2 门店发货。

> 顾客看样选货，营业员开具手工《预销售购物单》一联
>
> ↓
>
> 顾客持手工《预销售购物单》到收银台交款
>
> ↓
>
> 收银员根据手工《预销售购物单》录入预销售信息，收银，打印一式四联《预销售购物单》：一联顾客、一联送货、一联提货、一联柜组，并盖章交给顾客
>
> ↓
>
> 顾客回柜台交验全部票据
>
> ↓
>
> 营业员将《预销售购物单》顾客联、提货联交顾客，收回柜组联、送货联及手工《预销售购物单》，将《预销售购物单》送货联传驻店车队
>
> ↓
>
> 送货人凭《预销售购物单》送货联到柜组提货并在柜组联上签字，柜组发货人在送货联上签字，同时在电脑中审核减少库存
>
> ↓
>
> 送货员送货，要求顾客在《预销售购物单》的送货联上签字，收回《预销售购物单》的提货联通过传单员交回柜组备查，送货联交车队作送货统计

3.3 赊销。

3.3.1 电话订货（全额赊销，货到收款）。

> 顾客电话传真订货，接线员记录相应资料：购货单位（顾客姓名），品种，数量，送货地址，联系电话等
>
> ↓
>
> 客户服务部协理员到柜台开出《赊销购物单》
>
> ↓
>
> 客户服务部协理员到指定收银台录入《赊销购物单》打印四联（柜组联、顾客联、提货联、送货联），录入员自留提货联，其余联交经办人办理送货
>
> ↓
>
> 客户服务部协理员将《赊销购物单》柜组联传柜组作发货依据，送货联转车队送货

门店送货

> 送货人凭《赊销购物单》送货联到柜组提货并在柜组联上签字，柜组发货人在送货联上签字，同时在电脑中审核减少库存
>
> ↓
>
> 送货员送货，要求顾客在《赊销购物单》的送货联上签字，将《赊销购物单》的顾客联交顾客

物流中心送货

> 物流中心录入员在电脑中审核并发货，电脑自动作库存调整，送货员在配送单上签字
>
> ↓
>
> 送货员送货，要求顾客在《赊销购物单》的送货联上签字，将《赊销购物单》的顾客联交顾客

> 送货员将赊销款交回指定收银台，录入员在《赊销购物单》送货联上签字，确认赊销款收回，并在提货联上签注"款已付清"字样，返回柜组

3.3.2 订金余款销售（部分赊销，先收订金，货到收回余款）。

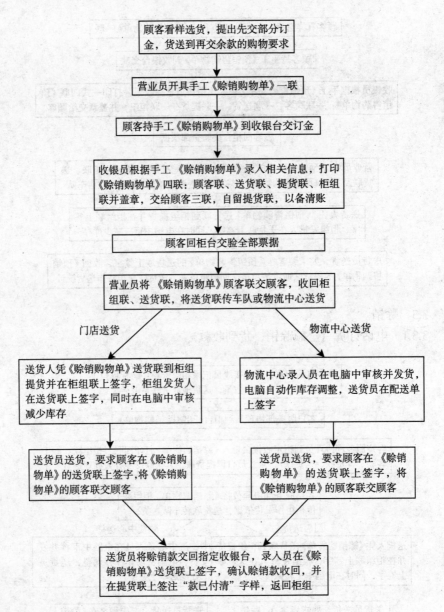

4 批发销售模式。

4.1 批发自提。

顾客选好批发商品，客户服务部人员开具手工《批发销售单》一联

↓

协理员陪同顾客持手工《批发销售单》到指定收银台交款

↓

收银员收银，按柜组分别录入并打印《批发销售单》四联：柜组联、顾客联、提货联、送货联，盖章后将《批发销售单》四联一并交给顾客

↓

客户服务部工作人员协助顾客到柜台提货

↓

营业员验单发货，在电脑中审核减库存，将《批发销售单》柜组联、提货联、送货联收回，将《批发销售单》顾客联交给顾客

说明：

（1）"指定收银台"是指放在磁卡中心或客户服务部内，与前台收银机不同的后台计算机，由财务部总收银或磁卡中心售卡员或驻店财务操作。

（2）集团购物折扣不固定，所以应采用后台计算机作为"指定收银台"。

（3）一张支票购买多个柜组的商品时，可以在"指定收银台"操作。

4.2　批发送货。

4.2.1　门店发货。

4.2.2　配送中心发货。

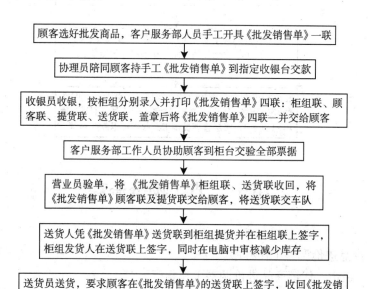

顾客选好批发商品，客户服务部人员手工开具《批发销售单》一联

↓

协理员陪同顾客持手工《批发销售单》到指定收银台交款

↓

收银员收银，按柜组分别录入并打印《批发销售单》四联：柜组联、顾客联、提货联、送货联，盖章后将《批发销售单》四联一并交给顾客

↓

客户服务部工作人员协助顾客到柜台交验全部票据

↓

营业员验单，将《批发销售单》柜组联、送货联收回，将《批发销售单》顾客联及提货联交给顾客，将送货联交车队

↓

送货人凭《批发销售单》送货联到柜组提货并在柜组联上签字，柜组发货人在送货联上签字，同时在电脑中审核减少库存

↓

送货员送货，要求顾客在《批发销售单》的送货联上签字，收回《批发销售单》的提货联通过传单员交回柜组备查，送货联交车队作送货统计

顾客选好批发商品，客户服务部人员开具手工《批发销售单》一联

协理员陪同顾客持手工《批发销售单》到指定收银台交款

收银员收银，按柜组分别录入并打印《批发销售单》四联：柜组联、顾客联、提货联、送货联，盖章后将《批发销售单》四联一并交给协理员

客户服务部工作人员将《批发销售单》顾客联、提货联交给顾客将柜组联交柜组作销售凭证，送货联由传单员转物流中心

物流中心录入员在电脑中审核并发货，电脑自动作库存调整

送货员送货，要求顾客在《批发销售单》的送货联上签字，并收回《批发销售单》的提货联通过传单员交回柜组备查，送货联交车队作送货统计

5 顾客退货工作程序。

顾客携商品及购物凭据到客户服务部

协理员初验购物小票及商品，是否符合退货规定，并指导顾客填写《顾客退（换）货申请单》

协理员持《顾客退（换）货申请单》及商品、购物小票带顾客到商品所在楼层办理退款

相应柜组营业员查单验货。管理员、营业员同时在《顾客退（换）货申请单》上签字，营业员开具《购物单》（红字），楼层管理员刷卡，收银员退款并盖章

第十二节 物价流程

1 商品进价调整工作程序。

1.1 经销、代销商品进价调整工作程序。

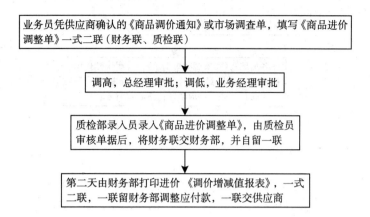

说明：该进价调整分为以下几种：

（1）指定批次调整：调整指定批次所发生销售、退厂、损溢以及现有库存的进价并将调整金额记录单据审核的当日；

（2）指定日期调整：调整从指定日期起至审核日期止所发生销售、退厂、损溢以及现有库存的进价并将调整金额记录单据审核的当日。

1.2　未来进价调整。

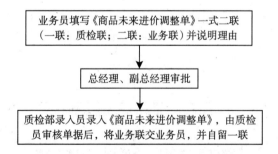

说明：此单据适用于业务员在下订单时，经销、代销商品进价调高。因为业务员下订单时只允许调低进价，不调整实际库存，不用传单到财务部作账。

2　联营（专柜）商品扣率调整工作程序。

2.1　永久性调整。

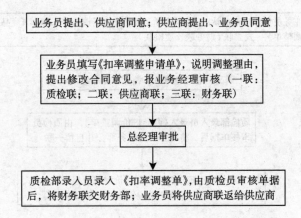

说明：一般不会随便调整扣率，若作短期特价促销见流程"2.2 扣率代销商品短期扣率调整工作程序"，则由供应商提出申请，并需说明调整理由，报总经理审批。

2.2　扣率代销商品短期扣率调整。

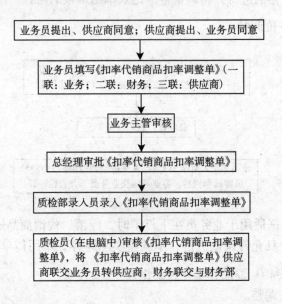

说明：

（1）扣率代销指经营方式为代销、定售价和扣率系统倒推进价的方式。

（2）"扣率代销商品短期扣率调整"用于在未来某一促销时间段扣率代销商品做促销时，商场改变对该商品扣率的情况，当促销时间段结束时，系统自动恢复原扣率。

3 经销、代销、联营商品永久性调整售价工作程序。

3.1 基本价变动（总部操作）。

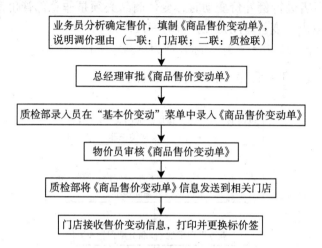

说明：

（1）基本价是指总部定义各门店同一种商品的统一售价。

（2）若因调价影响利润需减厂家应付款的，同时按进价调整程序操作。

（3）基本价变动在系统中实际表现为重新定售价。

3.2 例外价变动（对门店操作）。

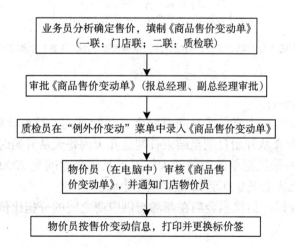

说明：

（1）例外价是指对于同一种商品，门店可以定义不同于总部基本价的售价。

（2）例外价变动也可由总部的业务人员进行，流程同基本价变动。

（3）在门店进行例外价变动时，变价商品必须是非总部管价商品，变价范围在价格带以内，变价时间是在控价时间段以外。

（4）例外价变动在系统中实际表现为重新定售价。

4　营销优惠工作程序（短期优惠流程）。

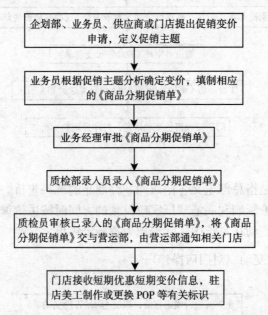

注：商品分期促销可分为以下几种：商品优惠、柜组优惠、小类优惠、小类品牌优惠、柜组品牌优惠、品牌优惠。

两点注意事项：

（1）关于时间：优惠单的时间有四个：开始日期、结束日期、开始时间、结束时间；其含义从开始日期至结束日期这几天内每天从开始时间至结束时间打折。例如：一张优惠单的时间录入如下：其优惠时间为 2000-06-01~2000-06-03 期间每天从上午 9 点至 10 点优惠 1 小时。

（2）折扣分担：指优惠金额在商场与供应商之间的分担比例，一般计算公式如下：

$$供应商承担 = \left(\frac{新进价 - 原进价}{新售价 - 原售价}\right) \times 100\%$$

（3）多个优惠时段。

（4）生鲜时段促销（按新增需求）。

第二章 电脑信息工作规范

第一节 信息部组织架构与岗位描述

1 电脑信息部组织架构。

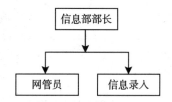

2 信息系统架构。

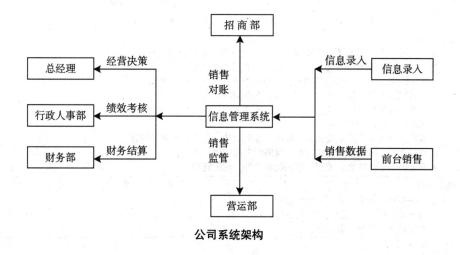

公司系统架构

3 信息部部门职责。

部门名称：信息部	直接上级：总经理	下属部门

本职工作：

公司管理信息系统的建立和管理，保障信息管理的正常运转，给公司各部门提供及时、有效的信息决策支持，依据公司发展需要对电脑信息系统软、硬件的先进性、适用性、经济性的发展提供规划建议与实施。

主要职能：

建立与完善公司管理信息系统；

对公司电脑信息系统软、硬件的适用性、经济性、先进性的发展提供规划建议与实施；

保障信息系统正常运转，保证系统数据在非人为因素下的及时性和准确性；

系统数据收集处理、检查、核对，数据备份，相关档案定期分类管理；

员工培训：业务部门员工电脑使用的岗前培训、培训计划、定期培训；

操作检查：各部门员工电脑使用规范、效率，系统作业手册执行情况；

设备管理：电脑设备定期检查、维护。

主要工作制度与规范：

1. 信息部管理规定。

2. 电脑设备管理规定。

编制	审核	批准
日期	时间	时间

4 电脑信息部岗位描述。

电脑信息部部长岗位描述

岗位名称：部　长	直接上级：总经理
部　　门：信息部	直接下级：网管、信息录入

本职工作： 建立、健全公司管理信息系统，保障系统正常、准确、高效地运转。

工作内容：

1. 公司电脑信息管理系统 MIS 的规划、建立、维护的建议与实施；

2. 公司电脑信息相关制度、规范的建立、修改与实施；

3. 规划、协助开发商按公司要求对电脑信息系统进行改进与升级；

4. 公司信息系统的软、硬件管理，解决突发问题；

5. 经开发商授权对公司信息系统修正、改进；

6. 制定电脑培训计划，员工培训；

7. 保障公司电脑信息系统正常、准确、高效运转，解决系统突发问题；

8. 设备选型，采购做到货比三家，保障设备的优质、优价；

9. 保证公司系统数据、程序原代码的保密性，权限管理。

直接责任：

1. 主持本部门例会，传达上级指示；

2. 向下级授权，完成制定的工作目标；

3. 定期检查、指导下级工作。

领导责任：

1. 对公司电脑系统正常运转负责；

2. 对采购设备的优质优价负责；

3. 对下级的工作质量和后果负责。

主要权力：

    1. 对下级员工有聘用、调整、晋升的建议权；

    2. 对电脑设备有管理和调度权。

主要考核指标：

    1. 电脑系统（软、硬件）能否正常、准确、及时、高效运转；

    2. 系统故障率、差错率；

    3. 服务质量、投诉率。

任职资格：

    1. 具有大型网络系统管理经验两年以上，精通 SQL 数据库管理；

    2. 熟悉商业流通企业管理流程，计算机相关专业本科以上学历。

受聘人签名：	直接上级签名：	总经理签名：
日　　期：	日　　期：	日　　期：

网管岗位描述

岗位名称：网　管 部　　门：信息部	直接上级：电脑信息部部长

本职工作：保障公司电脑管理系统正常运作，及时、准确地提供反映公司整体经营状况的相关数据。

工作责任：

    1. 系统软件维护、修改及向软件开发商提出改进建议；

    2. 根据系统硬件运行要求向公司提出更新，采购相关设备的建议，提高公司系统的运行效率；

    3. 商场电脑及相关设备的维护，提出采购建议及由部门领导安排的具体采购任务；

    4. 商场信息管理系统各项功能的测试，提出改进建议及正常维护；

    5. 商场信息管理系统的经开发商授权的改进；

    6. 数据库系统管理，数据库各项性能的优化，历史数据的转出、转入、备份；

    7. 改善系统操作界面的友好性、数据容错性，提高系统整体运行的高效性；

    8. 商场 POS 机及相关电脑知识的培训工作的实施及日常维护工作；

    9. 公司系统整体数据光盘备份。

主要考核指标：

    1. 电脑软、硬件系统能否正常运行；

    2. 是否及时向软件开发商反映系统的改进建议、跟踪改进进度，在合理的时间内完成改进工作；

    3. 商场 POS 系统在其要求的软、硬件环境下是否准确、高效率地运行；

    4. 是否按"优质优价"的原则采购硬件设备；

    5. 不能由于系统软件故障而影响公司各部门的正常工作；对使用错误、操作失误等非功能上的问题 4 小时内给予答复解决；对系统设计缺陷、设计错误等程序设计问题四小时提出应急的解决方案，保证工作的正常进行，稍后同软件开发商协商解决；

    6. 历史数据的保存是否完好、能否及时查阅，接到工作协助单 4 小时内完成。

任职资格：

    1. 具有大型网络系统管理经验两年以上，精通 SQL 数据库管理；

    2. 熟悉商业流通企业管理流程，计算机相关专业专科以上学历。

受聘人签名：	直接上级签名：	上级经理签名：
日　　期：	日　　期：	日　　期：

信息录入岗位描述

岗位名称：信息录入	直接上级：电脑信息部部长
部　　门：信息部	

本职工作：公司系统数据通信、检查、修正。

工作责任：
1. 商场商品数据的录入及调整。
2. 调价信息、商品资料及通知信息下发。
3. 商场会员消费累计的修正和统计。
4. 盘点资料的处理、修改和统计。
5. 商场正常商品标价签打印。
6. 为各部门提供数据及作特殊的报表。
7. 领导交办的其他事宜。

主要考核指标：
1. 公司日常数据处理的准确性、及时性。
准确性：每月 5 号前对商场上月销售数据整体核对。
及时性：非人为因素情况时，每天 12 点前对商场销售数据处理完毕，对没有及时传送销售数据的商场进行督促与监督，查明原因并做好记录。
2. 商场盘点处理和统计的及时性。
及时性：一个工作日内全部处理完毕，将统计结果报财务部。
3. 商场正常商品标价签打印的及时性。
及时性：一个工作日内完成商场所需标价签打印并作记录，交物价员。

任职资格：
1. 具有商业 MIS 系统使用管理经验半年以上；
2. 熟悉 SQL 语言；
3. 计算机相关专业中专以上学历。

受聘人签名：	直接上级签名：	上级经理签名：
日　　期：	日　　期：	日　　期：

第二节　信息管理规范制度

1　信息管理的目的。

1.1　解决问题。

1.1.1　商品管理问题。

A. 品项种类繁多管理不易。

B. 库存管理不易。

C. 畅销品存货不足。

D. 滞销品存货过多。

E. 无法针对商品销售需求达到适时进货。

1.1.2 销售管理问题。

A. 卖场上销售动态无法立即掌握。

B. 无法针对人潮做销售高低潮分析。

C. 销售资料无法立即处理、分析。

1.1.3 作业流程管理问题。

A. 进、退货作业流程紊乱。

B. 进货厂商无法有效掌握。

1.2 为供应商提供决策数据。

1.2.1 通过商品管理、定价、储运、盘损管理分析应用迅速提升商品毛利。

1.2.2 通过利润管理、绩效管理、周转率、回报率、单位面积效益、盈亏的分析，使资金有效运用。

1.2.3 通过商品分配与销售预测使新商品重新组合。

1.2.4 通过畅销分析、商品分析、滞销分析、降低库存、仓储成本，使库存成本降低。

1.2.5 通过盘亏控制、库存控制运用建立新的盘点机能。

1.2.6 通过有效的顾客层分析来掌握促销方向。

1.3 提供决策。

1.3.1 即时的资讯。

1.3.2 准确的经营。

1.3.3 快速的管理。

2 建立系统的三个基本程序。

零售业在其资讯系统的规划与建立，有着一定的模式，而其与一般贸易企业有相同及不同之处，在此我们先从零售业自动化的程序说起，其自动化大体可分为三个程序：

2.1 很多公司在导入自动化时都疏忽了作业标准化这一过程，因此造成日后自动化过程中相当大的困扰，如果一个零售企业在作业中，缺乏一定的思维逻辑，对工作没有一定的决策模式，甚至连一般例行的作业如进、销、存的管理上，都没有一定的标准可循，则更无法谈电脑化和自动化了。

2.2 作业标准化建立以后，更进一步当然是要检讨现行的流程是否效率化。同时，也应在制度中融入一些管理的理念，而非仅仅把现行的人工作业导入电脑系统而已。

全面自动化经过上述两个程序之后，最终的目的就是全面的自动化，而自动化的导入，会对零售企业产生以下重大的影响。

2.2.1 人力减少。很多人对于电脑化和自动化能否减少人力相当存疑，但在科技发达的社会，省人化甚至无人化的可行性愈来愈高，诸如，智慧型商店、自动式销售商店等，都可能相继出现，但是必须强调的是，人力减少是在有效的自动化之后。

2.2.2 减少熟手的依赖度。对制度及例行运作熟悉的人员，当然可以使企业顺利运作，但如果对其依赖度愈高，其引起的后果也就愈大。举例来说，以最基层也是流动率较高的收银员来说，在未有效自动化之时，收银员熟手打收银机比生手要快而且正确，然而除了操作收银机外，须注意某些商品是否有促销或是买二送一等活动，如果实施自动化则可有效地处理上述要求，即使是新手也可在短时间内进入状态。

2.2.3 制度落实及管理理念的导入。人工作业有很大的弹性及可塑性，反之在制度的落实上，则不易贯彻。在借着自动化的同时，不只是取代原有的人工作业而已，对公司整体的管理也会有长远的贡献。

2.2.4 降低操作的错误率。人工作业过程中的错误在所难免，姑且不论发生错误的原因是有心还是无意，其结果是一样的，而自动化中最重要的成就之一就是降低人为操作的错误率。

2.3 零售企业导入自动化的几项原则与重点。

2.3.1 开发流程：现况了解、口头简报、书面确认、同步上线、检讨再修正系统。

2.3.2 基本步骤：作业标准化、流程效率化、全面自动化（减少人力与错误发生）。

2.3.3 发展系统的观念：以使用者的角度再加上行业的管理理念，为系统发展的原则而非仅现行的人工作业电脑化。

2.3.4 错误的资料带来的绝对是不正确的结果，必须先假设基层使用未必能接受完整的训练。

2.3.5 整体系统的效益远大于个别系统。

2.3.6 管理理论：零售业管理的几个重要理论，如二八法则、冰山理念、ABC、交叉互盘等。

2.3.7 导入方式：分阶段导入计划，使用多少付多少的原则（使用者需求及配合人力资源等因素而定，非以系统难易度来分）。

2.3.8 领导的支持：最高决策层的决心与关心。

2.3.9 执行品质：执行者的心态、意愿与执行技巧。

2.4 零售业资讯系统的考虑因素及基本作业流程架构。

2.4.1 系统安全性：安全性为大型商业系统成功的首要因素，在资讯系统、POS乃至于店内卡、信用卡等不论是系统或是卡片被伪造变造等，对公司的影响极大，甚至造成巨额的损失。

2.4.2　软件的专业性：只是将现行的人工作业电脑化，还是电脑化的同时也加入整体管理观念。

2.4.3　系统操作的便利性及延展性：操作是否简单易学，如自动日结、自动月结及年度总结等，其他如是否能有良好的扩充弹性。

2.4.4　系统本身的完整性：系统规划上的考虑是否完整；在资料汇集上能否有效而完整地汇集各项商品、顾客等交易资料，以供日后决策分析之用。

2.4.5　开放性系统架构：不应再规划封闭式的应用系统，除了开放式系统架构以外，更需注意的是新系统或是即将被淘汰的旧式系统。

2.4.6　防弊的支援：系统规划上更应考虑其能否及时提供一些资讯，协助及时解决发生的问题，如远程监控系统等。

2.4.7　管理效率化：能否提供一些数据化的异常报告及差异性分析，除了以报表方式，也考虑以图表方式表现。

2.4.8　是否为分离式架构，能够低成本而效率化地维修。

3　信息部管理规定。

3.1　信息部谢绝参观，非本部门工作人员，未经许可，严禁入内。

3.2　禁止公司人员用非授权密码进入电脑系统，破坏网上数据。

3.3　信息部物品进出，必须严格登记注册，凡机要物件须专人管理。

3.4　信息部人员必须无条件执行公司保密制度，严格遵守岗位责任制。

3.5　信息部废单，必须切碎销毁，不允许星点信息流失。

3.6　信息部应及时做好电脑维护保养工作，不允许电脑故障影响全系统的正常操作。

3.7　工作重地，严禁闲聊，严禁嬉戏打闹。

3.8　信息部工作人员不允许无故迟到、早退。

4　信息数据管理规定。

4.1　为加强公司电脑信息系统安全管理，特制定本制度。

4.2　为便于管理，公司原则上一般员工电脑不配软驱、USB 接口，如确有需要由信息部协助数据拷贝。

4.3　公司电脑系统由信息部配置后，各部门的使用者严禁擅自修改删除。

4.4　公司所有系统使用人员必须由信息部设定使用权限（具体权限由所属部门经理提出报营运总监批准），并要求员工设定密码，定期更改。

4.5　员工使用信息系统中，需要外出时，必须及时退出系统，严禁非系统操作人员进行操作。

4.6　为防止系统意外崩溃造成数据丢失，信息中心每天对公司系统数据库进行备份，做到异机拷贝，定期向光盘或磁带机备份。

4.7 有关系统使用人员离职前，行政人事部应及时通知信息部删除离职员工系统权限。防止离职时蓄意删除或更改资料，可以由信息部对其所负责业务部分系统数据进行检查，确认无误后，才可按正常情况办理离职手续。

5 电脑设备管理规定。

5.1 公司电脑设备实行责任到人，责任人拥有本机的管理权，负责本机的日常使用、清洁。

5.2 计算机设备的日常清洁、保养工作由设备的责任人负责。如由于设备的清洁问题而影响公司的整体形象，由设备的责任人承担责任。公司将不定期检查。

5.3 非信息部工作人员不得拆开机箱及其他电脑外围设备。

5.4 所有的电脑设备（包括外围设备）的调换，必须由信息部工作人员进行，其他人员严禁私自更换、调换电脑设备。

5.5 公司人员严禁使用外界的软盘、光盘，如因工作需要，须经信息部工作人员检验，专人专机使用。

5.6 公司人员必须无条件执行公司保密制度，严禁私自复制公司电脑系统内的各种资料，设备责任人有责任和义务保护公司的资料不被非法复制。

5.7 绝对禁止公司人员用非授权密码进入电脑系统，破坏网上数据。

5.8 电脑打印的废单，必须切碎销毁，不允许星点信息流失。

5.9 电脑设备只能用于本职工作，严禁私用，玩游戏。

5.10 电脑设备如不能正常使用，第一时间通知信息部。如需要，可在信息部人员的电话指导下排除故障。此外其他人员不得擅自拆卸设备，否则，由此损坏的设备，按原价赔偿。

5.11 电脑设备由于责任人的保管与使用不善，不能正常使用，责任人承担 30%~100%的维修费用。

5.12 对擅自安装使用非工作软件、复制公司数据，一经发现，给予 100~1000 元处罚，如给公司带来经济损失，将承担相应的赔偿责任。

第三节　信息管理作业流程

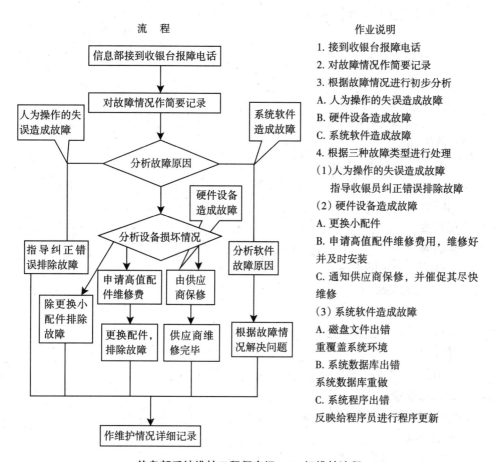

流　程

作业说明

1. 接到收银台报障电话
2. 对故障情况作简要记录
3. 根据故障情况进行初步分析
A. 人为操作的失误造成故障
B. 硬件设备造成故障
C. 系统软件造成故障
4. 根据三种故障类型进行处理
（1）人为操作的失误造成故障
　　 指导收银员纠正错误排除故障
（2）硬件设备造成故障
A. 更换小配件
B. 申请高值配件维修费用，维修好并及时安装
C. 通知供应商保修，并催促其尽快维修
（3）系统软件造成故障
A. 磁盘文件出错
重覆盖系统环境
B. 系统数据库出错
系统数据库重做
C. 系统程序出错
反映给程序员进行程序更新

信息部系统维护工程师卖场 POS 机维护流程

第四节　信息管理各类表格

1　信息部日常工作检查表。

年　月　日

1.1　开机系统是否正常。

□ 是

□ 否　　□自行解决

错误时，屏幕重要信息记录：_____

排除时间：_____

故障原因及排除方法：_____

□联系厂商

何时到：_____

接听者：_____

排除时间：_____

故障原因及排除方法：_____

1.2　系统问题。

1.2.1　报修人：_____

错误时，屏幕重要信息记录：_____

排除时间：_____

故障原因及排除方法：_____

1.2.2　报修人：_____

错误时，屏幕重要信息记录：_____

排除时间：_____

故障原因及排除方法：_____

1.3　检查系统主机、工作站日期、时间是否正确。

　□是　　□否

1.4　检查系统网络功能是否正常。

　□是　　□否

1.5　检查昨日日结是否完成。

　□是

　□重新处理方案、时间：_____

1.6　检查是否依系统作起始设定。

　　□是　　　□否

1.7　确认销售数据已全部传到总部。

　　□ 是

　　□ 否，附门店作业清单：＿＿＿＿＿＿＿＿＿＿＿＿

1.8　抽查各机构数据（库存、销售）是否正确。

　　□ 是

　　□否，处理方案、时间：＿＿＿＿＿＿＿＿＿＿

1.9　检查调价、新商品、会员、通知、促销、单证数据是否下传各机台

　　□是　　　□否

1.10　确认重要报表打印。

1.11　已依系统作日结开始设定工作。

　　□是　　　□否

1.12　已完成每日数据备份工作。

　　□是　　　□否

2　POS 系统周工作检查表。

2.1　POS 设备使用情况：

□　主机　　　□　显示器　　　□　打印机

□　钱箱　　　□　扫描仪　　　□　客显

□　MODEM　　□　UPS

有故障在设备上打"×"，记录故障情况：＿＿＿＿＿＿＿＿

＿＿＿＿＿＿＿＿＿＿＿＿＿＿＿＿＿＿＿＿＿＿＿＿

2.2　检查系统库存是否准确。

□ 是

□ 否，抽查＿＿＿＿＿种商品，错误率＿＿＿＿＿

对错误商品用系统中的"单品异动检核" 检查是否正确。

□ 是　　　□ 否

2.3　检查 POS 收银是否高效，保存时间：10 条商品明细 < 5 秒钟。

□ 是　　　□ 否

2.4　检查会员累计消费是否准确。

□ 是

□ 否，记录会员卡号、会员号、电脑显示金额、应有累计金额、应加金

额，说明是新办会员，还是旧会员。

_____

_____

_____

_____

2.5　检查系统硬件设定中，"会员资料写模式"是否在"追加"状态。

☐ 是

☐ 否，电话咨询电脑室

2.6　检查每日是否按时正确传送资料，并查阅通知信息。

☐ 是

☐ 否，请说明日期、原因和重新传送时间_____

_____

2.7　检查本周是否有调价数据，调价当日价格是否及时生效。

☐ 是

☐ 否，马上与电脑室联系

2.8　检查系统中单证是否及时审核。

☐ 是

☐ 否，请说明原因和处理时间_____

2.9　在系统使用过程中，遇到哪些问题和困难，请简要说明。

_____

_____

_____

_____

2.10　系统中哪些功能不经常使用或根本不使用，因为什么原因：

A. 没什么作用　　　B. 数据不准确

C. 不会使用　　　　D. 操作烦琐

E. 其他原因或建议_____

_____

_____

故障处理电话：

　　上班时间：

　　休息时间：

3　POS 机维修登记表。

维修人员		维修时间	
维修地点		报　修　人	
故障情况：			
故障分析：			
处理情况：			

4　数据库备份记录表。

备份日期	数据库文件名	文件大小	压缩名	压缩后大小	备份目录	是否刻盘	操作人	备注

招商客户管理篇

第一章　统一经营管理规定

1　目的。

为了规范经营管理秩序，达到统一经营管理的目的，维护××国际商业广场全体供应商的利益，维护××国际商业广场整体形象，创造一个舒适、安全、清洁、繁荣、有序的商场环境，特制定本统一经营管理手册。

2　适用范围。

本管理手册适用于××国际商业广场统一经营管理下的商业经营管理。对于统一管理，自主经营者参照本管理手册使用。

3　名词释义。

3.1　管理方：指××国际商业广场商业经营管理有限公司，经营管理的组织实施者。

3.2　供应商：指合法拥有××国际商业广场商铺经营使用权的自购自营者、联营者或租赁者，在××国际商业广场统一经营管理的前提下，供应商也称作经营者或商户。

3.3　统一经营：指供应商在××国际商业广场有效拥有商铺经营使用权期间，在××国际商业广场里的所有经营活动由管理方组织，其收益按照管理方与供应商的约定进行结算。自主经营者不在统一经营范围内。

3.4　统一管理：指管理方为了××国际商业广场全体供应商的利益以及整体对外形象的统一，对××国际商业广场业态业种规划布局、招商管理、卖场形象、商品管理、售后服务、物业管理、营销推广、收银结算、证照税务、人员管理等实施统一管理，达到××国际商业广场经营管理的统一性。

4　统一经营管理十统一。

4.1　××国际商业广场经营管理十统一是指：统一业态业种规划布局、统一招商管理、统一卖场形象、统一商品管理、统一售后服务、统一物业管理、统一营销推广、统一收银结算、统一证照税务、统一人员管理。

4.2　管理方对××国际商业广场实施专业化、系统化、全面化的统一经营管理，是××国际商业广场统一经营管理的最高原则。

4.3　为了达到××国际商业广场统一经营管理的目的，供应商只充当"供货"的角色，不参与××国际商业广场现场的实际经营（销售）活动，所有的经营活动由管理方组织实施。

4.4　为保证××国际商业广场商铺经营管理的整体性、统一性和规范性，管理方对××国际商业广场实施管理职能，管理方通过统一经营管理活动，维护全体供应商的共同利益。

5　统一业态业种规划布局。

5.1　为了确保××国际商业广场经营管理的合理性和各业态、各业种相互间的协调性，保证××国际商业广场整体形象和供应商的利益，供应商必须遵守××国际商业广场统一的业态业种规划和布局。

5.2　供应商须根据其经营的商品类别和特征及业种情况进行分类经营。

5.3　供应商须在规划的区位内经营相应的商品和业种，不得跨大类超范围经营。

5.4　如供应商因特殊原因须超范围经营的，不得有大的业种和品类跨度，除需遵守业种与品类关联原则外（如男士正装改为男士休闲装），必须提前一个月向管理方提出书面申请，并经管理方核准后，在不对相关区域或其他供应商的经营构成影响的前提下，在管理方指导和监督下进行调整。

5.5　具体业态业种规划布局详见××国际商业广场规划布局平面图。

6　统一招商管理。

6.1　管理方为了××国际商业广场的整体利益，对××国际商业广场的整体功能布局、定位等进行策划并组织实施。

6.2　管理方制定统一招商标准和条件，根据××国际商业广场的实际情况进行统一招商和选商，达到××国际商业广场的整体统一性。

6.3　管理方对供应商的商品进场前实施有效监管，包括但不限于品牌资质、形象、商品、价格等的审核，详见《供应商管理手册》。

6.4　供应商应积极配合管理方的索证制度，及时有效地提供经营商品的相关资料，以备管理方备档和监管使用。

6.5　管理方为了××国际商业广场的整体利益，根据××国际商业广场经营的实际需要，对××国际商业广场进行统一规划调整的策划和组织实施，供应商方应给予积极配合。

6.6　在××国际商业广场正常运营期间，为了提升××国际商业广场的核心竞争力，管理方对于供应商不符合××国际商业广场统一经营管理要求的，实行末位淘汰制，进行优化招商调整。

6.7　招商流程：

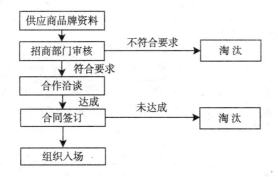

7 统一卖场形象。

7.1 为了使各商铺的店面形象与××国际商业广场整体形象要求保持一致，达到对外统一形象的目的，供应商必须符合管理方的要求统一店面装修，详见《装修管理手册》。

7.2 如供应商商铺需要制作门面招牌必须按管理方统一的形象设计标准制作。

7.3 供应商商铺的内外装修、高度、尺寸、材质、工艺、色调等必须符合管理方统一的要求和标准执行，如有特殊要求必须经管理方同意，并以书面的形式进行确定。

7.4 供应商可提出申请，委托管理方进行店铺的设计、装修。有关供应商装修时间由经营管理公司统一安排，面积较大或装修耗时较长的，供应商需提前进行申请，由经营管理公司具体安排。

7.5 供应商自行对商铺进行设计、施工的，则需提前十日填写装修施工申请单，并递交其商铺装修的平面图、透视图、效果图、配电图、立面图和装修材料说明给管理方，并经审核同意后在管理方的监督和指导下进行施工。对不符合要求的，管理方有权要求其进行整改。

7.6 供应商的促销宣传品、POP、DM、海报、广告用品，在××国际商业广场内使用时必须接受管理方统一管理，并按管理方的统一标准和要求使用。

7.7 供应商有偿使用管理方统一制作的名片、商标、信笺、信封、广告赠品、T恤、广告手袋、POP、销售单据、购物袋等，并传阅××国际商业广场的宣传广告资料。因供应商所经营品牌有特殊需求的，可申请管理方批准后执行。

7.8 供应商货品陈列必须符合管理方规定，包括但不限于：A. 所设计方案必须保证商场畅通；B. 主通道两侧所布展的商品或货架不得超过 1.4 米；C. 二楼、三楼不能封窗。

7.9 对于××国际商业广场的公共部分的形象设计、装饰等，由管理方统一负责。

7.10 装修流程：

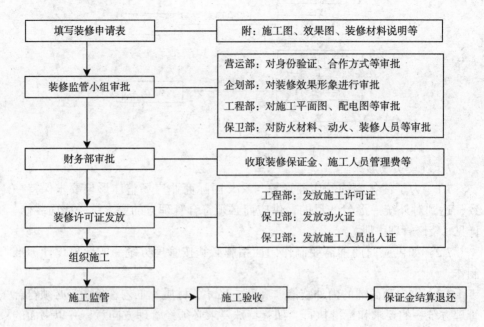

8 统一商品管理。

8.1 为维护××国际商业广场和供应商的声誉和信誉，供应商必须严格遵守国家和××国际商业广场有关商品、物价、质量、计量管理方面的各项规定，详见《商品管理手册》及《销售管理手册》。

8.2 供应商应保证所经销商品的质量，并根据国家相关的规定实行三包（包退、包换、包修），不得经销假冒伪劣商品，不得经销侵犯他人商标、专利等合法权益的商品；不得经销国家限制、禁止经营的商品；不得经销超越双方所规定经营范围的商品。供应商因违反此款规定经销产品，造成侵害了他人合法权益的，管理方有权向供应商追索由此造成的经济损失。管理方有权对供应商经营商品的合法性进行监督，有权查验供应商方有关凭证。

8.3 供应商所经营的商品质量必须符合《产品质量法》、《食品卫生法》等国家法律、法规，并遵守《消费者权益保护法》。供应商所经营商品必须具有完整的产品标识，包括厂名、厂址、品名、规格、等级、成分含量等，并提供商品质量检验报告（经营食品类商品的还需提供卫生许可证及卫生检疫报告），进口商品应具有中文标识及海关完税证明和进口商品检验证明。

8.4 供应商所供应商品由管理方组织经营销售，供应商所供销售的商品必须接受管理方的质量监督和物价管理，供应商不得有恶意竞价行为。供应商所定的商品价格不得超过政府所规定的最高限价，商品销售价格也不得高于同地区其他商场同类商品的销售价格，在经营中不得虚标高价、虚假打折和欺骗消费者，否则管理方有权将该类商品清理出场。

8.5　在经营期间，根据供应商的实际销售情况，通过市场调研和整体营销策略，管理方有权对供应商经营商品的价格、陈列、促销等提出意见，供应商须配合并立即作出相应的调整，供应商的商品布局及摆放须和管理方总体的布局及规划一致。

8.6　在经营期间，管理方可根据经营情况，对××国际商业广场商品布局及经营场地进行调整，供应商须配合并作出相应的调整，调整前双方可以另行签订补充协议。

8.7　在经营期间，供应商未经管理方同意，不得擅自将场地用于"清仓、特卖"等方式售卖商品，否则管理方有权停止供应商的经营活动；情节严重的，管理方有权单方终止合同。

8.8　供应商应保证在商场内的商品货源充裕，避免发生商品脱销现象。供应商供货、调货、换货商品必须通过管理方的统一验收检查后方可办理，且须走管理方指定的专用通道。

8.9　供应商在商品进场之前，须向管理方提供商品合法代理权、经销权证明、质检证、生产许可证、单据、文件等合法有效手续文件，遵守管理方的商品索证制度。

8.10　供应商在××国际商业广场销售的商品，有进、销、调、存等权利，须遵守管理方有关供应商商品进、销、调、存等相关管理规定。

8.11　供应商在××国际商业广场销售的商品，在营业期间由供应商自行保管。供应商经营场地内的商品实行自愿保险，费用自付。发生事故造成经济损失后，管理方协助供应商向保险公司索赔。

8.12　严禁供应商在××国际商业广场销售假冒、盗用他人商标、品牌包装、图案和特许商品。不得以次充好，经营假、冒、伪、劣商品，损害消费者的利益。

8.13　供应商应积极配合管理方或有关主管部门对所售商品的检查和监督，供应商需提供进口商品检验证、产品合格证、商标注册证、卫生检验合格证等其他证件。

8.14　供应商必须有偿使用由管理方统一印制的物价标签和订制的价托，做到形象统一、明码实价。

8.15　商品供货、销售组织流程：

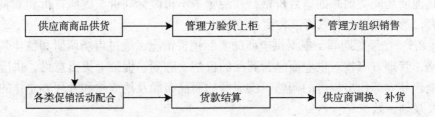

9　统一售后服务。

9.1　为维护消费者合法权益和××国际商业广场及全体供应商的信誉和形象，供应商须遵守××国际商业广场的有关售后服务管理规定，详见《客服管理手册》。

9.2　××国际商业广场设有专门的客服中心，管理方统一受理顾客退、换货，负责处理消费者购物后的退换货、维修等工作，供应商必须协助和配合管理方做好售后服务工作。

9.3　供应商必须遵守国家、地方对不同品类商品的退、换货和"新三包"管理规定，有责任接受顾客对商品退、换、维修等方面的要求，顾客退、换货如符合退、换货的要求，供应商必须无条件协助办理，承担提供商品的退换责任。

9.4　因供应商所供销售的商品存在质量问题，给消费者造成损害的由供应商自行承担。

9.5　供应商所供商品销售后，顾客需要开具相关发票，统一由管理方客服中心办理。

9.6　管理方将成立专门的投诉受理机构，接待供应商及顾客等对涉及××国际商业广场经营活动的各项投诉。

9.7　管理方投诉受理机构对供应商及顾客等的投诉本着公正、公平、实事求是的原则进行调查，在事实基础上，依据××国际商业广场各项管理制度、管理规定和国家有关法律、法规对供应商及顾客的各项投诉进行处理。

9.8　管理方有权对供应商及营业人员进行调查、核实和处理，供应商及其营业人员必须主动配合××国际商业广场管理人员的工作，并接受处理意见。

9.9　供应商及顾客等均有权利、责任和义务对损害消费者合法权益的行为进行批评和举报，经管理方核实后，对于举报者，管理方将予以表彰和鼓励，对违规者予以处罚。

9.10　供应商及顾客等对投诉机构的处理意见不满，可向其他相关机构投诉。

10 统一物业管理。

10.1 管理方将对水、电、空调、采暖、防盗、保洁、消防等设备实施全面的维修、维护、保养和管理工作，供应商必须按照管理方统一、公开的收费标准按时交纳各项费用。

10.2 供应商必须按照《国家消防法法规》及××国际商业广场的消防工作要求，对其商铺内所涉及的消防问题接受管理方的管理，不得随意挪动和挪用消防设施及用品，并有义务配合××国际商业广场的消防演练和消防安全检查工作。

10.3 供应商必须遵守管理方对治安工作的要求，不得在商场内和其他经营者发生滋事行为。若出现安全问题及财产损失时均可向管理方寻求保护和协助处理，不得肆意扩大或影响××国际商业广场和其他经营者的正常经营。

10.4 供应商及其营业人员都必须自觉维护其商铺内外和公共区域的环境卫生，不得人为地造成污染。

10.5 ××国际商业广场内外物业设备和公共环境是所有经营者和××国际商业广场所共有的财产和空间，供应商必须自觉维护和保护公共设施的安全与完整，不得人为破坏公共设施和私自占用。

10.6 因市政、水、电、气等部门的设备检修原因而造成的停水、停电、停气或消防检查等突发事件所导致不能正常经营等问题，管理方不承担此责任；管理方必须进行协调和统一指挥，供应商必须接受管理方的统一指挥，以确保供应商的利益和财产安全。

10.7 供应商二次装修时，需报方案给管理方审批同意后方可施工，施工过程中须遵守管理方的施工管理规定。如果是在经营期间的装修，时间一般安排在每日营业结束后，并由管理方保安部门监督进行。

10.8 经营场地内的固定装修费用由供应商单独承担，供应商不可随意将场地内的固定装修部分拆除或是移动。所有活动的货架及其他的装修部分，供应商在征得管理方同意后，可替换或是撤走。

10.9 管理方在经营场地内，二次装修新增加的照明每平方米建筑面积不得超过管理方管理部门核定的标准。若确有需要增加额外的照明用电，须向管理方管理部门申请，并得到同意后才可另行增加。

10.10 供应商不得在经营场地内使用电炉、电饭煲和电开水壶等大功率电热器具，若有违反，则管理方有权没收并作出相应的处罚。

10.11 供应商不得在经营场地内随意更改电源线、插座、照明设施及管理方配备的其他用电设施，若有违反，供应商应承担由此造成的损失并接受停业整顿一日以上的处罚。

10.12　在经营的场地内，供应商应遵守国家有关法令、法律和法规，严禁放置任何违禁品、易燃易爆品，若有违犯，管理方有权对其作出处罚直至将其清理出场，所有责任，概由供应商承担。

11　统一营销推广。

11.1　管理方将根据经营的需要，在重大节假日、店庆、换季期间开展统一的营销宣传和促销活动，详见《促销管理手册》。

11.2　在统一的促销和营销活动中，供应商必须配合管理方的促销计划，并根据促销所产生的实际费用适当分摊一定费用：原则上××国际商业广场开业后第一年内管理方承担商业广场整体的促销、宣传活动的全部费用，第二年供应商开始分摊促销、宣传活动费用（此条需由发展商确定，建议保留）。

11.3　因供应商所经营商品的不同，不参加统一促销和营销活动（如珠宝首饰、化妆品、名表等）。供应商应在管理方促销活动计划公布后，提交不参加活动的申请，并注明原因，否则视为自动参加。

11.4　对于参与统一的促销和营销活动的供应商，根据所经营商品的不同，在促销期间可签订临时补充结算协议，根据签订的协议对于促销活动的销售进行结算。

11.5　供应商需要单独组织促销和宣传时，需提前五日提出书面申请，须经管理方批准方可实施，有关促销方式或广告、宣传品的张贴及使用均须遵守管理方有关规定，并经管理方批准后才能进行。

11.6　供应商自行开展的促销、宣传活动，不得违背国家和地方的广告法规，不得使用不符合管理方统一规定标准的广告道具和宣传品。

11.7　供应商所开展的宣传、促销活动均不得有虚假、不实和欺骗消费者的内容，供应商不得使用不正当的竞争或损害消费者利益的手段推销商品。

11.8　供应商同类商品在××国际商业广场之外的其他商场或是专卖店促销时，必须在××国际商业广场同时进行。

11.9　供应商需利用公共区域（如中庭、广场、外立面、公共柱体等）进行宣传、促销时，必须提前七天提出书面申请，经管理方批准后有偿使用。

11.10　个别属全国统一形象的品牌商品若因个性形象和广告宣传及广告陈列的统一需要，则须向管理方提出书面申请，经核准同意后方可执行。

11.11　供应商可向管理方提交××国际商业广场广告位的使用申请，经管理方审批同意后，有偿使用。

11.12 ××国际商业广场整体促销流程：

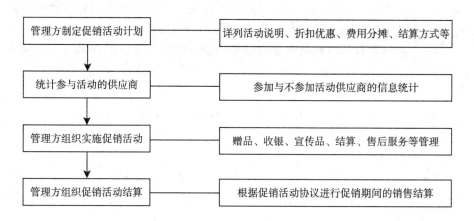

管理方制定促销活动计划	详列活动说明、折扣优惠、费用分摊、结算方式等
统计参与活动的供应商	参加与不参加活动供应商的信息统计
管理方组织实施促销活动	赠品、收银、宣传品、结算、售后服务等管理
管理方组织促销活动结算	根据促销活动协议进行促销期间的销售结算

11.13 供应商促销流程：

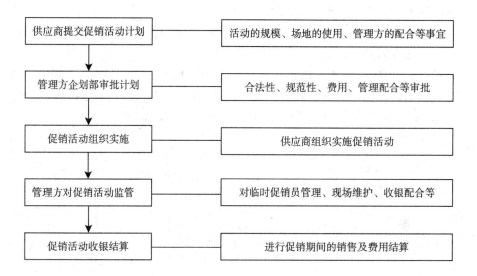

供应商提交促销活动计划	活动的规模、场地的使用、管理方的配合等事宜
管理方企划部审批计划	合法性、规范性、费用、管理配合等审批
促销活动组织实施	供应商组织实施促销活动
管理方对促销活动监管	对临时促销员管理、现场维护、收银配合等
促销活动收银结算	进行促销期间的销售及费用结算

12 统一收银结算。

12.1 为了对××国际商业广场实施统一经营管理，管理方将对供应商所供销售商品进行统一收银、统一结算，并统一开具管理方制定的售货凭证，详见《收银管理手册》。

12.2 供应商必须使用管理方印制的统一销售单据，该销售单据对账联作为对账结算的凭证。

12.3 供应商不得在场内私自收银，不得虚假开具销售单据等相关偷单、漏单、走单的违规行为，如发现则管理方扣除当期营业款项，作为对供应商违规的处罚。

12.4　严禁供应商在场外交易，发现经查实，管理方不予结算当期营业款项，情节严重者，管理方有权单方终止合同。

12.5　管理方对供应商销售货款结算周期，以双方签订的相关合同协议约定为准。

12.6　结算说明：详见《结算管理手册》。

12.6.1　供应商应于结算期内到管理方楼层营运部领取结算清单。

12.6.2　供应商收到结算清单，与管理方财务核对，超过对账期未核对的，顺延下一个结算周期。

12.6.3　供应商核对无误，签章确认后将结算清单交回财务部，财务部开具结算通知单，当场未领取结算通知单的供应商，于结算期内至楼层营运部领取结算通知书。

12.6.4　管理方财务部根据供应商提供的发票和结算通知单，扣除相关应扣费用后为供应商方办理营业款结算。

12.6.5　供应商在领取结算通知书后，在规定时间内未办理结算，则顺延至下一个结算周期。

12.6.6　供应商不能按时足额向管理方交纳相关合同约定所承担的各项费用和其他由供应商承担罚款及赔偿金时，供应商同意由管理方从其营业款中扣除，如仍不能足额抵扣时，供应商同意以现金或支票形式给予补足。

12.7　供应商结算流程：

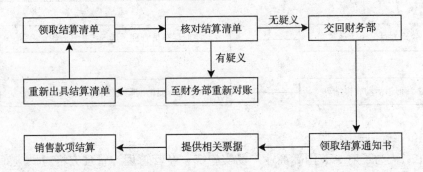

13　统一证照税务。

13.1　管理方对于统一经营管理部分办理××国际商业广场统一营业、税务及相关执照，并由管理方统一进行税务处理。

13.2　管理方对于统一管理自主经营部分，要求自营者在进场经营前办理税务及相关证照，税务由自营者自行承担。

13.3 统一经营管理的供应商所应缴纳的相关税款,由管理方统一从营业款中直接扣除,并代扣代缴。供应商根据与管理方所签订的合约,采取以下方式缴纳应承担的税款:

13.3.1 供应商能够提供增值税发票的,须于每个结算日前两天在领取结算清单时,向管理方提供该货款结算周期实际销售金额的增值税发票,管理方据实结算货款给供应商。

13.3.2 供应商在每个结算日前两天领取结算清单时,向管理方提供的该账期增值税发票票面金额小于该账期实际销售金额的,差额部分供应商按税务部门的相关规定缴纳税款。

13.3.3 供应商不能提供增值税发票的由管理方和供应商双方向相关部门申请后另行协商解决。

14 统一人员管理。

14.1 供应商不参与现场的销售活动,原则上供应商的现场营业人员由管理方统招、统培、统分配,特殊业种由管理方招聘供应商培训,营业员的劳动及人事管理归属管理方,详见《营业员管理手册》。

14.2 营业人员在销售过程中须统一着装、统一佩戴工牌。营业人员的工装、工牌由管理方统一定做,并按成本价向供应商收取。营业人员若确需体现品牌形象而着品牌专用服装的,供应商必须向管理方提出书面申请,经批准后方可施行。

14.3 如供应商对于管理方所分配人员认为不符合要求,可退回管理方另行安排;供应商可自行招聘营业人员,但必须符合管理方的用工标准,视同管理方统一招聘人员办理,并经管理方人事部门的审核同意后,领取统一制服和工号牌,统一进行工资福利发放。

14.4 因供应商商品销售需要,需临时性委派部分促销人员进行促销商品,供应商保证所委派促销员必须无条件服从管理方的管理和严格遵守商场各项规章制度,供应商所委派的促销员必须统一穿着由管理方制作的促销员服装,并佩戴促销人员工作证。管理方管理人员,有权对其违规行为进行处理,有权要求供应商清退不合格或出现严重违规的促销员,因供应商的促销员过失给管理方造成损失的,管理方有权追究供应商的法律责任和经济责任。

14.5 营业人员必须经管理方岗前和在职的对商品知识、销售技巧、管理制度等方面的综合培训后,经考试合格者,方可成为正式营业人员。

14.6 营业人员在销售过程中必须规范自己的言行,使用文明礼貌用语,行为得体,有礼有节,介绍商品时应实事求是,不得有欺瞒、嘲讽消费者的行为。

14.7 营业人员必须服从管理方的统一管理，所有营业人员的工资、福利按管理方制定的标准执行，且该费用由供应商承担。营业人员的奖金提成由供应商与营业人员自行约定。

14.8 所有营业人员必须遵守管理方制定的《营业员管理手册》，按规范流程操作。

14.9 营业员招聘上岗流程：

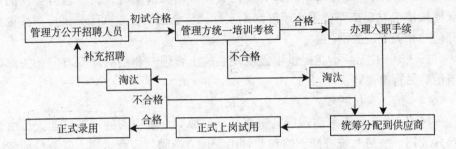

14.10 供应商自行推荐营业人员流程：

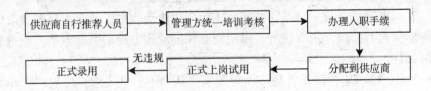

14.11 临时促销员上岗流程：

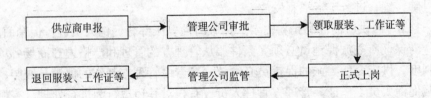

15 其他统一经营管理要求。

15.1 为维护××国际商业广场整体形象，不使其他经营者的经营受到影响，供应商必须遵照××国际商业广场规定的时间营业，按时营业、统一歇业，供应商不得中途停止营业和无人值守。如有违反，则按管理方制度及条例的有关规定进行处理。

15.2 营业人员作为供应商在××国际商业广场经营活动的代表，供应商不得参与现场的一切经营销售活动。

15.3 供应商若转让、转租或转项，必须向管理方提出书面申请，在未得到管理方批准之前，不得擅自停止营业和不按统一营业时间经营。

15.4 供应商及其营业人员必须遵守管理方所制定的各项××国际商业广场相关管理规定，包括但不限于本《统一经营管理手册》第十六条所列内容。

15.5 供应商在经营中，应遵纪守法，遵守"顾客第一、服务至上"的职业道德准则。如因供应商的原因对管理方及第三方信誉造成影响、经济损失及人身伤害的，概由供应商承担责任，并赔偿相应的损失。

15.6 如因供应商的原因造成管理方场地之设备（包括消防设备）、设施等的损失的，均须照价赔偿，并承担由此带来的一切有关责任。

15.7 供应商在经营过程中所发生的债权、债务及纠纷、诉讼等，概由供应商自行承担，与管理方无关。供应商不得将经营设施场地和商品向任何单位或是个人作抵押、担保、转租、变相转借、转让，供应商违反本条规定造成管理方损失的，管理方有权向供应商追偿。

15.8 供应商经营面积经确定后，不得随意增加面积，若供应商未经管理方同意擅自增加或改动营业面积的，管理方有权要求供应商进行整改或对超出部分的面积按每月人民币1000元/每平方米的价格计算金额支付给管理方。

15.9 由于以供应商为代表的经营者集中在同一经营环境中，相互间不可避免地存在着利害关系。为避免利害冲突，相邻各方在处理防火、保安、环境卫生、供热、用水、用电、音响噪声、公共设施及公用面积的使用等相邻关系时，应本着平等互利、互助互约、有利经商、方便大家的准则，友好协商解决，不得以邻为壑，相互妨害，对分歧较大的问题，报管理方处理。

15.10 为了维护××国际商业广场整体形象以及管理方打造××国际商业广场为行业领头羊的决心，管理方将对供应商在一定时间内的经营业绩与服务实行末位淘汰制，供应商须无条件服从管理方的该制度。

16 支持文件。

16.1 《供应商管理手册》。

16.2 《装修管理手册》。

16.3 《商品管理手册》。

16.4 《销售管理手册》。

16.5 《促销管理手册》。

16.6 《客服管理手册》。

16.7 《收银管理手册》。

16.8 《结算管理手册》。

16.9 《营业员管理手册》。

16.10 《常用法律法规汇编管理手册》。

16.11 《安全防损管理手册》。

16.12 《开市收市管理手册》。

16.13 《信息管理手册》。

16.14 《公众管理手册》。

16.15 ××国际商业广场商业经营管理公司相关制度、管理规定、合约、协议。

第二章 供应商管理手册

第一节 目的与适用范围

1 目的。

为达到××国际商业广场的招商与选商整体的统一性，以及对供应商的商品进场进行有效的监督管理，特制定本管理手册。

2 适用范围。

适合所有即将与××国际商业广场合作的供应商。

第二节 品牌进场管理规定

1 统一管理。

为了规范经营管理秩序，达到统一经营管理的目的，维护××国际商业广场全体供应商的利益，维护××国际商业广场整体形象，××国际商业广场将进行统一业态业种规划布局、统一招商管理、统一卖场形象、统一商品管理、统一售后服务、统一物业管理、统一营销推广、统一收银结算、统一证照税务、统一人员管理。

2 品牌登记。

所有进场品牌均须填写《品牌信息报告单》，此表由××国际商业广场营运中心招商部负责填写，对品牌的风格、价位、铺货商场、销售情况、商品档次、厂方或代理商联系方式、厂商要求等逐项填写清楚，作为××国际商业广场考察供应商实力的主要依据。

3 品牌索证管理。

3.1 供应商进场应提供以下证件的复印件：品牌商标注册证明；商品质检报告；商标持有人营业执照、税务证、开户许可证、组织代码证、卫生许可证、其他相关证照；生产厂家营业执照、税务证、开户许可证、组织代码证、卫生许可证、生产许可证、其他相关证照；商标持有人授权生产、销售证明；供应商营业执照、税务证、组织代码证、卫生许可证、其他相关证照；经销或代理证明原件；留存相关销售报表资料、画册；自然人供应商需提供身份证；进口商品需提供海关税单、进口商品许可证及进口商相关证照；珠宝类商品需提供鉴定证书；专利产品需有专利证。

3.2 ××国际商业广场招商部将根据商场整体情况，对品牌进行总体把握，将填写好的《品牌信息报告单》及相关资料转交对应的楼层部长，由其与供应商进一步洽谈，达成初步合作意向，形成《品牌引进报告》，报至××国际商业广场招商部。

3.3 ××国际商业广场营运总监进行最终审核，确定符合要求可以引进的品牌。

4 进场审批。

4.1 营运总监准予引进的品牌，由楼层招商人员负责填写《品牌进场审批表》，办理品牌进场所须缴纳费用（即入场费、质量保证金、装修保证金等），将审批表附上缴费复印件转交招商部。

4.2 ××国际商业广场总经理进行最终审批。

5 签订合同。

5.1 《品牌进场审批表》通过后，由××国际商业广场楼层业务人员负责与供应商签订合同，一式三份，《补充条款》一式二份。

5.2 招商客户部负责审批合同文书，并对《品牌进场审批表》进行核对，包括入场费、售后服务保证金、装修保证金、区域面积、扣率、促销费、合同期限、员工工资、销售提成等要项。

5.3 招商客户部将审核后的合同交总经理签批，并加盖公司合同章。

5.4 招商客户部负责将有关合同转财务部、楼层部长各一份，由楼层经理转厂商。

6 厂商进场。

《品牌进场审批表》签署后，由楼层业务人员给厂商出具区域平面图，厂商在指定时间内将品牌装修立体效果图、平面图、电路图交楼层业务人员，由其办理《品牌装修方案审批表》，并到相关部门审核签字，最后经总经理审核签字，厂商到招商客户部领取相关入场管理资料，厂家装修相关材料到××国际商业广场相关消防部门审核、备案后，厂商方可进场装修。

第三节　品牌装修管理规定

根据国家建设部关于异产毗连关系的有关规定，恳请商城的商户明白：您的产权（或租用）内容不是一个独立的整体，而是由内部面积、空间、公共面积、财产份额和毗连关系所构成。所以，将对您的经营位置或办公用房的二次装修进行严格管理，同时为确保您的根本利益，特制定本规定。本规定共由九章组成，目录具体条款如下：

第一章　商铺装饰装修管理服务协议
第二章　装修管理规定
第三章　装修审批流程
第四章　装修施工队管理办法
第五章　违章装修项目及处罚办法
第六章　授权委托书
第七章　装修许可证
第八章　装修违章整改通知书
第九章　装修工程施工队消防、治安责任书
详见《二次装修管理手册》。

第四节　广告促销管理

1　店内外张贴物发布审批。

1.1　任何张贴物，在张贴前须经营运总监审核，在小样上签字确认，才可张贴。

1.2　由商场组织的各种促销宣传活动，需要在店内展示或发布宣传品的，由企划部按程序制作，企划部策划，招商部组织，与各楼层营运部商议在店内具体张贴、展示的位置，并由企划部配合营运部实施具体张贴、展示工作。

1.3　联营厂商需在店内做的各种促销展示或张贴各种宣传广告、促销广告，由联营厂商自行制作或提供，经过招商部、企划部审批，财务部收取店内广告费后，联营厂商在张贴前由营运总监进行审核并确定具体张贴位置，审核人必须确认。

1.3.1 该张贴物符合广告法要求。

1.3.2 该张贴物不得遮掩或遮挡商场自身标识标物。

1.3.3 参照 VI 指导手册要求，张贴位置合理，不破坏店内整体风格。

2 促销准备。

2.1 宣传准备。

2.1.1 企划部策划文案负责宣传文案撰写。

A. 主题。

B. 文案内容。

2.1.2 宣传品的来源。

2.1.3 商场制作。

由企划部美工设计按程序文件——标识标物控制程序进行宣传促销品的制作。

2.1.4 供应商赞助。

由招商部根据主题促销活动计划与联营厂商谈判获得。

2.1.5 宣传品移交。

A. 由企划部美工制作的宣传品直接移交各楼层营运部，填写《宣传品发放表》。

B. 由外部印刷供应商制作的宣传品由企划部美工、行政部库管验收后，统一由行政部库管发放给各楼层营运部，填写《宣传品发放表》。

C. 由联营赞助的宣传品由招商部收货后，统一配送给各楼层营运部，填写《联营厂商宣传品配送表》。

2.2 促销商品准备。

2.2.1 招商部负责根据每次主题促销计划组织相应的促销联营厂商。

A. 招商部与联营厂商进行促销商品的谈判，获得在促销商品上的支持，包括买赠、折扣、特价、特殊等优惠条件。

B. 招商部与联营厂商签署《促销商品（活动）协议书》。

C. 招商部与联营厂商确定促销商品及相应的促销赞助费用。

D. 招商部与联营厂商协调促销商品的进货，相应促销商品应在促销期前 3 天到货及在促销期内有足够的库存。

2.2.2 促销商品由联营厂商直接送到商场专柜，并填写《门店促销商品验收单》。

2.2.3 赠品的准备。

2.2.4 由招商部与联营厂商谈判，由联营厂商根据主要促销活动计划提供。

2.2.5 如果是由联营厂商直接送到商场的专柜，并填写《门店赠品验收单》。

2.3 促销人员的准备。

2.3.1 招商部与联营厂商。由联营厂商根据主要促销主题促销活动计划及联营厂商自身的配合活动，提出促销人员派驻申请，填写《促销人员申请表》交行政人事部。

2.3.2 行政人事部根据联营厂商的《促销人员申请表》招聘、面试促销人员，并进行相关的培训，经考核后录用。

2.3.3 联营厂商与促销人员到行政人事部办理促销员入场手续。

2.3.4 促销员到行政人事部领取促销员工牌、促销员工衣。

2.3.5 促销商品变价的准备。

2.3.6 招商部与联营厂商谈判，争取到促销商品优惠的价格或折扣。

3 供应商独立促销流程。

3.1 联营厂商驻店活动的申请。

3.1.1 联营厂商提前4周向招商部提交《联营厂商促销活动申请》。

3.1.2 招商部与联营厂商进行促销活动的谈判。

3.1.3 招商部根据公司总体促销计划及联营厂商各类费用的缴纳情况，结合实际情况，确认联营厂商的促销活动。

3.1.4 招商部将确认后的《联营厂商促销活动申请》交企划部。

3.1.5 企划部策划文案根据促销计划及实际情况审批联营厂商促销申请，企划部部长、营运总监签名确认。

3.2 进店手续的办理。

3.2.1 营运部在接到每周促销计划后，应同厂商办理或指定促销用品接收人员办理促销用品入店手续，任何接收人员应在"促销用品管理记录表"中作相应的记录，促销用品的范围包括：

3.2.2 促销赠品。

3.2.3 奖券。

3.2.4 展架。

3.2.5 宣传品。

3.2.6 联营厂商驻店活动涉及的联营厂商驻店人员须到行政人事部办理入场手续，该手续包括：

3.2.6.1 填写《促销员入职申请表》。

3.2.6.2 签订《促销人员管理协议书》、《促销员担保书》。

3.2.6.3 接受行政人事部培训、考核。

3.2.6.4 考核通过后，领取《促销员上岗报到通知单》。

3.2.6.5　到财务部缴纳费用（入场费、工服费、工牌费、管理费、押金等）。

3.2.6.6　到行政人事部办理工服、胸卡手续。

3.2.6.7　确定活动具体时间，促销人员到商场报到。

3.2.6.8　各楼层营运部确定活动人员排班。

3.2.6.9　各楼层营运部部长在接到促销计划后，应于二日内同上述厂商联系，要求其到店内商定其活动的具体位置、面积和展示方法。

3.3　活动的准备工作。

3.3.1　招商部在促销活动前一天将经过招商部部长审批的《联营厂商促销活动商品申请表》分别交电脑部及企划部美工。

3.3.2　电脑部根据《联营厂商促销活动商品申请表》在系统中进行相应的处理。

3.3.3　企划部美工根据《联营厂商促销活动商品申请表》制作促销活动所用的海报和特价POP。

3.3.4　在活动前一天，企划部将新价签、海报及特价POP发放到各楼层营运部。

3.3.5　各楼层营运部在活动前一天的晚上营业后，将新价签、促销海报及特价POP放置在相应的位置上，并做好促销商品的特殊陈列。

3.3.6　每日促销活动开始前（至少15分钟），营运总监或指定工作人员应准备好活动所需的所有用品，并将其分发到各联营厂商驻店人员的手中。统在商场外发放的赠品由专职发放人员准备好，并放在指定的发放台。这些用品包括：

3.3.6.1　促销赠品。

3.3.6.2　促销桌（或花车）和桌布（有演示的促销、有促销用具或大型展示品的如电视、录像机、微波炉、实验品等的应保证使用促销桌，其余促销在没有多余促销桌的情况下，可以不用促销桌或花车）。

3.3.6.3　促销用器具（如电视机、录像机等）。

3.3.6.4　其他必需的用品。

3.4　活动后的收尾工作。

3.4.1　每日促销活动结束后，驻店人员须将所有活动剩余物品和用具统一交还到营运部或其指定的人员处。该人员负责将以上用品分类归还和存放到指定的促销用品存放区。统一在商场外发放的赠品，由赠品专职发放人员统一拿到指定促销用品存放区。

3.4.2　促销活动结束后，活动厂商须在三日内办理人员出店手续，一周之内办理物品的出店手续，该手续包括：

3.4.2.1　到行政人事部办理退还胸卡、工服和更衣柜手续。

3.4.2.2　到保安部办理物品退场手续，填写《物品携入携出单》，提走剩余的促销品、赠品、货架以及其他用品。

3.4.2.3　到财务部办理押金退还手续。

3.4.2.4　若厂商在活动结束后一周内未将用品提走，商场有权处理以上用品。

3.4.2.5　促销活动结束后，营运部应在活动之后协助厂商将其展示品撤出销售区。

第五节　供应商货款结算

1　为了对××国际商业广场实施统一经营管理，管理方将对供应商所供销售商品进行统一收银，统一结算，并统一开具管理方制定的售货凭证，详见《收银管理手册》。

2　供应商必须使用管理方印制的统一销售单据，该销售单据对账联作为对账结算的凭证。

3　供应商不得在场内私自收银，不得虚假开具销售单据等相关偷单、漏单、走单的违规行为，如发现则管理方扣除当期营业款项，作为对供应商违规的处罚。

4　严禁供应商在场外交易，发现经查实，管理方不予结算当期营业款项，情节严重者，管理方有权单方终止合同。

5　管理方对供应商销售货款结算周期，以双方签订的相关合同协议约定为准。

6　结算说明：

6.1　供应商应于结算期内到管理方财务部领取结算清单。

6.2　供应商收到结算清单，将营业额与管理方财务核对，超过对账期未核对的，顺延下一个结算周期。

6.3　供应商核对无误，签章确认后将结算清单交回财务部，财务部开具结算通知单，当场未领取结算通知单的供应商，于结算期内至楼层营运部领取结算通知书。

6.4　管理方财务部根据供应商提供的发票和结算通知单，扣除相关应扣费用后为供应商方办理营业款结算。

6.5　供应商在领取结算通知书后，在规定时间内未办理结算，则顺延下一个结算周期。

6.6 供应商不能按时足额向管理方缴纳相关合同约定所承担的各项费用和其他由供应商承担罚款及赔偿金时，供应商同意由管理方从其营业款中扣除，如仍不能足额抵扣时，供应商同意以现金或支票形式给予补足。

7 供应商结算流程：

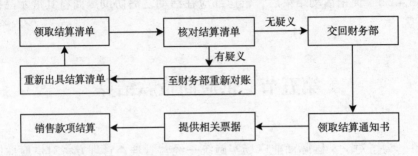

8 详见《结算管理手册》。

第六节　品牌经营须知

1 供应商须在进场后一个月内与营业员签订劳动合同，并将劳动合同复印件送商场管理部备案；逾期未签或拒不签订劳动合同的供应商，商场管理部将对其处以 1000 元罚款，罚款从结算款中扣除；各品牌营业员由商场管理部统一管理，各供应商予以监督配合。

2 供应商须在每月 10~15 日，足额及时地向营业员支付劳动报酬；逾期支付或拒不支付的供应商，商场管理部将处以标的额两倍罚款，罚款从结算款中扣除；供应商自身管理体系的薪资发放时间须报商场管理部备案。

3 每日 9：00~10：00 及营业结束前一小时为供应商送货时间，供应商须在此时段内将商品、工资及其他物品与事项，与营业员进行交接、安排；其他时段禁止供应商进入卖场（特殊情况具体处理）。

4 供应商须保证商品质量。顾客购买的商品出现质量问题，由商场管理部进行处理；对于商场管理部做出的维修、退货、换货决定，供应商不得有异议。

5 严格禁止供应商出面或指使营业员按其意图处理顾客购买商品的质量问题，对于违反此规定的供应商，商场管理部将处以标的额双倍处罚，罚款从结算款中扣除。

6 对于工商、质检部门抽检的不合格商品，商场管理部将按其标的额，对供应商处以五倍罚款，罚款从结算款中扣除；工商、质检部门对商场的罚款由相关供应商承担，从结算款中扣除；工商、质检部门对供应商的罚款由供应商独立承担。

7 供应商不得经营假冒伪劣商品。对于违反此规定的供应商，商场管理部将处以标的额五倍罚款，罚款从结算款中扣除。

8 商场经营调整时，供应商应全力支持配合，及时与商场管理部、业务部就调整事宜进行沟通，及时处理调整过程中出现的问题。

9 供应商须及时提供合同品牌商品，以保证柜台陈列丰满量感，富有季节性及时尚性；对连续一个月严重缺货的供应商，将予以退场处理。

10 供应商应通过培训考核营业员、提高营业员素质、不断调整补充商品、进行专柜促销、支持商场促销活动与广告宣传等方式，关心与提高销售业绩，禁止供应商在卖场参与销售活动；对私自收银的供应商，将处以标的额五倍罚款，情况严重者予以强制退场处理，罚款从结算款中扣除。

11 商场对各品牌商品实行销售末位淘汰制度，对于未完成商场下达的销售目标并且在各品类每月销售排名中连续六个月位居最后三名的品牌，实行退场处理。

12 供应商退场之前须与招商部解除合同，并与营运部、现场管理部确定退场时间；在退场之前，供应商不得私自撤走商品及营业员，柜台须保持良好的营业状态。退场之前，专柜须正常营业。

第七节　品牌退场管理规定

为适应公司整体经营发展的需要，完善品牌制约机制，特对品牌清退工作作如下规定：

1 退场审批。

1.1 厂商申请退场品牌。

1.1.1 厂商因品牌销售业绩不佳或品牌结构调整以及其他不能避免的特殊原因而申请撤场，必须由厂商提前两个月写出退场书面申请，加盖公章或由本人签字认可，由楼层负责填写《楼层意见表》（调整或清退），写明退场原因，经楼层部长签字，报××国际商业广场营运中心。

1.1.2　楼层招商人员填写《品牌退场审批表》报财务部、招商客户部、工程部、保安部审核，由相关部门负责人审核签字。

1.1.3　总经理签批意见。

1.1.4　厂商持签字后的《品牌退场审批表》到商场财务部办理退场手续。

1.2　公司决定清退的品牌。

1.2.1　楼层根据和厂商的双向合作条件，品牌在合同期限内总体销售排名，或品牌在同类区域、同类商品销售排名情况，提出品牌清退方案，写出书面分析报至招商客户部，招商客户部组织召开招商评审小组会议，集体决定清退品牌。

1.2.2　楼层根据招商评审小组决定，将通知厂商限期退场。

1.2.3　厂商和楼层业务人员根据公司要求办理退场的相关手续，程序同上。

2　注意事项。

2.1　厂商如连续两个月不能达到和公司约定的销售目标或连续两个月在同类区域、同类商品销售中排名靠后，公司有权及时发出有可能被列入末位淘汰名单的警告。

2.2　厂商未经公司批准，中途擅自撤货退场，公司有权自撤货之日起至合同期满之日止，依以前单日最高营业额为准至合同终止期计算公司应得销售提成。

2.3　财务部负责审核厂商和公司双方往来款项，凡双方约定费用尚未清偿的，应清偿后再结算，不足清偿的公司有权留置厂商商品并变卖追索。

2.4　退货运费由厂商承担，属厂商提供的柜台、模特、道具等器具需退场时经楼层经理签字认可方可带出。

2.5　除柜台模特、道具等可移动陈列物外，供应商在退场时，不得对原装修进行破坏性拆除。如有违反，商场营运部将对其进行相应处罚，并在结算中扣除。

2.6　供应商在进行退场时，须由商场营运部及物业部针对现场物业进行退场验收，通过验收后，供应商方可退场；针对不可修复的物业装修破坏，供应商应进行相应补偿。

2.7　对于厂商退场后发生的商品售后问题，公司将依据合同留置售后服务保证金，该保证金由财务部负责人在《品牌退场审批表》中注明，并在货款结算时扣留（售后保证金在退场后半年退还；合同变更过的品牌，售后保证金则在退场后 10 个月退还）。

2.8　供应商须在退场之后、结算之前将工装、工资、办公用品等与营业员交接完毕，未交接完毕，结算日推延三个月。在此期间，商品维修与退换货费用及营业员工资均从结算款中扣除。

2.9《品牌退场审批表》批准后，厂商应及时完成全部商品、区域内所有厂方道具退场，特殊情况需经商场总经理批准。

第八节 相关支持文件、表格

1 目录。

1.1《××国际商业广场品牌信息报告单》。

NO.＿＿＿＿＿＿＿＿ 商品类别＿＿＿＿＿＿＿＿＿

报 告 人			品牌		报告时间		
报告品牌			组合		所属类别		
商品情况	风格概述			市场情况	铺货商场	经营历史	销售情况	销售价格
	类似品牌							
联络方式	厂商	电话传真						
		详细地址						
	代理商	电话传真						
		详细地址						
洽谈结果				原 因				
厂商或代理商意见								
招商部意见				商场意见				
备 注				营运总监意见				

附:

1. 此表需公司招商人员认真填写，一式二联（招商部、商场、营运总监）。
2. 商场招商负责人及其业务人员在接单后，根据与客户洽谈情况详细填单，并在接洽后2日内将此表回送招商部备案。
3. 如因个人原因未能及时、准确地反映客户情况，导致公司招商工作受到影响，公司将追究相关人员之责任。
4. 客户意见栏需由客户本人填写，或由招商人员填写后由客户本人签字。

1.2 《××国际商业广场品牌进场审批表》。

品牌名称				生 产 厂		
商品类别				代 理 商		
联 系 人				联系电话		
地 址						

		总投资	固定资产	年生产能力	单位人数	占地面积
品 牌 背 景	生产厂					
	代理商					
	代理商经营史：					
	品牌操作方式：					
	销售网点分布：					
	入场后营销推广计划：					
	相类似品牌作对比：					
	在同类商品中地位描述：					
	品 牌 描 述					
	款 式		风 格		价 位	
	本市各区铺货情况					
	商 场					
	月销售额					
	其他各大城市铺货情况					
	商 场					
	月销售额					

1.3 《××国际商业广场供应商进场评审表》。

招商部汇报	合同约定	扣　率		促 销 费	
		销售保底		合同定金	
		合同期限		营业员构成	
		工资标准		奖金提成	
		货架租赁费			
	区域位置安排	初步计划：			
		理由：			
	总体评价	签名：　　　　　　　　　　　　　年　月　日			
营运部评审意见		签名：　　　　　　　　年　月　日			
公司领导意见		营运总监： 　　　　　　　　年　月　日		总经理： 　　　　　　　年　月　日	
备　注					

1.4 《××国际商业广场供应商退场审批表》。

供应商名称		区域位置	
进 场 时 间		退场时间	
退场原因			
1）楼层营运部意见			备注说明
2）招商部意见			
3）后勤部长意见			
4）营运总监意见			
5）财务部意见			
6）总经理审批			

营销企划管理篇

第一章　营销企划部工作规范

第一节　企划部组织架构和职责

一、组织架构及部门职能

1　组织架构。

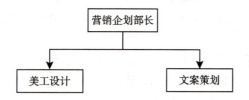

2　部门职能。

2.1　负责公司经营战略、营销筹备和竞争策略的策划实施。

2.2　负责公司整体企业形象的推广、宣传和监控。

2.3　主持重要的公关专题活动。

2.4　负责公司全年的营销策划工作的制定及执行。

2.5　负责商户文化活动的策划。

2.6　对公司形象监测，定期制定顾客调查表，呈交统计分析报告。

2.7　对视觉策划和陈列推广效果进行监控。

2.8　完成公司大型庆典、宣传活动的策划组织。

2.9　与各媒体、广告部建立良好合作关系，组织策划各种营销活动的报导。

2.10　对商场装饰及对外媒体宣传进行视觉规划、设计，并进行效果监督（内容有：电视、报纸、杂志及赠品活动、商品展示、印刷品、流动广告、橱窗等）。

2.11　负责卖场氛围的设计、营造。

2.12　负责监控和完善商场 VI 系统（视觉识别系统）。

2.13　参与审核商场内外设施装修、装饰效果。

2.14　负责商场内外公共区域的广告开发与管理，审定商户内各广告位计划并监控其效果。

2.15　负责公司内部刊物的编辑发行。

2.16　负责公司重大事件、活动的记录、整理、归档。

二、企划部岗位职责

1　企划部长岗位职责。

1.1　根据××国际商业广场商业经营管理有限公司经营目标（以下简称公司），总体把握年度、季度、月度宣传促销方案并领导实施。

1.2　负责公司各种广告活动的审批和安排发布。

1.3　负责协调、处理与新闻媒体的关系，接待媒体采访。

1.4　负责公司各项促销活动的审批、管理及评估。

1.5　负责公司全年环境布置方案及大型促销活动环境布置方案的制定并领导实施。

1.6　负责公司所有广告资源的统一规划和管理。

1.7　负责制定和本部门工作相关的管理办法及规章制度。

1.8　负责公司广告文案、宣传稿件的审核。

1.9　负责部门内部员工的培训和政治思想工作。

1.10　保证营销策划部部门内的充分沟通，努力发挥团队力量。

2　策划文案岗位职责。

2.1　负责公司在各媒体上所发布广告的规划和创意。

2.2　负责商场促销活动、公共宣传活动的策划、指导和实施。

2.3　负责公司月、季、年度广告计划的制定。

2.4　负责企业宣传、广告、促销等各类计划、活动方案和文案的撰写。

2.5　负责各类宣传品所需文字内容的组织和整理。

2.6　负责调查行业竞争对手及同行业各项促销活动，并提出应对策略。

2.7　负责跟进和落实促销及各项活动的实施及细节的把握。

2.8　负责调研宏观经济动态，同时研究微观经济现象，为商场领导决策提供准确的依据。

3　美工设计岗位职责。

3.1　负责商场 POP 的书写、制作。

3.2　负责公司所需的各类三维设计、平面设计、POP 设计、VI 应用设计等。

3.3　负责各种条幅、指示牌、广告牌、宣传展板、刻字制作及张贴悬挂工作，以及活动结束后各宣传条幅、展架等物品、招贴画的回收工作。

3.4　负责商场日常环境布置和促销活动场地环境布置工作。

3.5　根据季节变化、重大节日及店庆促销活动起草、实施店堂内外环境布置方案。

3.6　内部杂志或 DM 的设计制作。

3.7　负责广告文案的设计，实施广告设计方案。

3.8　负责商场店堂内、外广告的管理。

3.9　配合公司各类社会活动、促销活动的现场布置、道具的制作及美术陈列。

3.10　负责公司各类活动影像、图片资料的拍摄和整理。

第二节　VI 作业规范

一、VI 的目的、重要性及适用范围

目的：LOGO 及各类标识的统一与管理。

VI 英文全称为 Vision Imagination，又称视觉形象识别，是企业的标志和代表，包括：企业名称、LOGO、标志色、吉祥物等。为了使××国际商业广场 VI 形象能够深入到千家万户，绝对不允许任何人以任何方式和理由对我们自身形象有所损害，公司全体员工都有义务和责任自觉维护公司 VI。

LOGO 及企业形象/标识是商业企业形象的最重要的方面之一。公司要有良好的形象必须具有统一的标识，这一点对于××国际商业广场来说尤为重要，一方面它在随时宣传着这个企业，有助于受众更加清晰而经常性地感受企业，加深对企业的认知度；另一方面通过统一的 LOGO 及标识能反映出企业优秀的经营体制和现代化的管理。

二、VI 作业

1　严格遵循××国际商业广场 VI 手册。

2　营销企划部在制作实施企划方案及美工作业时，均应首先查阅 VI 手册，不允许主观推断，随意发挥。

3　VI 的执行一律由企划部人员进行，商场营运人员及其他任何部门人员均不得随意为之，特殊情况必须报企划部审查，并经批准后方可操作，如 POP 的书写、悬挂方式等。

三、VI 作业过程中有关费用收取的规范

1　联营厂家形象宣传由企划部统一管理，其广告发布应收取相关费用，联营厂家 POP 书写费用标准为：

厂家制作 POP（价格类）实行收费管理，统一定价为：

A. 大张 POP（双面）：10 元。

B. 大张 POP（单面）：8 元。

C. 小张 POP（不计单双面）：6 元。

D. 手写公告类展示看板（单面）60 厘米×90 厘米：20 元/张。

E. 刻绘公告类展示看板（单面）60 厘米×90 厘米：30 元/张。

2　收费方法：联营厂商的 VI 制作部分，应先到财务部交费，企划部凭交费收据，方可安排制作。见《POP 制作申请单》。

四、商场 POP 的管理

1　目的。

激发强烈的视觉冲击，刺激消费者购买欲望，促进快讯商品的销售。

2　术语。

商场/超市 POP 的定义：POP 的手绘广告和其他招贴类广告的总称，它常以醒目的标题和简明的内容/画面突出反映某一主题，以在短期内吸引公众的注意，在商场它常以简明的价格标识和降价、折扣、促销的书写/文字形式出现，是商品给顾客最直接的印象。

POP 广告是 Point of Purchase 英文的缩写，是指在购买场地所有能促进销售的广告，或是顾客购买时点的广告，也可解释为店内广告。所以 POP 可以说

是商场的引导，它是无声的销售员，它可以代替促销员将商品的特性及说明传达给顾客，以促进销售。因此，凡在店内外所有能帮助促销的广告或其他可以提供商品相关情报给顾客的指示、引导等标示，都可以称为 POP 广告。

3　职责。

3.1　企划部美工：负责店内 POP 的书写、制作与维护。

3.2　各楼层营运部部长，负责店内 POP 的悬挂管理、整洁维护与数量控制。

4　基本要求。

4.1　POP 卡的悬挂高度（140~180 厘米）。

4.2　按商品陈列的大小决定 POP 的尺寸。

4.3　POP 和商品的结合码放整齐（同侧同高度）。

4.4　没有脏、乱、过期的 POP。

4.5　品名、规格、价格、期限正确。

4.6　商品说明文以 10~30 字为最佳。

4.7　顾客能看清或看懂字体，无错别字、繁体字，禁用过于艺术化的字体。

4.8　POP 不能过多，防止造成通道视线不明显和挡住安全设备。

4.9　POP 不能因受潮而引起卷边或破损。

5　POP 广告的功能。

告知：商场促销活动。

告知：促销活动的位置。

告知：促销活动的价格。

刺激消费者购买欲。

促进 DM 商品的销售。

使店面活泼、卖场活性化。

代替贩卖人员销售。

说明商品特性。

6　相关表格。

POP 制作申请表。

POP 巡场检查单。

7　POP 的制作。

POP 书写规范：

标题：标准字体

正文：标准字体和变体字

POP 字体规格以中国青年出版社出版的《POP 广告/字体技法篇》为参考。

规范一：

　　标题：用 12 号黑色

　　正文：用 6 号蓝色

　　数字：用 6、12、20、30 号红色

　　重点突出部分：用 6、12、20 号

　　装饰部分：用 6、12、20、30 号

规范二：

　　标题：用 6 号黑色

　　正文：用 6 号蓝色

　　数字：用 6、12、20、30 号红色

　　POP 书写的字体、基本颜色及格式必须统一。

　　POP 由企划部美工制作、书写，其他人员不得书写 POP。

　　企划部负责 POP 的维护及管理，其他人员不得私自涂改 POP。

8　POP 的悬挂（张贴）。

　　商场所有价格类、打折类 POP 必须按规定的区域悬挂，高度（底边）离地面统一为 200 厘米（即 POP 悬挂的高度以人的视线为准）。

　　"L"架及悬挂性的 POP 必须双面书写，严禁使用双面胶、透明胶、胶水等粘贴类物品。

　　店内墙面、店外墙面、橱窗、通道、收银处等非 POP 陈列道具处严禁粘贴、悬挂 POP。

　　POP 悬挂须保持页面朝向的统一，所有悬挂的 POP 必须为双面。

　　同在一条通道的 POP 必须摆放整齐。

9　POP 管理。

　　POP 由企划部统一设计、制作，其格式及制作方式/工艺由企划部确定。

　　使用部门有特别要求的须事先注明，企划部制作完毕后楼面须按要求进行安装及悬挂。

　　相关楼面负责平时对所属区域 POP 的维护，若不符合规范，门店企划部有权予以拆除或处罚。

　　厂家在卖场张贴、悬挂自印（制）海报、POP 必须征得企划部的同意并办理相应的手续。

　　企划部须收取厂商的相关费用并要求厂商按要求进行安装及悬挂。

第三节 气氛渲染作业流程

一、概述

商场店面是我们整个经营活动的场所，是商品销售实现的目的，商场店面销售气氛的营造是促使顾客积极购买的有效手段，是企业形象的重要内容，好的店面销售气氛能极大地提升我们的销售业绩，而差的店面销售气氛会使顾客产生厌恶的情绪，降低步留率，影响销售业绩。

二、店面气氛的构成要素

1　各销售区域的灯光、色彩。
2　商场背景音乐。
3　商场区域指示系统。
4　店面装饰气氛旗。
5　各销售商品群特色的充分展示。
6　销售促进活动的开展。
7　现场秀。
8　商品陈列。

三、店面气氛渲染的原则

1　以干净整洁为基础。
2　以 VI 手册为法则。
3　以美观大方为前提。
4　以红蓝色为基调。
5　以热烈祥和为内容。
6　以顾客口碑为标准。
7　以促进销售为目标。

四、店面气氛渲染的实施

企划部是店面气氛营造的组织者和监督检查人，相关工程、营运、客服等部门必须按照企划部规定的统一标准落实完成相应区域的气氛渲染工作。

1　工程部负责卖场灯光的调试，同时严格遵循各销售区域对灯光部分的要求。

2　服务台负责卖场音乐播放。

包括：迎宾曲（晨曲以清新为主）

销售高峰期（以欢快、热烈为主）

销售间歇期（以通俗乐曲为主）

送宾曲（以舒缓、怀旧为主）

3　店面美工负责卖场区域指示系统的制作，以及店面装饰、装点及气氛旗的悬挂，应注意季节性、时令性调整。

4　店面营运部门应将各自区域商品特色的挖掘、开发，报企划部制作。

运动休闲区可以营造健康活泼的氛围。

黄金珠宝区可以通过射灯、装饰营造高雅华贵的氛围。

5　营运部负责各项销售促进活动的开展，报企划统一安排后实施，包括打折促销、买赠活动等。

五、店面装饰布置程序

1　每逢节假日和重大促销活动，将安排对各店面进行装饰，以营造相应购物气氛。

2　企划部根据不同季节和促销主题的区别制作店面装饰效果图，交公司总经理审核批准后开始核算费用。

3　由三家（或以上）制作公司公开报价，企划部根据情况确定制作方，同时签订制作合同，在报总经理审批后方可实施。

4　企划部安排专人负责工程进度和质量考核，店面负责协调相关工作。

5　需要赞助的要提前十天制定计划交由招商部或营运部执行。

6　制作完成，经企划部验收合格后，由店面美工负责维护和保管。

第四节　DM 作业流程

一、DM 作业目的及适用范围

1　DM 概述。

DM 来源于英文 Direct Mail，意为快讯商品广告，通常由 8 开或 16 开广告纸正反面彩色印刷而成。××国际商业广场以 DM 形式作为商场大型促销宣传的主要促销手段，通常逢重大节庆活动推出一期。DM 上所列品牌、商品是以主题、节庆、季节、温度、流行度、重大活动等因素所设定。

2　快讯术语。

2.1　新品上市：新上柜的商品。

2.2　新品进场：新品牌进入商场。

2.3　让利促销：通过打折、买赠、特价等方式进行促销销售的商品。

2.4　品牌推广：由厂家申请，在 DM 上进行宣传的品牌。

3　目的。

规范在节庆促销活动中对 DM 快讯商家、商品的组织、更换派发，提升商场人气，促进商家业绩。

二、DM 快讯作业流程

1　DM 快讯作业流程。

1.1　企划部根据营销宣传要求制作快讯制作时间表，并提前 45 天交营运部。

1.2　营运部根据时间表规定的时间和要求选择相应厂家参与 DM 快讯宣传。

1.3　企划部专人负责按每期快讯清单安排拍摄、制版、印刷等事宜。

1.4　制作完成的快讯交店面派发或邮局邮寄至会员。

1.5　店内派发。

1.6　员工派发。

2　企划的职责。

2.1　负责编排好一年的快讯发布时间，并针对快讯时间的不同，制定全年整套快讯主题供营运部参考。

2.2 按快讯时间的要求，准确完成品牌、商品的拍照、排版、出样、印刷、发放等工作。

2.3 负责拍照快讯商品的存放、安全保存，并按规定要求按时退还楼面，以保证不造成拍照商品的损耗。

2.4 负责快讯中企划活动的活动道具的制作及实施活动全程。

2.5 保证快讯商品拍照和版面设计的完整性及完美性的最大结合。

第五节　促销策划作业流程

一、促销策划概述

1 定义。

促销策划是根据企业阶段性战略目标中对业务经营的要求，针对策划促销的目的、主题、活动组织、时机、效果以及在促销中可能出现的问题进行全面安排和规划的过程。

2 促销策划目的。

促销目的包括提高商场品牌形象、提高商场知名度/美誉度、提高客单价、提高来客数、提高销售额几个方面，提高销售额和来客数量是促销设计中追求的主要目标。

3 促销活动的种类。

3.1 顾客忠诚度促销。

这类活动进行期间多在一个月以上，其主要目的是希望塑造本店的价格优势，增加顾客对本店的向心力，以确保顾客长期来商场购物，不致流失至其他商场。

3.2 周年店庆促销活动：

3.2.1 周年店庆促销是仅次于开业促销的重要活动，因为每年只有一次，商家大多会给予较优惠的条件，以配合促销，所以规划良好的周年庆，促销业绩往往可达平日业绩的 1.5~2 倍。

3.2.2 活动时间：10~15 天。

3.2.3 活动内容：

3.2.3.1 摸彩抽奖。

3.2.3.2 商品特卖。

3.2.3.3 折扣券。

3.2.3.4 买 A 送 A。

3.2.3.5 买 A 送 B。

3.2.3.6 打折促销。

3.2.3.7 赠品。

3.2.3.8 赠送现金券。

3.2.3.9 商家促销活动。

3.2.3.10 一些文艺活动（广场）。

3.3 节庆促销活动。

通常是为了配合国家节日、民俗节庆及地方习俗而举办的促销活动，一般而言，商场每月均会举办 1~2 次例行性促销活动，以吸引新顾客光临并提高顾客的购买品项及金额。通常促销期间的业绩，可较非促销期间提升 20%~30%。

3.4 抽奖促销活动。

即购物满一定金额即可凭小票参加抽奖，兑奖时间为指定时间。此活动对顾客而言，有以小博大的乐趣，而且商场通常备有各式大小奖品以吸引消费者。

3.4.1 决定顾客参加抽奖的消费金额，通常均以顾客平均客单价为考虑基准再向上酌增，譬如平时客单价为 188 元，则可设定为 200 元。

3.4.2 决定顾客参加抽奖的方式：通常抽奖方式与准备抽奖的赠品有关，若抽奖赠品前几项属于大奖如国内旅游、家电、购物卡等，则多用公开统一定时的方式，若抽奖赠品金额不高，属于一般性赠品，且数量充裕，则多用立即抽奖兑换的方式。

3.4.3 决定抽奖赠品的金额与品项：通常抽奖赠品的金额多为此活动预估增加营业额的 5%~10%，或依商家赞助奖品的情况来酌量，而赠品的价值，可依抽奖方式决定。

3.5 厂商促销周活动。

即与厂商合作，共同来推广特定品牌商品的活动。此类活动通常商家都会主动提供特价商品，举办相应活动，布置气氛用品，还会分担一部分广告费用。

3.5.1 招商、楼面与商家协调确认促销主题、内容、时间及使用的广告方式。

3.5.2 活动前，须在商场与相关部门负责人员（企划部部长与楼面营运部长）确定促销场地、进货数量、气氛布置及支援人员等事项。

3.5.3 活动后，配合商家协助处理相关物品清理等事宜。

3.6 竞赛活动。

即提供奖品鼓励顾客参加特定比赛以吸引人潮的活动，如喝啤酒大赛、摄影比赛、征文、绘画等，此类活动着眼于趣味性及顾客的参与性，通常比赛时会吸引不少人群观看，可达到增加来客数量的目的。

3.6.1 配合促销主题，研究比赛项目，参加对象奖励方法，实施费用及协助商家。

3.6.2 通过 DM 及店内广播，鼓励顾客报名参加。

3.6.3 布置比赛场地气氛，搭配关联商品促销以提升营业额。

二、促销策划基本要求

1 基本要求。

好的促销创意是提高促销效果的重要前提，在促销策划中要坚持新颖、富有个性的原则，同时促销策划必须满足竞争的要求。

1.1 策划要以消费者需求为核心，策划要有鲜明的主题，具备针对性、完整性。

1.2 策划要做到创新、独一无二。

1.3 策划要正确对待竞争对手。

1.4 策划要因时、因地制宜。

1.5 策划要预测市场发展、变化的趋势，并及时做出相应反应，促销策划通常包括促销计划的制定和促销实施方案的制定。

2 促销策划。

2.1 促销计划的制定。

2.1.1 顾客的购买行为深受天气、节令、行事、消费习惯、促销活动信息及竞争店活动所影响，所以可行的促销计划应考虑季节、月份、日期、天气、节令、商品、促销主题、促销方式、宣传媒体、地区消费习惯、促销预算、预期效益、促销评估等因素。

2.1.2 促销计划按组织可分为：全场促销计划、楼层促销计划、区域促销计划。按时间可分为：全年促销计划、季度促销计划、每月促销计划、每周促销计划。按性质可分为：主题促销计划、厂商促销计划、节令促销计划、庆典促销计划等。按方式可分为：主题促销、庆典促销、部门促销、单品促销、快讯促销。

2.2 促销策划方案。

在促销计划及促销策划创意确定的前提下，针对策划的目的、内容、组织完成形式所确定的文字实施方案。

2.2.1 促销方案制定要素包括：

A. 促销方案的主题。

B. 促销目的、意义。

C. 促销时间、地点。

D. 促销形式、内容。

E. 促销资金保证。

F. 促销组织者、执行人的确定。

G. 促销达成效果的监督、检查和修正。

2.2.2 促销方案的构成形式包括：

A. 媒体宣传促销方案。

B. 主题活动促销方案。

C. 节庆促销活动方案。

D. 快讯商品促销方案。

E. 供应商活动促销方案。

F. 部门、大组、单品活动促销方案。

G. 公益活动促销方案。

H. 文艺活动配合方案。

2.3 策划方案的实施保证。

促销策划方案由企划部确定主题、时间、地点并组织协调，由营运部门提出方案的形式、内容及参与商家、商品，并具体落实执行。实施保证的内容包括：时间、场地、道具的确定，活动方式的确定，实施人员的确定，企划作业的确定，并由财务部监督检查达成效果。

3 促销谈判。

根据促销策划方案的要求，企划部及营运部等相关职能部门通过与外界媒体及供应商谈判，以确定商品、选择价格、提出赞助、活动配合等促销形式，以此达成促销共识的过程，根据谈判条件确定组织实施。

3.1 与各大媒体谈判包括：软硬新闻、商品广告、有偿新闻、道路广告、媒体支持等。

主要洽谈对象包括：当地各大报纸杂志、广播电台、电视台、广告公司等。

3.2 与联营厂家谈判对象包括：各楼层联营厂家及与卖场场地需求紧密相关的其他个人或单位。

谈判内容包括：商品价格谈判、供货条件谈判、赞助费用谈判、文艺活动谈判、供应商独立活动谈判、广告赞助谈判。

3.2.1　快讯促销谈判。

3.2.1.1　以 DM 印刷的形式向会员顾客定期邮寄或派发，以宣传品牌、商品为主要内容，以促销为目的，这样的广告宣传促销方式，称为快讯促销。

3.2.1.2　快讯谈判以营运部为谈判主体，以联营厂家为谈判对象，以商品价格及促销方式为谈判内容。

3.2.1.3　谈判前准备工作包括：促销主题的确定、品项的选择、联营厂家的选择、商品供应条件的确定、快讯商品收费的确定。

3.2.1.4　谈判的注意事项：相同品项不能连续出现在两期快讯中。快讯商品的最低进货量、快讯商品的预估销量、快讯商品的送货保证、快讯已确定品项的保密性原则。

3.2.1.5　快讯促销活动谈判包括：新品推荐、买赠活动、游戏活动、品牌专栏、公告、公示、专题活动、广告活动等。

3.2.2　全场促销谈判。

由营运部组织谈判，针对商场内知名品牌商家统一联合谈判，发挥规模优势，获取最大限度的支持条件。

3.2.3　专题促销谈判。

针对某类商品、某个节庆日、某项社会活动而组织的统一谈判，由总营运部或企划部共同组织谈判。

4　促销确认。

对促销谈判的结果及促销方案进行最终审议、评定、报总经理决策，从而付诸实施。

4.1　促销计划确认：年促销计划由企划部及营运部共同执行确认。

4.2　促销合同审批。

由谈判员、部门经理、部门部长签字认可并报营运总监批准。其他按公司关于合同审批的相关规定统一执行。

三、促销文案的实施执行

1　促销活动的执行、协调。

企划部是促销活动的组织者，商品促销条件由营运部和相关供应商协调实施，活动促销由营运部门操作执行，媒体广告宣传促销由企划部与相关媒体单位组织进行。

2　促销执行。

2.1　根据批准确认的促销方案，相关部门按照方案无条件实施的商品销售过程称促销执行。

2.2　商场促销活动程序。

商场根据促销方案开展促销活动，应按如下程序进行。

2.2.1　各楼层区域小型促销活动由各楼层自行安排、组织，需提前一周将活动安排交企划部核定。

2.2.2　根据季节和公司要求，招商部和营运部可以提供应季促销活动建议，企划部也可以根据营运部和联营厂家的要求开展促销活动的组织和安排。

2.2.3　营运部应根据企划部的统一安排和要求协助开展促销活动的组织工作。

2.2.4　活动需要物资准备的，要提前一周通知营运部或其他配合的部门。

3　促销反馈、修正。

商品促销活动过程中由营运部和招商部提出反馈、修正意见，会同财务部把握、控制商品数量及资金使用量，活动促销由相关营运部门负责促销方案的制定、修正、反馈，报企划部审定后，组织实施。

四、促销效果的评估

1　促销效果的评估。

由企划部、招商部、营运部、财务部等职能部门针对促销方案的完成情况，对销售业绩、毛利率、费用预算、来客数量及组织管理等各方面进行对比分析，总结经验得失，以报告的形式对每一次促销活动进行客观、翔实的评价。

2　促销的评估作用。

明确促销商品的经营状况与经营目标间的差异，找出关键性的拓展机会；使公司的经营战略和营销活动得到全方位的改进；使公司的调查分析更具针对性，为公司整体业绩提升提供可靠依据。

3　促销评估的步骤。

一般促销评估分为获取、分析、总结/建议。

3.1　获取信息：在收集信息前明确三个关键问题。

3.1.1　要评估什么问题（提高企业品牌形象、宣传企业文化、提高知名度、提高销售额、提高来客数量、提高客单价）？

3.1.2　要充分评估这个问题，需要多少信息（什么水平、具体到何种程度）？

3.1.3　由谁负责信息收集？

3.2 信息分析：注重信息来源，注重信息的多角度，获取正反两方面信息，经过分析，一般要注意几个方面。

3.2.1 把握数据的准确性。

3.2.2 多运用假设，避免被曲解。

3.2.3 分析要有明确的目标、明确的问题。

3.2.4 得到全部数据不太可能，可根据经验进行补充。

3.2.5 偶然性的外部影响会造成数据伪差，分析结果要具体化。

汇总结果出乎意料或一时无法理解、趋势和变化无法解释时，一是能够接受，二是无须浪费时间考虑。

3.3 总结/建议。

3.3.1 不同的促销品对信息的收集、分析的精确度有不同的需求，重要的、战略的要准确；分析应该有助于对消费者购买行为的了解。

3.3.2 促销评估是共同参与、协同配合共同得出结论，对促销的总体评估包括独立的、清晰的消费者评估，市场评估、联营厂家评估及公司综合评估，由一系列完整的表格构成，有评估人的观察和建议。

4 评估的方式。

4.1 消费者评估。

通过分析可以把促销商品的消费者构成与某个特定市场的消费者的构成以及分销商的目标顾客进行对比分析。

4.1.1 消费者因何购买该促销商品？首要原因是什么？次要的、第三的原因是什么？

4.1.2 谁在购买该促销商品？消费者的特征是什么样的？居住在哪里？生活方式怎样？

4.1.3 购买力如何？

4.1.4 在什么时候购买该促销商品？有没有季节性差异？按年、月、周、日？购买频率怎样？

4.1.5 消费者如何购买该促销商品？购买量有多大？有无关联性购买？购物的品种构成情况怎样？在哪一类购物活动中购买该促销商品？购买行为是有目的性的还是随机性的？是否由于促销导致购买？

4.1.6 消费者在何处购买该类促销商品？百货商店？超市？其他业态的店铺？不同业态该促销商品的销量分别是多少？

4.2 市场评估。

对某促销商品的目前经营状况进行评估：市场上该促销商品的市场销售和消费趋势怎样？所占市场份额怎样？市场份额的发展空间如何？

4.3 与主要竞争对手比较。

商场的价格水平处于什么水平？商品陈列水平如何？商品品种组合怎样？促销活动开展得如何？

4.4 公司综合评估。

通过对某促销商品对照品类指标体系的分析比较，帮助公司把握经营情况。

4.4.1 销售走势如何？利润如何？广告、经费的支出水平和走势如何？经营费用、服务水平如何？

4.4.2 库存商品毛利率和资产收益率如何？周转天数和次数如何？

4.4.3 商品供应水平（补货和配送）如何？

4.4.4 市场营销策略的实施效果如何？

4.4.5 有无有效的品类组合？

4.4.6 有无有效的定价策略？促销、陈列、特色化、降价等营销手段的效果如何？

4.4.7 商品的维护如何？新鲜、整洁度如何？

4.5 供应商评估。

4.5.1 运行效率和获利能力如何？物流效率、资金周转如何？信息传送是否通畅、快速？

4.5.2 供货模式及其利弊。

4.5.3 采取哪些品牌拓展活动？有无新品问世？价格方面有无变化？将开展哪些促销活动？市场营销的资金情况？

第六节 自有媒体开发业务流程

一、自有媒体开发概述

自有媒体是指商场内外一切可用来提供广告发布、商品展示、企业形象宣传的媒介资源。它包括：店内外墙体的空间、宣传栏、店内广播系统、电视墙、POP广告、店内地板广告、店内花车广告、收银台广告、店内装饰挂旗广告、店外条幅广告、升空气球广告、客服存包牌广告、购物袋广告、店内外舞台、店外灯箱广告、店内外促销台、LED真彩显示屏等。

自有媒体开发可以为公司获取大量营业外收入，增加销售气氛，扩大商品市场份额，同时也是服务供应商展示合作厂家形象的形象资源。

二、自有媒体开发的基本要求

1　建立媒体资源管理档案：将所有能利用的墙体、空间进行统计和编号。企划部统一管理、统一价格，由招商部、营运部进行谈判，根据区域划分落实到各楼层进而落实到人。

2　以 POP 为载体的广告开发，企划部统一招商、统一谈判、统一印制下发。POP 要严格保管。

3　加强对到期广告的及时清理，更换新广告。

三、自有媒体作业流程

1　流程图。

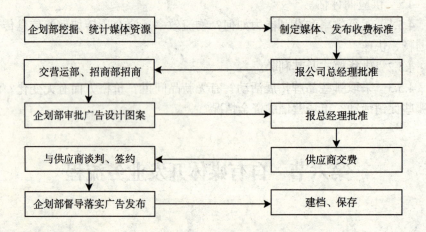

2　流程描述。

2.1　企划部对商场媒体资源进行深入细致的调查、统计，结合当地环境及广告业市场变化情况，合理开发一切可利用媒体资源，牢固树立"向墙壁要效益"、"向空间要效益"的观念，依据××国际商业广场的品牌优势，最大可能地创造媒体资源。

2.2　自有媒体的收费标准是媒体开发的基础，只有在标准合理、收费合理的情况下，才能为开发媒体创造好的前提条件，因此必须把收费标准制定得切合实际。一般要考虑到如下因素：媒体在商场内的位置，商场在城市中的地理位置，一般本着先引进、后利益、保成本、先微利、再提高的原则。

2.3 媒体资源统计必须准确形象，理由充分，报总经理批准后方可实施。

2.4 招商部、营运部应积极与联营厂家联系，针对不同的媒体资源及联营厂家寻找最佳的利润结合点。

2.5 联营厂家对合作方案必须要提供媒体发布内容，不能与国家相关法律、法规相违背，企划部对诸方案要认真审批，选择最佳的设计方案。

2.6 媒体发布方案一旦确定，企划部应着手与联营厂家签订相应的媒体发布合同，合同中应明确双方的权利义务及收费标准执行期限。

2.7 企划部应本着"慎审"的原则，严格按合同执行收费，否则坚决不予发布制作。

2.8 在合同条款执行到位的前提下，企划部方可管理、落实媒体产品的发布。

2.9 对已执行的媒体发布合同，企划部要统一建档、保存，并注明到期年限，防止忘记。

3 广告售卖谈判。

针对商场一切可开发的广告资源，对其进行充分利用，给招商部、营运部下达指标，是公司获取营业外收入的一种方式，同时提供给联营厂家最大的广告宣传机会。

第七节　耗材管理业务流程

一、企划耗材的基本概念

企划耗材主要指企划作业中需要的专用物品，包括：POP、DM、KT板、泡沫板、即时贴、彩色纸、美工尺、刀、美工笔、电池等。企划耗材本身属低值易耗品范畴，耗材的管理按照公司资产管理部低值易耗品管理办法执行。

二、企划耗材管理规范

1 企划耗材的分类。

1.1 美工办公用耗材。

主要指：办公用笔、墨、纸、砚，办公用桌、椅、板凳、文件册。

1.2 企划制作耗材。

各种 KT 板、泡沫板、彩色纸、即时贴、印刷品（DM、POP）、鱼线。

1.3 印刷品耗材。

各种单据、表格、账册等。

1.4 企划活动耗材。

升空气球、条幅、拱门、抽奖箱、锣、鼓。

2 低值易耗品管理。

2.1 企划部每月 20 日填写《月企划耗材需求表》，提报行政人事部。

2.2 企划部需指派专人负责企划耗材的采购、管理、领用及核算工作。

2.3 企划耗材管理员与行政人事部采购人员一起采取市场询价、招标、比较等方法确定耗材供应商，签订供货合同。

2.4 耗材采买后，企划耗材应首先在行政人事部办理耗材入库手续，领用时办理耗材出库手续。

2.5 耗材领回企划部，应建账登记，注明使用用途及数量。

2.6 每月 20 日前耗材管理员应对未使用的耗材进行库存盘点，并与账目核对，以确定下月采购数量。

3 低值易耗品管理的审批。

3.1 《月企划耗材管需报表》由耗材管理员填制，企划部部长审核后报行政人事部统一汇总后，由营运总监批准。

3.2 《企划耗材出/入库单》按行政人事部业务流程报批。

3.3 《企划耗材使用申请单》由各使用单位填报，企划部部长审批。

3.4 《企划耗材供应合同》企划部部长必须予以审核把关，报行政人事部由总经理批准方可执行。

三、企划耗材使用规范

1 企划耗材使用的原则。

企划耗材应本着"经济适用、节约使用"的原则，坚决杜绝浪费现象。

2 企划耗材管理员要经常进行询价分析，对比耗材市场的价格变化，对同行业竞争对手耗材的使用范围进行市场调查，从质量、价格、用途等方面严格把握耗材的采买工作。

3 企划耗材管理员要定期检查美工室、楼层各部门耗材的使用情况，对闲置废弃、挪作他用的耗材部分要予以控制，浪费严重的部门或个人要予以处罚。

4 企划部对美工室耗材使用要下达费用指标。

第八节 对外宣传业务流程

一、对外宣传的内容及舆论导向

例如××国际商业广场的经营理念和企业品牌形象只有通过不断的、正确的宣传报道，才能最大范围地深入到广大顾客的心目当中，企划部是对外宣传、报道的组织、策划者。对外宣传的内容及导向是企划工作的重点。

1 对外宣传的内容。

1.1 ××国际商业广场的经营理念是舆论宣传的重点。

1.2 ××国际商业广场的商品品牌形象、价格形象、服务形象是宣传报道的基本点。

2 对外宣传的舆论导向。

2.1 准确的切入和超前的先导效应，以石破惊天之举"制造新闻"，以先人一步的远见卓识引导公众舆论，使××国际商业广场在快速成长的过程中提升企业形象，借冕播誉，名扬四方。

2.2 企划人员的主要任务就是发现和制造对商品、品牌、公司或员工有利的新闻点，制造新闻很难有一套固定不变的原则和方法，只能靠企划人员的广博知识、丰富的想象力和实际经验。制造新闻的普遍性技巧如下：

2.2.1 就公众关心的话题制造新闻，公众在不同的时期重视不同的事物，寻找既能提升企业知名度，又能促进业绩提升，还要是公众最关注的新闻内容，就要从不同的角度和层次去挖掘。

2.2.2 抓住"新、奇、特"三要素制造新闻，策划活动只有具备"新、奇、特"的条件，才能制造出有新闻价值的新闻，并能出奇制胜。

2.2.3 有意识地把名人与产品或品牌联系起来制造新闻，权威人士、社会名流本身就是新闻人物，如请媒体对他们的活动进行跟踪报道，请名人签名售书。

2.2.4 巧借传统节日、纪念日展开活动，主题的确定要引起新闻界的关注。

2.2.5 与媒体联合举办活动，增加亮相的机会。例如：与教委、广播电台合办小学生唐诗朗诵比赛，教委出场地，电台转播决赛，××国际商业广场出奖品。

二、对外宣导的途径和方式

1 媒体宣传作业。

1.1 企划部根据要求寻求最佳媒体代理，公开招标后签订年度媒体发布代理合同。

1.2 公司一般媒体广告由企划部提供构思和方案，代理商制作相关效果图，经审核批准后发布。

1.3 企划部按月与媒体代理商结算发布费用。

1.4 企划部负责保管每期已发布的相关媒体广告。

1.5 涉及其他部门的要提前一周安排计划，按计划落实后再制作。

2 媒体广告程序。

2.1 企划部根据要求寻求最佳媒体代理，经公开竞标后每年签订年度媒体发布代理合同。

2.2 公司一般媒体广告由企划部提供构思和方案，代理商制作相关效果图，经审核批准后发布。

2.3 企划部按月与媒体代理商结算发布费用。

2.4 企划部负责保管每期公司相关媒体广告。

2.5 涉及其他部门的要提前一周安排计划，并按计划落实后再制作。

3 户外广告程序。

3.1 根据公司发展的需要，由企划部规划，拟订户外广告的地点、创意等，报公司领导审批。

3.2 根据审批确定后的方案由企划部联系发包给户外广告制作公司，确定实施时间和具体方案。

3.3 按照确定的方案，委托合适的公司予以发布。

3.4 企划部定期检查和监督户外广告的发布状况，同时作出评估。户外广告评估每3个月报告总经理一次，以便是否更换和撤销。

4 印刷品制作程序。

4.1 企划部根据印刷品的品项和要求明确创意并进行设计，经公司批准后，开始版式和内容的制作。

4.2 根据合作的要求由企划部确定2~3家长期合作的印刷厂，确保印刷品价格低廉并有品质保证。

4.3 根据企划部的创意由合作的印刷厂制作彩稿交相关部门审核。

4.4 按照核定的意见修改稿件，同时制作胶片交厂开机。

4.5 将制作完成的印刷品送交相关部门验收。

三、媒体开发

1 媒体的需求。

媒体很难依靠自身的力量来填满时间和版面。主要原因是：一是人力不足，二是费用太高。媒体每天都要播发大量的资讯，我们的资讯能否被采用，关键是要了解编者、读者的想法，要了解媒体的报道方针、编辑意图、版面安排，要了解各种媒体的特点和要求、传播方式、传播渠道、受众情况、报道的重点和范围，媒体要求我们提供什么样的新闻素材，让媒体真实、准确地了解企业发展动态及重大事项，媒体需要什么内容，读者需要什么内容，消费者要知道什么内容。

2 开发媒体资源的目的。

通过了解媒体关心的热点和重点，有的放矢地提供新闻资料，提高媒体对××国际商业广场的报道率，借以扩大××国际商业广场的社会影响，扩大××国际商业广场的知名度、信誉度和美誉度。

2.1 媒体资源的开发利用：

2.1.1 建立媒体资源档案，建立各种媒体的各个栏目及联系人的个人资料。分析各媒体、各栏目的特点，报道方针、报道重点是建档的关键性内容，因媒体流动性大，需要注意细节，由专人常抓不懈。

2.1.2 密切与各媒体栏目的编辑的关系，以通讯员的身份介入新闻机构网络。

2.1.3 在与媒体打交道时应注意：

2.1.3.1 公平地把消息提供给各媒体。

2.1.3.2 如果邮寄能把消息发出去，就不要召开新闻发布会。

2.1.3.3 要为读者写稿子。

2.1.3.4 不要太商业化，最好只提及一次公司名称。

2.1.3.5 不要拖延，新闻很快变旧闻。

2.1.3.6 不要有过分要求，如看毛样、期望来稿照登。

3 开发媒体资源要开拓思路。

要改变一想到媒体就想到花钱的观念，组织每一次活动都要想一想，这个活动的宣传所对应的媒体板块栏目，从哪一个角度宣传才能让读者接受、编辑接受。把促销活动与媒体有机地结合起来，将单纯的产品促销提升到对××国际商业广场品牌的营销。

第九节　企划管理工作考评

一、企划部工作质量责任价值考评办法

1　目的。

量化并及时兑现法律之外的工作质量责任价值，使工作目标得到不断巩固、提高。

2　适用范围。

企划部员工。

3　术语。

3.1　工作质量责任：因工作质量、言行不能符合已定的标准或无法适应不断提高的目标，在法律之外应承担的责任。

3.2　工作质量责任价值。

3.3　工作质量责任以人民币形式体现的价值，包括违纪违章、未履行自己的职责或未完成工作等所应承担的责任价值及自审、互审、复审未及时发现问题所应承担的责任价值。

3.4　质量责任价值寓于每个员工的劳动报酬当中。

4　管理职责。

4.1　企划部要根据《工作质量考评表》及修订要求，随时补充新订条款，每半年及时修订一次。

4.2　企划部部长结合企划部的工作目标更具体地将目标值分解到每位员工。

4.3　目标分解坚持责任到人的原则，明确规定到主管人、责任人、配合者、审核者、工作程序、见证材料、工作频次。

4.4　做到管理不漏项，细化到每件物品都要标明责任人、考核人。

4.5　企划部部长负责本考核办法的实施，包括落实人员分工、量化责任价值等，并按日清控制系统（见"OEC"管理法）的要求做好日清工作。

4.6　企划经理负责申诉的受理并组织审核小组不定期抽查考核结果。

二、企划部工作质量责任表

1 程序说明。

1.1 企划部部长根据《工作质量考评表》负责提出部门员工的工作责任目标，并依据临时工作调整责任价值大小。

1.2 责任人按公司规定的业务流程及考核标准开展分内工作。

1.3 责任人根据标准自审，不合格按《工作质量考评表》记入日清工作台账。

1.4 企划部部长根据责任人所提报或反映的工作结果和实际工作效果报告（即日清工作台账）进行效果评审；在巡检中发现的不合格要记入个人月度考评。

1.5 责任人如有异议，认为属上级确定目标不明确或责任分工不清，造成工作质量责任的，可越级向上级申诉。

2 附录。

工作质量考评表：

序号	责任分类	责任内容	责任人	达成情况
1	目标	月度工作计划完成率低于60%	部 长	
2		部门主要控制指标完成率低于60%	部 长	
3		计划提报拖期3天以上	部 长	
4		提报计划态度不认真，敷衍了事	部 长	
5		计划提报格式不符合要求	部 长	
6		计划提报内容有漏项，不全面	部 长	
7		计划编制未能按规定进度进行	部 长	
8		计划编制未执行规定程序	部 长	
9		年度方针目标未按要求编制提报	部 长	
10		年度方针目标未能分解到月份及责任	部 长	
11		年度方针未能列入公司计划	部 长	
12		月度重点工作完成拖期	部 长	
13		临时计划未能按要求完成反馈	责任人	
14		各种计划，目标考核不及时，有漏项	责任人	
15		提报计划无部门领导签字认可	责任人	

序号	责任分类	责任内容	责任人	达成情况
1	质量	发现问题不及时处理	责任人	
2		原因分析不明确	责任人	
3		没有预防措施	责任人	
4		出现问题未发现	责任人	
5		重大问题不反馈	责任人	
6		重大问题汇报不及时	责任人	

序号	责任分类	责任内容		责任人	达成情况
1	文明办公	不按规定穿着工作服	每天	全员	
2		工作服脏	每天	全员	
3		大声喧哗、吵闹	每次	全员	
4		工作时间睡觉		全员	
5		工作时间闲聊		全员	
6		损坏办公用品	每次	全员	
7		资料随意放，不按规定存档	每次	全员	
8		工作无计划	每项	全员	
9		工作推诿扯皮	每次	全员	
10		造谣生事		全员	
11		责任卫生区域脏		区域责任	
12		工具橱里杂乱无章	每次	区域责任	
13		不按时清理室内卫生区域		区域责任	
14		卫生区域清理不达标		区域责任	

第二章　广告促销管理手册

第一节　商场促销、企划的作用与目的

同样商品结构、地理位置及门店面积都大致相同的两家商场，一家经常举行促销活动，卖场氛围浓厚，生意兴隆；另外一家甚少举行促销活动，店面布置也冷冷清清，商品虽然丰富，但生意却惨淡不已。为什么两家看似一样的商场，经营却相差甚远呢？

最主要的原因就是促销的成功与否。随着人民生活水平的提高，商品的极大的丰富，消费者选择的余地越来越大，商场的营销也就越来越依靠于有计划有效果的促销手段了。

由此可见，促销是商场的灵魂，直接影响到商场经营的好坏。它包括促销活动和企划两部分。如果把直接的促销活动称为狭义的促销的话，通过宣传、店内标识标物、卖场氛围营造而发生作用的企划则是广义上的促销。二者都有一个共同的目的，那就是——刺激和促进顾客的消费。

在日益激烈的商场竞争中，有效的促销不仅依靠新颖的创意，更需要强有力的执行和规范的操作，才能达到最佳的促销效果，创造良好的经营促销、企划的规范化运作，使促销真正发挥出应有的作用。

第二节 宣传广告工作规范

一、店内外张贴物和厂商广告管理规范

1 目的。

为明确规定公司对商场和厂商宣传品、促销品、广告位在店内外使用的工作程序和要求，以确保符合公司 VI 手册，特制定本管理规定。

2 适用范围。

商场及联营厂商适用。

3 相关文件。

3.1 《商场标识标物规范》

3.2 《商场标识标物控制程序》

4 名词解释。

（无）

5 职责。

5.1 企划部负责店内宣传品、展示品、促销品的统一管理。

5.2 招商部负责对联营厂商宣传品、展示品、促销品及店内广告的谈判及广告费用的收取。

5.3 各楼层营运部管理人员负责接收并组织宣传品、展示品、促销品的发放。

6 工作程序。

6.1 店内外张贴物、展示品的范围、来源及标准。

6.1.1 店内外张贴物、展示品范围。

6.1.1.1 店内外张贴物包括：

A. 商场各种标识标物。

B. 联营厂商提供的促销广告。

6.1.1.2 店内外展示品包括：

A. 公司促销活动展示台、展示物。

B. 联营厂商促销展示台、展示物。

6.1.2 店内张贴物、展示品、广告的来源。

6.1.2.1　公司企划部统一提供。

6.1.2.2　联营厂商提供。

A. 由联营厂商提供的店内张贴物、展示品、广告必须先由联营厂商向招商部提出申请。

B. 招商部经与营运部及企划部协商后，视具体的情况及联营厂商交费情况决定是否批准。

C. 招商部与经批准后的联营厂商签署《联营厂商店内展示及广告协议》。

D. 联营厂商按照协议到财务部缴纳相关广告费。

E. 由各部门配合联营厂商的安装及日常的管理。

6.1.3　店内张贴物、展示品的标准。

6.1.3.1　店内使用的宣传品、促销品内容必须符合《中华人民共和国广告法》。

6.1.3.2　店内摆放使用的宣传品、促销品必须崭新、干净、平整。

6.2　店内外张贴物发布审批。

6.2.1　任何张贴物，在张贴前须经营运总监审核，在小样上签字确认，才可张贴。

6.2.2　由商场组织的各种促销宣传活动，需要在店内展示或发布宣传品的，由企划部按程序制作，企划部策划，招商部组织，与各楼层营运部商议在店内具体张贴、展示的位置，并由企划部配合营运部实施具体张贴、展示工作。

6.2.3　联营厂商需在店内做的各种促销展示或张贴各种宣传广告、促销广告，由联营厂商自行制作或提供，经过招商部、企划部审批，财务部收取店内广告费后，联营厂商在张贴前由营运总监进行审核并确定具体张贴位置，审核人必须确认。

6.2.3.1　该张贴物符合广告法要求。

6.2.3.2　该张贴物不得遮掩或遮挡商场自身标识标物。

6.2.3.3　参照 VI 指导手册要求，张贴位置合理，不破坏店内整体风格。

6.3　张贴物检查监督。

6.3.1　企划部每周应对店内的宣传品、促销品及联营厂商在该店的促销情况进行检查。

6.3.1.1　检查的内容主要包括：

A. 宣传内容是否适合。

B. 展示张贴位置是否适合。

C. 展示物、张贴物是否整洁，完好无损。

D. 促销品是否在按计划发放。

E. 使用标识是否符合 VI 指导手册要求。

6.3.1.2　检查结果应填写《宣传品、促销品使用检查单》。

6.3.2　企划部美工根据具体促销活动进度，随机到商场进行抽查。

6.3.3　企划部人员在检查中需将发现的问题形成记录，责成相应楼层或联营厂商整改。

6.3.4　整改后，企划部应对整改的结果进行跟踪并将检查结果记录在"纠正措施"一栏中。

6.3.5　机电工程部应该定期对悬挂的标识标物进行检查，确保安装牢固，避免发生事故。

二、广告发布管理规范

1　目的。

为明确商场对外广告发布工作的程序和要求，以确保广告发布准确、及时、有效，特制定本规定。

2　适用范围。

本程序适用于商场企划部对外广告发布工作。

3　相关文件。

《商场标识标物控制程序》。

4　名词解释。

（无）

5　职责。

5.1　企划部：负责公司对外广告发布的联系，广告文稿的起草、设计。

5.2　总经办：总经理负责审核对外广告发布的内容及对外新闻的发布。

6　工作程序。

6.1　企划部负责发布的广告。

6.1.1　企划促销广告。

6.1.2　其他部门业务广告，如招商部招商广告，行政人事部招聘广告等。

6.2　广告审核标准。

6.2.1　符合 VI 手册。

6.2.2　符合《中华人民共和国广告法》。

6.3　申请发布广告。

6.3.1　其他部门业务广告。

6.3.1.1　需委托企划部发布的广告，需求部门需将由总经理签字批准的广告发布内容、书面材料和已被批准的广告经费许可单提交企划部部长。

6.3.1.2　企划部部长审核相关内容，安排美工按程序文件——标识标物控制程序进行广告版面设计。

6.3.1.3　设计小样经需求相关部门部长确认后，报总经理审批。

6.3.1.4　企划部部长实施广告发布计划。

6.3.2　企划促销广告。

6.3.2.1　由企划部部长根据企划促销计划制定广告发布计划，策划文案制定的广告发布计划书（呈批件）。主要内容包括：

A. 广告发布内容。

B. 媒体选择。

C. 广告版面。

D. 发布时间。

E. 预算费用。

6.3.2.2　策划文案将广告发布计划书（呈批件），报企划部部长、营运总监及总经理批准后实施。

6.3.2.3　企划部美工按照"标识标物控制程序"文件进行广告的设计工作。

6.3.2.4　广告设计小样需经企划部部长及总经理批准。

6.4　实施广告发布计划。

6.4.1　根据广告发布计划，企划部部长与相关媒体或广告公司拟定《广告代理合同》。

6.4.2　《广告代理合同》经营运总监、总经理批准，委托企划部部长签字盖章后生效。

6.4.3　企划部部长监督发布媒体或广告公司履行合同。

6.5　广告发布的监控、存档。

企划部策划文案收集广告发布后的资料存档。

6.6　新闻发布的管理。

6.6.1　公司相关部门将需要对外发布的书面材料交总经理审批。

6.6.2　总经理及企划部部长共同确认稿件，并审批。

6.6.3　企划部部长联络相关媒体，确定稿件的发布时间和形式并具体实施。

6.6.4　新闻发布后，企划部搜集相关材料，交相关部门存档。

第三节　促销管理工作规范

一、促销策划与组织程序

1　目的。

为明确商场促销策划及组织作业程序，明确各部门在促销活动中的职责，确保促销达到公司既定的目标，特制定本管理规定。

2　适用范围。

公司企划部及招商、营运各部适用。

3　相关文件。

3.1　《商场标识标物规范》。

3.2　《促销实施及控制程序》。

4　名词解释。

（无）

5　职责。

5.1　企划部策划文案负责撰写促销计划。

5.1.1　年度促销计划。

5.1.2　主题促销活动计划。

5.2　招商部负责提供或确认促销活动中所需的联营厂商名单及联营厂商的支持。

5.3　企划部美工负责促销活动中宣传品、促销品的设计及制作。

5.4　各楼层营运部负责促销活动在该楼层的具体实施。

5.5　企划部部长负责对各店促销活动的实施情况进行监督、检查、控制。

5.6　机电工程部负责对促销活动中各类用电、设备器材的配合与管理。

5.7　营运部负责每次促销活动完成后的评估用资料的收集。

5.8　企划部负责企划促销活动的评估总结。

6　工作程序。

6.1　市场分析。

6.1.1　企划分析数据来源。

6.1.1.1　营运部负责组织人力进行相关市场调研。

6.1.1.2　营运部负责收集的顾客、竞争对手信息。

6.1.1.3　企划部通过各类渠道收集整理的其他商业信息。

6.1.2　数据分析内容。

6.1.2.1　近期门店销售情况分析。

6.1.2.2　会员状况分析。

6.1.2.3　竞争对手促销状况分析。

6.1.2.4　企划部策划文案根据不同时期的要求按上述内容进行市场分析。

6.1.2.5　企划部策划文案向企划部部长提交市场分析报告。

6.2　制定促销活动计划。

6.2.1　企划部每月将组织企划部全体人员及营运部各部人员召开一次策划会议，共同讨论促销活动计划，并由策划文案形成记录。

6.2.2　年度企划促销计划制定。

6.2.2.1　制定《年度企划促销计划》。

A. 企划部策划文案每年年底负责制定下一年度促销计划，计划需在下一年2月底之前确认完成。

B. 促销计划内容主要包括：

①年度促销活动目的。

②年度促销活动主题。

③促销活动主要内容。

④促销活动时间。

⑤促销活动预算。

6.2.2.2　促销年度计划经企划部部长审批后提交营运总监审批。

6.2.2.3　修正后的年度促销计划经企划部部长及营运总监审批后，由营运中心、企划部分别存档。

6.2.3　每次主题促销活动计划制定。

6.2.3.1　企划策划文案主要根据年度促销计划及具体促销情况构思每次活动具体促销计划。

6.2.3.2　拟定每次《主题促销活动计划》。

6.2.3.3　每次《主题促销活动计划》根据具体活动内容的不同，主要包括以下有关方面：

A. 目标消费群或营销环境分析。

B. 促销目的。

C. 促销时间、地点。

D. 促销内容细则。

E. 分工与支持。

F. 促销时间表。

G. 促销预算。

H. 促销评估方法和内容。

6.2.3.4 每次主题促销计划经企划部部长指示后报与营运总监审批。

6.2.3.5 企划部与相关部门讨论活动的具体实施及有关细节。

A. 招商部负责落实促销活动联营厂商的洽谈。

B. 营运部负责活动的具体实施及人员的支持。

C. 工程部负责促销活动中，各类设备器材的管理。

D. 保卫部负责促销活动中，现场秩序的管理。

6.2.3.6 企划部与招商部落实需联营厂商支持的内容：

A. 促销商品（打折商品、降价商品）。

B. 促销赠品。

C. 促销宣传。

D. 促销人员。

E. 促销费用。

6.2.3.7 营运部负责落实促销活动在各楼层的实施程序。

6.2.3.8 企划部策划文案将最终计划修订后，经企划部部长指示报与营运总监并抄送有关部门，企划部及营运部门分别存档。

二、促销实施与控制程序

1 目的。

为明确商场促销实施及控制作业程序，明确各部门在促销活动中的职责，确保促销有效进行，达到公司既定的目标，特制定本管理规定。

2 适用范围。

商场各部门进行促销活动适用。

3 相关文件。

3.1 《商场标识标物规范》。

3.2 《促销策划及组织程序》。

4 名词解释。

（无）

5 职责。

5.1 企划部策划文案负责拟定促销计划。

5.2 招商部负责提供或确认促销活动中所需的联营厂商名单及联营厂商支持，同时组织促销活动中的商品，并确保促销商品按时足量送到。

5.3 企划部美工负责促销活动中宣传品、促销品的设计及制作。

5.4 营运部负责协调参与活动的联营厂商进行促销商品的进场、陈列。

5.5 营运总监负责促销活动的具体实施。

5.6 工程部负责促销活动中道具及设备的提供。

5.7 保安部负责整个促销活动的安全及防盗工作。

5.8 行政人事部负责在促销活动中厂商促销员的派驻及考核。

5.9 营运部负责对促销活动中的商品价格及质量进行控制、监督和检查。

5.10 企划部负责对各店促销活动的实施情况进行监督、检查、控制。

5.11 营运部负责每次促销活动完成后的评估用资料的收集。

5.12 企划部负责企划促销活动的评估总结。

6 工作程序。

6.1 促销准备。

6.1.1 宣传准备。

6.1.1.1 企划部策划文案负责宣传文案撰写。

A.主题。

B.文案内容。

6.1.1.2 宣传品的来源。

6.1.1.3 商场制作：

由企划部美工设计按程序文件——标识标物控制程序进行宣传促销品的制作。

6.1.1.4 供应商赞助：

由招商部根据主题促销活动计划与联营厂商谈判获得。

6.1.1.5 宣传品移交：

A. 由企划部美工制作的宣传品直接移交各楼层营运部，填写《宣传品发放表》。

B. 由外部印刷供应商制作的宣传品由企划部美工、行政部库管验收后，统一由行政部库管发放给各楼层营运部，填写《宣传品发放表》。

C. 由联营厂商赞助的宣传品由招商部收货后，统一配送给各楼层营运部，填写《联营厂商宣传品配送表》。

6.1.2 促销商品准备。

招商部负责根据每次主题促销计划组织相应的促销联营厂商。

A. 招商部与联营厂商进行促销商品的谈判，获得在促销商品上的支持，包括买赠、折扣、特价、特殊等优惠条件。

B. 招商部与联营厂商签署《促销商品（活动）协议书》。

C. 招商部与联营厂商确定促销商品及相应的促销赞助费用。

D. 招商部与联营厂商协调促销商品的进货，相应促销商品应在促销期前 3 天到货及在促销期内有足够的库存。

6.1.3　促销商品由联营厂商直接送到商场专柜，并填写《门店促销商品验收单》。

6.1.3.1　赠品的准备。

6.1.3.2　由招商部与联营厂商谈判，由联营厂商根据主要促销活动计划提供。

6.1.3.3　如果是由联营厂商直接送到商场的专柜，并填写《门店赠品验收单》。

6.1.4　促销人员的准备。

6.1.4.1　由联营厂商根据主要促销主题促销活动计划及联营厂商自身的配合活动，提出促销人员派驻申请。填写《促销人员申请表》交行政人事部。

6.1.4.2　行政人事部根据联营厂商的《促销人员申请表》招聘、面试促销人员，并进行相关的培训，经考核后录用。

6.1.4.3　联营厂商与促销人员到行政人事部办理促销员入场手续。

6.1.4.4　促销员到行政人事部领取促销员工牌、促销员工衣。

6.1.5　促销商品变价的准备。

6.1.5.1　招商部与联营厂商谈判，争取到促销商品优惠的价格或折扣。

6.1.5.2　招商部填写《促销商品/专柜申请单》，经部长审核后，递交电脑部。

6.1.5.3　电脑部根据确认后的《促销商品/专柜申请单》为促销商品所属专柜开设促销商品货号。

6.1.5.4　电脑部根据促销商品折扣情况，进行商品促销设置。

6.1.5.5　企划部美工制作促销商品的 POP。

6.1.6　促销活动道具及设备的准备。

6.1.6.1　企划部美工提交《主题促销活动道具及设备清单》。

6.1.6.2　行政人事部及机电工程部根据《主题促销活动道具及设备清单》，提前 2 天准备促销活动道具及设备。

6.1.7　促销活动安防措施的准备。

6.1.7.1　大型主题促销活动前，由保卫部按照《主题促销活动计划》提前一周做出《主题促销活动安防措施》，并上报企划部。

6.1.7.2　保卫部按照经确认后的《主题促销活动安防措施》提前 2 天做好

安防准备。

6.2 促销活动落实、实施。

6.2.1 企划部策划文案制定促销活动程序，营运部负责配合制定具体运作有关的业务程序。

6.2.2 促销活动前三天，企划部将召集各楼层营运部及相关部门参加促销活动会议，落实具体促销计划及明确职责，并将会议纪要由参会人员签字确认，企划部备案。

6.2.3 各楼层营运部根据促销会议内容，负责促销活动在该楼层的具体实施。

6.2.3.1 营运部负责在促销活动前一晚关门后对促销商品的重点陈列、展示，确保有足够的位置陈列，并突出促销的感觉。

6.2.3.2 营运部负责在促销活动前一晚关门后商品悬挂、张贴促销海报及宣传品。

6.2.3.3 参与促销活动的各柜组营业员要注意促销商品的价格变更，促销编码的调整，保证正确销售。

6.2.3.4 各收银台收银员要注意促销商品的价格变更，保证正确收银。

6.2.3.5 保卫部保安员注意维护促销现场的秩序，做好现场的安全和防盗工作。

6.3 监控、协调。

6.3.1 在促销活动期间，要随时检查促销活动进展情况，并对发现的问题填写促销活动检查单，对于存在的问题要迅速责成有关人员改进。

6.3.2 在促销活动期间，要将发现的问题及时报与企划部及营运部。

6.3.3 企划部每日需现场跟进，了解促销活动的实施情况，对发现的问题要形成记录，并责成整改，对整改情况要进行跟踪检查，并将整改结果记录在"纠正措施验证"一栏中。

6.3.4 营运部督导人员要每天跟进促销活动的进展，及时发现问题并进行纠正。

6.3.5 机电工程部人员要定时巡场，对各类活动器材、道具进行检查，避免出现安全事故。

6.3.6 电脑部人员每日上午提交上一天的促销商品销售报表，为促销活动的效果分析和及时调整提供充分的数据。

6.4 促销评估。

6.4.1 对于每次主题促销活动，在促销结束后，企划部应作出对促销活动评估。

6.4.1.1 电脑部负责将以下有关的促销数据信息反馈给企划部：

A. 销售额。

B. 促销商品销售量。

C. 客单价。

D. 来客数量。

E. 发放赠品/礼券数。

F. 其他。

6.4.1.2 各楼层营运部部长及招商部部长提交《本期促销活动评估报告》。

6.4.1.3 机电工程部、现场管理部、保安部提交《本期促销活动评估报告》。

6.4.1.4 企划部将有关的促销数据汇总连同各部门递交的评估报告进行数据分析。

6.4.1.5 企划部策划文案撰写本期促销评估总结报告：

A. 实施促销情况。

B. 销售额增长度。

C. 预期目标实现度。

D. 存在问题分析。

E. 经验总结。

6.4.1.6 总结报告上交企划部部长、营运总监、总经理，抄送相关部门。

6.4.2 年度促销活动评估。

6.4.2.1 企划部策划文案负责拟定《年度企划促销活动总结报告》。

6.4.2.2 年度促销活动全部完成后三十天内，策划文案需提交年度促销活动总结报告。

6.4.2.3 年度促销活动总结报告主要包括以下内容：

A. 促销目的。

B. 促销执行情况。

C. 促销效果评估。

D. 年度总促销费用。

E. 出现的问题和解决措施建议。

6.4.2.4 企划部部长审阅、修改年度促销活动报告。

6.4.2.5 企划部策划文案修订后，报与企划部部长并抄送上交营运总监、总经理。

6.4.2.6 营运总监、企划部部长、企划部策划文案分别存档。

三、联营厂商驻店活动管理程序

1 目的。

为明确联营厂商驻店活动程序的标准和原则，使联营厂商驻店活动的管理具有统一性和一致性，特制定本管理规定。

2 适用范围。

适用于营运部对联营厂商驻店活动的管理以及企划部对联营厂商驻店活动工作的检查。

3 相关文件。

《商场标识标物规范》。

4 名词解释。

联营厂商驻店活动，联营厂商为了提高商品销售，采取在商场开展的系列促销活动，包括：赠品发送、促销人员驻店促销、优惠特价、打折促销等方式。

5 职责。

5.1 招商部负责联营厂商驻店活动的谈判、确认。

5.2 企划部策划文案负责对供应商驻店活动的审核，并制定联营厂商驻店活动计划，同时对所有厂商的宣传品、促销品及展示品进行管理。

5.3 行政人事部负责厂商驻店人员的招聘、考核、培训和上岗证的颁发。

5.4 各楼层营运部负责厂商驻店活动的现场管理，促销商品的特殊陈列，促销商品海报的张贴管理和对厂商驻店人员的管理。

5.5 电脑部负责对促销商品的商品属性进行相应调整。

6 工作程序。

6.1 联营厂商驻店活动的申请。

6.1.1 联营厂商提前四周向招商部提交《联营厂商促销活动申请》。

6.1.2 招商部与联营厂商进行促销活动的谈判。

6.1.3 招商部根据公司总体促销计划及联营厂商各类费用的缴纳情况，结合实际情况，确认联营厂商的促销活动。

6.1.4 招商部将确认后的《联营厂商促销活动申请》交企划部。

6.1.5 企划部策划文案根据促销计划及实际情况审批联营厂商促销申请，企划部部长、营运总监签名确认。

6.1.6 企划部策划文案根据最后确认的联营厂商促销活动，拟定具体厂商驻店活动计划。

6.2 联营厂商驻店信息的接收。

6.2.1 每周二企划部策划文案将本周的厂商促销计划以"本周厂商促销计划汇总表"的形式交给营运部，其中包括促销活动的内容和方式，促销商品和价格，以及引厂进店和促销活动的人员安排计划。

6.2.2 招商部至少提前三天将引厂驻店或促销信息交给营运部，由营运部进行组织安排。

6.2.3 当促销计划有变化时，企划部将以"促销计划变动单"的形式通知营运部，营运部将马上通知相关柜组。

6.3 进店手续的办理。

6.3.1 营运部在接到每周促销计划后，应同厂商办理或指定促销用品接收人员办理促销用品入店手续，任何接收人员应在"促销用品管理记录表"中作相应的记录，促销用品的范围包括：

6.3.1.1 促销赠品。

6.3.1.2 奖券。

6.3.1.3 展架。

6.3.1.4 宣传品。

6.3.2 联营厂商驻店活动涉及的联营厂商驻店人员须到行政人事部办理入场手续，该手续包括：

6.3.2.1 填写《促销员入职申请表》。

6.3.2.2 签订《促销人员管理协议书》、《促销员担保书》。

6.3.2.3 接受行政人事部培训、考核。

6.3.2.4 考核通过后，领取《促销员上岗报到通知单》。

6.3.2.5 到财务部缴纳费用（入场费、工服费、工牌费、管理费、押金等）。

6.3.2.6 到行政人事部办理工服、胸卡手续。

6.3.2.7 确定活动具体时间，促销人员到商场报到。

6.3.2.8 各楼层营运部确定活动人员排班。

6.3.3 各楼层营运部部长在接到促销计划后，应于两日内同上述厂商联系，要求其到店内商定其活动的具体位置、面积和展示方法。

6.4 活动的准备工作。

6.4.1 招商部在促销活动前一天将经过招商部部长审批的《联营厂商促销活动商品申请表》分别交电脑部及企划部美工。

6.4.2 电脑部根据《联营厂商促销活动商品申请表》在系统中进行相应的处理。

6.4.3 企划部美工根据《联营厂商促销活动商品申请表》制作促销活动所

用的海报和特价 POP。

6.4.4　在活动前一天，企划部将新价签、海报及特价 POP 发放到各楼层营运部。

6.4.5　各楼层营运部在活动前一天的晚上营业后，将新价签、促销海报及特价 POP 放置在相应的位置上，并做好促销商品的特殊陈列。

6.4.6　每日促销活动开始前（至少 15 分钟），营运总监或指定工作人员应准备好活动所需的所有用品，并将其分发到各联营厂商驻店人员的手中。统一在商场外发放的赠品由专职发放人员准备好，并放在指定的发放台。这些用品包括：

6.4.6.1　促销赠品。

6.4.6.2　促销桌（或花车）和桌布（有演示的促销、有促销用具或大型展示品的如：电视、录像机、微波炉、实验品等应保证使用促销桌，其余促销在没有多余促销桌的情况下，可以不用促销桌或花车）。

6.4.6.3　促销用器具（如电视机、录像机等）。

6.4.6.4　其他必需的用品。

6.5　驻店促销活动和促销人员的检查。

6.5.1　各楼层营运部在促销活动期间，要随时检查促销活动进展情况，并对发现的问题填写促销活动检查单，对于存在的问题要迅速责成有关人员改进，并将发现的问题及时报与企划部和营运部。

6.5.2　企划部定期巡检，了解促销活动的实施情况，对发现的问题要形成记录，并责成整改，对整改情况要进行跟踪检查，并将整改结果记录在"纠正措施验证"一栏中。

6.5.3　营运部督导人员要每天跟进促销活动的进展，及时发现问题并进行纠正。

6.5.4　若有必要进行罚款处罚，应当场填写上述检查表中的处罚栏目，并让被处罚人签字。

6.5.5　被处罚人或公司须在三天之内交纳罚金，企划部部长须在上述检查表中记录。

6.6　活动后的收尾工作。

6.6.1　每日促销活动结束后，驻店人员须将所有活动剩余物品和用具统一交还到营运部或其指定的人员处。该人员负责将以上用品分类归还和存放到指定的促销用品存放区。统一在商场外发放的赠品，由赠品专职发放人员统一拿到指定促销用品存放区。

6.6.2　促销活动结束后，活动厂商须在三日内办理人员出店手续，一周之内办理物品的出店手续，该手续包括：

6.6.2.1　到行政人事部办理退还胸卡、工服和更衣柜手续。

6.6.2.2　到保安部办理物品退场手续，填写《物品携入携出单》，提走剩余的促销品、赠品、货架以及其他用品。

6.6.2.3　到财务部办理押金退还手续。

6.6.2.4　若厂商在活动结束后一周内未将用品提走，商场有权处理以上用品。

6.6.3　促销活动结束后，营运部应在活动之后协助厂商将其展示品撤出销售区。

6.7　促销报告。

6.7.1　每日涉及赠品发放的促销人员，须认真填写"赠品发放登记表"，并在当天促销活动结束时交给营运部相关人员。营运部相关人员须在该活动全部结束后在"促销用品管理记录表"上销账。若有赠品剩余或其他须退回厂家的促销用品，须在厂商前来办理出店手续时办理退还，厂商须在"促销用品管理记录表"中签字确认。

6.7.2　营运部相关人员须在每周二前完成上周的促销报告单，报告应交给企划部和营运部，并在每周二同招商部的促销工作例会上交给招商部。

现场管理篇

第一章 公众管理与服务手册

第一节 公众管理制度

1 用电、用水。

1.1 供应商装修需改动商铺内的电插座、电话插座、电器线路等，必须取得管理公司的许可。否则，由于擅自改线而造成的一切后果由供应商自行负责。

1.2 供应商不得在铺内自行安装电插座，未经管理公司批准禁止使用大功率电器（特指1.5KW以上）。

1.3 供应商在商铺使用中，出现铺内开关箱以外的电源线路故障，应立即通知管理公司，不得擅自打开公共配电设施，否则，引起的一切后果自负。如果对商场整个供电系统产生影响，还应承担所造成的一切后果。

1.4 商铺内安装的开关箱及电度表，不得随意更换或移位。否则，所引起的后果自负。

1.5 公共给排水系统出现故障，供应商应通知管理公司维修，不得擅自维修，如由此造成的损失应由供应商负责。

2 电梯使用和管理。

2.1 电梯机房除管理人员、电梯维修人员、消防人员外，任何人不得进入。机房内的设备非电梯维修人员不得随意操作。

2.2 严格遵守电梯额定人员、额定载重量及轿厢内所载明的注意事项，禁止电梯超载运行。

2.3 严禁使用客用电梯、自动扶梯、观光电梯运送货物。

2.4 使用货运电梯（限电梯未拆保护模板之前）运送建筑材料、垃圾、货物等物品时应包装完整（大件物品请走楼梯），在管理人员的指导下，将所载物均匀分布于电梯内（尽可能安放在电梯中间，以免轿厢倾斜）。装卸货物时不应碰撞门扇，损坏电梯者应负责赔偿。电梯保护模板拆下后，严禁再用电梯装运建筑材料。搬运建筑材料一律走楼梯。

2.5　在电梯运行时，不可随便触摸、操作开关和按钮，以免因错误操作引起电梯故障。

2.6　搭乘电梯时请勿倚靠轿门或在轿门与厅门之间停留，影响电梯运送效率；在电梯门开启之际，不要触摸或紧靠轿门，以防电梯门夹人夹物。

2.7　切勿让幼儿单独搭乘电梯，以免发生危险。

2.8　严禁在电梯内吸烟、嬉戏、跳跃、吐痰、乱涂写、丢弃杂物等。请保持电梯轿厢内清洁，文明搭乘。

2.9　严禁携带有毒、有害、易腐蚀、易燃、易爆等危险品搭乘电梯。

2.10　发生地震、火灾时切勿搭乘电梯逃生，因电梯可能随时断电或出现故障。

2.11　在电梯运行时，发现电梯有振动、速度不均匀、异常噪声、异味、冲击或进水等情况，应立即停止使用电梯并通知商场管理人员及时维修，排除故障，以免发生意外。

2.12　万一电梯发生困人事件，不要强行开门走出，因电梯随时可能运行，容易发生危险，乘客应立即启动电梯内的报警系统与商场管理人员取得联系，听从指导，等待电梯维修人员救援。

3　紧急应变措施。

3.1　受伤、急症。

商场管理公司的保安及管理人员均受过基本急救程序的训练，对于顾客的安全照顾将会全力以赴。

如供应商发现顾客或自己出现需要救助的事件：

请您通知管理公司保卫部（电话：＿＿＿＿）或市急救中心（电话：120）。

3.2　火灾发生。

各供应商须采取必要的措施防止火灾发生，商场各楼层已安装自动报警器及湿式自动喷淋灭火系统，各楼层亦设置消防栓及灭火器材。

发生一般火灾时，在未启动自动喷淋系统之前，供应商需就近使用自备灭火器进行扑救及处理。

如供应商于商铺或附近区域发现烟或火应采取以下措施：

3.2.1　立即通知管理公司保卫部（电话：＿＿＿＿），或拨打119报警电话。我们会通知消防局，并安排保安员到贵铺协助扑救或立刻疏散现场供应商、营业员及顾客。

3.2.2　在情况许可下，使用灭火器，向火焰的底部喷射灭火剂。

3.2.3　切勿用消防栓水枪灌救因漏电产生的火灾。

3.2.4 如果听到火警钟响，须利用消防楼梯紧急疏散员工及顾客，撤离商场。

3.2.5 请勿使用电梯撤离。

3.3 恶劣天气情况。

3.3.1 如遇恶劣天气（如大暴雨、飓风），当地气象台发布预警信号，上级部门下达歇业通知时商场将会暂时关闭，直至警报解除。

3.3.2 管理公司会利用公共广播系统宣布商场暂时关闭的通告。

3.4 停电。

当供应商的商铺遇到停电：

3.4.1 关闭所有电器设备，并通知楼层服务台或机电工程部维修人员（电话：_____）。

3.4.2 管理公司会尽快检查并告知有关停电的原因及预计修复的时间。在商场全面停电时，备用照明会自动开启，以方便商场顾客及商铺营业员撤离。如需要疏散商场内人士，保安员会通知逐个店铺安排顺序撤离。

届时，所有电梯及扶梯会停止运作，请利用紧急出口离开商场。

3.5 炸弹恐吓。

虽然大多数炸弹恐吓均属虚报，然以策万全，请以顾客及营业员的安全为重。如遇到真的炸弹威胁，应以慎重及小心的方法处理，但请谨记，切勿惊慌。

如真的接到炸弹恐吓，请注意以下事项：

3.5.1 接到炸弹恐吓电话时：

3.5.1.1 请保持镇静，仔细聆听，并切勿打扰致电者说话。

3.5.1.2 通知管理公司保卫部（电话：_____）。

3.5.1.3 要求致电者避免殃及无辜人士，并询问：

A. 放置炸弹的具体地方。

B. 所放置的炸弹是什么类型。

C. 所放置的炸弹形状。

D. 为何放置炸弹。

E. 致电者姓名、联络方式。

3.5.1.4 请留意致电者的特点：

A. 男士还是女士。

B. 说话时的口音。

C. 说话的声音是否镇定。

D. 有没有重复的语句。

3.5.1.5 注意背景声音：

A. 音乐声。

B. 其他人士交谈。

C. 汽车。

D. 机器运转声。

3.5.1.6　请勿惊动其他营业员及顾客。如有需要，管理公司会尽快通知店铺员工是否需要疏散。

3.5.2　接到书面炸弹恐吓时：

3.5.2.1　请尽量避免自行处理该恐吓函件，以免破坏上面的指纹及其他证据。

3.5.2.2　尽快将函件交给管理公司，再将它转交给公安局处理。

3.5.2.3　管理公司会与公安局保持联系，并通知店员/营业员是否需要疏散及提供必要的帮助。

3.6　消防喷淋系统滴漏。

消防自动喷淋系统偶尔会意外爆裂，如果爆裂请采取以下措施：

3.6.1　立即将受水浸影响的货品搬离，并通知商场楼层服务台（电话：＿＿＿＿＿）。

3.6.2　请远离受水浸影响的地方。

3.6.3　等候工程人员关闭自动喷淋系统及电源供应。

3.6.4　记录所有被损坏的物件。

3.6.5　通知保险公司，并提出索赔。

3.7　水浸。

在水浸发生后，应采取以下措施：

3.7.1　立即将受水浸影响区域堆放的货品搬离，并通知商场楼层服务台，工程人员会尽快找出水浸的原因及立即采取措施以减少或阻止水继续涌进商铺及公共区域；如果水源来自降雨，工程人员会待雨停后开始进行维修。

3.7.2　如果发现积水有污水的气味，应阻止其他人员靠近受淹的地方。

3.7.3　尽量拖扫积水的地方。管理公司的清洁队伍会利用器材去清理公共区域。如果情况严重，管理公司会为贵铺提供特别清洁服务。

3.7.4　清理积水后，请用消毒剂清洁受影响的地方。

3.7.5　向贵铺的保险公司提出索赔。

3.7.6　管理人员会准备事件报告存案，请予以协助，尽量提供有关资料给保险公司。目的是帮助各商铺在最短时间内重新使用，及确保受水淹地方的卫生情况恢复正常。

3.8　疏散、撤离程序。

在商场内，供应商、顾客及营业员的安全是管理公司所有员工最关注的事情。在需要疏散人群的时候，管理公司会通过公共广播系统或其他方式发出通知。届时，我们会紧密地与各有关部门联络，故此，如非必要，请不要致电管理公司及保卫部，并请按以下程序疏散铺内人士：

3.8.1　保持镇定，指示铺内顾客前往最近的安全出口离开商场。

3.8.2　协助顾客保持镇定。

3.8.3　当铺内人士已完全撤离后，请立即锁上贵铺利用最近的安全出口离开商场；管理公司会通知您何时可以安全地再进入商场。

4　消防设施和防火安全管理。

4.1　为了您的财产安全，敬请在闭市前检查商铺，是否留下火种（如存货的地方、试衣室等），除了处理紧急事故的程序外，请为营业员提供有关防火措施和使用自备灭火器的训练：

4.1.1　请定期安排检查商铺内自备所需的灭火器（灭火器应放在容易取放的地方）。

4.1.2　请用金属的器皿盛载废纸，以防止火势蔓延。

4.1.3　存货仓内严禁吸烟（存货仓内显眼位置应放置禁止吸烟的标志）。

4.1.4　所有货品应放置于距消防自动喷淋系统头下最少 0.5 米远的地方。

4.1.5　切勿悬挂任何物件于消防自动喷淋头下。

4.1.6　保持消防自动喷淋控制阀的检修入口畅通。

4.1.7　在存货仓库的出口放置出口标志，并经常保持出口畅通。

4.1.8　商铺内不准留宿。

4.1.9　请采用重型三线式接驳电线。

4.1.10　每天在接近歇业时清理铺内垃圾。

4.1.11　利用有盖金属器具盛载清扫的废物，切勿随便放置于一般无盖的垃圾箱内。

4.1.12　商铺内经批准使用的电器，歇业前须认真检查并关闭所有电器开关。

4.2　根据消防工作"预防为主、防消结合"的方针，商场实行供应商防火责任制，各供应商为当然防火责任人，负责做好各自所属范围内的防火安全工作（《消防安全责任书》另行签订）。

4.3　消防区、楼梯、通道和出口，必须保持畅通无阻，任何单位或个人不得占用或封堵，严禁在消防通道上停放车辆及堆放货物和其他杂物。

4.4　不得损坏消防设备和器材，妥善维护楼梯、通道和出口的安全疏散指示、事故照明和通风设备。

4.5　商场内严禁烟火。严禁经营和贮存烟花爆竹、炸药、雷管、汽油、香蕉水等易爆易燃物品。

4.6　遵守安全用电管理规定，使用符合国家标准的电器，严禁超负荷使用电器。

4.7　供应商进行铺内装修，需要增设电器线路时，必须先经管理公司批准并保证符合安全规定；严禁乱拉、乱接临时用电线路；装修材料应采用阻燃材料，如使用易燃或可燃材料的，必须经××国际商业广场的市消防机关批准，按规定进行防火处理。

4.8　需要进行烧焊等动火作业时，应向商场楼层服务台提出申请，经批准做好防护措施后，在专人监护下，方可作业。

4.9　发生火灾，应立即告知管理公司保卫部或拨打119火警电话，并关闭电器开关和门窗，迅速离开；供应商、顾客及其他人员应听从商场管理人员的指挥，迅速有序地从楼梯疏散，切勿惊慌拥挤，切勿使用电梯。

4.10　有下列情形之一的，供应商须支付100~2000元违约金，供应商指定的防火责任人和直接责任人须支付100~300元违约金，可报公安机关处理。

4.10.1　占用或封堵消防区、楼梯、通道或安全疏散出口的。

4.10.2　封闭或损坏消防标志、消防设备设施的。

4.10.3　乱拉、乱接电器线路的。

4.10.4　擅自挪用灭火工具、器材或消防水源的。

4.11　有下列情形之一的，责令停止作业，供应商须支付500~1000元违约金，供应商指定的防火责任人须支付50~200元违约金，可报公安机关并处行政拘留。

4.11.1　未办理消防申报审批手续即进行商铺装修的。

4.11.2　不按规定配置消防器材的。

4.11.3　装修材料不符合消防要求，不进行防火处理的。

4.11.4　未办理申报审批手续即进行动火作业的。

4.11.5　烧焊、用火、用电作业，消防安全措施不落实的。

4.12　各供应商必须服从消防机关和管理公司有关防火方面的管理，如刁难、辱骂或以暴力、威胁手段妨碍消防监督工作人员依法行使职权的，供应商须支付300~500元违约金，直至依法追究刑事责任。

5　治安管理。

5.1　严格执行国家治安管理条例，密切配合公安机关，维护商场全体人员的生命、财产安全。

5.2　维护治安，人人有责，全体供应商应积极主动参与商场的治安管理，做好群防群治工作。

5.3　××国际商业广场实行24小时安全值班制，发现治安隐患及时排除、制止。

5.4 供应商应自觉遵守商场区域内机动车辆、摩托车、自行车的管理规定，维护商场道路交通秩序。

5.5 供应商应爱护商场的保安设施，正确使用各类安防设施，防止不法分子破坏。

5.6 敢于制止、举报破坏商场治安秩序或造成治安隐患的人和事，并协助公安机关调查处理。

6 车辆停放。

6.1 所有进入商场管理范围的机动车辆及非机动车辆必须服从管理，接受执勤保安人员管理，按规定方向、路线行驶，时速不超过 5 公里/小时。

6.2 严禁载有易燃易爆物品，各种腐蚀性和严重异味的物品及可能对周围环境造成污染的车辆进入商场范围内。

6.3 不得在地下停车场范围内洗车、修车、试车及清扫车上的杂物于地面，造成路面污染，损坏公共设施应赔偿。

6.4 供应商长期在地下停车场停放的车辆，必须在管理公司办理停车位供应商使用手续，领取"停车卡"放于车上，停于指定车位，并凭卡出入，缴纳停车位使用费。未办理"停车卡"的车辆进入停车场，按指定临时车位停放，并按规定缴付停车位使用费。

6.5 供应商丢失"停车卡"，应立即向管理公司保卫部报失，待保卫部验明并确定供应商为车主后，方可给供应商补办"停车卡"。无"停车卡"的车辆，禁止放行。

6.6 自行车、摩托车应停放于专用停车场，统一管理，管理公司将制作统一的停放卡，统一按规定标准收费。

6.7 所有机动车辆及非机动车辆内贵重物品，车主自己负责保管或转移，如丢失，管理公司不负责赔偿。

6.8 凡停放于商场的车辆需按有关规定办理各项保险事宜。停车位使用费包含提供场地的租金、维护车场的费用、维持停放秩序及照明、清洁、消防等费用。如在本商场内发生车辆被盗、被损坏、火灾及其他事故，商场管理公司不承担经济责任，只负责向有关执法部门提供线索。

6.9 进入商场的机动车辆如需暂时停放、装卸货物，驾驶员不准离开车辆。

6.10 对违反本规定的车辆，管理公司有权责令整改，劝阻无效的，可提请有关部门处理。

7 环境卫生管理。

7.1 供应商不得把垃圾弃置于公共区域，因为此举会引起蚊虫滋生及违反环境保护条例。如发现有垃圾随处乱放的问题，管理人员会要求违例的供应商立即清理。如违例的供应商没有采取相应改善行动，管理公司会安排人员进行清理，而所有费用由违例供应商负责。

7.2 供应商应每天把商铺内的垃圾堆放在管理公司指定的位置。

7.3 供应商装修所产生的垃圾应当自行设置容器收集，运送到指定地点或委托管理公司清洁、清运。

7.4 在商场范围内有下列情形之一的，由供应商承担责任，供应商须支付5~500元违约金。

7.4.1 未经许可，在商铺外悬挂标语、广告。

7.4.2 在公共区域堆放货物及其他物品。

7.4.3 摘取花木的枝叶花果或践踏绿地和设施。

7.4.4 随意吐痰和乱扔果皮、纸屑、饮料瓶等废弃物。

7.4.5 将剩菜、剩饭等液态废弃物混入垃圾倾倒。

7.4.6 在营业场所内吸烟。

7.4.7 将有毒、有害、易燃、易爆品混入垃圾倾倒。

7.4.8 将易堵塞物品倒入下水道。

7.4.9 商铺外四周及商场外墙吊挂有碍××国际商业广场整体形象的物品。

7.4.10 乱涂乱画、擅自张贴、散发各类宣传品。

第二节 服务事项

1 入驻须知。

1.1 为使供应商明确入驻商业广场的手续办理的时间及要求，在供应商入驻前，管理公司会向各供应商发出《入驻通知书》，其主要说明入驻手续办理的时间、地点、服务部门及必须随携的证件与款项。

1.2 入驻手续的办理。

1.2.1 填写《供应商登记表》。

供应商持本商业广场经营管理公司的有效的《入驻通知书》，与管理公司签署的《临时业主（供应商）公约》、《委托经营管理协议》或《商品房买卖合同》及收款票据，方可填写《供应商登记表》。

1.2.2 供应商需准备的有关资料。

A. 供应商本人身份证原件及复印件。

B. 营业员的照片两张及身份证复印件。

C. 营业执照（副本）原件及复印件。

D. 税务登记证原件及复印件。

E. 供应商委托他人办理的需递交供应商委托书的原件及复印件，受托人的身份证原件及复印件。

F. 其他合法经营应具备的相关有效证明资料的审核与留存。

1.2.3　供应商验收商铺。

A. 对商铺的吊顶验收。

B. 对商铺的墙面（包括玻璃隔断及玻璃门）验收。

C. 对商铺的设施（开关箱、照明、空调通风口等）验收。

1.2.4　填妥与签订相关责任书、表格。

A. 签订《消防安全责任书》。

B. 签订《环境安全责任书》。

C. 签订《保护消费者权益责任书》。

D. 商铺验收交接书签名确认。

1.2.5　款项的缴付。

各项收费一览表

	内　容	收费	备　注
收铺前收取的费用	1. 预收××个月综合管理费	¥	入驻时缴纳
	2. 经营保证金	¥	合同签订时缴纳（可退还）
装修前应收取的费用	1. 装修保证金	¥	可退还
	2. 装修施工监管费	¥	不退还（以月计算）
	3. 垃圾清运费	¥	不退还（以月计算）
	4.《施工人员出入证》保证金	¥	可退还

1.2.6　供应商领取资料。

领取《供应商手册》、《供应商证》、《营业员证》及钥匙。

1.3　供应商入驻流程图。

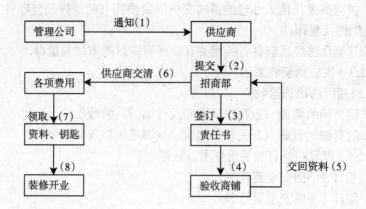

2　退场的处理。

2.1　正常退场。

供应商租赁/联营合同期满，不再续约，供应商需提前90天以书面的形式向管理公司招商办递交申请，审批后结清费用，方可办理退场手续。

2.2　非正常退场。

供应商因违约，管理公司做出清退处理，供应商接到管理公司的清退通知书后，3天内到管理公司招商部结清所欠费用及违约金，并扣除经营保证金和租金保证金，方可办理退场手续。

属供应商个人特殊原因提出退场。需提前90天，以书面的形式向管理公司招商办递交申请，审批后结清所欠费用并扣除租金保证金，方可办理退场手续。

3　顾客咨询。

商业广场各楼层设置有服务台，管理公司会安排工作人员于商业广场营业时间内在服务台值班，为供应商、顾客提供帮助及服务。

各供应商可在该处查询有关商业广场服务的资料，如有需要，请与商业广场管理公司客服部联系。

4　失物及失物认领。

如供应商发现顾客遗留在公共区域的物件，请送交管理公司楼层服务台，并提交下列材料：

A. 发现物件的位置。

B. 发现物件的时间。

C. 发现物件人的姓名及联系电话。

工作人员会记录被发现物件的资料及保留有关物件。如果物件未留有失物者任何的身份证明，或属于贵重物品，如手表、饰物等，管理公司会送交公安部门处理。

如果顾客到商业广场寻找失物，请指示他们与楼层服务台联络。倘有关物件未被寻获，楼层服务台也会记录报失物品顾客的个人资料及有关失物的资料，以备物件于日后被寻到后安排物主领回。

楼层服务台会通过公共广播系统发出有关失物招领启示。

5　安保措施。

5.1　商业广场安保。

商业广场提供 24 小时安保服务，安保工作由管理公司辖下保安队伍负责。如需任何协助，请随时与当值保安主管联络（电话：＿＿＿＿＿＿）。商业广场安保的主要工作为：

A. 处理紧急情况直到有关人员抵达。

B. 制止违法犯罪和扰乱公共秩序事故。

C. 监控维持安全及灭火的行动。

D. 协助控制人流及维护公共安全。

保安人员在巡查商业广场内外的公共区域、停车场、服务通道及上下货点时，均会检查所有商铺的前后入口，并定时巡逻公共区域及通道。如保安员发现商铺有门未上锁，他们会通知供应商或其相关人员，并站岗至供应商或其相关人员返回商铺或先用备用锁上锁。

如在安保上发现任何问题或需要任何协助，请与管理公司保卫部经理联络（电话：＿＿＿＿＿＿）。

5.2　非开放时间进出商业广场。

因安保工作的需要，非开放时间禁止任何人进入商业广场，供应商如有急事需进入，必须经管理公司保卫部经理同意并出示本人身份证明（身份证、供应商证），进行登记后方可由保卫人员陪同进入。

请确保所有营业员均知道上述安保安排，以免在保安人员严格执行上述措施或拒绝他们进入商业广场时发生尴尬或冲突。

5.3　迷失孩童。

如于铺内或附近发现有迷失的孩童，请通知客服部或楼层服务台（电话：＿＿＿＿＿＿）。

工作人员会立刻到场把孩童接到管理公司。广播员会利用公共广播系统通知商业广场顾客，并指示孩童的亲友到管理公司所指定区域领回孩童。

5.4　偷窃。

如供应商目击有人在商铺偷窃或行动可疑，请立即通知楼层管理员或保安人员。

请保持可疑人物在视线内及准备随时描述可疑人物的外形及特征等资料，以便保安人员可以向商业广场内其他岗位发出指示。

5.5　盗窃或打劫。

遇有劫匪持械进入商铺内打劫，请保持镇静并设法通知客服人员。请尝试记住如身高、体重、衣着、纹身等特征，以便提供给公安局调查。于劫匪离去后，请留意他们逃走的方向，及时通知管理公司保卫部及公安局（电话：_____）。

如于上班时发现有盗窃的情况，请采取下列措施：

A. 不要进入店内，请立即通知保卫部或公安局。

B. 静候保安人员/公安人员到来及按他们的指示行动。

C. 如供应商已经进入店内才发现盗窃，请不要触碰任何物件，直到公安人员到场详细调查为止。

如商业广场保安人员发现商铺的门窗于非开放时间仍然开着，保安人员会根据紧急联络名单通知供应商指定负责人到现场检查及处理。

5.6　伪造信用卡或伪钞。

如怀疑顾客使用伪钞或伪造信用卡，请与保卫部或公安局联络（电话：_____）。

6　空调。

商业广场内的空调系统是由管理公司的工程人员操作，如供应商或营业员感觉太热或太冷，请与楼层管理员或楼层服务台联络（电话：_____）。

尽管是中央空调，但室温会受个别商铺内安装的照明系统、铺内的人流及商业广场建筑结构等原因所影响。

7　装修工程及一般性维修。

供应商在商铺进行重新装修工程前，需事先通知管理公司，如属一般性装修，比如搬动柜台、货架等，管理公司不会收取监管费或审批费。若装修过程中损坏商业广场设施，须按照经济损失赔偿。如有重大改动情况，甚至要停业进行装修，须向管理公司正式递交《装修申请表》报批，并按规定缴付装修保证金。另涉及商业广场的空调、消防、给排水、供电系统等中央系统的装修及维修工程，须由管理公司机电工程部统筹安排，管理公司会向供应商收取适当费用。

管理公司可以接受供应商委托进行一般性的室内维修工作。费用将按所耗时间及材料计算。我们会准备一份《工程服务申请》及派工程人员到贵铺内进行工作。请于工程开始前签署该服务申请，于工程完成后签署确认，《工程服务缴费通知》将于 24 小时内送交。

8　报刊递送及邮寄服务。

供应商如需订阅报刊及邮寄业务，可向管理公司楼层服务台办理相关手续，届时管理公司管理员会上门派送报刊。

9　商务服务。

管理公司向供应商有偿提供商务服务，如代办营业执照、年审；广告策划、制作；文件起草、打字、打印、复印、传真等。

10　电器维修。

管理公司为供应商有偿提供各种电器、铺面设施等维修服务。

11　沟通联络管理人员。

为保障服务水准及管理效能，恳请各供应商合作，避免差使管理人员作私人服务，管理人员的服务是公司行为。

本公司禁止所有管理人员收受供应商任何额外赠物或利益。

12　联络途径。

驻守商业广场的保安员和清洁服务员、机电人员较专注于安保事务及清洁事务、机电及建筑本体的运行维保事务，对于安保和清洁及机电建筑以外的问题，未必全面了解和能够准确地给予解答或指引。

为提高管理服务效能，避免不必要的误会和阻延，除紧急文件外，供应商不明白或有任何意见、投诉，请直接赐电或径赴客服部、楼层服务台（电话：＿＿＿＿＿＿）。

此外，我们将在公共场所设置公示栏及意见箱，以加强与供应商的联系；若有书面赐示，除邮寄外，也可掷投意见箱。

13　投诉及意见。

欢迎各供应商提供任何有关商业广场经营管理的意见，恳请留下姓名及电话号码、地址，以便联络及回复。

若投诉个别管理或服务人员，请尽可能记下编号、姓名，以便调查及处理。

14　常用电话。

火警：119　　急救中心：120　　匪警：110

楼层服务台：＿＿＿＿＿＿＿＿＿＿

保卫部：＿＿＿＿＿＿＿＿＿＿

附　录

附件一　××国际商业广场精神文明建设公约

为了进一步营造安全、祥和的环境，促进社会主义精神文明建设，入驻××国际商业广场所有人员应能遵照《××市市民行为道德规范》的要求，共同做好××国际商业广场精神文明建设。

遵章守法

遵守国家政策、法律及有关规定和本商场公众管理规定，做一个遵章守法的公民。

五讲四美

养成五讲（讲道德、讲文明、讲礼貌、讲卫生、讲秩序）、四美（心灵美、语言美、行为美、环境美）的良好习惯。

爱护公物　保护环境

爱护公共财物，维护公共设施，共同创造环境优美、秩序良好、安全舒适的经营、购物环境；爱护公共卫生，不乱丢垃圾、纸屑、果壳、饮料瓶，不随地吐痰，不高空抛物，不乱倒污水，共同维护××国际商业广场的公共卫生。

禁止黄、赌、毒

不把违禁品、黄色书刊、黄色音像制品带进商场；不聚众赌博；远离毒品，享受美好生活。

积极进取　热心参与

勤学求知，不断进步；培养爱好，热心支持参与××国际商业广场的精神文明建设活动。

附件二　××国际商业广场环境管理公约

1　形象。

1.1　禁止商铺外四周及商场外墙吊挂有碍××国际商业广场整体形象的物品。

1.2　不得在公共通道堆放货物及其他物品。

1.3　不得随意停放车辆、鸣放喇叭等。

1.4　未经许可，不得在商铺外悬挂标语、广告。

1.5　禁止乱涂乱画、擅自张贴散发各类宣传品。

2　园林绿地。

不得在绿地内抛弃废物、摘取枝叶花果或践踏有禁令标志的绿地和设施。

3　环境卫生。

3.1　不得在商场内随意弃置垃圾。

3.2　不得在商场内随意焚烧垃圾等废弃物。

3.3　不得在商场内饲养宠物及带宠物进入商场。

3.4　不得在商场内随地吐痰、便溺和乱扔果皮、纸屑、烟头等废弃物。

3.5　不得在商场内有禁烟标志场所吸烟。

4　废弃物处理。

4.1　垃圾一律实行袋装化并扎紧袋口。

4.2　供应商装修所产生的垃圾应当自行设置容器收集，运送到指定地点或委托管理公司清洁、清运。

4.3　严禁将有毒、有害、易燃、易爆品混入垃圾倾倒。

4.4　严禁将易堵塞物品倒入下水道。

附件三　保护消费者权益责任书

为保证广大消费者的利益不受侵犯，维护××国际商业广场的信誉和良好形象，根据《临时业主（供应商）公约》内容，特制定《保护消费者权益责任书》。并确定供应商_____为××国际商业广场____层____区____号商铺的保护消费者权益的责任人。

一、供应商应当向消费者提供有关商品的真实信息，如因虚假宣传引起纠纷，应作退货处理。

二、不准销售假冒伪劣商品。

三、不准销售三无产品和标识不全的商品。

四、自觉主动地接受职能部门和消费者对质量问题的监督。

五、供应商应当保证其销售的商品符合保障人身、财产安全的要求。对可能危及人身、财产安全的商品，应当向消费者作出真实的说明和明确的警示，并说明和标明正确使用商品的方法以及防止危害发生的方法。

供应商发现其销售的商品存在严重缺陷，即使正确使用商品仍然可能对人身、财产安全造成危害的，应当立即向有关行政部门报告和告知消费者，并采取防止危害发生的措施。

六、供应商对消费者就其销售的商品质量和使用方法等问题提出的询问，应当作出真实、明确的答复。

七、供应商应当对商品标明真实名称、等级、产地等。

八、供应商销售的商品，应当按照国家有关规定或者商业惯例向消费者出具购货凭证；消费者索要购货凭证的，供应商必须出具。

九、供应商应当保证在正常使用商品的情况下其销售的商品应当具有的质量、性能、用途和有效期限，但消费者在购买该商品前已经知道其存在瑕疵的除外。供应商以广告、产品说明、实物样品或者其他方式表明商品的质量状况的，应当保证其销售的商品的实际质量与表明的质量状况相符。

十、供应商销售的商品，按照国家相关规定或者与消费者的约定，承担包修、包换、包退或者其他责任的，应当按照国家相关规定或者约定履行，不得故意拖延或者无理拒绝。

十一、供应商不得以格式合同、通知、声明、店堂告示等方式作出对消费者不公平、不合理的规定，或者减轻、免除其损害消费者合法权益应当承担的民事责任。

十二、供应商不得对消费者进行侮辱、诽谤。不得搜查消费者的身体及其携带的物品，不得侵犯消费者的人身自由。

十三、供应商销售的商品有下列情形之一的，依照《中华人民共和国产品质量法》和其他有关法律、法规的规定，供应商将承担民事责任：

1. 商品存在缺陷的；

2. 不具备商品应当具备的使用性能而出售时未作说明的；

3. 不符合在商品或者包装上注明采用的商品标准的；

4. 不符合商品说明、实物样品等方式表明的质量状况的；

5. 销售国家明令淘汰的商品或者销售失效、变质的商品的；

6. 销售的商品数量不足的；

7. 对消费者提出的修理、更换、退货、补足商品数量、退还货款，故意拖延或者无理拒绝的。

十四、本责任书自供应商签字之日起生效至供应商变更或租赁关系终止后失效。供应商中间更换责任人则另行签订《保护消费者权益责任书》。更换责任人未重新签订责任书的，则接替的供应商对其营业期间损害消费者权益的行为承担责任。

十五、本责任书一式二份，双方各执一份，具有同等法律效力。

责任单位：＿＿层＿＿区＿＿号商铺　　管理单位：＿＿＿＿＿＿

责任人：＿＿＿＿＿＿　　　　　　　责任人：＿＿＿＿＿＿

电　话：＿＿＿＿＿＿　　　　　　　电　话：＿＿＿＿＿＿

签订时间：＿＿＿年＿＿月＿＿日　　签订时间：＿＿＿年＿＿月＿＿日

附件四 供应商消防安全责任书

根据《中华人民共和国消防法》和《××国际商业广场消防管理规定》的规定，为确保××国际商业广场不发生火险和消除火险隐患，特制定××国际商业广场供应商消防安全责任书，并确定供应商为××国际商业广场＿＿＿＿层＿＿＿＿区＿＿＿＿号商铺的当然防火责任人，其职责如下：

一、建立以本商铺防火责任人为领导，商铺内所有人员共同参与的消防安全小组，认真贯彻执行消防法规及其条款，本小组的消防工作直接受商场管理公司保卫部或公司的消防安全委员会领导，必须严格执行和完成上级所布置的各项消防工作。

二、防火责任人应经常教育商铺使用人树立防火意识，使用完电器、燃气用具后开关（阀门）要关闭。

三、配备必要的消防设备器材，定期检查维修，并在有效期结束前或使用后及时更换需要更换的材料。

四、经常对商铺使用人员进行消防知识以及火警发生后逃生、自救技能的培训，使商铺使用人员都能掌握和使用所配备的消防设施和器材。

五、定期对本商铺内部消防工作进行检查、总结，同时主动配合有关消防监督机关和管理公司对本商铺消防工作的检查、监督。

六、有义务参加和发动商铺使用人员参与消防主管部门和管理公司组织的消防演习及宣传活动。

七、必须组织学习紧急状态下的疏散方案，在紧急情况下组织扑救初起火灾和指导安全疏散，火灾发生时应服从现场指挥员的统一指挥。

八、有责任保护火灾事故现场，协助管理公司和消防机关调查火灾原因。

九、具有国家规定的有关防火安全责任人所应有的权力、义务和承担相应的法律责任。

十、为保证责任书的有效执行，对发现有上述条款造成火险或存在火险隐患等情况，商场管理公司有权追究责任人责任或按《××国际商业广场消防管理规定》予以处理和处罚。

十一、本责任书自供应商签字之日起生效至供应商变更或租赁关系终止后失效，供应商中间更换责任人则另行签订《供应商消防安全责任书》，更换责任人未重新签订责任书的，其前任商铺责任人承担当然责任人责任。

十二、本责任书一式二份，双方各执一份，具有同等法律效力。

责任单位：＿＿＿层＿＿区＿＿号商铺　　管理单位：＿＿＿＿＿＿

责任人：＿＿＿＿＿＿＿＿＿　　　　　　责任人：＿＿＿＿＿＿＿

电话：＿＿＿＿＿＿＿＿＿＿　　　　　　电话：＿＿＿＿＿＿

＿＿＿＿＿年＿＿月＿＿日　　　　　　＿＿＿＿年＿＿月＿＿日

附：火警电话：119　　　　　　　　　　管理公司保卫部电话：＿＿＿＿＿

附件五　供应商维持环境安全责任书

根据《中华人民共和国环境保护法》（下称《环保法》）、国家有关有毒有害危险品的操作和处理规定（规程、标准等），为确保××国际商业广场不发生危及人身、财产、环境安全的事故和安全隐患，特制定××国际商业广场《供应商维持环境安全责任书》，并确定供应商＿＿＿＿＿＿为××国际商业广场＿＿＿＿层＿＿＿＿区＿＿＿号商铺的维持环境安全的责任人。

一、建立供应商以安全责任人为领导，商铺使用人员共同参与的环境安全小组，认真贯彻执行《环保法》等法规和商场制定颁布的环境卫生管理规定。

二、环境安全责任人应经常检查商铺使用人员对有毒、有害等危险品、废弃物是否按规定处理，并及时纠正违规行为。

三、为保证责任书的有效执行，对发现有违反上述条款造成危及环境安全或存在隐患等情况，管理公司有权按《临时业主（供应商）公约》和《××国际商业广场供应商手册》追究安全责任人责任并予以处理，直至向政府有关职能部门报告。

四、本责任书自供应商签字之日起生效至供应商变更或租赁关系终止后失效，供应商中间更换责任人则另行签订《供应商维持环境安全责任书》。更换责任人未重新签订责任书的，则接替的供应商对其营业期间的环境安全承担责任。

五、本责任书一式二份，双方各执一份，具有同等法律效力。

责任单位：＿＿＿层＿＿＿区＿＿＿号商铺　　管理单位：＿＿＿＿＿＿

责任人：＿＿＿＿＿＿＿　　　　　　　　　责任人：＿＿＿＿＿＿

电　话：＿＿＿＿＿＿＿　　　　　　　　　电话：＿＿＿＿＿＿

＿＿＿＿年＿＿月＿＿日　　　　　　　　＿＿＿＿年＿＿月＿＿日

第二章　商场安全、消防手册

第一节　商场安全管理

一、安全班长工作流程

（所提时间为虚拟，按实际情况确定）

1　执行人：

商场安全班长。

2　监督人：

现场管理部。

3　工作流程：

3.1　7:00~8:00 起床进餐，搞好内务工作。

3.2　8:00~8:40 对商场各种设备设施，安全隐患进行检查。做好当日的工作计划，检查安全员上岗的仪容仪表和考勤情况。

3.3　8:45 参加商场晨检例会，听从经理分派工作和各种注意事项。

3.4　9:00~11:30 按公司服务规范，在各岗位参加站岗值勤工作。营业高峰时检查巡视商场安全隐患，及时协调派人维护营业秩序和安全工作。检查商场消防安全措施，防患于未然。帮助商场卸货、宣传等其他工作。在值勤期间，注意各岗位、各安全要点的巡查协调。

3.5　11:30~13:30 安全员倒班进餐，并保证工作的正常进行。

3.6　13:30~18:30 下午工作同上午工作。

3.7　18:30~19:00 汇总一天的工作，确认工作计划的完成情况，重要问题登记记录并及时上报现场管理部经理。注意当天工作计划的确认，问题隐患的详细记录和上报解决。

3.8 19：00~19：30 营业后，对员工下班进行安全检查；对各种营业设备设施关闭进行安全检查，消除各种安全隐患。

3.9 19：30~20：30 倒班进餐休息。

3.10 20：30~22：30 对夜班工作进行分派，并帮助库房进行整理盘点。

3.11 22：30~23：00 清洁休息。

3.12 23：00~7：00 夜间值勤，要实行严密的安全巡视和细致的检查，确保安全工作万无一失。

4 其他重要工作。

4.1 安全员定期培训，商场员工安全工作定期培训。

4.2 每日安全记录的汇总。

二、安全员工作流程

1 执行人：

安全员。

2 监督人：

安全班长、现场管理部管理人员。

3 工作流程：

3.1 7：00~8：00 起床进餐，搞好内务工作。

3.2 8：00~8：40 对商场各种设备设施，安全隐患进行检查。做好当日的工作计划，检查自身的仪容仪表。并在各岗位开始值勤（如员工出入口、商场库房等岗位）。

3.3 8：45 商场晨检例会时，按要求各岗值勤。

3.4 9：00~11：30 营业期间，按公司服务规范，在各岗位参加站岗值勤工作。营业高峰时听从分配，检查巡视商场安全隐患，及时协调维护营业秩序和安全工作。检查商场消防安全措施，防患于未然。帮助商场卸货、宣传等其他工作。工作时，执行公司服务规范，妥善处理各岗位工作。既坚持原则，又灵活机动，切忌生硬不讲工作方法。

3.5 11：30~13：30 安全员倒班进餐时，要保证工作的正常进行，严禁发生脱岗现象。

3.6 13：30~19：00 工作内容同上午的站岗值勤一样。

3.7 19：00~19：30 营业后，对员工下班进行安全检查。对各种营业设备设施关闭进行安全检查。在工作过程中，按公司要求严格检查，杜绝隐患发生。

3.8　19：30~20：30 倒班进餐休息。

3.9　20：30~22：30 值勤时，场内场外巡查。

3.10　22：30~23：00 清洁休息。

3.11　23：00~7：00 进行夜间值勤、安全巡视和检查，保证万无一失。

三、门岗值勤工作程序

1　执行人：
商场值勤安全员。

2　监督人：
保卫部负责人、现场管理部经理。

3　工作程序：

3.1　上岗准备。

3.1.1　服装准备，上岗应戴帽子、扎值勤腰带、穿黑色皮鞋，并穿戴齐整。

3.1.2　用具准备，圆珠笔、货物出入单、商品货物出门章。

3.1.3　任务的确认，对当日、当时段工作与班长确认。

3.1.4　注意形象，用品齐全，谨记工作任务。

3.2　上岗值勤安全员到指定值勤岗位，与原值勤安全员进行工作交接，包括：工作用具、重要情况等。

3.3　顾客入门。顾客进入商场大门，安全员应礼貌待客，对顾客提出的问题，应礼貌回答，对于自己不清楚或无法解答的问题，礼貌为顾客指引相关人员为其解释回答。

3.4　安全员值勤时，如遇特殊情况发生（如打架斗殴、安全事故、偷盗等），应保持冷静并坚守岗位，及时将发生情况请附近员工通知商场经理、值班班长解决支援。注意坚守岗位，冷静处理突发事件。

3.5　工作交接：与下一班值勤安全员进行工作交接，包括工作用具、重要情况等。

四、商场巡逻程序

1　执行人：
安全员。

2　监督人：
保卫部负责人、现场管理部经理。

3　工作流程：

3.1　巡逻准备。

按每日商场工作安排，做好每日工作巡逻计划，特别是重大促销活动和节假日，包括巡逻时间、路线、人员安排、注意事项等。

3.2　按计划巡逻。

3.2.1　安全人员按每日巡逻计划进行巡逻检查，注意重要岗位（收银台、库房、办公区域、电机房、消防通道、电梯、楼梯等），巡逻中注意可疑人员、安全隐患情况、商场营业秩序等，对可疑情况及时上报解决。

3.2.2　特别情况，如可疑包裹、特殊物品不要自行打开，应先上报班长和现场管理部经理，再进行解决。

3.3　各要点的检查、记录。

巡逻中，对重点部位（电机房、重点电制开关、防火设备、消防通道等）进行检查记录，对可疑情况及时上报解决，杜绝隐患的发生。

3.4　问题的及时解决处理。

巡逻中及时处理力所能及的问题，帮助顾客指引道路，介绍商品展位，及时解决安全隐患，如地面湿滑、道路拥挤、秩序混乱。

3.5　巡逻情况汇总。

巡逻完毕，巡逻人员根据巡逻检查情况，填表记录确认工作。

五、商场开闭店交接程序

1　执行人：

安全员、值班班长。

2　监督人：

营运总监、商场现场管理部经理、保卫部负责人。

3　交接流程：

3.1　根据各店具体情况，安排安全员进行物品交接。

3.2　开闭店时，由事先安排的安全员与商场相关组长和营业员进行物品的交接，包括样品的清点、柜台的上锁、电制开关的关闭等。

3.3　具体和营业员对每一个柜台进行清点确认，确保交接工作准确无误。

3.4　安全员与相关营业员、组长对商品数量确认后，在交接本上签字交接。

3.5　现场管理部经理与保卫部值班班长，再次对卖场的交接进行确认，尤其是各种电制开关，柜台上锁情况，电器关闭情况，并在交接本上签字确认。注意必须签字确认，以保证权利与责任的交接。

3.6 保卫部值班班长对每日交接情况进行详细记录，特别是各种特殊情况，如样品缺少、电制开关有安全隐患等情况。

六、夜班值勤程序

1 执行人：
安全员。

2 监督人：
保卫部、行政人事部。

3 工作内容：

3.1 保卫部负责人根据本商场实际情况，有计划地安排安全员进行夜班值勤工作。

3.2 夜班值勤。

3.2.1 安全员根据工作计划，上岗值勤，包括重要岗位，接听电话，店外促销活动商品、展台的安全保护。

3.2.2 定时段进行巡逻，尤其对重要岗位的检查确认，重点在财务室、库房。

3.3 保卫部负责人与值班班长对日常夜班情况进行检查，对夜班工作及记录情况进行确认。

3.4 夜班值勤安全要对夜班工作情况进行全面记录，对问题及时上报解决。

七、安全定期检查、夜查程序

1 执行人：
安全班长。

2 监督人：
保卫部负责人。

3 检查流程：

3.1 制定安全管理检查计划，并按照计划，进行定期检查，检查计划的内容应包括检查的目的、检查的重点方面、每次计划的时间安排、工作步骤等。检查计划中要抓住安全工作弱点和实际工作环境需要，以提高安全工作能力为出发点。

3.2 检查的实施。
按计划如期进行检查。

3.3　入店检查，包括安全员岗位值勤情况、工作安排和记录、安全员的仪容仪表、夜间归队情况、各种工作的交接情况等。检查工作要突出重点。

3.4　按公司各项规定和标准进行检查，对不符合公司规定的行为及时发现并坚决制止。

3.5　对检查中出现的问题，分析出现的原因和解决的途径，及时解决，不能及时解决的问题，要作相应记录，汇总分析后解决。注意要将发现的问题作详尽的记录并及时解决。

3.6　对每次检查中出现的各种问题，要分类予以记录，并定期进行分析汇总，找出安全工作中的不足并加以改进。

3.7　保卫部要定期将检查情况，汇总上报营运部。

八、安全队员培训程序

1　执行人：

保卫部负责人、安全班长。

2　监督人：

营运总监、行政人事部。

3　培训流程：

3.1　保卫部负责人根据公司发展计划，对本部队伍进行调查，包括安全人员的人员安排情况、人员基本素质、基本技能（消防、安全）、待客技巧、团结协调性等，找出队伍中存在的问题。在调查时要具体详细抓住要点。

3.2　按照本部队伍的问题，制订本部的培训发展计划，并上报公司行政人事部和行政部审批确认，按照批复精神对培训计划修改细化。培训计划包括培训目的、培训时间、培训工作步骤、培训教师、培训内容、培训的考核、培训的场地、人员、器具的安排等。

3.3　做好各项培训工作的准备，包括准备必要的教具，制订相应的教案，做好场地、培训人员的准备，通知相应的被培训人员。

3.4　依据培训工作计划对安全员进行相应的培训，包括基本规章制度、公司文件精神、基本工作技能、消防知识与实际操作演练等方面。

3.4.1　专业知识的培训，要突出知识的重点和重要要求、必要程序，培训后要有相应的考核。

3.4.2　实操工作的培训，需要有实际的操作演示，被培训人员需要有实际的操作以提高操作能力，同时在培训过程中，要重视检验培训效果。

3.4.3　对考核不合格人员，要重新培训考核。如再次不合格，将被另行安排工作或解除合同。

3.4.4 保卫部负责人要将培训工作情况，作详细记录和汇总，将培训工作情况上报行政人事部。

4 新员工的入职培训：

4.1 新队员到位后，由行政人事部将人员名单提供给保卫部负责人。

4.2 公司保卫部负责人根据工作实际情况指定培训计划，包括培训的时间、进度、内容等。注意人员岗位的安排。

4.3 新队员集中统一进行培训，包括员工守则、各项制度规定、日常工作流程、消防安全知识、内保人员手册。

4.4 对培训情况进行考核，包括笔试和实操。合格者，分派到相关岗位上岗工作；不合格者，重新培训或辞退。

4.5 新到岗的队员，应有专门老队员带领开始工作，做到必须以老带新，专人指导工作，在实际工作中提高工作能力。

4.6 经过预定期限的以老带新，商场安全班长或保卫部负责人对新队员再次进行全面考核确认，符合工作要求具备岗位工作能力的新队员，可以确认上岗单独值勤。

4.7 培训结束后，做好培训的工作记录，评估培训效果，提高培训的能力。

九、商场重要岗位值勤程序

（办公室、收银台、库房、事故发生现场）

1 执行人：
商场安全员。

2 监督人：
安全班长、现场管理部。

3 工作程序：

3.1 卖场巡逻。
安全员按计划进行巡逻，随时注意情况的发生。

3.2 情况发生。

3.2.1 当特殊情况发生时，如重大促销活动、突发安全事故、秩序混乱。

3.2.2 迅速赶到指定现场，按领导工作分派执行勤务，维持现场秩序，保护顾客及公司人员生命财产安全，查明商场具体情况。工作要点：迅速及时赶到现场，礼貌对待顾客，解释公司有关规定。

3.2.3　将有关情况及时通知有关领导，包括目前现场情况、人员安排、损失情况、有什么发展趋势等。

3.2.4　保护、维持现场秩序：保护现场、疏散人员，维持正常秩序。特别是重大促销活动，要及时疏通现场的交通秩序，维持购物、交款队伍的秩序，保证正常的营业销售。

3.2.5　及时处理现场情况，保证商场正常的工作秩序，处理问题要保持镇静、分析现场的正常情况及解决突破口，按公司有关规定处理问题。处理过程中要保持头脑冷静，态度礼貌认真。

3.2.6　问题解决后，要将解决情况及时上报。对特殊及重大事件和自己无法解决的问题，立即上报班长和商场管理部经理给予解决。

3.3　现场管理部部长对商场的所有安全问题负责，并及时给予解决，特殊情况和重大事件，要与营运总监密切配合解决问题。

3.4　现场管理部部长对商场各种安全事件，及时汇总报营运总监或行政人事部。

十、保卫部人员行为规范

1　遵守规章制度。

2　保安人员上班时不准穿拖鞋、短裤，不准卷裤腿，不准便制服混穿。违者罚款 50 元。

3　上班时不准看书报等，不准做与工作无关的事。违者罚款 50 元。

4　不准串岗、坐岗、脱岗等。违者罚款 50 元。

5　当班时不准睡觉，违者第一次罚款 50 元，第二次做辞退处理。

6　不准迟到、早退。

7　非本单位保安员，不准进入。

十一、下班验包程序

1　执行人：

安全员。

2　监督人：

现场管理部经理、安全班长。

3　工作内容：

3.1　时间：任何时段。

3.2 员工出门主动配合安全员的验包工作，将自己所携带各类包具主动打开让安全员检验确认。注意要培养员工主动接受检查的一种习惯。

3.3 安全员按公司要求认真检验，确认无任何公司财物。在检查过程中，要特别注意小件商品、赠品等易藏匿的商品。

3.4 检查确认无误后，让员工通过，并礼貌与员工道别。

3.5 对每天的检查工作予以详细记录，遇到特别情况要及时汇报。

第二节　商场消防管理

一、灭火器材的申购程序

1 执行人：

保卫部负责人、采购部门负责人。

2 监督人：

公司总经理、公司行政人事部。

3 申购流程：

3.1 保卫部根据本商场的具体情况（商场的数量、面积的大小、消防的具体要求），具体测算灭火器材的数量、品种、型号，并与当地消防部门协调确认。具体参照标准可以按照国家规定安排消防器材的规范，确认应采购的灭火器材，做好计划采购的准备。

3.2 保卫部与采购部门具体研究确认器材申购情况。确保消防安全、合理科学的成本支出。

3.3 由采购部门提出请购申请，包括具体灭火器材的数量、型号、品牌、价格、到位时间等，发至公司行政人事部审批。

3.4 行政人事部依据公司实际情况，对消防器材申购情况进行审批确认。审批合格后，报行政副总审批。

3.5 行政副总对申购报告进行最后审批，并签署意见。

3.6 申购报告返回采购部门依照公司精神执行。

二、灭火器材的使用方法

1 执行人：

商场所有员工。

2 监督人：

安全班长、营运总监。

3 操作方法：

3.1 灭火器操作程序：

3.1.1 迅速找到灭火器。演习中可到指定地点去提取灭火器。

3.1.2 一手握紧灭火器喷嘴，以免喷出后喷嘴随意晃动。

3.1:3 找到灭火器铅封插销，用力将铅封拔除。

3.1.4 测算好初步距离（距火源 1.5 米），将喷嘴对准火源底部。注意喷射过程中，要对准火灾根部火源进行喷射，达到最佳的灭火效果。

3.1.5 按下灭火器的压把，迅速及时扑灭火灾。

三、灭火工作的培训和演习

1 执行人：

管理公司全体员工。

2 监督人：

总经理。

3 培训内容：

3.1 保卫部负责人，根据公司灭火培训的文件精神，制订周密的灭火计划，包括灭火组织、灭火人员安排、灭火规定的制定、培训的时间、地点、人员组织、费用预算、培训工作步骤安排、各部门的协调配合、培训效果的测试。制定的计划要注重可行性。

3.2 培训工作前三天，必须全面确认培训计划情况，包括人员、步骤、资金、培训用具等。

3.3 指定培训人员，按培训计划实施培训。

3.3.1 灭火知识的培训。

3.3.1.1 灭火知识的培训，包括灭火基本知识，有关公司规定，灭火职责划分，火灾中的注意事项等。

3.3.1.2 灭火知识材料的学习，要求有重点，讲求实效。

3.3.1.3 灭火知识的考核，培训结束后，要组织相关的考核，以确定培训的效果。

3.3.2 灭火器材使用的培训。

3.3.2.1 指导教员，按器材正确使用方法为被培训人员演示。

3.3.2.2 被培训人员，按照演示要求进行相应演练，达到应知应会，达到操作要求。

3.3.2.3 定期与不定期地开展灭火演习，保卫部门要抽查员工掌握的情况。

3.3.3 报警培训。对报警知识的学习，包括报警电话、报警程序、由谁报警、怎么报警等项。做到责权明确、责任到人。

3.3.4 疏散培训和演习。

由保卫部负责人和营运总监统一制定员工及顾客疏散情况，包括疏散路线、疏散指挥小组、疏散步骤，并每月定期开展一次疏散培训和演习。

3.3.5 指挥系统的培训和演习。

由公司总经理与保卫部负责人指定指挥系统人员，包括正副指挥、灭火小组、疏散小组、报警小组、救援小组，每三个月（不允许超过四个月）定期进行一次培训和演习。

四、防火工作的检查

1 执行人：

人事部经理、保卫部负责人。

2 监督人：

总经理。

3 检查内容。

3.1 防火检查计划：根据商场实际情况，制订公司防火检查计划。

3.2 检查工作的实施。

3.2.1 器材的检查：检查商场灭火器材的准备情况，包括灭火器材的数量、摆放位置、使用功能的正常性。每日检查登记。

3.2.2 组织的检查：检查商场防火组织的建设情况，包括各个功能小组。

3.2.3 防火知识的检查：检查商场人员的防火知识情况，包括基本知识，报警、疏散、救护、自我保护等。定期检查考核。

3.2.4 安全防火隐患的检查：对商场的重点工作隐患进行检查，包括电制闸盒、电线线头、禁烟情况、库房堆积情况、器材失效丢失等。每日和不定期的考核检查，确保安全。

3.2.5　问题的确认和解决：及时解决检查中的问题，并作相应记录。

3.3　汇总上报：将检查情况汇总上报人事部。

五、灭火器材的日常检查和保养

1　执行人：

行政人事部经理、保卫部负责人。

2　监督人：

总经理、行政人事部。

3　检查内容：

3.1　定期检查计划：行政人事部与保卫部制订检查计划，包括检查时间、检查人员、检查重点等。

3.2　日常检查。

3.2.1　灭火器的检查：

3.2.1.1　铅封是否完好，有无破损。

3.2.1.2　压力表是否完好，压力水平是否达到标准，并做好情况记录。

3.2.1.3　器材外体有无锈损情况。

3.2.1.4　胶管喷嘴连接完好无破损。

3.2.1.5　定期专人对灭火器进行保养，保持外表光洁，无污垢，铅封完好，压力正常。

3.2.2　室内消火栓的检查。

3.2.2.1　防护玻璃窗完好，各类器具保持完好，无丢失。

3.2.2.2　水带盘卷整齐，放置正确，无丢失破损。

3.2.2.3　水枪放置位置正确，无零件丢失。

3.2.2.4　手动报警器状态良好。

3.2.2.5　阀门状态良好，无堵塞，无杂物。

3.2.3　火灾报警器的检查。

3.2.3.1　无破损，保持良好状态。

3.2.3.2　专人检查烟感器是否正常运行工作，并作相应记录。

3.2.4　卷帘门的检查：是否有效升降，活动自如。并与制作安装厂家签订保修协议。

3.3　将检查结果登记记录，对发生的问题及时解决。

3.4　将检查结果上报总经理。

第三节　商场突发事件应急处理程序

一、突发安全事故的处理程序

（漏电、跌倒、划伤、碰撞、突发病倒）

1　执行人：

保卫部人员、现场管理人员、营业员、后勤部人员。

2　监督人：

保卫部负责人、现场管理部经理、后勤部负责人。

3　工作内容：

3.1　防范计划和准备：执行人员要对本商场的具体安全情况进行调查，将有可能发生安全事故的隐患找出来。依据本商场的实际情况，制定安全事故的处理步骤，准备相应的急救药箱。

3.2　事故隐患的检查内容。

3.2.1　有无外露电线。

3.2.2　地面的平整性，有无湿滑，影响购物。

3.2.3　展台有无破损，引起对顾客的伤害。

3.2.4　购物秩序是否良好。

3.2.5　样品及展示器具摆放是否良好，有无危险。

3.3　及时防范：在日常工作中，安全员应时刻注意安全隐患发生的可能性，及时防范和处理。

3.4　事故发生时的处理：及时疏散顾客，避免顾客围观，各岗位工作人员坚守岗位。

3.5　抢救伤者：及时赶到现场，对较重伤员进行抢救（包括外送就近医院），保证顾客的生命安全，对轻微伤者给予协助包扎。对自己无法处理的及时上报商场最高当值经理，对问题及时解决不得延误。

3.6　将发生情况及时上报保卫部负责人与现场管理部经理。

3.7　对事故发生情况进行调查，以确认发生原因，解决其中问题，杜绝问题的再次发生。

3.8 对有可能造成诉讼或事态扩大的情况，要及时保留相关证据，以有利于问题的解决。

3.9 对一时无法解决的问题，做好相关后续工作。

二、商场防漏雨、防水突处理程序

1 执行人：

安全员、值班班长。

2 监督人：

保卫部负责人、后勤部长。

3 工作内容：

3.1 防范准备：

对本商场排水系统、水管布置进行调查，找出隐患点，加以防范，并准备相应防水器具，如水桶、防水苫布、管道疏通机、电动吸水器等。如发生相关问题应立即与有关部门（××物业管理公司）联系沟通。平时要对低洼地区、低洼部位、水管老化、阀门老化损坏、排水不畅处、总阀门位置、排水管道水井位置等做到心中有数，一旦出现问题能快速准确作出相应措施解决问题。

3.2 事故发生时的实施。

3.2.1 迅速找出问题原因，进行抢险补救，保护公司财产不受损失。

3.2.2 及时采取有效措施。

3.2.3 后勤部长确认采取措施的效果，并加以改进。

3.2.4 及时联系相关部门进行处理抢修。

3.2.5 将情况及时上报行政人事部。

3.2.6 跟踪问题解决的情况，直到问题彻底解决并做好相应预防措施。

三、商场打架斗殴滋扰的处理程序

1 执行人：

现场管理部管理人员、保卫部值班班长、安全员。

2 监督人：

保卫部负责人、现场管理部经理。

3 工作内容：

3.1 做好卖场的巡视。在商场营业区，要特别做好对特殊时段（节假日、周末、营业高峰）、特殊点（大门口、楼梯、电梯、收银台、提货处）、特殊人群（售后问题人员、成群结队人员、家庭型购买人员、酒后人员、有精神病倾向人员）等问题高发因素的巡视。安全员分析具体情况，及时汇报，为顾客解决相关问题。派专人注意可疑人群的动向。

3.2 事故发生时的处理程序。

3.2.1 立即劝阻打斗，劝散围观群众和收缴打斗用的凶器。如有打伤人和毁坏台、椅、器具等物品，报告公安机关处理。

3.2.2 如双方不听制止，事态继续发展，场面难以控制，应迅速报告公安机关，如有重伤者送当地医院抢救。

3.2.3 协助公安人员勘查打斗现场，收缴各种打架斗殴工具，辨认为首分子。

3.2.4 事故处理程序。

3.2.4.1 及时解决：对可能发生的事故及时劝阻，化解问题，将事故解决在初期阶段。尽量不让事件继续发展。

3.2.4.2 分开当事各方：事故发生后，立即赶到现场，根据具体情况，保护公司财产，维护正常秩序，分开当事各方，将当事各方带到不影响商场经营，较为僻静的场所，以分割问题继续发展的可能。

3.2.4.3 确认事实、转移焦点：与顾客确认事情基本情况，属于本商场的问题，及时帮助解决，解决不了的报商场现场管理部经理。不属于公司范围的，根据具体情况加以化解，转移问题焦点，平息事端。

3.2.4.4 及时上报、联系有关部门：对事故及时上报，包括上报保卫部负责人、行政人事部。对本人、本部无法处理或特别重大的事件，应及时与有关部门联系通力解决（公安机关或所在物业的保卫部门）。

3.2.4.5 做相关后续处理：对一时无法处理完的，按领导要求做好后续工作，使问题圆满解决。

3.3 汇总上报。

将问题情况汇总上报公司行政人事部。

四、对发生抢劫、哄抢财物及事后的处理措施

1 执行人：
现场管理部经理、保卫部、行政人事部、财务部。

2 监督人：
总经理。

3 工作程序：

3.1 武装抢劫。

3.1.1 不要反抗武装劫匪，并严格按其要求去做。

3.1.2 被匪徒逼迫的收银员要反应敏捷且不动声色，按抢劫犯的要求将钱放进袋子里。

3.1.3 尽最大的努力去注意抢劫犯的形象特征，而不要太显露地去观察他们究竟在干什么。

3.1.4 抢劫犯离开商场后立刻报警。若有无声警报，应尽快启动。

3.1.5 要特别留意抢劫犯在没戴手套的情况下，所动过的任何东西并加以保护，好让警察来取证。

3.1.6 尽量记住劫匪的车辆特征，在其驾车离去时不要往商场外跑，以防被枪击。

3.1.7 请求现场目击者留在商场中直到警察赶来，然后讲述所看到的一切。要获取所有顾客和证人的姓名、地址及电话号码。

3.1.8 在顾客或员工作书面描述时，必须让他们分别各自描述。

3.1.9 查看、清点抢劫犯洗劫过的收款机钱箱或保险柜。

3.1.10 员工在抢劫中和事后，不要向新闻媒介提供任何信息。

3.1.11 商场负责人也不必把向新闻媒介提供信息作为一种义务。有关经济损失方面的报告，也无须向媒介或警察提供。但损失的大小可酌情告知专家组的侦查人员。

3.1.12 按照保险公司的要求报告案情核实损失。

3.2 群众性哄抢财物的处理。

3.2.1 发现群众性哄抢事件，应协助宣传党的政策法令，指出哄抢国家、集体和个人财物是侵犯公私财物的违法行为，告诉现场群众不要盲从，受骗上当；自觉离开哄抢现场的，国家一律不予追究；如不听劝告继续哄抢的要依法追究责任等。

3.2.2 迅速将发生群众性哄抢事件的时间、地点、参与的人数等具体情况报告当地公安机关。

3.2.3 向公安机关提供带头哄抢的人员和被哄抢物资的情况。同时，协助公安机关人员清点现场物资，弄清哄抢损失的财物。

五、商场突然停电的处理

1 执行人：

收银员、安全员、客服人员。

2 监督人:

现场管理部经理、保卫部负责人。

3 工作内容:

3.1 商场备有的应急电源（自备发电机等）会在几分钟后自动启动、紧急照明灯等会立即自动启动，要求大家要保持冷静。

3.2 停电时，应迅速查明停电的原因，同时做出对策。在处理的同时立即通知工程部值班人员和商场当值最高领导。

3.2.1 停电时，若备用电源不能正常工作，收银机无法打出购物小票，针对正在排队结款的顾客，可利用空白单据填上购买金额，并盖发票章或在交款单上盖发票章，请顾客下次来商场时凭证兑换。

3.2.2 收银员应迅速将收银机抽屉锁好。

3.2.3 有关部门（客服部和财务部）应立即将金库及总经理室锁好。

3.2.4 管理公司当值最高负责人应迅速将客服部与保卫部人员分配至收银台附近及商场内，以保证现金及商品的安全。

3.2.5 以客气的语气安抚顾客，并请顾客谅解因停电所带来的不便。

六、火灾发生时的程序（报警、指挥、灭火、疏散）

1 执行人:

所有员工。

2 监督人:

总经理。

3 工作程序:

3.1 报警程序。

3.1.1 发生火情时，确认火情具体情况，包括起火部位、着火物品、人员损害情况等。

3.1.2 及时将火情情况通报现场管理部经理和安全班长。不要私自拨打"119"，要及时汇报营运总监。

3.1.3 确认火灾发展和救灾情况。

3.1.4 由营运总监决定是否报警。现场听从保卫部负责人与营运总监指挥调度。

3.1.5 商场授权报警后，由专人报警，报警内容包括讲清姓名、单位地址、联系电话、着火原因、着火物体、火势大小、有无伤亡。

3.2 指挥系统程序。

3.2.1　确认火灾具体情况，通知小组成员集合。

3.2.2　各小组成员立即到指定地点集合，由保卫部负责人分派各自任务。

3.2.3　指挥系统开始运行。

3.2.3.1　火灾确认：专人确认火灾情况。

3.2.3.2　报警：营运总监依据具体情况确认是否报警。

3.2.3.3　疏散：由专人负责人员疏散。

3.2.3.4　救灾：专人指挥救护伤员、抢救物资商品。

3.2.3.5　上报：营运总监负责将火灾情况及时上报。

3.2.4　小组成员保持冷静，各负其责。

3.2.5　火灾后的维护清点：派专人维护火灾现场秩序，清理商品损失。

3.3　发生火灾时的应急处理。

3.3.1　立刻拨打"119"火警电话，并报告商业广场管理公司总经理及上级领导。

3.3.2　告知商场所有值班员工立即根据《××国际商业广场灭火应急疏散预案》的编制内容和要求执行任务。

3.3.3　立即疏散商场内顾客并迅速离开现场。

3.3.4　按平时消防演习的规范执行工作。

3.3.5　迅速将先进及贵重财物转移到安全位置。

3.3.6　除照明灯具外，关掉所有电器设备。

3.3.7　人身安全第一重要，不要因收集现金或救火而危及生命安全。

3.3.8　如有浓烟出现时，应匍匐在地上爬行，迅速离开现场。

3.3.9　身体尽量避免开电器设备。

3.3.10　不要使用电梯，尽量走消防疏散通道。

3.4　疏散救护程序。

3.4.1　及时到位疏散：发生火情后，按分派的工作计划和岗位要求，及时到指定地点进行疏导救护工作。让顾客保持冷静听从指挥。小组成员应知疏散专用通道和各自负责疏散区域和地点。

3.4.2　引导疏散：按照事先计划引导顾客按正确的疏散道路离开现场。疏散小组人员自己保持镇静，不要慌乱，正确指导顾客从正确路径出门。

3.4.3　救护伤者：救护小组对伤者进行及时抢救。

3.4.4　物品抢运：及时抢运公司物品，并按照指挥命令搬运到指定地点，由专人看护。

3.4.5　引导救火：引导救护车辆、救火车辆进入现场实施救援工作。

第三章 商场防损管理手册

第一节 商场的防损耗管理

由于商场营业面积大、部门众多，部分员工为一己私利或工作不认真、不负责任而造成商场损耗。防止损耗应以加强内部管理及员工作业管理为主。

1 加强内部员工管理。

员工偷窃与顾客偷窃是有区别的，顾客偷窃往往是直接拿取商品而不结账。而员工偷窃则有多种表现形态，如内部勾结，监守自盗，直接拿取货款，利用上下班或夜间工作直接拿取商品等。

1.1 针对员工偷窃行为制定专门的处罚办法，并公布于众，严格执行。

1.2 严格要求员工上下班时从规定的通道出入，并自觉接受商场保安人员的检查。

1.3 员工在上下班期间购物情况要严格规定，禁止员工在上班时间去购物或预留商品。员工在休息时间所购商品应有发票和收银条，以备保安人员或查验人员检查。

2 加强员工作业管理。

2.1 加强对员工作业的管理，规范员工作业的流程，尽可能把员工在作业过程中造成的损耗降到最低。

2.2 由于商场经营的商品种类繁多，员工在工作中不认真负责或不细致就可能造成商品条码标签贴错、新旧价格标签同时存在或POP与价格卡的价格不一致、商品促销结束后未恢复原价以及不及时检查商品的有效期等，使某些顾客以低价买走高价商品从而造成损耗，或者顾客买到超过保质期商品向消协投诉，不仅会在经济上造成损耗，而且对企业的形象也极为不利。

因此，商场里各部门主管应给员工以明确的分工，每天开店之前把准备工作全部完成，如检查POP与价格卡是否相符；检查商品变价情况，并及时调换；检查商品的保质期等。

第二节　控制员工内盗的措施

1　实施安全管理的主要目标。

安全管理的主要目标概括为两点：一是招募诚实可靠的员工；二是采取有效手段保持员工一贯的诚实作风。

1.1　招聘录用员工的程序方法。

1.1.1　应聘者的经历应包括每个工作单位离职的原因，上岗和离岗时的工资，在每个企业中发生的职位变化，此外，还要包括以前所在单位的名称、地址及所在岗位直接领导人的姓名。

1.1.2　应对申请人未被聘用的各个时期的情况进行询问并对这些变化给予合理的解释，同时还应向申请人的前几个单位调查其被解聘的原因。

1.1.3　聘用每一名员工前应对其进行面试，应把注意力集中在应试者的言谈举止上，特别是在问及未被聘用、降级使用或被聘用不久即调换工作等情况时，一定要注意观察其面部表情的变化。此外，要进一步询问有关工作终止，遗漏信息、未解释清楚的时间断层及应试者对每一次离开以往单位所做的不真实的说明。

1.1.4　一般不应该询问个人的隐私，如应聘者的入狱记录。当然，聘用保安部人员可除外。

1.1.5　在检查应聘者个人性格或生活方式时，应该在法律允许的范围内谨慎行事。

1.1.6　对求职者进行背景调查。在利用电话进行询问和调查时，尽量找求职者的前任上司而不是人事档案管理员进行了解，并争取得到比较翔实的情况介绍。

1.2　员工忠实程度的测试。商场对员工忠实程度的测试，除平时观察其所作所为或业绩外，可以采用书面测试，书面测试的目的主要是了解被测试者对忠实问题的态度和看法。

2　关于所制定防偷盗制度的执行办法。

2.1　将制度形成书面文件。

2.2　在公开制度之前，请部分员工代表讨论，尽量在讨论通过后立即生效。

2.3　召开全体员工大会，传达该文件。

2.4 将此文件作为员工手册或营业员手册等基础培训教材的一部分。

2.5 每位员工都取得一份复印件并在上面签字，然后把签字的复印件收集存档。

2.6 对新员工，保证使之确切了解该文件的含义，然后将他们签字后的复印件存入其个人档案。

2.7 要定期与员工一起重温制度规定。

2.8 向所有从事直接配送的供应商发送一份复印件。

注意：商场内盗事件频繁出现是因所制定的制度没能很好地贯彻执行。

3 防止内盗的安全管理手段。

3.1 认真学习保安原则和相应的培训计划，明确员工在控制和防止偷盗、损耗方面所承担的责任。损耗包括一些非保安因素，如毁坏、处理积压、货品供应和标价等。

3.2 学习书面形式的保安制度与程序，包括防止、控制偷盗和损耗的具体步骤。

3.3 学习现代化的保安设备的书面使用程序或使用说明书，包括如何正确使用报警系统，锁和钥匙的管理，正确使用钱箱等。

4 对行窃员工审查的技巧和程序。

4.1 不宜由保安人员伴随被审查者由工作现场至审查地点。

4.2 由外部相关机构审查和收集书面证明，该机构或保安人员应避免直接将员工带到审查地点。

4.3 审查时，尽量将审查地点的房门敞开，因保密需要必须关门，也不得将门锁住。

4.4 审查过程中，除必要的证人，避免不必要的人员留在现场。

4.5 不要在调查现场出现武器或相关器具（如手枪、手铐、绳索、棍棒等）。

4.6 扣留被审查者时必须有合法依据，避免非法拘禁之嫌。

5 取得偷盗员工书面证明的方法。

如果员工口头承认其偷盗行为，管理人员则应该立刻从这个员工那里得到一份由其亲笔签字的书面证明。取得书面证明的方法简单归纳如下：

5.1 要委婉地劝导偷盗者写出或口述书面材料，完成后，切记不要向其许诺不将此事提出诉讼之类的条件，并进一步做好说服工作，达到其签字画押的目的。

5.2 由口述形成的书面材料要保持被调查者的语气，并准确记录实际发生的情况和所偷物品或现金的数额，行窃的具体日期。要在材料中让被调查者郑重声明，提供此材料不是被迫，纯属自愿。

165

5.3 调查者笔录式的书面材料，应让被调查者阅读，并对文字进行必要的补充或修改，然后由被调查者签字，并记录下日期和时间。

5.4 书面证明应进行复制，原件和复印件都要封存。如要对员工起诉，此证明的原件将构成起诉文件的一部分。

6 员工赔偿的处理方式。

6.1 如是小偷小摸未造成较大的损失，一般由内部处理即可；若员工偷窃造成商场严重的损失，可选择的索赔方式视情况而定。

6.2 要求员工进行赔偿，只有决定不对其进行起诉时；既要起诉员工又要让其赔偿，有关索赔事宜应通过诉讼律师去办理。

6.3 不对员工起诉时，有关赔偿方面的协议应由商场的特聘律师按照法律规定的格式起草。

6.4 关于员工赔偿事宜的所有法律执行文件，诸如员工偿还偷盗财物和现金的书面承诺，都要在商场特聘律师在场的情况下签订，以免有与法律冲突之条款。

第三节 控制商场偷盗的措施

1 现场管理部和保卫部认真学习和坚决执行有效的反盗方案。

2 必须对营业员进行防盗训练，在管理上要将营业员当做防盗的一员，使其掌握防止商场偷盗所应采取的步骤。当发现商场偷盗或出现不诚实的可疑者或察觉同伴正在偷盗时，确切知道应采取何种有力的措施。

第四节 打扒工作

1 日常工作。

1.1 着便装在商场巡视，制止内/外盗。

1.2 打扒不得雇用临时工。

2 制止外盗。

2.1 发现窃贼后，带回保卫部询问（注意：保安无权强迫盗窃嫌疑人去保卫部）。

2.2　对盗窃嫌疑人应客气，用语礼貌。

2.3　严禁在商场外询问盗窃嫌疑人。

2.4　避免在收银口附近造成争吵、围观。

3　问询。

3.1　打扒人员将盗窃嫌疑人带回保卫部后，由保卫部安排办公室人员询问，打扒与询问不得是同一人。

3.2　询问务必在保卫部内进行，有两人在场同时参与询问。

3.3　在任何情况下不得打骂盗窃嫌疑人，严禁强行搜身。

3.4　不得将盗窃嫌疑人扣押过夜。

3.5　遇下列情况立即报案：偷盗数额巨大、吸毒、有前科、犯病、精神不正常、外籍、持武器。

4　损失补偿款。

4.1　当盗窃嫌疑人自愿承担商场损失时，询问人员填写《外盗记录单》，并收取损失补偿款，补偿人在《外盗记录单》上签字，完毕后，问询人、打扒人、打扒款专管人员在《外盗记录单》上签字，打扒款暂存打扒款专管人员处。

4.2　打扒款务必于次日 12：00 以前交到财务部，财务部在《外盗记录单》上签字，并保留第二联，保卫部保留第一联，打扒款不得多日留存于打扒款专管人员处。

4.3　商品务必于次日交回商场，由保卫部经理、现场管理部经理在《丢失物品统计单》上签字。现场管理部保留一份，保卫部保留一份。

4.4　暂扣物品填写《暂扣物品登记表》，暂时存于保卫部，不得私分。月底上交财务部，财务部在《暂扣物品登记表》上签字，保留一份，保卫部保留一份，暂扣物品最终由商业广场管理公司总经理签字决定如何处理。

4.5　（本段虚拟，仅供参考）打扒款的 25% 作为奖金，由保卫部经理填写《打扒奖金分配表》，报行政人事部门审核，商业广场管理公司总经理签字确认后，月底一次性从财务部领取，依此表分配奖金。此表必须保存完善，保卫部、行政人事部各留存一份以备稽核。25% 分配比例为：20% 分配给打扒人员，5% 分配给审案人员及保卫部办公室人员。

第五节 抓盗打扒的具体措施

1 扣留和审问偷盗者的具体措施。

1.1 扣留和审问的目的。

1.1.1 验明偷盗者的身份。

1.1.2 获得偷盗者自愿供认的书面材料。

1.1.3 发现包括偷盗者未经授权携带的轻武器或其他武器、作案工具和设备以及非法携带物等可支持作案的证据。

1.1.4 就是否起诉偷盗者做出决定，起诉则扣留至警察到来。

1.2 将本起事故和偷盗者的情况记录在"抓获报告"表格中。

1.3 让偷盗者所偷到的物品放在桌子上，并拿出能证明其身份的物件。如果打算起诉，则将所有证明身份的证件留至警察到来。要将物品清单填入表格中。

1.4 将证明身份的所有证件号码、种类、名称等登记在表格上。

1.5 将偷盗者的年龄、住址、电话号码登记在表格上，尽量完整描述。

1.6 当偷盗者被责令点清身上的钱后，应将数目填入"抓获报告"相应的栏目中。

1.7 请偷盗者填写"供认声明"。若被拒绝，则在"抓获报告"的备注中注明。

1.8 必要时，可以请警察来给拒绝填写和签署"供认声明"的偷盗者施加压力。

1.9 在审问过程中，不应锁上办公室的门。

1.10 如果偷盗者尚未成年，在追回商品并讯问时，应在将其带回办公室的同时，通知其父母和警察前来。

1.11 现场管理值班经理或指派的员工不要向偷盗者承诺不予起诉。

1.12 应以最短的时间（一小时以内）结束扣留和审问。

2 保存证据的方法。

2.1 要起诉或惩处偷盗者，首先必须获取和保存证据，从而使他们以后在法庭上能清楚地确认。

2.2 除制作和保存有关偷盗事件的准确的书面材料外，应给偷盗者所偷盗的物品拍快照，并在这些照片的背面用钢笔写上偷盗者的姓名、对物品的描述、商品的零售价、事件发生日期及商场地址，同时，还需请两名当事员工在照片背面签上名字。

2.3 就保存好被盗物品以备作证的问题。

在许多裁决中，一张得到证明的真实照片就可，但有些案件法院会要求诉讼律师出具被盗物品原件作为听证和审判的依据。

2.4 在把被盗物品移交给警方作为日后法庭判决的证据时，应采取以下步骤：

2.4.1 在装有被盗物品的大包装袋外面写上每个物品的品牌、型号及零售价。

2.4.2 在这个袋子的外面写上日期、商场的两位证人及偷盗者的名字。

2.4.3 用包装胶带把袋子扎上，如果必要的话，可以用两个或多个袋子装被盗物品，并把上述内容标在每个袋子上。

2.4.4 向接收移交物品的警察索要签字收据。

第六节 观察商场偷盗的措施

1 观察商场偷盗者的基本程序。

1.1 当发现有顾客藏匿物品或偷换标签，员工应高度监视这位顾客。

1.2 在继续监视偷盗者的同时，该员工请另一位员工将经理或其指派的人找来。

1.3 经理或其指派的人赶到后，员工应将看到的情况向其汇报，如果可能，最好是确认顾客藏匿的商品类型。

1.4 监控中心人员在监视闭路电视系统时发现有人正在藏匿物品，在将其录制下来的同时，应立即通知现场管理部和保卫部当值人员，赶到现场协助辨认和捉拿嫌疑者。

1.5 在捉拿押送偷盗者到审讯室的过程中，目击者应和现场管理部经理（或该部最高级别当值人员）同行。当目击者在经理指派下到另一间办公室完成证人证词时，应先找一名员工接替，以保证经理身边始终有一个证人。如果嫌疑人是女性，扣留和质问期间在场的最好也是女性。

1.6 目击者的证人证词，须用准确的词语描述从发现偷盗者到送到办公室的全过程。

2 证人证词所具有的内容。

2.1 偷盗者藏匿物品的方式。

2.2 所藏物品的类型。

2.3 偷盗者作案时距证人大概多远。

2.4 从作案至抓获，证人与偷盗者接近程度。

2.5 将物品藏起来后，偷盗者的下一步动作。

2.6 现场管理部经理或保安人员接近偷盗者时，偷盗者所说的内容。

2.7 证人发现偷盗者作案时的时间。

2.8 在偷盗者被抓获前，证人及其他员工监视时间的长短。

2.9 抓获偷盗者的确切地点。

2.10 目击者应在证人证词记录上写明自己的姓名、住址、年龄、电话号码及职位。

第七节　停电时的工作程序

1　执行人：

保卫部人员、现场管理部人员、工程部人员。

2　监督人：

保卫部负责人、现场管理部负责人、工程部负责人。

3　工作流程：

3.1　停电的准备。

3.1.1　商场管理公司应对停电工作有相应工作安排。

3.1.2　工作人员安排，除在岗值勤人员，所有保卫人员、现场管理人员和机电工程人员应按事先安排进行准备。

3.1.3　应急用具的准备，商场应事先准备应急灯具、蜡烛等。

3.1.4　应急工作步骤的安排，保卫部负责人应事先安排遇到停电时的工作步骤。

3.1.5　注意要点：计划和安排应详细可行。

3.2　停电时的工作。

3.2.1　及时增援重要岗位：各安全人员应按照事先计划，携带相应工作工具应急灯、警戒工具到指定地点及时增援。包括商场收银台、财务室、库房、各个出入口、办公区、重要销售柜台等。

3.2.2　控制商场工作秩序。

3.2.2.1 商场大门禁止任何人员出入，大门外架设警戒线，并贴出暂时停业告示。

3.2.2.2 收银台停止收银工作，由专人对收银台控制监管，现金由保卫部人员护送入财务室。财务室人员应关闭保险柜，并坚守各自岗位，由专门保卫部人员监控。

3.2.2.3 库房人员关闭库房大门，禁止任何人员出入。

3.2.2.4 各个柜台营业员（促销员）坚守各自岗位，安排就近顾客保持镇静，不要慌乱和随意走动，看护好各自管辖商品。重要柜台，各组组长要亲自负责监控，保持秩序，及时上锁，保卫部人员专人看护。

3.2.2.5 各安全人员和营业员要尽力告知顾客保持冷静，不要乱跑，商场会维持整体的秩序。

3.2.2.6 专人检查电力系统以确认情况，并及时向保卫部值班班长和现场管理部值班经理汇报。

3.2.3 疏散顾客：保卫部值班班长、现场管理部经理组织安全员和营业员，按计划设置安全通道，疏散顾客并保证顾客安全。顾客从专门疏散口撤出商场，商场由专门安全员把守，并作必要的检查。注意要点：遵守"顾客先，员工后；员工先，领导后；女员工先，男员工后"的原则。

3.2.4 确认商场各岗位情况：保卫部值班班长及时确认各个计划点的工作情况，并妥善解决。

3.2.5 及时上报有关部门和人员。

3.2.6 及时联系有关部门（物业、电力管理单位）通力解决。

3.2.7 来电后，各岗位安全员确认本岗位工作，并向值班班长汇报。

3.3 值班班长将停电工作进行全面记录汇报。

第四章　客服管理手册

第一节　服务承诺

一、保证先行赔偿

商场设"先行负责基金"，对出现质量问题的商品先行赔偿消费者的损失。

二、保证商品质量保真

凡商场销售的商品消费者可百分之百放心。如发现并举报假冒商品，给予500元奖励；如买到假冒伪劣产品，按商品价格双倍赔偿。

三、保证货真价实

严格执行国家物价政策，同类商品价格水平不高于本地区内其他同类零售大店。

四、保证免费送货

凡购买的钢琴、家具等大件及其他大宗商品，均实行市区内免费送货，并负责安装调试。

五、保证及时维修

商品出现质量故障，商场负责维修，大件商品全部实行预约登记，市区24小时内上门维修服务。

六、保证商品退换

顾客所购商品在不影响再次销售的情况下，凭购物凭证一个月内包退包换（国家有规定的除外），凡因商品质量原因造成的退换，一个月内免收磨损费。

七、投诉有奖

凡顾客因对本广场员工的服务质量不满意而投诉到总服务台或顾客接待室，一经查实，酌情给予顾客50~500元奖励。

第二节　服务台管理制度

一、服务台员工工作职责

1　负责总服务台的日常工作，向顾客提供咨询和导购服务，热情回答顾客的询问，接待简单性的顾客投诉处理工作。

2　负责接受并处理顾客的电话投诉。

3　负责向顾客提供礼品包装、传真、复印等总台服务工作。

4　负责向广播室反馈顾客的播音需求。

5　负责失物的存放登记、招领和处理工作。

6　负责公用电话、IP卡等业务的实施管理及账目的盘点工作。

7　如有疑难事宜，应及时上报客服部经理。

8　协助公司各项社会活动、促销活动、文艺活动等。

9　从事公司各种礼仪服务工作，如迎宾等，并协助公司各项社会促销活动、文艺活动等。

10　妥善使用、维护、保管总服务台管辖范围内的机器、设备、设施、用具、用品等。

二、服务台员工服务规范

1　认真遵守商场的各项规章、管理制度，营业前应做好前台的设施摆放及清洁工作。

2　员工上班必须着工装，工装应整洁，不得有破洞；纽扣需扣好，不应有掉扣，内衣服下摆不得露出，工装外不得着其他服装，非因工作需要，不得在商场、办公场所以外着工装。

3　员工必须在休息室（更衣室）梳妆打扮，更换制服。

4　员工上班时间必须佩戴工作牌，工牌应端正佩戴在公司规定的位置，非因工作需要不能在商场、办公场所以外佩戴工牌。

5　应主动向顾客问候，并面带微笑，口齿清晰，声音甜美，要保持温和的目光正视对方，说话时表情、动作要适中。

6　员工应站姿服务，服务期间应站姿端正，举止文雅，与顾客谈话时，应尽量简明扼要，电话铃响三声内接听，接听电话时要长话短说，使用文明语言。

7　接待顾客时要使用礼貌用语问候，在解答顾客问题时应礼貌耐心，做到有问必答，解答仔细。

8　应熟悉商场的经营范围、经营布局，并能够准确回答顾客提问，且指导顾客到其想到达的区域。

9　如顾客需要礼品包装时，应根据顾客所选购商品的类型和要求将物品包装好。

10　交接班时要认真清点柜台存放的券卡、票据等物品，核实后做好交接班记录并签字。

11　在处理失物招领工作时，应严格按照其工作流程进行操作。

12　遇到顾客投诉时，应礼貌、及时、热情地接待，如遇疑难问题应及时上报客服中心主管。对突发事件应有应变处理能力。

13　对顾客发生的紧急事件，应迅速与相关部门取得联系，并准确传达顾客要求。

14　能熟练操作电脑，并能独立运用电脑处理服务台相关业务。

15　员工在岗时要尽职尽责，并保持良好的工作状态。

三、总服务台人员工作流程

1 营业前。

1.1 上班：更衣、进场、签到。

1.2 参加晨会。

1.3 晨会前后进行卫生清理。

1.4 整理准备日常工作用具、用品。

1.5 带领迎宾人员迎宾。

2 营业中。

2.1 坚守岗位，规范、熟练地为顾客提供咨询、导购、礼品包装以及传真、复印等服务。

2.2 做好收费业务登记，确保账目清楚，现金安全。

2.3 做好免费服务项目如文明伞、药箱、轮椅等使用登记工作。

2.4 及时做好总服务台日常用品的补充工作。

2.5 努力完成上级领导交派的其他工作。

3 营业后。

3.1 带领送宾人员送宾。

3.2 检查总服务台设备，关闭电源。

3.3 整理总服务台用具、用品。

3.4 更衣、下班。

四、总服务台员工行为规范

1 语言规范。

1.1 当顾客来到总服务台时，应在第一时间主动向顾客点头示意说："您好！您需要什么服务？"

1.2 对顾客应尊称"您"，需要顾客配合时要做到"请"字当头。

1.3 顾客表达谢意时，不允许不搭腔、不理睬顾客，应面带微笑说："不必客气！"

1.4 在服务过程中，要保持微笑，声音悦耳，语速均匀，音量适中，站姿、手势规范自然。严禁员工表情冷漠，生硬、顶撞顾客。

2 仪容仪表规范（此规范适用于客服中心全体员工）。

2.1 注意讲究卫生。

2.2　头发应修剪、梳理整齐，保持干净，禁止梳奇异发型。男员工不能留长发（以发脚不盖过耳背及衣领为度），禁止剃光头、留胡须；女员工留长发应以发带或发卡夹住。

2.3　女员工应化淡妆上岗，禁止浓妆艳抹；男员工不能化妆。

2.4　指甲应修剪整齐，保持清洁，不得留长指甲，不准涂有色指甲油。

2.5　上班前不准吃葱、蒜等异味食物，不准喝含酒精的饮料，保证口腔清洁。

2.6　着装应整洁、大方，不得有破洞；纽扣必须扣好，不应有掉扣；不能挽起衣袖。

2.7　员工上班必须着工装，工装外不得着其他服装，工装内衣服下摆不得露出；非因工作需要，不得在商场、办公场所以外着工装。

2.8　上班时间必须佩戴员工识别卡（工牌），工牌应佩戴在左胸前适当的位置，非因工作需要不能在商场、办公场所以外佩戴工牌。

3　迎宾接待礼仪规范。

3.1　迎宾礼仪最重要的是态度亲切、以诚待人。

3.2　精力一定要集中，并注意眼、耳、口并用的礼貌。

3.3　面带微笑，使进来的顾客倍感亲切且受到欢迎。

4　服务台电话接听服务规范。

4.1　电话铃声响起的三声之内，必须接听电话。

4.2　接听电话时，必须带笔与纸张在旁边，以便将接听的重要内容作记录。

4.3　当属于顾客投诉电话时，必须作客诉记录和记下顾客的联系方式，便于追踪。

4.4　接听电话态度应亲切礼貌，标准语为"××国际广场，您好！/早上好/下午好/晚上好！"或者"您好/早上好/下午好/晚上好！服务台"，应经常使用"请"、"谢谢"、"对不起"、"请稍等"、"让您久等了"等文明用语。

4.5　找人的电话应每隔一分钟予以确认是否已经接通，并请对方稍等；如果超过两分钟以上无人接听时，应请对方留言或留电。

4.6　接听电话的过程中，应适时发出"嗯"的声音，让对方明了你正在仔细聆听，通话完毕后，应将听筒轻声放下。

5　顾客咨询服务规范。

5.1　语言清晰、简单、具体，发音标准，语速、音调适中。

5.2　面带微笑，体姿端正，必要时使用手势，以手势说明方向时，应将手心朝上，不可漫不经心或随手一指。

5.3　态度积极，有耐心、热情，回答完毕时感谢顾客。

6 向广播室反馈广播信息的服务规范。

6.1 广播找人。

6.1.1 将顾客广播要找的顾客姓名、性别、年龄（小孩、老人等）、工作单位等问清楚并记录。

6.1.2 通知广播室进行广播，连续广播三次。

6.2 儿童丢失。

6.2.1 当接到顾客报"儿童丢失"时，首先要镇静，并尽量安慰顾客的情绪。

6.2.2 迅速记录儿童的特征：姓名、年龄、性别、身高、着装以及生理特征等。

6.2.3 通知广播室发布"儿童丢失"广播，连续广播三次，以引起全店工作人员的注意，协助寻找。

6.2.4 通知进出口的保安、工作人员以引起特别的关注。

6.2.5 当儿童找到时，要取消广播。

7 失物招领服务规范。

7.1 商品的招领：在收银区发现顾客结账但未拿走的商品。

处理：

——商品拿到总服务台存放登记。

——存放的时间为当日晚营业结束前，超过时间未有顾客领取，则食品进行销毁，其他商品返回商场，并签字。

——不进行广播和布告。

——顾客凭小票进行领取，并能说出遗漏商品的品名、数量等。

——经总台人员确认后，顾客办理认领手续并签字。

7.2 一般物品的招领：属于商场内客人丢失的物品，并可以明确判断是客人丢失。

处理：

——物品拿到总服务台登记。

——存放时间为一周，超过当日未领取的，则在物品上登记日期和编号，存放在总台的柜中，超过时限未领取的，进行销毁程序。

——进行广播和布告。

——顾客领取时，必须能详细说明遗失物品的特征。

——经总台人员确认后，顾客办理手续并签字。

7.3 贵重物品的招领：如皮包、手机、钱包、首饰、手表、支票、重要文件和证件等。

处理：

——物品拿到总服务台存放登记。

——总台存放时间为当天，超过当日未领取的，则在物品上登记日期和编号，存放在现金室（商场管理部办公室）中。

——进行广播和布告。

——顾客领取时必须提供本人的相关证件，并能详细说明遗失物品的特征和提供必要的证据证明。

——经总台人员确认后，顾客办理手续并签字。

8　电话卡售卖业务流程。

8.1　由商场管理部文员统一管理（借款、买卡、作账、发卡、还款）。

8.2　文员向财务部借款买卡并建账，借款金额为 2000 元/每次。

8.3　服务台到商场管理部文员处领取电话卡并登记。

8.4　服务台进行交接班清点工作，并将当天售卡款交商场管理部文员且登记。

8.5　电话卡售完，由商场管理部文员向财务部还款并对账。

9　日常业务操作规范。

9.1　提供服务的基本程序。

9.1.1　欢迎顾客：第一时间主动向顾客点头示意："您好！请问您需要什么帮助？"

9.1.2　询问顾客：礼貌地询问顾客需要帮助的具体情况。

9.1.3　确认：对需要确定的要点进行确认。

9.1.4　提供服务：以规范的动作和语言为顾客提供完善的服务。

9.1.5　送别顾客："不必客气，再见"、"您慢走，再见"等等。

9.2　免费服务项目操作规范。

总服务台免费服务项目一般包括：文明伞、针线包、医药箱、失物登记和招领、答询、广播寻人（物）等等。下面以提供文明伞服务为例说明。

9.2.1　请顾客先出示身份证件或其他有效证件："请您出示一下身份证！"

9.2.2　在专用登记本上登记顾客的姓名、身份证号；保证准确，字迹工整。

9.2.3　询问顾客现住址和固定电话，并登记："请您把现住址和固定电话留一下！"

9.2.4　收取顾客××元押金或有效证件（如身份证、军官证、工作证等）。

9.2.5　约定归还时间，最长不得超过一周："请您在××月××日之前把伞送回来好吗？"

9.2.6　取伞，并交给顾客，要双手递送，并说："您慢走，再见！"

9.3　收费服务项目操作规范。

总服务台收费服务项目一般包括：传真、复印、礼品包装、出售报纸杂志等等，收费标准要以书面形式张贴明示。下面以提供礼品包装服务为例说明：

9.3.1　首先告知顾客该项目属于有偿服务："可以（是的），请您先看一下价目表。"

9.3.2　请顾客挑选包装纸的大小和颜色："您用多大的纸包装，××（规格）的纸包装可以吗?""那您挑选一下颜色吧!"

9.3.3　顾客选定后立即进行包装："好的，请稍等!"

9.3.4　包装完毕后，征求顾客的意见："您看可以吗?"

9.3.5　收取包装费用："一共××元，谢谢!"需找零钱时："找您××元，请拿好!"

9.3.6　送别顾客："谢谢，再见!"、"您慢走，再见!"

10　其他工作要求。

10.1　营业期间，工作务必要认真、仔细，收取现金时一定要认真验收，如因工作失误或收到假币按面值负责赔偿，责任不清者由总服务台工作人员共同承担责任。

10.2　做好有关数据资料、物品的记录整理和保管工作，包括员工意见、顾客反馈信息、遗失物品等，及时反馈有关信息，积极提出合理化建议。

10.3　如遇有表演任务或礼仪服务时，要服从合理调度，保证工作正常开展。

五、总服务台工作纪律

1　遵守公司各项规章制度。

2　严禁非本柜组人员进入总服务台内，如有外人进入要及时劝阻。

3　总服务台设置的电话为专用电话，其他员工不得使用。

4　总服务台的包装材料、复印纸、报纸杂志等属经营用商品，不得私自使用、外借或送人。

5　严格遵守药品、针线包等用品的使用管理规定，以适量为原则，不得私自使用或送人。

6　包装、传真、复印等经营项目必须按规定标准收费，不得多收、少收或不收费，更不得挪用、贪污经营款。

7　总服务台的服务性收入要执行严格的财务制度，钱账分开，日清日结。

8　总服务台的机器、设备、用具要妥善保管和使用，不得恶意操作或随意损害。

第三节 商品售后服务规定

一、商品退换、维修处理原则

1 公司将严格按照国家及消协制定的法律、法规处理商品退换货及维修事宜。

2 商品退换实行先行负责制。对于在质量保证期内发现质量问题的商品，必须由我方先行解决，不得推脱或让消费者找供货方。

3 售出商品在保证期内发生质量问题，给消费者造成财产、人身损害的或有欺诈行为的，依照《中华人民共和国消费者权益保护法》有关规定由商场或厂方承担赔偿责任。

4 商品退换须有购物凭证。无购物凭证一般不准退换货。如有特殊情况，无购物凭证退换货需由柜组营业员确认是否在本柜组购买，由商场管理人员签字方可办理。

5 根据公司保证商品退换原则，顾客所购商品在不影响再次销售的情况下，凭购物凭证一个月内包退包换（国家有规定的除外）；凡购买一个月内因商品质量原因造成的退换，免收折旧费，超过一个月，按实际天数收取折旧费（国家有规定的除外）。

6 对不能判定是否属于商品质量问题的争议，可与消费者协商请其去国家授权的技术监督检测机构鉴定，明确责任，检测等费用由责任方承担。

7 商品退货应按原始凭证实收价格退款，应收折旧费或有其他规定的除外。

8 有下列情况之一者，应按消费者要求给予修换的，不得收取磨损、手续等费用：

8.1 消费者购买了规格、型号、色泽等不合适的普通商品，在不影响再次销售的前提下，自购买之日起一个月内持购物凭证，给予退换，有特殊规定的按约定时间。

8.2 消费者所购商品一个月内出现质量问题（有特殊规定的按约定时间），造成主要功能丧失或主要部件损坏，难以修复使用的商品，给予退换（国家规定商品除外）。

8.3　由于服务过程中销售人员造成的错误，给予退换。

9　根据国家有关规定，下列商品无质量问题不予退换：

9.1　医药类、食品类（如烟酒及鲜活产品）、感光材料类（如胶卷、相纸）。

9.2　涉及人体卫生的商品（如化妆品类、内衣裤、丝袜、泳衣、卫生用品等贴身商品）。

9.3　销售时已标明"削价处理"的商品。

9.4　图书、音像制品及电池等一次性用品。

9.5　金银制品、珠宝玉器、钟表、眼镜、家具、高档饰品、家用电器、电脑、健身器械、照相机、自行车、乐器、工艺品、高档陶瓷制品、书法绘画、儿童玩具等价值较大或有保修服务的商品。

9.6　超过自身寿命期限（或约定期限）的商品、用户使用不当导致损坏的商品、自行损坏的商品、自行拆动的商品。

9.7　剪开撕断的丈量商品。

二、退换货及修理程序

1　营业员在受理商品退换业务时，首先请顾客出示购物凭证（销货小票或发票），并审核购物凭证是否合法、有效。

2　对持会员卡购物的商品退换，要请顾客出示会员卡。

3　判断所购商品是否在规定的"三包"期内。

4　收回商品时，必须认真检查该商品是否为本柜组出售，是否保持原样。

5　经过以上的审核程序，确认符合退换条件的，营业员填写有关的退换凭证。

6　商场主管人员或商场经理确认符合退换条件的，在有关的退换凭证上签字，并注明"退"或"换"字样。主管只可以进行换货处理，若要退货必须经经理同意并签字。

7　退换业务应由柜组营业员陪同顾客到收款台办理，并在收款台的《退换货登记表》上登记签字。

8　本柜组根据有关的退换凭证，及时调整商品账。

9　办理退换及修理时应根据实际情况予以处理：

9.1　对于无质量问题要求退货的商品，按保证商品退换原则进行处理。

9.2　对于有质量问题要求退货的商品，按规定的比例收取一定的折旧，再予以退换。

9.3　对于需要修理的商品，视其情况进行免费修理或收费修理，并必须在规定时间内交付顾客；如确实无法在规定时间内交货，应及时与顾客联系，表示歉意。

9.4 同类质量问题，两次修理不能恢复商品正常使用性能的，应予以换货（据情收取折旧），无货可换应予以退货。

三、商品退换与修理细则

1 食品、药品类。

1.1 食品（包括烟酒）、药品关系到人体健康和生命安全，卫生要求较高，属特殊商品，根据国家有关规定不予退换。

1.2 在商品标明的保质期内出现发霉、变质或其他质量问题的商品，可退可换。若所售商品超过保质期，应给予购买者所购商品价值两倍的经济赔偿（含所购商品退款）。

2 洗涤化妆品类。

2.1 化妆品、洗涤用品属特殊商品，直接涉及人体卫生，无质量问题，一般不予退换。

2.2 商品包装存在溢漏、分量不足（未经使用）可退可换。购买一个月内，化妆品在使用过程中造成皮肤过敏现象，并经医院证明确系使用本产品造成的，视商品使用程度打折退换。

3 皮具、箱包类。

3.1 正常使用条件下，三个月内出现脱线、脱胶、拉锁损坏等问题，可修复的实行免费修理。

3.2 如 3 个月内出现不能修理的商品质量问题，可收取折旧费进行退换。折旧率为每日收取售价的 0.5%，一般不能超过售价的 30%。

4 钟表类。

4.1 钟表属于精密机械仪器商品，自售出之日起，无质量问题不予退换。

4.2 保修范围及期限：凡在本公司购买的石英钟表、机械钟表由于本身质量问题出现故障均可包修，包修期限为售出之日起一年内。

4.3 有质量问题酌情退换：

4.3.1 自售出之日起，七日内发生性能故障（如停走、脱针等问题）予以换货、退货；15 日内发生性能故障给予换货或修理；

4.3.2 自售出之日起，一年内出现同类故障连续维修两次仍不能正常使用的，凭维修记录，折价后予以退换；

4.3.3 折旧率为每日收取售价的 0.05%。

5　金银制品、珠宝玉器类。

5.1　金银制品、珠宝玉器属贵重商品，因此顾客购买时，营业员应提醒顾客认真挑选，无质量问题原则上不予退换。

5.2　金银制品、珠宝玉器如出现开焊、镶嵌宝石脱落等问题，视情况可给予有偿或免费维修；消费者要求退换，需请有关部门检测出具鉴定报告后，依据鉴定结果酌情予以处理。

5.3　珠宝、玉器饰品损坏后原则上不予修理或改形。

6　工艺制品类。

工艺品在购买时营业员应提醒顾客严格检查其质量、外观是否有破损、瑕疵；一经售出，如再出现有断裂、破损情况，概不退换。

7　服装类。

7.1　无质量问题退换时，在不影响再次销售的前提下，凭购物凭证一个月内予以退换。

7.2　商品存在质量问题的退换：

7.2.1　在售出之日一月内，出现质量问题免收折旧费予以退换。

7.2.2　一月之后三月之内出现质量问题，给予免费修理；如无法修理或修理后不能保持原样，实行收费退换。

收费标准：自购买之日起每日收取售价的 1%，但不得超过 30%。

7.2.3　商品标识上有洗涤、保养说明，而未按说明穿着造成商品损伤的，不予退换。

8　针棉内衣类。

8.1　内衣类、袜类。

按照国家规定，内衣、袜类属涉及人体健康卫生的用品，无质量问题原则上不予退换；营业员应提醒顾客认真挑选；出售的内衣如果有质量问题，7 日内予以退换。

8.2　针棉 T 恤、羊毛衫类。

参见服装类商品退换细则。

9　鞋类。

9.1　修理、退换细则根据市消协颁布的三包规定执行。

9.2　鞋类商品退换时按规定适当收取折旧费，折旧率为每日收取售价的 0.5%。

9.3　以下情况之一，不实行三包：

9.3.1　保管或使用不当而损坏的。

9.3.2　标明"处理品"的。

9.3.3 无发票或购物凭证的。

9.3.4 发票或购物凭证私自改动的。

9.3.5 票、物不相符的。

9.3.6 超过"三包"期的。

9.3.7 自行修理或人为损坏的。

9.3.8 非质量问题或在产品标准允许误差范围内的。

10 家电类。

10.1 商品自售出之日起七日内发生性能故障，消费者凭购物凭证可选择退货、换货或修理。十五日内出现性能故障，消费者凭购物凭证可选择换货或修理。

10.2 部分商品三包有效期内，因生产者未供应配件，自送修之日起超过90日未修好的或因修理者自身原因使修理期超过30日的，应为消费者调换同型号、同规格商品或收折旧费退货。

10.3 换货后的三包有效期自换货之日起重新计算。

10.4 在三包期内，修理两次仍不能正常使用的产品予以退换。

10.5 属下列情况之一的，不实行三包：

10.5.1 因消费者使用、维护、保管不当造成的。

10.5.2 无三包有效凭证及有效期发票的。

10.5.3 非承担三包修理者拆动的。

10.5.4 三包凭证型号与修理产品型号不符或涂改者。

10.5.5 因不可抗力造成损坏的。

10.5.6 已明示降价销售的"处理商品"。

10.6 《新三包规定》中未涉及的商品按生产厂家承诺的期限进行"三包"。

10.7 家电类三包有效期及折旧率表。

11 健身器材、乐器类。

名　　称	三包有效期（年）		折旧率（%）
	整　机	主要部件	
彩色电视机	1	3	0.1
黑白电视机	1	3	0.05
家用录像机	1	1	0.1
摄像机	1	1	0.1
收录机	0.5	1	0.05
电子琴（37 键以上）	1	—	0.05
家用电冰箱	1	3	0.05

续表

名　　称	三包有效期（年）		折旧率（%）
	整　　机	主要部件	
洗衣机	1	3	0.05
电风扇	1	3	0.05
微波炉	1	2	0.05
吸尘器	1	3	0.05
家用空调器	1	3	0.1
吸排油烟机	0.5	1	0.05
燃气热水器	1	1	0.05

11.1　健身器材及乐器在购买时应认真挑选、调试，一经售出，无质量问题或人为造成损坏的，不予退换。

11.2　如售出的健身器材及乐器经市级以上质检机构鉴定确属质量问题的，自售出之日起七天内保持原样的，凭发票包退包换；十五天内进行维修或更换。

12　家具、灯饰类。

12.1　家具（含办公家具）类商品自售出之日起，产品包修期半年。

12.2　灯饰类商品售出之日起包修期为三个月。

12.3　包修期产品因自身质量问题无法修复或两次修理后仍严重影响使用的，可办理退货。

12.4　家具类商品无质量问题，原则上不予退货，如顾客坚持退货且条件允许的，在商品完好的情况下，可以自购买之日起三日内持购物凭证办理退货。但要收取（运输、装卸、组装）费用，标准如下：

12.4.1　进口拆装式商品按售价的5%收费。

12.4.2　国产拆装式商品按售价的4%收费。

12.4.3　其他商品按售价的2%收费。

12.4.4　不需要运输、装卸、组装费用的商品免收费用。

12.4.5　因特殊原因未能在三日内办理退货的，可酌情予以考虑办理，但每日按售价的1%加收费用，超过七日不予退货。

12.4.6　消费者预定非现货商品，可收取一定数额的预订金，因商品质量、数量及其他原因未能按约定向消费者提供商品或服务除应将预收货款退还外，还应向消费者支付以此为基础的活期存款利息；属消费者自身原因提出退货、退款的，按售价10%收取违约费用。

13　儿童玩具类。

13.1　无质量问题原则上不予退换。

13.2 商品存在性能故障方面的质量问题，七日内予以退换。

13.3 因人为损坏或私自拆开修理的玩具，不予退换及修理。

第四节 顾客投诉与索赔处理制度

一、顾客投诉处理制度

1 投诉处理原则。

1.1 基本原则：本着维护顾客的合法权益，兼顾本公司经济利益不受损失的原则，妥善处理顾客投诉。

1.2 操作原则。

1.2.1 接受顾客投诉时要态度冷静、耐心聆听、分析原因。使用文明用语、语气谦和。

1.2.2 力争将矛盾消化在柜组，如不能成功，立即向上级汇报，并将顾客亲自引见给上级。

1.2.3 控制事态发展，不能激化矛盾。

1.2.4 严格按照法律、法规处理顾客的投诉。

1.2.5 对于需较长时间处理的投诉，以及情绪较激动的顾客，应尽量避免在营业区域或公共区域内处理。

1.2.6 按照约定的时间准时给予顾客答复，跟进处理顾客投诉，时间不得超过 24 小时。

2 投诉处理程序。

跟进处理、给予答复。

3 投诉处理须注意的问题。

3.1 处理诉怨的语言：作为营业员，不管与顾客往来的时间有多长，要消除顾客的不好印象是很难的，营业员在遇到诉怨时，应说："万一回答错误的话反而麻烦，所以让我去请负责人来，请稍等。"然后去叫负责人。

3.2 表明认真的态度：为了解决诉怨，营业员最好拿好笔记本和笔，记录顾客的诉怨，深入了解顾客的想法，顾客才会回以慎重的态度。

3.3 要富有感情：营业员要温柔地赞许顾客的说法且富有感情，有时可能因这样而意外解决了诉怨。

3.4 要耐心听完，中途不辩解：不论是什么样的诉怨，营业员都不要辩解，让顾客尽情地说完，顾客会因满足而觉安慰，坦白说出。

3.5 不可忘记顾客的好意：营业员要明白，顾客是好意才会说出诉怨，如果认为很烦，自然会以为是在找麻烦，所以不可忘记顾客的好意。

3.6 不可指出顾客错误：营业员对于顾客不合理的诉怨，不可擅发议论与对方争辩，即使对方的诉怨的确不合理，也不可说出："你是错的！"

3.7 在诉怨中学习：营业员应懂得诉怨的顾客是基于对自己店的商品有兴趣和关心才来讲话的，因此，应抱持感谢的态度；不过许多诉怨都是可以事先预防的，而且是每个店都会有人诉怨的，因而不必过于紧张。

3.8 处理诉怨的程序和注意事项。

3.8.1 诉怨时，要注意：听完所有诉怨，要抱着关心的态度注意听，要没有偏见；对问题须加以记录。

3.8.2 分析诉怨的原因时要抓住诉怨重点，排列重点；同时要时刻查询商场的方针，并与同事研究能否立刻回复，或是否能在权限内处理，也可以立即向上级报告。

3.8.3 找出解决的办法时，研究是否包括在商场的方针内，如果在权限外则移交所属部门但必须说明清楚，取得顾客谅解。

3.8.4 告知解决的办法时，要亲切地让客人接受；如果不在自己权限内时，特别要详细说明其过程和手续。

3.8.5 检讨结果要分三类情况处理：如果是自己处理时，可自行检讨其结果；如果在权限外时，要查询解决的内容及方法和对方的反应，也可以对比检讨诉怨对其他店的影响。

二、索赔问题处理制度

1 销售上的索赔。

1.1 销售上的索赔大多是有关交易方面的问题，即商品、价格、交货期，服务及其他方面的问题。

1.1.1 对于索赔，无论大小，应慎重处理。

1.1.2 防止索赔问题的发生才是根本的解决问题之道，不可等索赔问题发生时，才图谋对策。

2 服务部门的处理。

2.1 要迅速、正确地获得有关索赔的情报。

2.2 索赔问题发生时，服务部门尽快提出对策。

2.3 经理对于所有的资料均应防止部下忽略了重要问题。

2.4 每一种索赔问题，均应定出标准的处理方法（处理规定、手续、形式等）。

3 要与制造厂家等联络。

3.1 有关商品（制品）方面的索赔，大多与制造厂家有关。

3.2 要访问经办人，或听其报告有关索赔的对策，处理经过是否已经解决等。

3.3 与制造厂家保持联系，召开协议会。

第五节 顾客售后服务流程及原则

1 顾客投诉原因及处理原则。

顾客投诉的原因多种多样，简单地说，就是对商场出售的商品及服务方式有所不满。

详细分析顾客投诉的原因，对当时顺利、适当地解决问题，以及事后查清责任并进行改进工作，有着重要意义。以下是顾客投诉的常见原因及处理原则：

原因	内容	实例	处理原则
商品不良引起的投诉	质量不良	① 衣服在经过洗涤后缩水、变形、退色； ② 休闲装遇到汗水变色； ③ 床单上有破洞。	营业员在平时要加强对商品的管理,防止损耗； 在销售过程中，必须将自己检查过的质量合格的商品推荐给顾客，并向顾客详细说明使用方法，有包装的商品，必须同顾客一起开封逐件查验； 对于因质量问题引起的投诉，营业员可按照各品类三包规定及顾客满意原则，灵活处理；解决不了时，上报现场主管。
	商品标识不全或与内容不符	① 毛衣、丝织品、棉织品上未标示质量成分； ② 按照商品标示的方法洗涤却退色了； ③ 标签标示是 A 种商品，却误拿成 B 种商品； ④ 标签上标示着一套商品的数量，回去拆开时却少了一个。	
	制造上的瑕疵	① 裤缝有皱褶； ② 衣服上的饰物未缝紧，轻易脱落； ③ 鞋子的皮与底很快脱落。	
	污迹、破损	① 成套的瓷器中，有一只已破损； ② 裙子上有污点。	
使用不习惯或方法不当	对新商品、新材料使用不习惯；使用方法不当	① 加了丝的衣料会越洗越发黄，并且每次洗后必须熨烫，且容易烫坏，因此使许多顾客感到相当不方便； ② 顾客未按照使用方法正确使用商品或使用方法未达到明示效果。	

续表

原因	内容	实　例	处理原则
服务方式欠佳引起的投诉	应对不得体	①态度恶劣，举止失当； ②语言失当； ③销售方式不当。	营业员在服务过程中，要时刻注意自己的言行，避免引起顾客不满和服务投诉； 对于在现场发生的各类顾客投诉，营业员是第一接待者和决策者，必须端正态度，采取适当措施，运用得体语言和行动及时更正自身错误并向顾客真诚道歉，避免矛盾激化； 当营业员处理不了或不知如何处理时，立即向现场主管报告。
	说明不足	①搅拌机的使用说明不够详细，回去后使用不久就坏了； ②说明不实，以致买回的商品无用。	
	金钱上的疏忽	①收银小票不清楚或未给收银小票； ②少找了钱给顾客； ③算错账，多收了顾客的钱。	
	礼品包装不当	①忘了撕下价格标签，使顾客丢脸； ②弄错了贺卡。	
	不遵守承诺	①顾客依照约定的日期前来提货，却发现商品还未采购回来； ②顾客要求修改的服装不能按时取货。	
	运送不当	①未在指定时间内送货； ②未将货送到指定地点； ③包装不好使商品污损。	

2 售后服务处理流程。

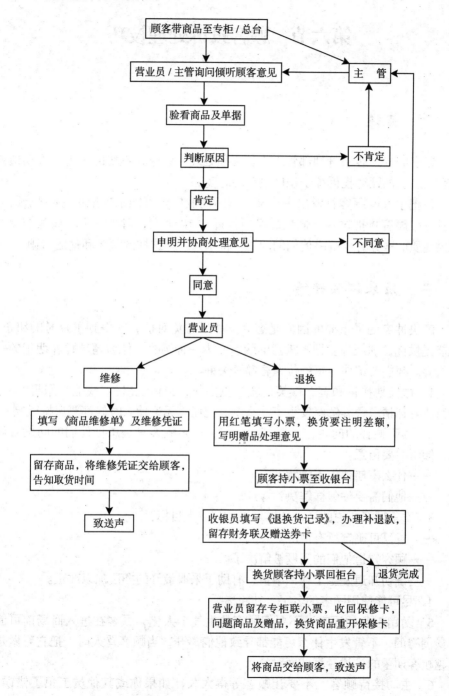

第六节　顾客投诉处理技巧

一、概述

很多时候，客服管理部管理人员必须处理一些令人不快的事情，成功地处理较为麻烦的顾客投诉源于积极主动的态度。

若把生气的顾客打发出去，××国际商业广场可能永远地失去一位顾客，并且一般顾客将把这一不愉快的经历告诉9~10个人，对于一个不满意的顾客提供优质的服务有效解决他们的问题，将永久永存这样的顾客和他的口碑。

二、应采取的措施

解决冲突的最重要的因素是态度，如果避免对抗，或得到了及时的纠正，就能提供优良的服务。把不满意的顾客作为一种挑战，作为超越顾客期望的一个机会。我们要记住，每一位顾客都是关键。

1　微笑地接待顾客，微笑是相当重要的，当你说出："我能帮您吗？"这就意味着你请求顾客解释发生了什么事。记住：无论什么时候都要保持微笑。

2　倾听顾客的问题，不要打断他们，许多顾客只是想把他们的问题告诉你，倾听时要留意。

——什么事使他们不满意？

——他们需要你怎样解决？

3　重复顾客所说的话，这样可以达到以下目标：

——重复可确定所有情况。

——顾客知道他们的问题被解决了。

——确切知道发生了什么事情，有助于采取最好的办法加以改正。

4　尽可能使用顾客的名字，礼貌称呼。

5　勿用粗鲁的语言，不要把顾客的生气个人化，顾客在进入商场前可能是最倒霉的，不管发生什么可能都导致他们离开，当顾客骂人时，把它看做是超越顾客期望的挑战，真诚面对。

6　主动接待顾客，不要让顾客等得太久，如果你或其他员工犯了错误，要真诚道歉。

7　如果顾客对某一制度或程序生气，那就要：

——解释××国际商业广场为什么有这样一项制度和程序。

——问顾客是否理解，他们可能赞同有益于顾客和商场利益的制度。

——如果顾客不赞同，有没有修改的办法；保留问题并重复最初的解释，除此之外别无他法，必要的话由管理人员来解决。

8　不管顾客说话声音有多高，要温和地对待他们，温柔的声音能平息顾客的怒气。

9　如果有不能解决的问题：

——马上找客服经理。

——如有可能，与顾客一起直至客服经理到来。

——把事情原委告诉客服经理。

第七节　客诉中心管理制度

1　部门职能。

1.1　接待顾客，有权对顾客投诉做出最终的处理。

1.2　有权对顾客反映的问题进行调查。

1.3　依据公司有关规定，有权对调查出的责任人进行处罚。

2　客诉中心员工工作职责。

2.1　依法处理顾客投诉，既要维护企业利益，又要最大限度地满足顾客的合理要求，维护和提升企业形象。

2.2　接待并处理顾客、供应商和员工的投诉案件，并对其反映的问题进行调查、奖惩。

2.3　接待并记录有关对现场营业员的仪容、仪表、服务态度和工作纪律等相关投诉。

2.4　做好顾客接待资料、顾客意见簿（箱）的收集、整理、分析工作，每天填写《工作日志》，每周作《投诉汇总与分析》。

2.5　坚持做好顾客回访工作。

2.6　加强对顾客投诉资源的利用，对投诉所反映的问题及时与相关部门沟通。

2.7　负责接待有关卖场环境卫生，各种物业设施以及消防设备等相关投诉。

2.8　负责接待有关卖场的商品质量、计量、物价等相关投诉。

2.9 负责与有关职责部门沟通、协调、配合部门经理做好外联工作。

2.10 其他兼管工作。

3 客诉中心员工服务规范。

3.1 认真处理顾客的来电、来函投诉，并做好记录。

3.2 熟练掌握公司的退、换货管理规定，以及国家有关商品的"三包"的法律、法规等，处理投诉要有理有据。

3.3 做好顾客投诉的有关资料登记工作，如姓名、电话、住址、邮编、有关要求等。

3.4 对待投诉的顾客要热情接待，注意说话态度、语音、语调，并使用规范用语，认真、耐心地听取投诉原因，严格按相关规定处理。

3.5 必须认真检查顾客的投诉凭证，如：信誉卡、发票、修理证件及其他有效证件。

3.6 如遇不能解决之客诉，应及时向主管领导请示。

3.7 处理客诉应认真按照顾客投诉处理流程进行操作。

4 客诉中心处理客诉基本流程。

4.1 顾客当面投诉处理流程。

4.1.1 如遇客诉时，应先认真倾听顾客叙述并做好记录。

4.1.2 向顾客表示同情并真诚地向其道歉。

4.1.3 向顾客表示感谢。

4.1.4 同顾客进行沟通，寻求能够与其达成一致的、合理的解决方案，并由顾客亲自签字确认。

4.1.5 如超出处理者权限范围的，须向顾客委婉说明，并迅速上报客服中心主管。

4.1.6 对于确实属于商场员工失误的，须向顾客委婉说明，并迅速联系相关管理人员一同进行处理。

4.1.7 立即实施解决的方案，让顾客满意而归。

4.1.8 如无法进行现场处理，应请顾客留下姓名及联系方式，以便将处理意见及时反馈顾客。

4.1.9 当收到卖场大宗客户详细资料后，将其资料记录并存档，进行顾客跟踪服务。

4.1.10 实行顾客跟踪服务，将顾客相关资料输入电脑存档，便于及时沟通，尽显亲情关怀。

4.2 顾客电话投诉处理流程。

4.2.1 电话铃响三声之内必须接听。

4.2.2　认真聆听顾客抱怨并作记录。

4.2.3　向顾客表示同情并致歉。

4.2.4　向顾客表示感谢。

4.2.5　询问顾客。

4.2.6　留下顾客联系电话。

4.2.7　解决问题。

4.2.8　回复并再次向顾客致谢。

5　顾客接待的基本要求。

5.1　兼顾企业利益与顾客利益，依法处理顾客投诉。

5.2　按照约定时间给予顾客答复。

5.3　根据顾客意见和投诉进行深入分析，并及时将结果报商场管理部研究制订相应的改进措施。

6　顾客接待的基本原则。

6.1　倾听原则：处理客诉时的首要原则。耐心地、平静地、不打断客人陈述地聆听顾客的不满和要求。

6.2　道歉原则：无论责任归属，都应诚心向顾客表示歉意，这是顾客衡量企业对自己是否尊重的重要因素。

6.3　尊重原则：在接待过程中，言行上要尊重对方；在拟定解决方案时，应尽量尊重顾客的意见。

6.4　满意原则：处理客诉时的目的原则。处理客诉的最终目的不仅是解决问题或维护好商场的利益，它的结局还关系到顾客在经历这一问题的解决后是否愿意再光临本店，这一原则和概念应贯穿整个客诉处理的过程。

6.5　公平原则：处理棘手的客诉时，应公平谨慎处理，有理有据地说服顾客并尽可能参照以往或同类商场处理此类问题的做法进行处理。

6.6　及时原则：接待、处理投诉都应及时、迅速，当天能够解决的当天解决，当天不能解决的应告知顾客解决期限，并按期完成。

6.7　感谢原则：将顾客的抱怨、投诉看成是对本企业的关心、支持和爱护。对绝大多数顾客而言，他们提出投诉意见，是希望所提出的问题得到改善和解决，使他们能够继续光临，并得到良好的服务。

7　顾客投诉的一般解决程序。

顾客接待实行首问负责制。顾客接待室的投诉事件由接诉人负责到底，如果情况比较复杂，接诉人决定不了时要及时向上级领导请示，并做出妥善处理。对于当班不能解决的投诉，要与下一班次做好交接工作，保证及时为顾客解决问题。

7.1　接待顾客，询问有关内容。

7.2　调查投诉原因。

7.3　接诉人会同被投诉部门与顾客反复协商，并达成处理意见。顾客接待室与被投诉部门无法达成一致意见时，要以顾客接待室的意见为主。

7.4　执行处理意见。

8　解决顾客投诉的技巧。

8.1　平常心态。对于顾客的投诉要有平常心态，顾客投诉时常常都带有情绪或者比较冲动，作为企业的员工应该体谅顾客的心情，以平常心对待顾客的过激行为，不要把个人的情绪变化带到投诉的处理之中。

8.2　保持微笑。俗话说，"伸手不打笑脸人"。员工真诚的微笑能化解或缓和顾客的坏情绪，有利于双方的沟通。

8.3　换位思考。在处理顾客的投诉时，应站在企业、顾客双方的角度上换位思考问题，"假如我是顾客，将会怎么做呢？"这样才能找到有效的方法来解决问题。

8.4　做个好的倾听者。大部分情况下，顾客投诉需要忠实的听者，喋喋不休的解释只会使顾客的情绪更差。面对顾客的投诉，员工应掌握好聆听的技巧，从顾客的投诉中找出顾客投诉的真正原因以及顾客的期望值。

8.5　积极运用非语言沟通。在聆听顾客投诉时，积极运用非语言沟通，促进对顾客的了解。比如，注意用眼神关注顾客，使他感觉受到重视；在他讲述的过程中，不时点头，表示肯定或支持。这些都鼓励顾客表达自己的真实意愿，并且让顾客感到自己受到了重视。

9　解决顾客投诉的常用方法。

9.1　感情交流法：认真了解顾客投诉的原因，耐心聆听顾客的苦衷，从顾客的角度出发对其加以同情和理解，主动化解矛盾，协商解决。

9.2　经济平衡法：顾客投诉是因为在购买商品的某个过程中受到了损失，可以利用价格优惠、品种调剂以及其他合理的经济补偿方法，在兼顾公司利益不受损失的前提下给予顾客经济利益的平衡。

9.3　第三者仲裁法：在处理顾客投诉出现权益争议时，为保证公司利益不受侵犯，在确实无法达成共识的情况下，可耐心指导顾客请求消费者协会调解或向其他权威机构提请仲裁。

10　其他工作要求。

10.1　认真填写《工作日志》，及时反馈投诉中出现的新情况、新问题。

10.2　每周整理一次《顾客意见簿》和《缺货登记簿》，对有关情况进行调查处理，并将调查处理情况及时向顾客做出反馈。

10.3 每周作一次《顾客投诉汇总与分析》，报商场管理部。

第八节 客服中心员工考核制度

客服中心主管巡场时，对服务台和客诉中心人员进行评核。评核分为优、中、差三等。

1 服务台。

1.1 优等：服务台工作人员达到服务台员工各项工作规范（包括：服务规范、语言规范、仪容仪表规范、迎宾接待礼仪规范、电话接听服务规范、顾客咨询服务规范、反馈广播信息服务规范、失物招领服务规范和日常业务操作规范）要求者。

1.2 中等：基本达到各项要求，微笑、热情不够者。

1.3 差等：达不到各项规范要求者。

2 客诉中心。

2.1 优等：达到客诉中心员工服务规范和员工仪容仪表规范要求，并能够灵活运用解决客诉的技巧，使顾客满意而归者。

2.2 中等：达到客诉中心员工服务规范和员工仪容仪表规范要求，基本能够独立完成客诉处理工作者。

2.3 差等：达到客诉中心员工服务规范和员工仪容仪表规范要求、不能够独立完成客诉处理工作者（不包括员工处理权限以外之客诉）。

3 奖励。

客服中心主管每月评核客服中心各岗位人员，被评为全优者，每月嘉奖200元（或物质奖励和员工晋级）。

4 处罚。

如一周中有被记录两次不符合要求（差等）者，经面谈仍无改观，第一次给予口头警告，第二次书面警告，第三次劝退。

第九节 赠品管理办法

1 赠品是指顾客因购买商品而获赠的物品、店内专用票券。通常情况下，顾客不购买商品，不能取得赠品。

2　赠品必须是店内没有销售或不能销售的物品及店内专用票券。

3　各专柜促销赠品的种类、数量、质量、发放办法的实施与变更，均须报商场管理部备案。

4　各专柜要建立专用的《赠品登记表》，详细记录赠品的收货、发放及退货情况，发放时要有顾客签名；每日交接班时必须盘点赠品并做好记录。

5　商品包装袋是商品不可分割的组成部分，不是赠品。营业员不得以任何理由将商品包装袋挪作私用、送予他人或向他人索要、接受商品包装袋。有此行为的营业员视为偷盗，给予辞退处理。

6　通常情况下，商场内发放的赠品不得无偿赠送。营业员不得在销售过程中，借职务之便在赠品种类、数量、质量、发放办法的实施与变更、《赠品登记表》的记录等方面弄虚作假，采用内部串通、外部勾结等手段，通过自己、亲朋、同事、熟人等渠道虚送或多送赠品。有此行为的营业员视为偷盗，给予辞退处理，并视标的额的大小决定是否移送公安机关。

7　各专柜营业员须严格保管本专柜赠品，因保管不当，造成赠品丢失或破损，由当班责任人根据赠品价值酌情予以赔偿或补偿。

营业员不得试用、使用、恶意破坏本专柜或其他专柜的赠品；不得索要和接受其他专柜赠品；不得私拿或窃取本专柜与其他专柜赠品。有此行为的营业员视为偷盗，给予辞退处理，并视标的额的大小决定是否移送公安机关。

8　顾客退货时的赠品处理。

8.1　顾客带赠品时，营业员用红笔为顾客开具退货小票，收回赠品及问题商品、三包卡。

8.2　顾客未带赠品或赠品已用时，营业员与顾客协商，在顾客同意情况下，将赠品按其价值合理折价，从退货款中扣除。顾客不同意折价时，通知卖场主管处理。

9　顾客换货时的赠品处理。

9.1　顾客带赠品时，若换同等价值商品，赠品不做处理；若换不同价值商品，营业员根据赠品发放办法对赠品酌情调换。

9.2　顾客未带赠品时，若换同等价值商品，赠品不做处理；若换不同价值商品，营业员根据赠品发放办法将赠品按其价值合理折价，并根据所换商品价值，在顾客办理换货补交款或退款时，予以酌情减少或酌情增加。

10　专柜之间进行销售协助时发放的赠品，经手人要详细记录在受协助专柜的《赠品登记表》上，并及时就此沟通。

11　赠品的收货与退货流程按商品的收货与退货流程执行。

12　商场进行促销活动时发放的赠品，在采购、收货、保管、发放等环节均要由专人负责，并做好详细记录。保管与发放环节不得由同一人负责。

13　商场赠品各环节负责人与参与人因赠品出现问题，参照上述专柜商品管理的有关规定执行。

14　本管理办法由商场管理部负责解释与实施，并对营业员行使处罚权；非营业员工由分管副总或经理进行处罚。

请其他相关部门对本管理办法予以监督、配合。

第十节　员工工作行为规范

1　迎宾时员工要对经过的顾客说："早上好，欢迎光临！"迎宾结束后无顾客时，员工要站在自己的货区内定岗定位，严禁到其他货区闲逛、串岗购物。

2　严禁与周围的员工扎堆聊天，谈论与工作无关的事情。

3　严禁趴、蹬、靠柜台货架，不准以开票、下账、介绍商品等理由趴在货架上。

4　双手自然下垂于胸前，不准搭在货架上，双腿站直，不准双腿交叉或一直一曲等。

5　严禁隔着过道与对面的员工说话。

6　严禁员工在商场禁烟区内吸烟（包括卫生间），严禁带火、香烟等易燃物品进货区和仓库。

7　上班时间严禁串岗购物，或以吃饭为由到其他楼层逗留。

8　严禁着工装外出吃饭办私事，特殊情况要通知主管人员。

9　当班时间严禁打私人电话、磁卡电话、信息电话及股票查询电话，公话长话短说。

10　严禁着工装乘电梯和扶梯。

11　就餐不准超时，按实际时间签到签退。

12　不准脱岗空岗、无故外出。

13　当班时间不准在货区内看书看报、乱写乱划、吃东西、剪指甲、化妆、照镜子、修眉毛、抠鼻子等。

14　严禁无故长时间在仓库内逗留。

15　严禁在柜台内存放私人物品、代存他人物品及与营业无关的物品。

16　严禁带食物及与营业无关的物品进入货区。

17　货区内不准乱放水杯、暖瓶、抹布、脸盆等杂物。

18　严禁员工当班时间嬉笑打闹，做出不得体的动作和言行。

19　介绍商品和交接工作时，不准大声喧哗、长距离喊人、手拉手走路，两人及多人走路时要前后成列。

20　严禁营业结束前收撤商品，严禁营业结束前换便装，或到更衣室提前将便装带到货区或办公室，严禁员工着工装上下班。

21　上中班按时签到签退，签到前要换好工装。

22　任何事假必须填写《请假审批单》，按规定审批权限审批，病假应出具医院证明，节假日不准请事假（考试除外）。

23　因故不能按时到岗，要提前通知商场管理人员，商场概不接受其他营业员的转假。

24　遇刮风、下雨、下雪等恶劣天气时，员工应预见到可能会在路上耽搁时间，因此应提前出门，商场不接受以此为由的迟到或旷工。

25　月内迟到、早退、病事假次数超过三次，年内累计超过六次的联促人员给予除名。

26　下班不准无故在货区逗留，只要着工装无论上班还是下班，都要注意自己的仪容仪表和言行举止。

27　因非工作原因空岗时间不得超过 15 分钟（就餐 30 分钟），禁止以洗手或补妆为由频繁出入洗手间。

28　不准当班时间干私活，不准做与工作无关的事情。

29　听到本商场退场广播时到指定位置集合，不准穿越其他货区和大声喧哗，以柜组为单位排队站好，要听从管理人员的指挥，严禁提前退场。

30　严禁促销人员只跟厂商请假，而不经商场通过。

31　联促人员在商场内更换促销专柜时，应事先通知管理人员，严禁私自调换工作岗位。

32　促销人员必须面试后方可上岗，按时续办促销牌，续办前须先征得管理人员的同意。

33　商场组织的各种会议及活动，要求必须参加的严禁无故不到或迟到早退。

34　严禁当班时间长时间会客，不准与厂家人员在货区内谈论与柜组无关的事情。

35　商场组织的各种考试、培训和活动如无特殊情况应利用班后时间参加。

36　严禁促销员当班时间进行摘掉促销牌串岗购物、打电话、坐顾客休息椅、乘坐电梯等行为。

37 在打水、洗抹布、涮拖把时要防止洒到过道上或货区内。

38 成件的货物进出商场时严禁在过道上拖拉，应用小推车。

39 严禁在电梯间、过道和消防通道内堆放废旧纸箱和杂物，严禁厂家在以上地点乱丢纸箱等杂物。

40 卷帘门下24小时不准堆放任何物品，不准占用消防通道，仓库做到人走灯灭。

41 对在商场禁烟区内吸烟的顾客，任何员工都有义务和责任进行劝止。

42 柜组仓库严禁非本商场人员及厂家人员进入。

43 仓库内货物要摆放整齐，地面清洁无杂物，合用仓库要排好值日，严禁出现无负责人的情况。

44 仓库的灭火器要摆放在明显易取的地方并保持整洁，要爱护消防器材，掌握使用方法，熟悉消防预案及逃生路线，仓库内货物距离灯源不少于50厘米。

45 柜组长应按时参加开封场，如遇休息应指定本柜组人员或其他柜组长代替。

46 严禁柜组长以作账、打单等为由长时间在仓库内或到其他柜组的仓库内聊天。

47 在货区内遇到熟悉的领导要打招呼。

48 在货区捡到顾客遗失的物品要及时广播寻找失主，或送到办公室，严禁占为己有。

49 严禁私留、截留、冒领促销奖券、奖品、赠品。

50 商场内不得随便张贴宣传材料和宣传画，厂家搞促销活动要事先通知管理人员。

51 柜组的广告、POP纸等要规范、整洁，出现污渍、破损、过期的应及时更换。

52 一线员工要严格服从柜组长和管理人员的工作安排，严禁顶撞上级；后勤人员为一线员工提供优质服务，严禁不耐烦、推脱。

53 柜组长要严把上柜商品的质量关，坚决杜绝假冒伪劣商品上柜销售。

54 任何新旧商品上柜都要经组长验货，被通知有问题的商品严禁任何员工私自上柜，否则后果自负。

55 开票台应保持整洁，不准堆放乱放物品。

56 标价签应填写规范，一律用黑色钢笔填写，字迹工整清晰，数码准确，要求一货一签，货签对位。

57 在销售中要保持三价统一，即标价签、商品码、销售小票的价格一致，商品调价后要及时更换标价签和商品码，原商品码要撕掉，严禁将新码贴在旧码上（临时促销除外）。

58 中午交接班时，上午班一定要将晨会内容和还未完成的工作传达到下午班，做好衔接工作。

59 营业员的交接手册要保持账目清晰、整洁，严禁乱写乱画、随便改动。

60 进货商品严禁携带其他商场的商品码，退货商品要撕掉商场的商品码，严禁带码退货。

61 出样商品应打上商品码，严禁无码上柜。

62 领用物品应根据实际需要领取（包装袋、价签、小票、报表等），严禁乱用、私用、外借等浪费行为。

63 晨会布置的各项工作要保质保量地准时完成，严禁无故拖延。

64 柜组物价和质量要时刻严格把关，并定期采价，出现质量及价格问题由相关责任人员负连带责任。

65 在个人负责范围内严禁替顾客照看包、衣物等，提醒顾客自己注意物品安全，顾客试衣服时只留押金或人，严禁留物品作抵押。

66 小票填写要求工整规范，填写内容清晰准确无误，严禁出现错票。

67 员工开具小票应询问顾客有无会员卡，在顾客出示会员卡后方可开具打折小票，并注明会员卡。

68 当顾客购买金额比较大时，应先询问顾客的支付方式，以避免因支票付款（到账后方可提货）造成的纠纷。

69 任何商品打折须经值班管理人员批准，严禁私自给顾客打折，或将顾客直接介绍给厂家而不经过商场，严禁将自己的会员卡借给顾客使用，严禁直接从厂家拿进价。

70 员工收回小票时，一定要与微机小票核对无误后方可发货，支票三天后取货。

71 严禁私收货款，红票须经柜组长或经手人签字后方可找值班管理人员签字，严禁私退、空退商品，套取商品差价。

72 在销售有外包装的商品时，一定要和顾客一起打开商品检查一遍（国家有特殊规定的除外），在付货时应让顾客自己检查一下商品是否有误后，方可发货；严禁私自给顾客调换商品或发错货。

73 在付货时应双手将商品递送到顾客手中，严禁甩扔等不礼貌的动作。

74 严禁私借、挪用柜台商品。

75 对缺货登记的内容要定期检查，不管是否有货都要给顾客一个答复，严禁不了了之。

76　对批量订购的情况，应积极与厂家联系，如无法保证备货，应如实告诉顾客，严禁拖延时间和随便承诺，如有货应定准取货时间，严禁出尔反尔。

77　员工介绍商品时一定要实事求是，严禁夸大商品的功能、长处或错误地介绍商品的优点、成分造成误导和使顾客误解。

78　当顾客询问时要有迎候语"您好，欢迎光临"，当员工到仓库取货时要说"您请稍候"，当服务中出现错误时必须道歉说"对不起"，当顾客取货离开时要说"谢谢，请走好，欢迎下次光临"，当在通道上遇见顾客时要说"欢迎光临"。

79　员工介绍商品或回答顾客的询问时一定要面对顾客。

80　严禁对顾客指指点点，严禁背后议论、乱评论顾客。

81　在解答顾客的询问时应实事求是，并解释清楚，对似是而非的问题严禁随便解释，应及时找管理人员解答。

82　盘点时出现长短现象，应用溢余表平账，严禁通过厂家冲单和款台平账。

83　商品需调价时应打调价单，严禁原编号冲零，编新号入账的行为。

84　营业员的退货原则是本着实事求是、合理、合法、以我为主、以企业信誉为重的态度，坚持可换可不换以换为主，可退可不退以退为主，责任不清楚时以我方责任为主的原则。

85　对顾客都要一视同仁，视退换货如销售一样，严禁指桑骂槐，贬低顾客。

86　退货时一定要仔细检查发票，事先将特殊情况告知顾客，以免因商城的财务规定（顾客不知道的，如使用银行的各种储值卡不能退现金等）造成顾客的不满和投诉。

87　在服务中不要随意承诺，承诺的内容要符合实际情况和商城的有关规定，对承诺的事情要一诺千金，不可随意反悔，如承诺不能兑现而需变更要提前征得顾客的同意。

88　在发生服务纠纷时，无论谁的原因，员工都要保持镇静，注意自己的言行举止，尽力避免事态的扩大，并及时通知管理人员，严禁和顾客吵闹、出言不逊及其他过激行为。

89　在销售和售后服务中，不准供货商参与意见，严禁由供货商和顾客直接打交道或将纠纷交于供货商处理，任何事情都由商场管理人员解决。

90　顾客正常退换商品时，员工不准以推销自己的商品为目的而故意刁难顾客或限制顾客的挑选范围。

91　顾客无发票换货时，在确定是本商场商品的基础上可以调换价位不低于本商品的其他商品，会员卡只使用于差价部分。

92　当管理人员处理顾客纠纷时，员工未经允许不准发表个人意见，严禁发表不负责任的意见。

93　对顾客提出的询问和合理要求要认真、及时、恰当地给予处理，解决不了的及时通知管理人员。

94　发生现场解决不了的顾客纠纷时，要由员工带顾客到办公室或顾客接待室，严禁让顾客自己找，绝对禁止员工告诉顾客商城总经理的电话或办公地点。

95　不得答应顾客的无理要求，否则责任自负；不准对顾客说脏话、粗话、气话。

96　员工不准以任何理由拒绝接待顾客。

97　在处理顾客的纠纷时，员工应坚决服从管理人员及顾客接待室的处理意见。

98　不得以推销自己的商品为由贬低商城的其他商品。

99　营业接待中不讲有伤顾客自尊心和人格的话，不讲埋怨责备顾客的话，不讲讽刺挖苦顾客的话。

100　接待顾客或接受顾客的询问时，应将注意力放在顾客身上，严禁说或做与工作无关的事，无视顾客的存在。

第十一节　员工仪容仪表规范

1　站姿要求。

1.1　脚跟合拢，脚尖自然分开呈 30 度。

1.2　两腿挺直，膝盖自然并拢。

1.3　两手交叉放于腹前，女性右手在外，左手在内；男性左手在外，右手在内。

1.4　挺胸，收腹，目光平视。

1.5　禁忌的站姿。

1.5.1　叉腰或插入口袋。

1.5.2　臂抱于胸前或置于他处。

1.5.3　身体过分松弛、头歪、身斜或倚靠柜台货架。

1.5.4 对着顾客打呵欠、伸懒腰。

2 手势的要求。

2.1 在介绍、引导和指方向时，手指自然并拢，手掌向斜上倾斜，以肘关节为轴指向目标。

2.2 禁忌的手势。

2.2.1 一个手指指点方向。

2.2.2 手做各种小动作，如挖耳、抠鼻等。

2.2.3 摆手回答或简单否定顾客的询问。

3 行走要求。

3.1 基本要求：抬头挺胸，充满活力，带有自信向上的神态。

3.2 男性：步伐稳健、端正；女性：轻盈、灵敏。

3.3 要领：上身正直，两臂自然前后摆动，双眼平视前方，面带笑容，行走时脚尖对正前方。

3.4 注意事项。

3.4.1 二人或多人以上共同行走时，要自然成列，沿顺行的路右边走。

3.4.2 卖场中行走时，遇顾客或他人要主动让行。

3.4.3 遇熟识的领导，要主动点头问候致意。

3.5 禁忌的行走姿势。

3.5.1 走时左顾右盼，四处张望。

3.5.2 盯住顾客上下打量，对人评头论足。

3.5.3 行走时叉腰，手插入口袋或倒背手。

3.5.4 二人或多人行走时拉手、勾肩搭背、说笑打闹。

4 表情要求。

4.1 基本要求：要微笑服务、热情待客。

4.1.1 善于利用表情与顾客沟通，主动寻找与顾客的交流点。

4.1.2 面带自然微笑，态度诚恳，给人以亲切的感觉。

4.1.3 精神饱满、热情，精力集中、持久。

4.1.4 注意说话口型，说话语气和蔼、优美、文明礼貌，音量适中。

4.2 禁忌的表情。

4.2.1 冷笑、讥笑、傻笑、大笑。

4.2.2 表情呆滞、冷漠、萎靡不振。

4.2.3 口吻粗暴、声音过高。

5 个人装束。

基本要求：穿工装，戴工牌，保持个人卫生整洁。

5.1　穿着工装。

5.1.1　员工进入卖场按规定穿着工装。

5.1.2　员工要爱惜工装，及时清洗，保持整洁。

5.1.3　男员工穿着工装、衬衣，系领扣、袖扣，扎系领带，皮鞋保持光亮，女员工夏装穿裙子时要适配与皮肤相近的长筒袜。

5.1.4　禁忌的装束。

5.1.4.1　挽起袖口、裤腿。

5.1.4.2　工装污渍、褶皱或破损。

5.1.4.3　夏天穿凉鞋。

5.2　发型。

5.2.1　男员工发型前不遮眉，后不压领，两鬓不盖耳，不准留胡须。

5.2.2　女员工发型要梳理整齐，不准披肩散发，头发以不超过肩部为适度，长发应束发。头发不准染成黑色以外的其他颜色。

5.2.3　禁忌：留怪异发型。

5.3　其他装束。

5.3.1　工牌：营业员进入卖场必须佩戴工牌，工牌要端正地佩戴在左胸前。

5.3.2　其他物品：除工牌、手表、金银项链之外，在卖场内员工不得佩戴其他饰品，如：耳环、戒指、BP机、移动电话、火机等。

5.3.3　上岗要求：男员工要保持面部清洁，女员工保持淡妆上岗，不准浓妆艳抹。

5.3.4　保持个人卫生清洁，勤洗澡、勤理发、勤剪指甲，班前不准吃带有异味的食品或饮酒。

第十二节　拾遗物品的处理

拾遗物品是指群众拾获遗失的物品。对群众送来拾获的遗失、遗留的物品，应作如下处理：

1　群众交来或拾获群众遗失或遗留的物品，都要一一登记清楚，并报告相关单位领导或保卫部门。

2　处理拾遗物品中有证件提供失主的详细地址的，可通知失主前来认领，但要问明情况。

如是贵重失物，还要核对失主有效证件，确实无误，失主签收领回。

如果是一般物品，有可能是顾客或员工遗失的，可公告广播认领。

如属于违禁品，应登记后，送交商场保卫部或公安派出所处理。

3　对拾遗物品不能挪用，更不能私吞，违者要受到纪律处分，情节严重的，以贪污论处。

第十三节　广播管理规定

1　目的。

规范××国际商业广场广播播放流程。

2　适用范围。

适用于××国际商业广场广播工作内容、服务宗旨、服务规范，播报商品信息、紧急事件、销售信息及各时段的音乐。

3　播音职责。

3.1　利用广播宣传××国际商业广场各阶段的工作内容。

3.2　宣传××国际商业广场服务宗旨、服务规范。

3.3　收集、采编、播报××国际商业广场经营特色及经营布局，播报商品信息及促销信息，正确引导消费者。

3.4　负责各时段背景音乐内容的编辑、播放。

3.5　负责各楼层反馈的客户需求内容的整理和播放。

3.6　负责节假日促销活动内容的编辑及活动主持。

3.7　负责代表管理公司向当天过生日的员工致以问候和祝福。

3.8　负责广播系统的维护和保养。

4　广播工作规范。

4.1　广播稿审批权限。

4.1.1　营运部负责各柜台促销稿件的提供，由楼层管理人员负责采集，经过营运部部长或授权的楼层经理审核播出。

4.1.2　企划部负责背景音乐、开闭店曲、宣传稿件的选择提供，营运总监审核播出。

4.1.3　营运部负责紧急广播的申请和播放。

4.1.4　特殊事件或重要的灾情出现，需要××国际商业广场临时全部疏散或部分疏散，类似这样的紧急状况播音，必须得到××国际商业广场总经理或经授权的值班负责人批准，方可播出。

4.2 播放样本内容。

4.2.1 背景音乐内容。

4.2.1.1 营运员入场：《进行曲》。

4.2.1.2 迎宾曲：《好日子》。

4.2.1.3 中午曲：以欢快、轻松为主。

4.2.1.4 送宾曲：《回家》、《一路平安》萨克斯曲。

4.2.2 广播其他内容。

4.2.2.1 营业前致全体员工（多次）。

各位员工，早上好，今天是＿＿＿年＿月＿日，星期＿＿，早晨＿点＿分，现在离我们××国际商业广场开始营业时间还有＿＿＿分钟，请各位营业员整理好自己的区域及内部卫生，迎接来宾的光临。谢谢！

4.2.2.2 营业前一分钟提示词。

各位员工，早上好，今天是＿＿＿年＿月＿日，星期＿＿，早晨＿点＿分，现在离我们××国际商业广场开始营业时间还有1分钟，请各位营业员整理好自己的仪容、仪表及销售区域环境卫生，在各自迎宾位置，以良好的精神面貌迎接来宾的光临，谢谢！

4.2.2.3 开门词。

各位来宾，早上好，欢迎光临××国际商业广场，今天是＿＿＿年＿月＿日，星期＿＿＿，今天天气预报：＿＿＿＿＿＿＿＿＿＿＿，＿＿＿风＿＿级，最低气温＿＿＿度，最高气温＿＿＿度，相对湿度为＿＿＿＿。我们的营业时间是从早上10：00至晚上21：00。

××国际商业广场作为迄今为止××市最大的综合性商业广场，以实惠、方便、满足顾客消费多样性的需求为宗旨，以全新的运营模式奉献给您全新的购物感觉。

由于我们刚刚试营业，服务还有待提升，给您带来不便敬请谅解，请您留下宝贵意见，以使我们今后的工作更加规范，更好地为您服务。谢谢！

4.2.2.4 ××国际商业广场简介（多次）。

顾客朋友们，早上好（中午好、下午好、晚上好）！

××国际商业广场全体人员对您的光临表示感谢，××国际商业广场以满足消费者的多样性需求为宗旨，将××国际商业广场之真情，通过优质的服务、清新的商品陈列和丰富的经营品种奉献给您。为了方便您的购物，下面向您介绍商品的分布情况……

如果您在购物当中需要进一步的服务和帮助，我们也将最大程度地满足您，让愉快的心情始终伴随着您。谢谢！

4.2.2.5　温馨提示词（多次）。

各位顾客朋友们，您好，欢迎光临××国际商业广场，为了您的身心健康及财产的安全，请不要在××国际商业广场内吸烟，请您在购物的同时，妥善保管好自己随身携带的物品，以免丢失。带小孩的顾客请照顾好自己的小孩。如您还有其他需要请随时与××国际商业广场内工作人员联系，我们将竭诚为您服务。谢谢！

4.2.2.6　结束词（提前15分钟）（两次）。

各位顾客朋友，您好，感谢您光临××国际商业广场，本商场的营业时间是从早上10:00至晚上21:00。我们的营业时间还有15分钟就结束了，如您在××国际商业广场购物满意，请告诉您的亲友，若您有任何意见或建议，请告诉我们，以便我们今后能够做得更好。顾客朋友们，愿您称心而来，满意而归。谢谢您的光临！

4.2.2.7　结束语（提前5分钟）（两次）。

各位顾客朋友们，您好，感谢光临××国际商业广场，本商场的营业时间是从早上10:00至晚上21:00，我们的营业时间还有5分钟就要结束了，不知我们为您提供的商品和服务是否令您满意，假如您有不满意的地方请留下您的宝贵意见和建议。

顾客朋友们，愿您称心而来，满意而归。谢谢！

4.2.2.8　欢送词（多次）。

亲爱的顾客朋友们，晚上好，我们今天的营业时间已经结束了，××国际商业广场非常感谢您的光临与惠顾，如您在××国际商业广场购物满意，请告诉您的亲友，若您有任何意见或建议，请告诉我们，以便我们今后能够做得更好。

各位亲爱的顾客朋友们，××国际商业广场欢迎您的再次光临！祝您晚安！

4.2.2.9　即兴发挥词。

通知：请××部门 ××同事，听到广播后速回电话××××××（或者是：听到广播后速到 ××处，有人找。谢谢）（两次）

寻人：请顾客朋友×× （先生/女士/小朋友）听到广播后速到××，您的××在××处等您。谢谢！（两次）

寻物：亲爱的顾客朋友们，欢迎光临××国际商业广场，下面广播一则寻物启事。有哪位顾客朋友拾到××，现失主非常着急，如有拾到者请送至一楼总服务台，失主将非常感谢，谢谢！

失物招领：亲爱的顾客朋友们，欢迎光临××国际商业广场，有哪位顾客朋友不慎将自己的××遗失，请失主听到广播后到一楼服务台认领。谢谢！

生日点歌：今天是员工××的生日，我们全体员工和您的朋友为您点播一首歌曲《×××××》。祝您生日快乐！

促销：亲爱的顾客朋友们，欢迎光临××国际商业广场，在××区域我们为您准备了××××特价商品，欢迎您选购。谢谢！

禁止吸烟：亲爱的顾客朋友们，您好！欢迎光临××国际商业广场，为了提供给来宾顾客朋友们一个清新洁净的购物空间，并为了防止意外发生，请您不要在××国际商业广场内吸烟，谢谢您的合作，祝您购物愉快！谢谢！

移动车位：来宾车号为×××××的车主，您的座车已严重影响他人（或本公司）的进出，请您速将您的座车驶离原位，以方便他人的进出，谢谢！

火患：各位顾客朋友们请注意，请大家不要惊慌，我们正在组织人员排除险情，请大家听从工作人员的安排，有序疏散，谢谢！（必须由总经理或副总经理批准，方可播放）

火警：各位顾客朋友们请注意，请大家不要惊慌，我们正在组织人员排除险情，请大家听从工作人员的安排，有序疏散，向××国际商业广场外转移。（必须由总经理或副总经理批准，方可播放）

炸弹恐吓：各位顾客朋友们请注意，请大家不要心慌，我们正在协同公安机关进行防爆演习，请大家听从现场公安人员（或武警）和工作人员的指挥，有序地向××国际商业广场外疏导转移。（必须由总经理或副总经理批准，方可播放）

4.3　商户特价商品广播。

商户特价商品需要广播宣传，须先到楼层服务台填写《××国际商业广场广播申请表》，然后由楼层经理审批后，将表传至广播室播音。

5　执行表格。

《××国际商业广场广播申请表》。

第五章　收银管理手册

第一节　序　言

一、适用范围

本手册供收银中心新进员工学习收银知识及工作职责，以便能迅速投入到工作中，并作为现有员工学习现场收银系统参考指南。

二、目的

本手册作为收银标准工作程序，旨在加强员工对收银流程更加了解，工作更为有效。

三、作用

1　缩短培训时间。
2　提高效率。
3　统一专业术语。
4　采用正确的工作流程而减少损失。
5　对于收银系统有更好的了解。

第二节 总 述

1 收银的重要性。

收银作业是商场销售服务管理的一个关键点。收银台是商场商品、现金的"闸门"，商品流出、现金流入都要经过收银台，因而，稍有疏忽就会使经营前功尽弃；收银台是商场的"掌门人"，在短暂的收银结账服务中，集中体现了整个商场的服务形象；收银作业也不只是单纯的结账服务而已，收取了顾客货款，并不代表整个销售行为的结束。收银作业是商场销售的一个重要环节。

2 收银员是干什么的。

收银员是将商场的销售款收取回笼汇总，并将销售数据正确输入收银机，将正确销售数据提供给公司的专职人员（即在什么时间销售了哪些商品，卖了多少，结算方式等），公司根据这些信息对商品的种类、数量、价格进行数据归纳和分析，是整个公司信息网络的重要组成部分。

第三节 收银行为规范

1 收银员服务规范。

1.1 服务态度是对顾客的思想情感及其行为举止的综合表现，包括对顾客的主动热情程度，敬重和礼貌程度。服务态度是衡量服务质量的重要标准和内容。

1.2 服务的八字方针是："主动、热情、耐心、周到。"

1.3 十四字文明用语："您、请、欢迎、对不起、没关系、谢谢、再见。"

1.4 服务规范是指在服务工作中，把商业服务人员应当自觉遵守和执行的标准、制度、措施用科学的行为准则确定下来，并以此作为监督检查工作的依据。

2 收银员礼仪规范。

2.1 头发。

2.1.1 保持头发清洁整齐，经常洗头，剪发。

2.1.2 剪发不可遮及眉毛，发型造型不得过于夸张、怪异，不得将头发染成黑色以外任何其他颜色。

2.1.3 头发应整理得体,过肩长发必须束扎盘结,头饰造型不得过于夸张,颜色不得过于鲜艳。

2.2 化妆服饰。

2.2.1 收银员上班必须化妆,口红、眉毛需涂描得体,不得浓妆艳抹。

2.2.2 指甲须短而干净,不得留长指甲。使用指甲油时,只可涂无色或肉色,且每只指甲均应涂上相同的颜色。

2.2.3 工作时间不得戴有色眼镜。

2.2.4 除了手表以外,可佩戴无镶嵌物的戒指一枚,不得佩戴大圈或带坠耳环,不得戴项链、手链或脚链,以免妨碍工作。

2.2.5 服装须清洁、整齐、发现破损应及时修补。

2.2.5.1 工装拉链必须拉上,长袖衬衣须扣紧袖口,衬衣下摆应扎放在裤、裙内,着长裤时要用皮带。

2.2.5.2 着裙装时,应穿长袜,长袜不得短于裙子的下摆,并一律为肉色。衬衣纽扣必须扣好。

2.2.5.3 胸卡填写的内容须规范齐全,外套和内芯无破损、污渍。

2.2.5.4 胸卡一律佩戴于制服外衣的左胸,不得佩戴无照片或经涂改的胸卡。

2.2.5.5 不得穿拖鞋、凉鞋、草鞋或雨靴。

2.3 站姿。

要求:头端目正,下颌微收,双肩平正并稍向后张,右手放在左手上,虎口交叉相握,自然垂直放于体前。挺胸、收腹、提臀;双膝尽量靠拢,脚尖呈30度张开(其间距以一拳为宜),脚跟并拢,身体重心自两腿间垂直向下,全身重量均匀分布于双脚,不集中于脚跟或脚尖。

2.4 坐姿。

要求:头部端正,上身平直,上额稍向前送,目光目视前方;挺胸,直腰,身体重心集中在腰部,双手自然放于腿上,两腿并拢,双膝相靠,腿自然弯曲,小腿与地面垂直,双脚并拢平放于地面,两脚前后放置时相差不超过半个脚长。

2.5 步姿。

要求:上身平直端正,稍向前倾(3~5度)双目平视前方,两肩左右相平,不前后左右摇晃。行走时,双手五指自然并拢,两臂以肩为轴自然摆动,前摆时肘关节稍微弯曲,后摆时幅度不宜过大(30~35度)不用力甩腕。双腿在行走过程中直而不僵,走步时,脚尖方向要端正,双脚沿直线平行向前,步幅不宜过大，步频不宜过快。

2.6 手势。

2.6.1 指引手势：五指并拢，掌心朝上，手臂以肘关节为轴，自然从体前上扬并向所指方向伸直（手臂伸直后应比肩低），同时上身前倾，头偏向指示方向并以目光示意。

2.6.2 交谈手势：与人交谈使用手势时，动作不宜过大，手势不宜过多，不要击掌或拍腿，更不可手舞足蹈。

2.7 微笑。

甜美，要温和友好，自然亲切，恰到好处，给人以愉快、舒适、动人的感觉。真诚、微笑要发自内心，是内心喜悦和真实的流露。始终如一，每位员工在任何时候，任何场合，对任何人都应微笑相待。练习时要培养敬业爱岗、乐观的思想，同时加强心理素质的锻炼，提高自身的素质。

3 收银员的行为规范。

3.1 六必须。

3.1.1 必须按规定整齐着装。

3.1.2 必须发型规范、淡妆上岗、坐姿端庄。

3.1.3 必须精神饱满、主动热情、微笑待客。

3.1.4 必须文明礼貌、使用普通话，文明用语和唱收唱付。

3.1.5 必须保持款台干净整齐。

3.1.6 必须保持账款一致。

3.2 八不准。

3.2.1 不准在收银台内聊天、嬉笑、打闹。

3.2.2 不准在当班擅自离台、离岗、停台。

3.2.3 不准在款台内看书、看报。

3.2.4 不准以点款、结账为借口，拒收和冷漠顾客。

3.2.5 不准在款台内会客、吃东西、喝饮料，将水杯放在款台上。

3.2.6 不准踢、蹬、翘、靠、坐收银台。

3.2.7 不准未到下班时间私自关闭款台或拒收。

3.2.8 不准出现对顾客争吵、辱骂、殴打现象。

3.3 行为规范。

3.3.1 收银员必须遵守"六必须，八不准"。

3.3.2 收银员必须遵守公司的财务制度和考勤制度。

3.3.3 收银员到岗后，首先做好款台的卫生。

3.3.4 每天的着装要得体，上班要穿工装，淡妆上岗。

3.3.5 收银员当班时不得将私人的钱物带进工作场所。

3.3.6 每日听到迎宾曲时都要站立迎宾。

3.3.7 收银员要注意自己的服务态度和服务技巧，不管任何情况，不得和顾客发生争吵。

3.3.8 熟知商场的布局、服务设施的具体位置。

3.3.9 当班时，收银员不得无故离台，如有事离台必须通知收银组长，由收银组长安排机动人员替岗。

3.3.10 收受支票的收银员，对收受银行票据必须清楚明白，并通知收银组长和总收来决定是否接受。

3.3.11 收银员每天营业结束后必须打印出信用卡结账单和关掉银行 POS 机的电源。

3.3.12 每个收银员必须对所有销售票据进行清点，保证所销售的价格相符，每一笔交易进入电脑。

3.3.13 收银员必须爱护收银工具，如有损坏，照价赔偿。

3.3.14 交接班要交接物品并签字，结束营业时必须将物品锁进抽屉或带回收银中心办公室。

4 收银员考核上岗标准。

4.1 点钞。

4.1.1 单指单张点钞 30 秒 100 张为合格，25 秒 100 张为良好，20 秒 100 张为优秀。

4.1.2 四指点钞 15 秒 100 张为合格，12 秒 100 张为良好，10 秒 100 张为优秀。

4.2 电脑操作。

4.3 电脑操作流程：键盘实行盲打，输入商品货号 1 分钟 10 件商品合格，1 分钟 13 件商品为良好，1 分钟 15 件商品为优秀。

第四节　收银缴款规定

1 收银员必须在收银组长或当日领班打完班结、日结报表后，方可将银箱内的钱币全部装入钱袋，然后离开款台到总收室清点、缴款，严禁在款台上清点。

2 缴款时，收银员须有收银前台防损员陪同到总收室。

3 收银组长或当日领班打印完班结时，收银员不得看班结、日结内容。

4　收银员不允许与收银组长或当日领班对班结，只可将备用金和货款交总收后方可与总收人员进行核对。

5　如发现货款与班结不符时，必须由总收人员清点备用金，或在总收人员在场监督由本人清点。

6　缴款单上的票面、金额必须字迹清晰、明确，不得涂改。

7　营业结束前不得在款台上清点货款，清点货款必须在总收室进行。

8　收银员点款时，保安部须设两名防损员到总收室前站岗。

9　当班次收银台，收款额超过5000元以上时，收银员应呼叫收银组长安排总收人员收大钞。

10　总收人员到收银台收大钞时，应由保安部防损员陪同。

第五节　收银作业流程

收银作业可针对每天、每周、每月来进行安排流程。

1　每日工作流程。

每日工作流程可分为营业前、营业中和营业结束后三个阶段，以此做安排。

1.1　营业前。

1.1.1　参加班前例会（整理仪容、仪表，进行岗前培训）。

1.1.2　由当班收银组长宣布当日促销活动事项及收银操作办法。

1.1.3　到总收室领取备用金。

1.1.4　整理补充必备的物品（办公用品、耗材等）。

1.1.5　由防损员陪同，列队前往各收银岗位。

1.1.6　到达各收银岗位。做好营业准备工作，清洁、整理收银作业区。

1.1.7　开启收银机，将收银所需物品按规定位置摆放，并将备用金放入收银钱箱。

1.1.8　检验收银机是否正常。

1.1.9　开业迎宾。

1.2　营业中。

1.2.1　营业时收银员要热情接待顾客。

1.2.2　为顾客结账。

1.2.3　配合促销活动的收银处理。

1.2.4　顾客抱怨处理。

1.2.5 对顾客适当引导。

1.2.6 营业款缴纳。

1.2.7 进行交接班。

1.3 营业后。

1.3.1 配合收银组长或当日领班进行相关报表的打印工作。

1.3.2 整理各类发票、销售小票及促销券。

1.3.3 结算营业额。

1.3.4 整理收银作业区卫生。

1.3.5 关闭收银机并盖好防尘套。

1.3.6 清洁、整理各类备用品。

1.3.7 协助现场人员做好结束后的其他工作。

2 每周工作流程。

2.1 收银作业必备物品申领。

2.2 确定本周收银员轮班班次。

2.3 根据需要，与银行兑换零钱。

2.4 整理传送收银周报表。

3 每月工作流程。

收银作业每月工作要做好安排。包括：

3.1 准备发票。

3.2 准备必备物品。

3.3 整理汇总传送收银月报表。

3.4 收银机定期维修。

4 收银结账步骤表。

附表：收银结账步骤表

步骤	收银标准用语	配合的动作
1. 欢迎顾客	欢迎光临	1. 面带笑容，与顾客的目光接触。 2. 等待顾客将商品销售小票放置收银台上。 3. 将收银机的活动屏幕面向顾客。
2. 商品登录	逐项念出每项商品的金额	1. 左手拿取商品销售小票，检查销售小票填写是否规范。 2. 以右手按键，将商品的售价及编码正确地登录在收银机上。 3. 登录完的销售小票必须与未登录销售小票分开放置，避免混淆。 4. 再次核对所有销售小票，确保录入的信息准确。
3. 结算商品总金额，并告知顾客	总共××元	根据收银机统计金额，告知顾客商品总金额。

续表

步骤	收银标准用语	配合的动作
4. 收取顾客支付的金额	收您××元	1. 确认顾客支付的金额，并检查是否为伪钞。 2. 将顾客的现金以磁铁压在收银机的磁盘上。 3. 若顾客未付账，应礼貌地重复一次，不可表现不耐烦的态度。 4. 将销售小票三联单加盖收讫章及收银员名章。
5. 找钱给顾客	找您××元	1. 找出正确零钱。 2. 将大钞放下面，零钱放上面，双手将现金交给顾客。 3. 将小票财务联留存，顾客联、存根联连同机打小票一同交给顾客。 4. 将小票财务联放至规定的位置。
6. 诚心的感谢	谢谢！欢迎再次光临	1. 确定顾客没有遗忘现金及票据。 2. 面带笑容，目送顾客离开。

第六节　收银规范用语

1　避免引起纠纷的状态用语及应对之道。由于顾客需求的多样性和复杂性，难免会有难以满足的情况出现，使顾客产生抱怨，而这种抱怨又常会在付账时向收银员发出，因此，收银员应熟练掌握一些应对策略。

1.1　暂时离开收银台时，应说："请您稍等一下。"

1.2　重新回到收银台时，应说："真对不起，让您久等了。"

1.3　自己疏忽或没有解决办法时，应说："真抱歉"或"对不起"。

1.4　提供意见让顾客决定时，应说："若是您喜欢的话，请您……"

1.5　要希望顾客接纳自己的意见时，应说："实在抱歉，请问您……"

1.6　当提出几种意见请问顾客时，应说："您的意思怎么样呢？"

1.7　遇到顾客抱怨时，仔细聆听顾客的意见并予以记录，如果问题严重，不要立即下结论，而应请经理出面向顾客解说，其用语为："是的，我明白您的意思，我会将您的建议呈报总经理并尽快改善。"

1.8　当顾客买不到商品时，应向顾客致歉，并给予建议，其用语为："对不起，现在刚好缺货，让您白跑一趟，您要不要先买别的牌子试一试？"或"您要不要留下您的电话和姓名，等新货到时立刻通知您？"不知如何回答顾客询问时，不可以说"不知道"，应回答"对不起，请您等一下，我请楼层经理来为您解说"。

1.9 顾客要求包装礼品时，应告诉顾客（微笑）："请您到总服务台，有专人为您包装。"

1.10 在店门口遇到购买了本店商品的顾客时，应说："谢谢您，欢迎再次光临。"（面对顾客点头示意）

2 收银员怠慢顾客的种种表现有：

2.1 埋头打收银机，不说一句话，脸上没有任何表情。

2.2 未用双手将零钱及发票交给顾客，而且直接放在收银台上。

2.3 当顾客有疑问或提出询问时，讲不该讲的话，如"不知道"，"不知道，你去问别人"，"卖光了"，"没有了"，"看不到就没了"，"你自己再去找找看"，"那你想怎么样"等。

2.4 收银员聊天、嬉笑，当顾客走近时也不加理会。

2.5 当顾客询问时，只告诉对方"等一下"，即离开不知去向。

2.6 在顾客面前批评或取笑其他顾客。

2.7 当顾客在收银台等候结账时，突然告诉顾客："这台机不结账了，请到别台机去"，即关机离开，让顾客重新排队等候结账。

第七节　金钱作业管理及注意事项

商场的金钱管理从区域来划分，包括前台的收银过程金钱管理以及后台的金库管理。收银过程现金管理的目标是保持现金日报表上的短溢值为"零"，但在实际操作中很难做到短溢值为零，所以通常可以确定一个控制标准，收银差错率一般可控制在 0.4‰以内。其管理重点是：零用金管理、金钱收付管理、交接班管理、营业收入管理。

1 零用金管理。

为应付找零及零星兑换之需，每天开始营业前，各台收银机必须在开机前将零用金准备妥当，并铺在收银机的现金盘内。应注意的问题是：

1.1 零用金应包括各种面值的纸钞及硬币，其数额可根据营业状况来决定，每台收银机每日的零用金相同。

1.2 收银员应随时检查零用金是否足够，以便及时兑换。

1.3 零用金不足时，切勿大声喊叫，也不能与其他的收银台互换，可利用铃钟或电话的方式请相关主管进行兑换。

1.4 执行零用金兑换作业时，应填写《兑换表》，并由指定人员进行。

2　金钱收付管理。

收银员既负责销售商品的收款，也负责退货、换货的付款及差额结算，所以收银员负有金钱收付管理的职责。应注意的问题是：

2.1　收受顾客现金进账时，须口述"收您××元，找您××元，请您点收，谢谢！"

2.2　在收到顾客纸钞时要注意辨识钞票的真伪。

2.3　在顾客使用非现金的支付工具（如礼券、提货券、现金抵用券、中奖券等，可称为准现金）时，应确认是否有效及使用方式（如是否可找零、是否可分次使用、是否需开立发票等）。

2.4　收受准现金之后，应立即使其作废，例如，签上收银员姓名，或盖上作废的印章，并放入收银机收银柜台的指定位置。

2.5　售出商品退回需退款时，必须先检查是否有楼层主管签字确认的退货单，并将核对无误的退货单财务联放入收银机内，再将现金取出。

3　交接班金钱管理。

为了分清各班次收银员的金钱管理的责任，交接班时应注意：

3.1　交班前应将零用钱备妥，并填妥有关报表。

3.2　交接班时应相互清点金钱，清点完毕后由接班人员按收银机责任键。

3.3　交班人员清点当班实收金钱，并填写缴款单。

第八节　收银作业错误处理

收银员在作业过程中难免会有收银错误发生，对此，一是要及时发现，二是要及时更正，三是要做好事后的检查工作。

1　收银错误发生的原因。收银发生错误，既有收银员方面的原因，如多打或少打价钱，导致结账发生错误，以及金钱收付发生错误；也有顾客方面的原因，如顾客携带现金不足，顾客临时退货等。

2　结账发生错误时的处理办法。结账发生错误时，不论顾客对错，都必须预先致歉，并立即更正；如商品价多打，且账单尚未打出，可询问顾客是否还要购买其他商品，如顾客不需要添购其他商品，则应将账单作废需重新打单；如账单已经打出，应该将错打的账单收回，并重新打单；礼貌地请顾客在作废单上签字，填妥作废账单记录本，并及时通知相关主管签名作证；如顾客携带现金不足，可建议顾客办理超值商品退货，已打印出的账单应放回作废，并礼貌地请顾客办妥相关手续；如顾客决定不买要求退货时，仍须保持热情的工作态度。

3　收付发生错误时的处理办法。收银员下班之前必须由总收人员核对收银机内的现金、准现金和当日中间收款（营业过程解缴金库的款项）的数量与收银机结出的应收数额是否一致。若发生收付差错，应分析原因，并由收银员写出报告书。当收付差错超过规定限额时，无论缺额还是盈余，收银员皆承担相应的经济责任。

4　作废账单处理办法。作废账单应及时登记在作废账单记录本上。

附表：作废账单记录表

作废账单记录表

作废发票明细：

类别／编号	金　额
总　　计	

收银机编号：

收银员姓名：

顾客签名：
联络电话：
联络地址：

作废原因：
更正交易编号：
主管签核：
备　注：

第九节　收银检查作业

为了做好收银工作，一是要建立规范标准及制度，二是要提高收银员的素质，三是要加强检查工作。收银检查作业的内容主要有：

1　收银台的抽查。为了检查收银员的工作表现，有关人员（专业检查人员、总经理或值班经理等）每天应不固定时间随机抽查收银台，内容包括：实收金额与应收金额是否相符；折扣总金额与折扣记录单的记录金额是否相符；检查收银机内各项密码及程序的设定是否有更动；检查每个收银台的必备物品是否齐全；收银员的礼仪服务是否良好；是否遵守收银员作业规则。

2　清点金库现金。清点金库内所有现金及准现金的总金额与金库库存现金收支登录的总金额是否相等。

　　3　每日营业结算明细表的正确性。每日营业结算明细表是各项财务资料计算以及日后营业方向确定的重要依据，这份表单必须定时、连续、正确地登录。

　　4　检核前台"中间收款"与后台"金库收支"是否相符，以及每次执行中间收款作业是否如实填写表单，检查相关主管对现金收支的处理是否诚实。

第十节　收银岗位职责

　　1　收银主管岗位职责。

　　1.1　遵守店规店纪。

　　1.2　因工作需要能主动加班。

　　1.3　熟悉商场布局，精通业务知识。

　　1.4　传达公司文件精神并负责执行工作。

　　1.5　传达部门经理的要求，共同达成部门的目标。

　　1.6　负责控制和管理现金差异及现金安全。

　　1.7　分析现金差异，提供解决方案。

　　1.8　做好与其他部门的协调工作。

　　1.9　维护收银设备的正常运作，确保收银机的安全检查运行，及时排除故障。

　　1.10　检查收银中心人员的出勤状况，合理调度人力，控制人事成本。

　　1.11　规范结账流程，保障收银工作的快速、顺畅、准确。

　　1.12　督促检查收银领班的工作。

　　1.13　为顾客提供良好的服务。

　　1.14　做好收银员的培训工作。

　　1.15　负责收银人员专业知识和技能的训练及绩效考核。

　　1.16　对突发事件随机处理，接待好顾客投诉。

　　1.17　确保准确、安全、及时地收回货款。

　　1.18　遇到问题层层上报，已突发事情经过及处理结果应及时向上级汇报。

　　2　收银主管每日工作。

　　2.1　调度好各处人力所需，包括安排机台、安排休息进餐、安排紧急情况下的人力需求。

2.2 每日到岗时必须检查款台及机器设备是否完好，清洁无尘，保证顾客能拿到清晰的销售单。

2.3 负责监督、检查收银员遵守公司各规章制度的落实，以及收银员考勤情况。包括出勤考勤、病事假统计、加班统计。

2.4 负责调节收银员与顾客、收银员与商场之间的矛盾，并及时向有关领导汇报。

2.5 负责保管好收银机钥匙，严禁私自转交他人代管。

2.6 解决收银员在结账中出现的问题，包括退款、折扣、中途上交货款。

2.7 随时与电脑部保持密切的联系，收银机出现问题及时反映追踪解决，每日对收银机使用情况进行督导并作详细登记，保证每台收银机都能正常使用。

2.8 做好班结单的保密工作，严禁泄露给收银员。

2.9 合理安排新增人员及做好培训工作。

3 收银员岗位职责。

3.1 具备敬业爱岗精神和优质的服务意识和技能。

3.2 做好顾客的服务工作，对待顾客要文明礼貌、微笑服务，不管在任何情况下，不得与顾客发生争吵。

3.3 把销售数据正确地输入收银机，将正确的销售信息提供给公司。

3.4 货款收受和管理要做到认真负责，防止发生溢缺，保证每日营业款能正确、安全、及时地进入银行。

3.5 负责收取当日销售收入并鉴别货币真假。

3.6 收款时要唱收唱付，确保收款准确无误。

3.7 收受支票、信用卡时，要对支票和信用卡进行审核。

3.8 按要求保管好销售凭证、发票及所收券卡等，并确保其安全。

3.9 负责对每日所在款台及收银机进行清洁工作，达到手摸无尘的标准。

3.10 每日上机前检查打印机色带，保证打印出的销售单据清晰。

3.11 负责将上机收银工作中发生的问题如电脑反应慢、商品条码非法等，应及时向领班反映并作记录。

3.12 无人接班时，坚守岗位，不得擅自离岗。

3.13 下班时要点好销售款，送交总收银。

3.14 熟悉商场布局，熟悉商品。

3.15 遵守店纪店规。

3.16 能服从安排，完成上级传达的任务。

3.17 为工作需要能随时加班。

3.18 能协助防损员防止商品流失，维护公司利益。

4 收银部每日工作流程。

4.1 每天早上 9：30 准点开晨会，安排当班收银员的工作，检查收银员的仪容仪表，对工作中出现的好人好事进行表扬，传达公司的有关精神，宣布当天促销信息及促销商品销售操作办法。

4.2 9：35 收银员到总收室领取备用金、各类用品。

4.3 9：45 由收银主管带领，防损员陪同，列队前往各收银岗位。

4.4 9：55 开启收银机，进行收银台的清洁工作，摆放好收银物品，将备用金放入钱箱。

4.5 9：58 站立迎宾。

4.6 10：00 正式营业，在各楼层收银台进行走动式管理。

4.7 督促、检查收银员的日常工作，如唱收唱付等，每班至少一次并作记录。做好收银员离台关机工作。

4.8 解决收银员与顾客之间的纠纷。如收银员出现错扫现象，主管必须帮助解决；对顾客提出的问题要耐心解答。

4.9 进行换货工作。

4.10 做好发票登记，必须详细登记续领纸号、收银员姓名、最终纸号等。

4.11 巡场时按照规章制度严格要求收银员并做好时间登记及关机工作。

4.12 合理安排收银员吃饭时间，并做好奖惩记录。

4.13 合理安排机动人员进行当班收银员的临时替休。

4.14 对收银员固定范围内的换班申请在排班本上进行登记。

4.15 交接班时，对上班收银员提前十分钟在总收室门口开班前例会，传达早会内容，给早班下班人员打班结。

4.16 早班收银员到总收室进行缴款，并核对当班缴款金额，填写缴款单。

4.17 21：30 其中一个主管负责安排第二天款台（每个收银员每两周的所排款台不可重复）。

4.18 21：45 在交接本上做好第二天早会内容和主管交接登记，让相应部门的主管签字领取单据。

4.19 结束当日营业后为收银员打班结并关机。

4.20 检查收银钱箱、电脑屏幕、打印机是否关闭，发票和收银机钥匙送交总收。

4.21 每周至少安排一次卫生大扫除。

5 总收岗位职责。

5.1 总收人员在工作中要起模范带头作用。积极配合核算会计做好票据的收集整理及传递工作，配合核算会计及时查账。

5.2 为收银员做好收银工作，协助处理及解决收受过程中的各种业务问题。

5.3 负责公司销售款的收缴工作，并监督检查收银员收受中出现的问题。

5.4 负责收银员缴来的支票、信用卡是否符合公司规定。

5.5 负责填写银行缴款单，将货款安全及时地送存银行。

5.6 负责金库的安全及工作秩序。

5.7 负责调剂正常营业收银所需零用金。

5.8 为收银员做好后勤服务工作，并协助收银员处理各种业务问题。

5.9 协助主管合理安排当班收银员的调配工作。

5.10 总收人员应帮助收银员及主管或领班的业务工作，并定期考核。

5.11 负责审核收银员的货款填制与交款单销售汇总表是否符合要求，审核无误后盖章。

6 总收（银）主管岗位职责。

6.1 服务说明。

6.1.1 在财务的领导下，合理安排检查收银内、外勤的工作。

6.1.2 负责货款、支票、信用卡的进账及对账工作。

6.1.3 负责总部财务各项规定及单据的传达、检查工作。

6.2 工作职责。

6.2.1 遵守公司及财务的各项规章制度，服从上级领导，提高工作绩效，避免现金差异。

6.2.2 合理安排及检查收银内、外勤的工作。

6.2.3 在工作中要起模范带头人作用。积极配合会计做好票据的收集、整理及传递工作，配合会计及时查账。

6.2.4 为收银员做好收银后勤服务工作，协助配合及解决收受过程中的各种业务问题。

6.2.5 负责公司货款的收缴工作，并监督检查收银员收受中出现的问题。

6.2.6 负责检查收银员缴来的支票、信用卡是否符合规定。

6.2.7 负责填写银行缴款单，将货款安全及时地送存银行。

6.2.8 负责发票单及写发票的领用及管理工作。

6.2.9 负责金库的安全及工作秩序。

6.2.10 负责保管好销售货款及各项有价单据，拒绝任何人借支挪用。

6.2.11 负责调剂正常营业收银所需零用金。

6.2.12 总收人员应帮助收银员及领班的业务工作，并定期考核。

6.2.13 负责审核收银员的货款与所填现金明细表是否符合要求，所交货款的真伪，审核无误后盖章。

6.3 考核标准。

6.3.1 点钞：单指每把 25 秒，多指每把 17 秒。

6.3.2 扎把：每把 3 秒。

6.3.3 点款：5 分钟/份。

6.3.4 填写报表：40 分钟/份。

第十一节 收银员奖评细则

1 处罚。

1.1 违反"六必须"、"八不准"其中任一条每次扣 1 分。

1.2 违反仪容仪表规定（工装、工牌、淡妆、发型等）每次扣 1 分。

1.3 未使用普通话礼貌用语、唱收唱付扣 1 分。

1.4 顶撞顾客者扣 2 分，遭顾客投诉者扣 5 分，接受态度不好者扣 10 分。

1.5 开会前必须穿着好工装，整理好仪容仪表，否则算迟到。开会、上机迟到，对安排的工作不能如期完成的扣 1 分。

1.6 对当日早会和班前例会中所强调的事宜如有违反者，在原扣分基础上加扣 1 分。

1.7 迎宾前做机台清洁，未主动迎宾者扣 1 分。

1.8 违反收银员工作流程每项扣 1 分。

1.9 监点人员未能如实填写监点记录的扣 2 分。

1.10 错扫、漏扫、未消磁 1 次扣 1 分。

1.11 未经领班允许无故离台扣 2 分；离台未放置暂停收银标识的、未关指示灯的，其中任一项扣 1 分。

1.12 半小时内轮班吃饭未吃完者扣 1 分。

1.13 当班时间在收银台内点款、空闲时聊天扣 1 分，看杂志、报纸、快讯，在款台内吃东西，喝饮料者扣 1 分。

1.14 款台内杂乱扣 1 分；未保管好款台物品，造成物品丢失者扣 3 分。

1.15 下晚班未将发票硬标签送到总收室；未将款台上清理干净；未等候防损员护送；未交款台钥匙；未关柜门；未关屏幕、打印机；未盖打印机盖、打印机者扣 1 分/次。

1.16 下班未将电脑电源关闭者扣 2 分。

1.17 备用金出现长款、假钞者扣 3 分。

1.18 填错或未填全现金明细表；在规定时间未交领钱或写错班次者扣 1 分，点错货款及备用金者扣 2 分。

1.19 出现长短款，48 小时内未将短款和罚单交齐者每项扣 2 分。

1.20 收银员造成发票及退货单遗失者；作废发票未交者每项扣 2 分。

1.21 考核不及格者扣 2 分，连续三次业绩排名倒数 3 名者扣 5 分。

2 奖励。

2.1 工作需要情况下无条件加班加 2 分。

2.2 提出合理化建议者加 2 分，被采纳者加 5 分。

2.3 在比赛及考核中获奖或前 3 名加 5 分。

2.4 全店在大会受表扬加 5 分，部门会议表扬加 3 分。

2.5 每次业绩排名前 3 名，并不超过正常差异者，分别加 10 分、5 分、3 分。

2.6 发现其他同事违规行为及时举报，为公司挽回损失者加 5 分。

2.7 连续一周无长短款现象加 3 分。

第十二节 收银财务知识

1 票据的填写规定。

银行、单位和个人填写的各种票据和结算凭证是结算和现金收付的重要依据，直接关系到支付结算的准确、及时和安全。票据和结算凭证是银行、单位和个人凭以记载财务的会计凭证，是记载经济业务和明确经济责任的一种书面证明。因此填写票据和结算凭证，必须做到标准化、规范化、要素齐全，数字正确、字迹清晰，不错漏、不潦草，禁止涂改。现将标准的填写格式与内容说明如下：

1.1 中文大写金额数字应用正楷或行书填写，如壹、贰、叁、肆、伍、陆、柒、捌、玖、拾；佰、仟、万、亿、元、角、分、零、整（正）等字样。不得自造简化字。

1.2 金额书写不得使用繁体字。

1.3 中文大写金额数字到元为止的，在"元"之后，应写"整"或"正"字，角之后可以不写"整"或"正"字。大写金额数字有"分"的，分后面不写"整"或"正"字。

1.4 中文大写金额数字前应标明"人民币"字样，大写金额数字应紧接"人民币"字样填写，不得留空白。大写金额数字前未印"人民币"字样的，应填写"人民币"三个字。

1.5 阿拉伯小写金额数字中有"0"时，中文大写应按照汉语语言规律、金额数字构成和防止涂改的要求进行书写。举例如下：

1.5.1 阿拉伯数字中间有"0"时，中文大写金额要写"零"字。如1409.50，应写成：人民币壹仟肆佰零玖元伍角。

1.5.2 阿拉伯数字中间连续有几个"0"时，中文大写金额中间可以写一个"零"字。如6007.13，应写成人民币陆仟零柒元壹角叁分。

1.5.3 阿拉伯数字万位或元位是"0"，或者数字中间连续有几个"0"，万位也是"0"，但仟位、角位不是"0"时，中文大写金额中可以只写一个"零"字，也可以不写"零"字。如1680.32，应写成人民币壹仟陆佰捌拾元零叁角贰分；或写成人民币壹仟陆佰捌拾元叁角贰分；如107000.53，应写成人民币壹拾万柒仟元零伍角叁分，或写成人民币壹拾万零柒仟元零伍角叁分。

1.5.4 阿拉伯金额数字角位是"0"而分位不是"0"时中文大写金额"元"后面应写"零"字。如16309.02，应写成人民币壹万陆仟叁佰零玖元零贰分；又如325.03，应写成人民币叁佰贰拾伍元零叁分。

1.6 阿拉伯小写金额数字前面，均应填写人民币符号"￥"。阿拉伯小写金额数字要认真填写，不得连写分辨不清。

1.7 票据的出票日期必须用中文大写。为防止变造票据的出票日期，在填写月、日时，月为壹、贰和壹拾的，应在其前加"零"，日为拾壹至拾玖的应在其前加"壹"。如1月15日，应写成零壹月壹拾伍日；再如10月20日，应写成零壹拾月零贰拾日。

1.7.1 票据出票日期使用小写填写，银行不予受理。大写日期未按要求规范填写的，银行可予受理，但由此造成的损失，由出票人自行承担。

1.7.2 支票的书写必须用钢笔碳素墨水，需要复写的票据用圆珠笔书写。

2 鉴别假币和变造币的方法。

假币是指依照真人民币纸张、图案、水印、安全线等原样，利用各种手段非法制作的伪币。

2.1 如何识别假币。

2.1.1 纸张识别：人民币纸张是采用专用钞纸，成分是棉短绒和高质量的木浆，具有耐磨、有韧度挺括、不易折断的特点，抖动时发出清脆的响声。

2.1.2 水印识别：人民币水印是在造纸过程中采用特殊工艺，使纸纤维规程形成的水印，具有层次分明、立体感强，透光观察清晰的特点，而假币水印模糊，无立体感，变形较大，用浅色油墨夹印在纸张正背面，无须迎光透视，就能看到。

2.1.3 凹凸技术识别：真币特点是图案层次清晰，色泽鲜艳，立体感强，触摸有凹凸感。而假币图案平淡，手感平滑。花纹图案模糊，并且有网点组成。

2.1.4 荧光识别：50元、100元面值的人民币分别在图案两侧在紫光灯下显示"50"、"100"和"WU SHI"、"YI BAI"字样金黄色荧光反应，真币吸光，整版放在紫光下无反光反应。而一般的假币在紫光灯下没有暗记，个别是虽有暗记，但暗记颜色为白色并不清晰，纸张有明显的荧光反应。

2.1.5 安全线识别：真币安全线是立体实物与钞纸融为一体，无凸起有手感；假币一般是印上或加入的立体实物，会出现票面皱褶，分离现象。

2.2 变造币。

变造币是指拼接的假币，人为地将真币的一部分与假币的一部分将两个不同一部分的纸张拼接而成的一张假币，这种假币要仔细辨别。

2.2.1 1999年版壹佰元人民币防伪识别。

2.2.1.1 固定人像水印：位于正面右侧空白处，迎光透视，可见与主景人像相同，立体感很强的毛泽东头像水印。

2.2.1.2 红蓝彩色纤维：在票面空白处，可看到纸张有红色和蓝色纤维。

2.2.1.3 磁性微缩文字安全线：钞票纸中的安全线，迎光观察，可见"RMB 100"微小文字，仪器检测有磁性。

2.2.1.4 手工雕刻头像：正面主景毛泽东头像，采用手工雕刻凹版印刷工艺，形象逼真传神，凹凸感强，易于识别。

2.2.1.5 隐性面额数字：正面右上方有一椭圆形图案中，多处印有胶印缩微文字，在放大镜下可看到："RMB"和"RMB 100"字样。

2.2.1.6 光变油墨面额数字：正面左下方"100"字样与票面垂直观察为绿色，倾斜一定角度则变为蓝色。

2.2.1.7 阴阳互补对印图案：票面正面左下方和背面右下方均有圆形局部图案，迎光观察，右背面图案重合成一个完整的古钱图案。

2.2.1.8 雕刻凹版印刷：正面主景毛泽东头像、中国人民银行行名，盲文及背面主景人民大会堂等均采用雕刻凹版印刷，用手触摸有明显的凹凸感。

2.2.1.9 横竖双号码：正面采用横竖双号码印刷（均为2位字母，8位号码），横号码为黑色，竖号码为蓝色。

第十三节　收银管理规定

1　支票进账的收受规定。

1.1　收银员在收受支票时，检查支票是否填写规范，压数与所填写账号是否相同，财务章和法人章是否清晰，仔细核对持票人身份证照片必须与本人一致方能办理，并登记持票人的姓名、单位、工作证和电话号码，身份证地址、身份证号码，出票单位、清单序号、支票号，并要持票人在支票登记本上签名。

1.2　若对支票有疑问，应立即通知总收，通过电话查询持票人的身份来决定是否收受。

1.3　收受支票时，如遇 5000 元以上的款项，不管任何企业，都必须倒进账，款到方能提货。

1.4　5000 元以下的，属如下性质的企业，可以不倒进账，但需电话查询落实并登记，可直接提货。

1.4.1　知名的大中型企业。

1.4.2　行政单位如：省市政府、街道办事处、税务局、社保局、公安局、公证处、工商管理部门等。

1.4.3　事业单位如：银行、电信局、邮局、部队、学校、公路征费处、电台、电视台、报社、科学研究院所、供电局、审计局、证券公司、卫生局、环保局、教委、事务所、大中型医院、公交系统等。

1.4.4　经常到我单位来购物的往来单位。

1.4.5　有部门经理以上人员担保者。

1.5　如下性质的单位，不管金额大小，一律必须倒进账，款到账后方能提货：不知名的小企业有限责任公司、商贸有限责任公司、贸易公司、房地产公司、私营小企业、发展公司、专卖公司、实业公司、合作公司、个体户等。

1.6　在团购人员联系的购货单位，不适用以上规定限制，但必须由团购工作人员填写担保书，在支票登记本上签名备案，经上级主管部门审批，并为自己的行为负责。总收人员应监督检查，并有权制止违反本规定的人或事。支票当时倒进账拿到回执后，方可提货，否则不予办理。

1.7　倒进账人员在银行办理业务时，应询问银行经办人员账上是否有足额资金。

2　发票规范开具的规定。

2.1　发票启用前，先行清点，如有缺联、少份、缺份、错号等问题应整体退回。

2.2　填开发票时，应按顺序全份一次复写，全部联次内容完全一致。作废的发票应与发票存根放置在一起，必须整份发票联数同时具备，方可写作废字样。

2.3　开具发票时，字迹要求工整，不得涂改，大小写必须规范。中文大写金额数字应用正楷或行书填写，如壹、贰、叁、肆、伍、陆、柒、捌、玖、拾。

2.4　发票上的各栏均要书写清楚，不写错别字，不写简化字，大小写必须相符，金额大写合计处必须使用汉字填写，不得省略或划线，小写合计数应有栏头。开发票人应签全名，开具发票时，就在备注栏一写明清单序号。

2.5　小写字加记"￥"符号封头。

2.6　开具发票时，必须有水单。货物名称与金额应与水单上的一致，不准多开、虚开、套开发票。不得将日期提前开发票。

2.7　友情卡购买的商品不得再开发票，如购买电器需做维修，开发票时应注明是友情卡，不作报销凭证。

2.8　发票在领用和开具时应妥善保管，不得遗失或转借给他人使用。

2.9　对违反上述规定及办法者，对经办人处以 20 元罚款。

3　友情卡的收受注意事项。

3.1　收受友情卡时，首先要辨别卡的真伪标记，是否有专用章和财务章。检查无误后，还注意友情卡是否在有效期限内使用，如过了有效期，必须让顾客到店面出纳处换一张再来使用。

3.2　友情卡不找零。购物时不再开发票，如购买电器需做维修，开发票时应注意是友情卡，不作报销凭证。

3.3　收银员在收到友情卡后，应当及时在卡上写上自己的姓名、款台号码、日期。总收在回收时，应盖上作废章，及时传递到财务部。

4　退换货的管理规定。

退换货必须在客服开退换货单，严禁无单退换货，总收人员应做好退换货单的监督检查工作。

以下几种情况，不得退现金。

4.1　用支票结账，需要做退货时，必须填写资金审批单，到财务部开支票退还给顾客。

4.2　友情卡退货，必须退友情卡，不得退现金。

4.3 信用卡退货，通过支票划账，不得退现。

4.4 对金额较大的退换货（超过 3000~5000 元的）必须由客服经理签字，超过 5000 元以上的必须由营运总监签字。

4.5 退换货时，大小写金额必须一致，所开品项与所退品项一致方可退货。

4.6 顾客拿退换货单来时，首先要检查顾客手中单据是否齐全，必须有退换货单，销售小票或发票，如无水单，必须到客服处查询后方可做退换货。

4.7 做退换货时，必须由领班签字和顾客签字，否则无效。

4.8 收银员应在做完退换货手续后，将单据妥善保管，在一个班结束后将此单交于总收，如若遗失，按退换货单上的金额等价赔偿。

5 信用卡的收受规定。

5.1 在每个营业日开始前，必须对银行信用卡 POS 机进行签到，检查线路是否畅通，机器是否可以使用，打印纸是否上好。

5.2 在刷卡时，要仔细核对 POS 机上的卡号是否与顾客所持卡号一致。在刷完卡以后，要仔细核对顾客信用卡背后签名与本人的签名。

5.3 对于超过本商场授权金额的消费，必须打电话给银行取得授权号（金卡 3000 元，普通卡 2000 元）。

5.4 对于因线路问题引起重复划卡，应立刻打电话给银行，确认是否下账，如若银行也无法确认，应将顾客联系电话和地址留下，以便日后查找后能尽快与顾客联系。

6 金库管理规定。

6.1 金库是营业款的重要存放地，非工作人员未经许可不得入内。

6.2 总收室人员应保持金库的正常工作秩序，严禁大声喧哗、吵闹，并保持工作室的清洁整齐。

6.3 总收人员要保护公司的财产安全，遇到特殊情况应舍生忘死，保护公司的财产安全。

6.4 金库人员必须做到两当事人同时在场方能开库清点，交接时，必须做到钱款一致，并有交接记录。双方签字。

6.5 金库的钥匙必须每天有交接记录，金库人员调动，必须及时更换密码。

6.6 每日营业结束以后，工作室人员应注意切断电源，拔下插头，关好保险柜，并打乱密码。金库大门应上两道门锁。

7 总收单据传递流程。

7.1 总收需传递的报表：每日销售明细汇总表、现金缴款单、信用卡收账通知单、支票收账通知单、商品折扣单、有价单据、每月月报表、每周周报表、友情卡、后台报表、现金长短款缴款单。

7.2 总收从银行取得现金缴款单、信用卡收账通知单、支票收账通知单，当时先做好备查账。并将单据归类整理好后，于第二日一早传递给总部出纳登账。

7.3 每日销售明细汇总表的传递，总收将销售明细汇总表做好后，交值班收银主任。

8 现金管理的规定。

8.1 收银员、总收人员应严格执行财务现金管理原则和规定。

8.2 有权拒绝任何形式的套现行为：友情卡套现、支票套现、信用卡套现等。

8.3 应做到收支两条线管理，专款专用，严禁坐支现金行为的发生，总收室内的销售款必须及时存入银行，在任何时候，在任何情况下，不得以任何理由挪用销售款。

8.4 应将销售款的备用金分开管理，不得混淆。

8.5 备用金交接时，应由交手人和接手人双方同时在场清点，并在交接本上登记签字。

8.6 财务部应加强对收银的现金管理工作，总收主管每周不定期对总收现金管理进行抽审。

9 收受信用卡的程序。

9.1 每天早上打开电源，并给 POS 机签到，检查线路是否畅通，机器是否可以使用，打印纸是否上好。

9.2 收受信用卡时，查证顾客所持信用卡是否为银联签约行。

9.3 检查卡面是否完整，银行标志、卡号和有效期限是否正确。

9.4 将卡匀速通过划卡槽。

9.5 核对 POS 机上的卡号与信用卡号码是否一致，核对无误正确输入金额，并让顾客输入密码。

9.6 打出 POS 单后让顾客签名，核对签名。

9.7 每天营业结束后一定要结账，并关掉电源。

9.8 对于超过本商场授权金额的消费，必须打电话给银行取得授权号（金卡 3000 元，普通卡 2000 元）。

9.9 对于因线路问题引起重复划卡，应立即打电话给银行，确认是否下账，如若银行也无法确认，应将顾客联系电话和地址留下，以便日后查找到能尽快与顾客联系。

第十四节　收银员班次安排

收银人员班次要根据商场的营业时间、营业高峰、营业低峰、节假日，以及促销活动等做出安排，各种不同的业态商场营业时间不一样，班次安排也不一样。

收银人员排班表。确定了基本班次以后，收银人员要根据营业情况确定每一班次的人数、具体人员、上班及节假日期等具体内容，然后按月或按周编制收银人员排班表。

第十五节　收银员待客作业要领

收银员待客作业要领包括：整齐清洁的发型；适度的化妆；清洁的指甲和干净的双手；统一的制服及服务证佩挂；鞋子保持整洁光亮。以下是男职员及女职员的仪容要求范例。

1　女职员仪容管理。

1.1　头发。

1.1.1　染色是不是自然？

1.1.2　是不是一般发型？

1.2　眼睛。

1.2.1　眼部化妆会不会太刺眼？

1.2.2　眼睫毛是不是整齐？

1.3　耳朵。

1.3.1　有没有将耳环拿下？

1.3.2　有没有保持清洁？

1.4　脸。

妆会不会太浓或庸俗？

1.5　口。

1.5.1　口红是否太浓艳？

1.5.2　有没有刷牙？

1.5.3 有没有口臭？

1.6 颈。

颈部四周是否清洁？

1.7 膀。

有没有掉落的毛发和头皮屑？

1.8 手。

1.8.1 指甲有没有剪短？

1.8.2 有没有把手链拿下？

1.8.3 有没有保持清洁？

1.9 衬衫。

是不是洗烫过？

1.10 口袋。

有没有携带便条、文具和手帕？

1.11 裤子。

1.11.1 有没有洗烫？

1.11.2 裤线是否笔挺？

1.12 鞋子。

1.12.1 是不是干净光亮？

1.12.2 后跟会不会太高？

1.12.3 有没有污垢？

2 男店员仪容管理。

2.1 头发。

2.1.1 有没有头皮屑？

2.1.2 有没有梳整齐？

2.2 耳朵。

有没有清洗干净？

2.3 口。

2.3.1 有没有刷牙？

2.3.2 有没有口臭？

2.4 手。

2.4.1 指甲有没有剪短？

2.4.2 指甲里有没有污垢？

2.4.3 有没有洗手？

2.5 衬衫。

2.5.1　是不是保持干净？

2.5.2　颜色会不会太刺眼？

2.6　围裙。

2.6.1　有没有清洁烫过？

2.6.2　有没有佩挂服务证？

2.7　口袋。

2.7.1　有没有便条、文具用品？

2.7.2　有没有手帕？

2.8　裤子。

2.8.1　是不是清洁？

2.8.2　裤线是不是保持笔挺？

2.9　鞋子。

2.9.1　是不是完好光亮？

2.9.2　后跟会不会太高？

第十六节　员工购物

1　员工购物。

员工不得在上班时间内购物，员工购物时间须有统一的规定（如只能是在非工作时间内），在规定时间内员工所购买的商品，其购物发票应加上收银员的签署，并请店内主管加签，员工退调商品必须按正常手续进行，不可私下自行调换。

2　目标。

2.1　倡导员工购买本商场商品，为促进公司的发展提供机会。

2.2　为所有员工购物提供便利的制度。

3　原则。

3.1　各级别的员工，包括计时工，有权与顾客一样以相同价格购买各种商品，可以用现金或信用卡付款。

3.2　员工只可在商店营业时间购物；员工只可在当天当班时间外或休假时购物。

3.3　公司不允许员工穿着工作服在本商场购物。

3.4　公司不允许员工把本商场或其他地方购买的商品保存在商场或办

公区域。

4 员工购物原则。

4.1 员工无论何时购物，都不得要求各柜台进行打折或其他优惠。

4.2 所有员工购物时，如需出具税务发票或收据，必须经过收银领班或主管同意签字。

4.3 任何员工购物时不遵守上述规则，应被认为违反公司规定。

第十七节　企业文化

经营理念：竞争、诚信、创新

管理理念：以身作则、以人为本

以人为本，制度为保障，团队为前提，平等信任。

以人为本，价值为核心，文化为引导，规章制度为保证。

以人为本，真诚、公正地服务于公司的每一个员工。

以人为本，为所有的消费者提供最上乘的服务。

以人为本，公平清楚，数字为纲，绩效为纪。

以人为本是××国际商业广场的整体管理哲学，每一个员工要相信公司，相信自己。

服务理念：忠诚服务、顾客至上

我们的一切努力都是为了让顾客买到满意的商品，享受到满意的服务！

第十八节　服务承诺

1 保证先行赔偿。

商场设"先行负责基金"，对出现质量问题的商品先行赔偿消费者的损失。

2 保证商品质量保真。

凡商场销售的商品消费者可百分之百放心。如发现并举报假冒商品，给予500元奖励；如买到假冒伪劣商品，按商品价格双倍赔偿。

3 保证货真价实。

严格执行国家物价政策，同类商品价格水平不高于本地区内其他同类零售商店。

4 保证免费送货。

凡购买的钢琴、家具等大件及其他大宗商品，均实行市区内免费送货，并负责安装调试。

5 保证及时维修。

商品出现质量故障，商场负责维修，大件商品全部实行预约登记，市区二十四小时内上门维修服务。

6 保证商品退换。

顾客所购商品在不影响再次销售的情况下，凭购物凭证一个月内包退包换（国家有规定的除外），凡因商品质量原因造成的退换，一个月内免收磨损费。

7 投诉有奖。

凡顾客因对我广场员工的服务质量不满意而投诉到总服务台或顾客接待室，一经查实，酌情给顾客 50~500 元奖励。

祝贺您成为××国际商业广场的一名营业员！

××国际商业广场是××市最大的产权式 SHOPPING MALL，秉持敬业、专业的企业精神，专注于新型商业的运营管理，以中档为主、高档为辅的商品定位及大投入、新理念的高起点，立足当地，辐射周边，面向全国，在未来几年内将发展成为国内一流的商业企业。

××国际商业广场的创业历程融铸着每一名创业者的心血与汗水，而今后的成功运作更需要每一位员工的不懈努力！××国际商业广场将为每一位作出贡献的员工提供广阔的发展空间和良好的发展平台，帮助员工不断成长！

请您认真阅读《收银手册》，铭记和恪守手册的要求，并在工作中加强自律，严格执行有关规定，不断追求进步，共同推动商场的事业向前发展！

相信您会做得更出色，祝愿您成为一名优秀的人才！

商业营运管理篇

第一章　常用法律选编

中华人民共和国消费者权益保护法

第一章　总　则

第一条　为保护消费者的合法权益，维护社会经济秩序，促进社会主义市场经济健康发展，制定本法。

第二条　消费者为生活消费需要购买、使用商品或者接受服务，其权益受本法保护；本法未作规定的，受其他有关法律、法规保护。

第三条　经营者为消费者提供其生产、销售的商品或者提供服务，应当遵守本法；本法未作规定的，应当遵守其他有关法律、法规。

第四条　经营者与消费者进行交易，应当遵循自愿、平等、公平、诚实信用的原则。

第五条　国家保护消费者的合法权益不受侵害。

国家采取措施，保障消费者合法权益不受侵害。

第六条　保护消费者的合法权益是全社会的共同责任。

国家鼓励、支持一切组织和个人对损害消费者合法权益的行为进行社会监督。

大众传播媒介应当做好维护消费者合法权益的宣传，对损害消费者合法权益的行为进行舆论监督。

第二章　消费者的权利

第七条　消费者在购买、使用商品和接受服务时享有人身、财产安全不受损害的权利。

消费者有权要求经营者提供商品和服务，符合保障人身、财产安全的要求。

第八条 消费者享有知悉其购买、使用的商品和接受的服务的真实情况的权利。

消费者有权根据商品或者服务的不同情况，要求经营者提供商品的价格、产地、生产者、用途、性能、规格、等级、主要成分、生产日期、有效期限、检验合格证明、使用方法说明书、售后服务，或者服务的内容、规格、费用等有关情况。

第九条 消费者享有自主选择商品或者服务的权利。

消费者有权自主选择提供商品或者服务的经营者，自主选择商品品种或者服务方式，自主决定购买或者不购买任何一种商品、接受或者不接受任何一项服务。

消费者在自主选择商品或者服务时，有权进行比较、鉴别和挑选。

第十条 消费者享有公平交易的权利。

消费者在购买商品或者接受服务时，有权获得质量保障、价格合理、计量正确等公平交易条件，有权拒绝经营者的强制交易行为。

第十一条 消费者因购买、使用商品或者接受服务受到人身、财产损害的，享有依法获得赔偿的权利。

第十二条 消费者享有依法成立维护自身合法权益的社会团体的权利。

第十三条 消费者享有获得有关消费和消费者权益保护方面的知识的权利。

消费者应当努力掌握所需商品或者服务的知识和使用技能，正确使用商品，提高自我保护意识。

第十四条 消费者在购买、使用商品和接受服务时，享有其人格尊严、民族风俗习惯得到尊重的权利。

第十五条 消费者享有对商品和服务以及保护消费者权益工作进行监督的权利。

消费者有权检举、控告侵害消费者的行为和国家机关及其工作人员在保护消费者权益工作中的违法失职行为，有权对保护消费者工作提出批评、建议。

第三章　经营者的义务

第十六条 经营者向消费者提供商品或者服务，应当依照《中华人民共和国产品质量法》和其他有关法律、法规的规定履行义务。

经营者和消费者有约定的，应当按照约定履行义务，但双方的约定不得违背法律、法规的规定。

第十七条 经营者应当听取对其提供的商品或者服务的意见，接受消费者的监督。

第十八条　经营者应当保护其提供的商品或者服务符合保障人身、财产安全的要求。对可能危及人身、财产安全的商品和服务，应当向消费者作出真实的说明和明确的警示，并说明和标明正确使用商品或者接受服务的方法以及防止危害发生的方法。

经营者发现其提供的商品或者服务存在严重缺陷，即使正确使用商品或者接受服务仍然可能对人身、财产安全造成危害的，应当立即向有关行政部门报告和告知消费者，并采取防止危害发生的措施。

第十九条　经营者应当向消费者提供有关商品或者服务的真实信息，不得作引人误解的虚假宣传。

经营者对消费者就其提供的商品或者服务的质量和使用方法等问题提出的询问，应当作出真实、明确的答复。商店提供商品应当明码标价。

第二十条　经营者应当标明其真实名称和标记。租赁他人柜台或者场地的经营者，应当标明其真实名称和标记。

第二十一条　经营者提供商品或者服务，应当按照国家有关规定或者商业惯例向消费者出具购货凭证或者服务单据；消费者索要购货凭证或者服务单据的，经营者必须出具。

第二十二条　经营者应当保护在正常使用商品或者接受服务的情况下其提供的商品或者服务应当具有的质量、性能、用途和有效期限；但消费者在购买该商品或者接受该服务前已经知道其存在瑕疵的除外。

经营者以广告、产品说明、实物样品或者其他方式表明商品或者服务的质量状况的，应当保证其提供的商品或者服务的实际质量与表明的质量状况相符。

第二十三条　经营者提供商品或者服务，按照国家规定或者与消费者的约定，承担包修、包换、包退或者其他责任的，应当按照国家规定或者约定履行，不得故意拖延或者无理拒绝。

第二十四条　经营者不得以格式合同、通知、声明、店堂告示等方式作出对消费者不公平、不合理的规定，或者减轻、免除其损害消费者合法权益应当承担的民事责任。

格式合同、通知、声明、店堂告示等含有前款所列内容的，其内容无效。

第二十五条　经营者不得对消费者进行侮辱、诽谤，不得搜查消费者的身体及其携带的物品，不得侵犯消费者的人身自由。

第四章　国家对消费者合法权益的保护

第二十六条　国家制定有关消费者权益的法律、法规和政策时，应当听取消费者的意见和要求。

第二十七条　各级人民政府应当加强领导，组织、协调、督促有关行政部门做好保护消费者合法权益的工作。

各级人民政府应当加强监督，预防危害消费者人身、财产安全行为的发生，及时制止危害消费者人身、财产安全的行为。

第二十八条　各级人民政府工商行政管理部门和其他有关行政部门应当依照法律、法规的规定，在各自的职责范围内，采取措施，保护消费者的合法权益。有关行政部门应当听取消费者及其社会团体对经营者交易行为、商品和服务质量问题的意见，及时调查处理。

第二十九条　有关国家机关应当依照法律、法规的规定，惩处经营者在提供商品和服务中侵害消费者合法权益的违法犯罪行为。

第三十条　人民法院应当采取措施，方便消费者提起诉讼。对符合《中华人民共和国民事诉讼法》起诉条件的消费者权益争议，必须受理，及时审理。

第五章　消费者组织

第三十一条　消费者协会和其他消费者组织是依法成立的对商品和服务进行社会监督的保护消费者合法权益的社会团体。

第三十二条　消费者协会履行下列职能：

（一）向消费者提供消费信息和咨询服务；

（二）参与有关行政部门对商品和服务的监督、检查；

（三）就有关消费者合法权益的问题，向有关行政部门反映、查询，提出建议；

（四）受理消费者的投诉，并对投诉事项进行调查、调解；

（五）投诉事项涉及商品和服务质量问题的，可以提请鉴定部门鉴定，鉴定部门应当告知鉴定结论；

（六）就损害消费者合法权益的行为，支持受损害的消费者提起诉讼；

（七）对损害消费者合法权益的行为，通过大众传播媒介予以揭露、批评。

各级人民政府对消费者协会履行职能应当予以支持。

第三十三条　消费者组织不得从事商品经营和营利性服务，不得以谋利为目的向社会推荐商品和服务。

第六章　争议的解决

第三十四条　消费者和经营者发生消费者权益争议的，可以通过下列途径解决：

（一）与经营者协商和解；

（二）请求消费者协会调解；

（三）向有关行政部门申诉；

（四）根据与经营者达成的仲裁协议提请仲裁机构仲裁；

（五）向人民法院提起诉讼。

第三十五条 消费者在购买、使用商品时，其合法权益受到损害的，可以向销售者要求赔偿。销售者赔偿后，属于生产者的责任或者属于向销售者提供商品的其他销售者的责任的，销售者有权向生产者或者其他销售者追偿。

消费者或者其他受害人因商品缺陷造成人身、财产损害的，可以向销售者要求赔偿，也可以向生产者要求赔偿。属于销售者责任的，生产者赔偿后，有权向销售者追偿。

消费者在接受服务时，其合法权益受到损害的，可以向服务者要求赔偿。

第三十六条 消费者在购买、使用商品或者接受服务时，其合法权益受到损害，因原企业分立、合并的，可以向变更后承受其权利义务的企业要求赔偿。

第三十七条 使用他人营业执照的违法经营者提供商品或者服务，损害消费者合法权益的，消费者可以向其要求赔偿，也可以向营业执照的持有人要求赔偿。

第三十八条 消费者在展销会、租赁柜台购买商品或者接受服务，其合法权益受到损害的，可以向销售者或者服务者要求赔偿。展销会的举办者、柜台的出租者赔偿的，有权向销售者或者服务者追偿。

第三十九条 消费者因经营者利用虚假广告提供商品或者服务，其合法权益受到损害的，可以向经营者要求赔偿。广告经营者发布虚假广告，消费者可以请求行政主管部门予以惩处。广告经营者不能提供经营者的真实名称、地址的，应当承担赔偿责任。

第七章　法律责任

第四十条 经营者提供商品或者服务有下列情形之一的，除本法另有规定外，应当依照《中华人民共和国产品质量法》和其他有关法律、法规的规定，承担民事责任：

（一）商品存在缺陷的；

（二）不具备商品应当具备的使用性能而出售时未作说明的；

（三）不符合在商品或者其包装上注明采用的商品标准的；

（四）不符合商品说明、实物样品等方式表明的质量状况的；

（五）生产国家明令淘汰的商品或者销售失效、变质的商品的；

（六）销售的商品数量不足的；

（七）服务的内容和费用违反约定的；

（八）对消费者提出的修理、重作、更换、退货、补足商品数量、退还货款和服务费用或者赔偿损失的要求，故意拖延或者无理拒绝的；

（九）法律、法规规定的其他损害消费者权益的情形。

第四十一条 经营者提供商品或者服务，造成消费者或者其他受害人人身伤害的，应当支付医疗费、治疗期间的护理费、因误工减少的收入等费用，造成残疾的，还应当支付残疾者生活自助费、生活补助费、残疾赔偿金以及由其扶养的人所必需的生活费等费用；构成犯罪的，依法追究刑事责任。

第四十二条 经营者提供商品或者服务，造成消费者或者其他受害人死亡的，应当支付丧葬费、死亡赔偿金以及由死者生前扶养的人所必需的生活费等费用；构成犯罪的，依法追究刑事责任。

第四十三条 经营者违反本法第二十五条规定，侵害消费者的人格尊严或者侵犯消费者人身自由的，应当停止侵害、恢复名誉、消除影响、赔礼道歉，并赔偿损失。

第四十四条 经营者提供商品或者服务，造成消费者财产损害的，应当按照消费者的要求，以修理、重作、更换、退货、补足商品数量、退还货款和服务费用或者赔偿损失等方式承担民事责任。消费者与经营者另有约定的，按照约定履行。

第四十五条 对国家规定或者经营者与消费者约定包修、包换、包退的商品，经营者应当负责修理、更换或者退货。在保修期内两次修理仍不能正常使用的，经营者应当负责更换或者退货。

对包修、包换、包退的大件商品，消费者要求经营者修理、更换、退货的，经营者应当承担运输等合理费用。

第四十六条 经营者以邮购方式提供商品的，应当按照约定提供。未按照约定提供的，应当按照消费者的要求履行约定或者退回货款；并应当承担消费者必须支付的合理费用。

第四十七条 经营者以预收款方式提供商品或者服务的，应当按照约定提供。未按照约定提供的，应当按照消费者的要求履行约定或者退回预付款；并应当承担预付款的利息、消费者必须支付的合理费用。

第四十八条 依法经有关行政部门认定为不合格的商品，消费者要求退货的，经营者应当负责退货。

第四十九条 经营者提供商品或者服务有欺诈行为的，应当按照消费者的要求增加赔偿其受到的损失，增加赔偿的金额为消费者购买商品的价款或者接受服务的费用的 1 倍。

第五十条 经营者有下列情形之一，《中华人民共和国产品质量法》和其他有关法律、法规对处罚机关和处罚方式有规定的，依照法律、法规的规定执行；法律、法规未作规定的，由工商行政管理部门责令改正，可以根据情节单处或者并处警告、没收违法所得、处以违法所得一倍以上五倍以下的罚款，没有违法所得的，处以一万元以下罚款；情节严重的，责令停业整顿、吊销营业执照：

（一）生产、销售的商品不符合保障人身、财产安全要求的；

（二）在商品中掺杂、掺假，以假充真，以次充好，或者以不合格商品冒充合格商品的；

（三）生产国家明令淘汰的商品或者销售失效、变质的商品的；

（四）伪造商品的产地，伪造或者冒用他人的厂名、厂址，伪造或者冒用认证标志、名优标志等质量标志的；

（五）销售的商品应当检验、检疫而未检验、检疫或者伪造检验、检疫结果的；

（六）对商品或者服务作引人误解的虚假宣传的；

（七）对消费者提出的修理、重作、更换、退货、补足商品数量、退还货款和服务费用或者赔偿损失的要求，故意拖延或者无理拒绝的；

（八）侵害消费者人格尊严或者侵犯消费者人身自由的；

（九）法律、法规规定的对损害消费者权益应当予以处罚的其他情形。

第五十一条 经营者对行政处罚决定不服的，可以自收到处罚决定之日起十五日内向上一级机关申请复议，对复议决定不服的，可以自收到复议决定书之日起十五日内向人民法院提起诉讼；也可以直接向人民法院提起诉讼。

第五十二条 以暴力、威胁等方法阻碍有关行政部门工作人员依法执行职务的，依法追究刑事责任；拒绝、阻碍有关行政部门工作人员依法执行职务，未使用暴力、威胁方法的，由公安机关依照《中华人民共和国治安管理处罚条例》的规定处罚。

第五十三条 国家机关工作人员玩忽职守或者包庇经营者侵害消费者合法权益的行为的，由其所在单位或者上级机关给予行政处分；情节严重，构成犯罪的，依法追究刑事责任。

第八章 附 则

第五十四条 农民购买、使用直接用于农业生产的生产资料，参照本法执行。

第五十五条 本法自 1994 年 1 月 1 日起施行。

部分商品修理更换退货责任规定

第一条 为保护消费者的合法权益，明确销售者、修理者、生产者承担的部分商品的修理、更换、退货（以下称为三包）的责任和义务。根据《中华人民共和国产品质量法》、《中华人民共和国消费者权益保护法》及有关规定，制定本规定。

第二条 本法规定所称部分商品，系指《实施三包的部分商品目录》（以下简称目录）中所列产品。

目录由国务院产品质量监督管理部门会同商业主管部门、工业主管部门共同制定和调整，由国务院产品质量监督管理部门发布。

第三条 列入目录的产品实行谁经销谁负责三包的原则，销售者与生产者、销售者与供货者、销售者与修理者之间订立的合同，不得免除本规定的三包责任和义务。

第四条 目录中规定的指标是履行三包规定的最基本要求。国家鼓励销售者和生产者制定严于本规定的三包实施细则。

本规定不免除未列入目录产品的三包责任和销售者、生产者向消费者承诺的高于列入目录产品三包的责任。

第五条 销售者应当履行下列义务：

（一）不能保证实施三包规定的，不得销售目录所列产品；

（二）保持销售产品的质量；

（三）执行进货检查验收制度，不符合法定标识要求的，不准销售；

（四）产品出售时，应当开箱检验，正确调试，介绍使用维护事项、三包方式及修理单位，提供有效发票和三包凭证；

（五）妥善处理消费者的查询、投诉，并提供服务。

第六条 修理者应当履行下列义务：

（一）承担修理服务业务；

（二）维护销售者、生产者的信誉，不得使用与产品技术要求不符的元器件和零配件；认真记录故障及修理后产品质量状况，保证修理后的产品能够正常使用30日以上；

（三）保证修理费用和修理配件全部用于修理，并接受销售者、生产者的监督和检查；

（四）承担因自身修理失误造成的责任和损失；

（五）接受消费者有关产品修理质量的查询。

第七条 生产者应当履行下列义务：

（一）明确三包方式。生产者自行设置或者指定修理单位的，必须随产品向消费者提供三包凭证、修理单位的名单、地址、联系电话等。

（二）向负责修理的销售者、修理者提供修理技术资料、合格的修理配件，负责培训，提供修理费用。保证在产品停产后五年内继续提供符合技术要求的零配件。

（三）妥善处理消费者直接或者间接的查询，并提供服务。

第八条 三包有效期自开具发票之日起计算，扣除因修复占用和无零配件待修的时间。

三包有效期内消费者凭发票及三包凭证办理修理、换货、退货。

第九条 产品自售出之日起七日内，发生性能故障，消费者可以选择退货、换货或者修理。退货时，销售者应当按发票价格一次退清货款，然后依法向生产者、供货者追偿或者按购销合同办理。

第十条 产品自售出之日起十五日内，发生性能故障，消费者可选择换货或者修理。换货时，销售者应当免费为消费者调换同型号同规格的产品，然后依法向生产者、供货者追偿或者按购销合同办理。

第十一条 在三包有效期内，修理两次，仍不能正常使用的产品，凭修理者提供的修理记录和证明，由销售者负责为消费者免费调换同型号同规格的产品或者按本规定第十三条的规定退货，然后依法向生产者、供货者追偿或者按购销合同办理。

第十二条 在三包有效期内，因生产者未供应零配件，自送修之日起超过90日未修好的，修理者应当在修理状况中注明，销售者凭此据免费为消费者调换同型号同规格产品。然后依法向生产者、供货者追偿或者按购销合同办理。因修理者自身原因使修理期超过30日的，由其免费为消费者调换同型号同规格产品。费用由修理者承担。

第十三条 在三包有效期内，符合换货条件的，销售者因无同型号同规格产品，消费者不愿调换其他型号、规格产品而要求退货的，销售者应当予以退货；有同型号同规格产品，消费者不愿调换而要求退货的，销售者应当予以退货，对已使用过的商品按本规定收取折旧费。折旧费计算自开具发票之日起至退货之日止，其中应当扣除修理占用和待修的时间。

第十四条 换货时凡属残次产品、不合格产品或者修理过的产品均不得提供给消费者。换货后的三包有效期自换货之日起重新计算。由销售者在发票背面加盖更换章并提供新的三包凭证或者在三包凭证背面加盖更换章。

第十五条 在三包有效期内，除因消费者使用保管不当致使产品不能正常使用外，由修理者免费修理（包括材料费和工时费）。对应当进行三包的大件产品，修理者应当提供合理的运输费用，然后依法向生产者或者销售者追偿。或者按合同办理。

第十六条 在三包有效期内，提倡销售者、修理者、生产者上门提供三包服务。

第十七条 属下列情况之一的，不实行三包，但是可以实行收费修理：

（一）消费者因使用、维护、保管不当造成损坏的；

（二）非承担三包修理者拆动造成损坏的；

（三）无三包凭证及有效发票的；

（四）三包凭证型号与修理产品型号不符或者涂改的；

（五）因不可抗力造成损坏的。

第十八条 修理费用由生产者提供。修理费用指三包有效期内保证正常修理的待支费用。

第十九条 销售者负责修理的产品，生产者按照合同或者协议一次拨出费用，具体办法由产销双方商定。销售者委托或者指定修理者的，其修理费的支付形式由销售者和修理者双方合同约定，专款专用。生产者自行选择其他方式或者自行设置修理网点的，由生产者直接提供修理费用。

第二十条 生产者、销售者、修理者破产、倒闭、兼并、分立的，其三包责任按国家有关法律、法规执行。

第二十一条 消费者因产品三包问题与销售者、修理者、生产者发生纠纷时，可以向消费者协会、质量管理协会、用户委员会和其他有关组织申请调解。有关组织应当积极受理。

第二十二条 销售者、修理者、生产者未按本规定执行三包的，消费者可以向产品质量监督管理部门或者工商行政管理部门申诉，由上述部门责令其按三包规定办理。消费者也可以依法申请仲裁解决，还可以直接向人民法院起诉。

第二十三条 本规定由国务院产品质量监督管理部门负责解释。

第二十四条 本规定自发布之日起施行。原国家经济委员会等八部委局发布的国标发〔1986〕177号《部分国产家用电器三包规定》同时废止。其他有关规定与本规定不符的，以本规定为准。

中华人民共和国产品质量法

第一章 总 则

第一条 为了加强对产品质量的监督管理，明确产品质量责任，保护用户、消费者的合法权益，维护社会经济秩序，制定本法。

第二条 在中华人民共和国境内从事产品生产、销售活动，必须遵守本法。本法所称产品是指经过加工、制作，用于销售的产品。

建设工程不适用本法规定。

第三条 生产者、销售者依照本法规定承担产品质量责任。

第四条 禁止伪造或者冒用认证标志、名优标志等质量标志；禁止伪造产品的产地，伪造或者冒用他人的厂名、厂址；禁止在生产、销售的产品中掺杂、掺假，以假充真、以次充好。

第五条 国家鼓励推行科学的质量管理方法，采用先进的科学技术，鼓励企业产品质量达到并且超过行业标准、国家标准和国际标准。对产品质量管理先进和产品质量达到国际先进水平、成绩显著的单位和个人，给予奖励。

第六条 国务院产品质量监督管理部门负责全国产品质量监督管理工作。国务院有关部门在各自的职责范围内负责产品质量监督管理工作。

县级以上地方人民政府管理产品质量监督工作的部门负责本行政区域内的产品质量监督管理工作。

第二章 产品质量的监督管理

第七条 产品质量应当检验合格，不得以不合格产品冒充合格产品。

第八条 可能危及人体健康和人身、财产安全的工业产品，必须符合保障人体健康，人身、财产安全的国家标准、行业标准；未制定国家标准、行业标准的，必须符合保障人体健康，人身、财产安全的要求。

第九条 国家根据国际通用的质量管理标准，推行企业质量体系认证制度。企业根据自愿原则可以向国务院产品质量监督管理部门或者国务院产品质量监督管理部门授权的部门认可的认证机构申请企业质量体系认证。经认证合格的，由认证机构颁发企业质量体系认证证书。

国家参照国际先进的产品标准和技术要求，推行产品质量认证制度。企业根据自愿原则可以向国务院产品质量监督管理部门或者国务院产品质量监督管理部门授权的部门认可的认证机构申请产品质量认证。经认证合格的，由认证机构颁发产品质量认证证书，准许企业在产品或者其包装上使用产品质量认证标志。

第十条 国家对产品质量实行以抽查为主要方式的监督检查制度，对可能危及人体健康和人身、财产安全的产品，影响国计民生的重要工业产品以及用户、消费者、有关组织反映有质量问题的产品进行抽查。监督抽查工作由国务院产品质量监督管理部门规划和组织。县级以上地方人民政府管理产品质量监督工作的部门在本行政区域内也可以组织监督抽查，但是要防止重复抽查。产品质量抽查的结果应当公布。法律对产品质量的监督检查另有规定的，依照有关法律的规定执行。

根据监督抽查的需要，可以对产品进行检验，但不得向企业收取检验费用。监督抽查所需检验费用按照国务院规定列支。

第十一条 产品质量检验机构必须具备相应的检测条件和能力，经省级以上人民政府产品质量监督管理部门或者其授权的部门考核合格后，方可承担产品质量的检验工作。法律、行政法规对产品质量检验机构另有规定的，依照有关的法律、行政法规的规定执行。

第十二条 用户、消费者有权就产品质量问题，向产品的生产者、销售者查询；向产品质量监督管理部门、工商行政管理部门及有关部门申诉，有关部门应当负责处理。

第十三条 保护消费者权益的社会组织可以就消费者反映的产品质量问题建议有关部门负责处理，支持消费者对因产品质量造成的损害向人民法院起诉。

第三章　生产者、销售者的产品质量责任和义务

第一节　生产者的产品质量责任和义务

第十四条 生产者应当对其生产的产品质量负责。产品质量应当符合下列要求：

（一）不存在危及人身、财产安全的不合理的危害，有保障人体健康，人身、财产安全的国家标准、行业标准的，应当符合该标准；

（二）具备产品应当具备的使用性能，但是，对产品存在使用性能的瑕疵作出说明的除外；

（三）符合在产品或者其包装上注明采用的产品标准，符合以产品说明、

实物样品等方式表明的质量状况。

第十五条 产品或者其包装上的标识应当符合下列要求：

（一）有产品质量检验合格证明；

（二）有中文标明的产品名称、生产厂厂名和厂址；

（三）根据产品的特点和使用要求，需要标明产品规格、等级、所含主要成分的名称和含量的，应予以标明；

（四）限期使用的产品，标明生产日期和安全使用期或者失效日期；

（五）使用不当，容易造成产品本身损坏或者可能危及人身、财产安全的产品，有警示标志或者中文警示说明。

裸装的产品和其他根据产品的特点难以附加标识的裸装产品，可以不附加产品标识。

第十六条 剧毒、危险、易碎、储运中不能倒置以及有其他特殊要求的产品，其包装必须符合相应要求，有警示标志或者中文警示说明标明储运注意事项。

第十七条 生产者不得生产国家明令淘汰的产品。

第十八条 生产者不得伪造产地，不得伪造或者冒用他人的厂名、厂址。

第十九条 生产者不得伪造或者冒用认证标志、名优标志等质量标志。

第二十条 生产者生产产品，不得掺杂、掺假，不得以假充真、以次充好，不得以不合格产品冒充合格产品。

第二节 销售者的产品质量责任和义务

第二十一条 销售者应当执行进货检查验收制度，验明产品合格证明和其他标识。

第二十二条 销售者应当采取措施，保持销售产品的质量。

第二十三条 销售者不得销售失效、变质的产品。

第二十四条 销售者销售的产品的标识应当符合本法第十五条的规定。

第二十五条 销售者不得伪造产地，不得伪造或者冒用他人的厂名、厂址。

第二十六条 销售者不得伪造或者冒用认证标志、名优标志等质量标志。

第二十七条 销售者销售产品，不得掺杂、掺假，不得以假充真、以次充好，不得以不合格产品冒充合格产品。

第四章 损害赔偿

第二十八条 售出的产品有下列情形之一的，销售者应当负责修理、更换、退货；给购买产品的用户、消费者造成损失的，销售者应当赔偿损失：

（一）不具备产品应当具备的使用性能而事先未作说明的；

（二）不符合在产品或者其包装上注明采用的产品标准的；

（三）不符合以产品说明、实物样品等方式表明的质量状况的。

销售者依照前款规定负责修理、更换、退货、赔偿损失后，属于生产者的责任或者属于向销售者提供产品的其他销售者（以下简称供货者）的责任的，销售者有权向生产者、供货者追偿。

销售者未按照第一款规定给予修理、更换、退货或者赔偿损失的，由管理产品质量监督工作的部门或者工商行政管理部门责令改正。

生产者之间、销售者之间、生产者与销售者之间订立的产品购销、加工承揽合同有不同约定的，合同当事人按照合同约定执行。

第二十九条 因产品存在缺陷造成人身、缺陷产品以外的其他财产（以下简称他人财产）损害的，生产者应当承担赔偿责任。

生产者能够证明有下列情形之一的，不承担赔偿责任：

（一）未将产品投入流通的；

（二）产品投入流通时，引起损害的缺陷尚不存在的；

（三）将产品投入流通时的科学技术水平尚不能发现缺陷的存在的。

第三十条 由于销售者的过错使产品存在缺陷，造成人身、他人财产损害的，销售者应当承担赔偿责任。

销售者不能指明缺陷产品的生产者也不能指明缺陷产品的供货者的，销售者应当承担赔偿责任。

第三十一条 因产品存在缺陷造成人身、他人财产损害的，受害人可以向产品的生产者要求赔偿，也可以向产品的销售者要求赔偿。属于产品的生产者的责任，产品的销售者赔偿的，产品的销售者有权向产品的生产者追偿。属于产品的销售者的责任，产品的生产者赔偿的，产品的生产者有权向产品的销售者追偿。

第三十二条 因产品存在缺陷造成受害人人身伤害的，侵害人应当赔偿医疗费、因误工减少的收入、残废者生活补助费等费用；造成受害人死亡的，并应当支付丧葬费、抚恤费、死者生前抚养的人必需的生活费等费用。

因产品存在缺陷造成受害人财产损失的，侵害人应当恢复原状或者折价赔偿。受害人因此遭受其他重大损失的，侵害人应当赔偿损失。

第三十三条 因产品存在缺陷造成损害要求赔偿的诉讼时效期间为两年，自当事人知道或者应当知道其权益受到损害时起计算。

因产品存在缺陷造成损害要求赔偿的请求权，在造成损害的缺陷产品交付最初用户、消费者满十年丧失；但是，尚未超过明示的安全使用期的除外。

第三十四条 本法所称缺陷，是指产品存在危及人身、他人财产安全的不合理的危险；产品有保障人体健康，人身、财产安全的国家标准、行业标准的，是指不符合该标准。

第三十五条 因产品质量发生民事纠纷时，当事人可以通过协商或者调解解决。当事人不愿通过协商、调解解决或者协商、调解不成的，可以根据当事人各方的协议向仲裁机构申请仲裁；当事人各方没有达成仲裁协议的，可以向人民法院起诉。

第三十六条 仲裁机构或者人民法院可以委托本法第十一条规定的产品质量检验机构，对有关产品质量进行检验。

第五章 罚 则

第三十七条 生产不符合保障人体健康，人身、财产安全的国家标准、行业标准的产品的，责令停止生产，没收违法生产的产品和违法所得，并处违法所得一倍以上五倍以下的罚款，可以吊销营业执照；构成犯罪的，依法追究刑事责任。

销售不符合保障人体健康，人身、财产安全的国家标准、行业标准的产品的，责令停止销售。销售明知是不符合保障人体健康，人身、财产安全的国家标准、行业标准的产品的，没收违法销售的产品和违法所得，并处违法所得一倍以上五倍以下的罚款，可以吊销营业执照；构成犯罪的，依法追究刑事责任。

第三十八条 生产者、销售者在产品中掺杂、掺假，以假充真、以次充好，或者以不合格产品冒充合格产品的，责令停止生产、销售，没收违法所得，并处违法所得一倍以上五倍以下的罚款，可以吊销营业执照；构成犯罪的，依法追究刑事责任。

第三十九条 生产国家明令淘汰的产品的，责令停止生产，没收违法生产的产品和违法所得，并处违法所得一倍以上五倍以下的罚款，可以吊销营业执照。

第四十条 销售失效、变质产品的，责令停止销售，没收违法生产的产品和违法所得，并处违法所得一倍以上五倍以下的罚款，可以吊销营业执照；构成犯罪的，依法追究刑事责任。

第四十一条 生产者、销售者伪造产品的产地的，伪造或者冒用他人的厂名、厂址的，伪造或者冒用认证标志、名优标志等质量标志的，责令公开更正，没收违法所得，可以并处罚款。

第四十二条 以行贿、受贿或者其他非法手段推销、采购本法第三十七条至第四十条所列产品，构成犯罪的，依法追究刑事责任。

第四十三条 产品标识不符合本法第十五条规定的，责令改正；有包装的产品标识不符合本法第十五条第（四）项、第（五）项规定，情节严重的，可以责令停止生产、销售，并可以处以违法所得百分之十五至百分之二十的罚款。

第四十四条 伪造检验数据或者伪造检验结论的，责令更正，可以处以所收检验费一倍以上三倍以下的罚款；情节严重的，吊销营业执照；构成犯罪的，对直接责任人员比照刑法第一百六十七条的规定追究刑事责任。

第四十五条 本法规定的吊销营业执照的行政处罚由工商行政管理部门决定，其他行政处罚由管理产品质量监督工作的部门或者工商行政管理部门按照国务院规定的职权范围决定。法律、行政法规对行使行政处罚权的机关另有规定的，依照有关法律、行政法规的规定执行。

第四十六条 当事人对行政处罚决定不服的，可以在接到处罚通知之日起十五日内向作出处罚决定的机关的上一级机关申请复议；当事人也可以在接到处罚通知之日起十五日内直接向人民法院起诉。

复议机关应当在接到复议申请之日起六十日内作出复议决定。当事人对复议决定不服的，可以在接到复议决定之日起十五日内向人民法院起诉。复议机关逾期不作出复议决定的，当事人可以在复议期满之日起十五日内向人民法院起诉。当事人逾期不申请复议也不向人民法院起诉、又不履行处罚决定的，作出处罚决定的机关可以申请人民法院强制执行。

第四十七条 从事产品质量监督管理的国家工作人员滥用职权、玩忽职守、徇私舞弊，构成犯罪的，依法追究刑事责任；不构成犯罪的，给予行政处分。

第四十八条 国家工作人员利用职务，对明知有违反本法规定构成犯罪的行为的企业事业单位或者个人故意包庇使其不受追诉的，依法追究刑事责任。

第四十九条 以暴力、威胁方法阻碍从事产品质量监督管理的国家工作人员依法执行职务的，依照刑法第一百五十七条的规定追究刑事责任；拒绝、阻碍从事产品质量监督管理的国家工作人员依法执行职务未使用暴力、威胁方法的，由公安机关依照治安管理处罚条例的规定处罚。

第六章 附 则

第五十条 军工产品质量监督管理办法，由国务院、中央军事委员会另行制定。

第五十一条 本法自 1993 年 9 月 1 日起施行。

附：刑法有关条款：

第一百六十七条 伪造、变造或者盗窃、抢夺、毁灭国家机关、企业、事业单位、人民团体的公文、证件、印章的，处三年以下有期徒刑、拘役、管制或者剥夺政治权利；情节严重的，处三年以上十年以下有期徒刑。

第一百五十七条 以暴力、威胁方法阻碍国家工作人员依法执行职务的，或者拒不执行人民法院已经发生法律效力的判决、裁定的，处三年以下有期徒刑、拘役、罚金或者剥夺政治权利。

中华人民共和国反不正当竞争法

第一章 总 则

第一条 为保障社会主义市场经济健康发展，鼓励和保护公平竞争，制止不正当竞争行为，保护经营者和消费者的合法权益，制定本法。

第二条 经营者在市场交易中，应当遵循自愿、平等、公平、诚实信用的原则，遵守公认的商业道德。本法所称的不正当竞争，是指经营者违反本法规定，损害其他经营者合法权益，扰乱社会经济秩序的行为。本法所称的经营者，是指从事商品经营或者营利性服务（以下所称商品包括服务）的法人、其他经济组织和个人。

第三条 各级人民政府应当采取措施，制止不正当竞争行为，为公平竞争创造良好的环境和条件。县级以上人民政府工商行政管理部门对不正当竞争行为进行监督检查；法律、行政法规规定由其他部门监督检查的依照其规定。

第四条 国家鼓励、支持和保护一切组织和个人对不正当竞争行为进行社会监督。国家机关工作人员不得支持、包庇不正当竞争行为。

第二章 不正当竞争行为

第五条 经营者不得采用下列不正当手段从事市场交易，损害竞争对手：

（一）假冒他人的注册商标；

（二）擅自使用知名商品特有的名称、包装、装潢，或者使用与知名商品近似的名称、包装、装潢，造成和他人的知名商品相混淆，使购买者误认为是该知名商品；

（三）擅自使用他人的企业名称或者姓名，引人误认为是他人的商品；

（四）在商品上伪造或者冒用认证标志、名优标志等质量标志，伪造产地，对商品质量作引人误解的虚假表示。

第六条　公用企业或者其他依法具有独占地位的经营者，不得限定他人购买其指定的经营者的商品，以排挤其他经营者的公平竞争。

第七条　政府及其所属部门不得滥用行政权力，限定他人购买其指定的经营者的商品，限制其他经营者正当的经营活动。政府及其所属部门不得滥用行政权力，限制外地商品进入本地市场，或者本地商品流向外地市场。

第八条　经营者不得采用财物或者其他手段进行贿赂以销售或者购买商品。在账外暗中给予对方单位或者个人回扣的，以行贿论处；对方单位或者个人在账外暗中收受回扣的，以受贿论处。经营者销售或者购买商品，可以以明示方式给对方折扣，可以给中间人佣金。经营者给对方折扣、给中间人佣金的，必须如实入账。接受折扣、佣金的经营者必须如实入账。

第九条　经营者不得利用广告或者其他方法，对商品的质量、制作成分、性能、用途、生产者、有效期限、产地等作引人误解的虚假宣传。广告的经营者不得在明知或者应知的情况下，代理、设计、制作、发布虚假广告。

第十条　经营者不得采用下列手段侵犯商业秘密：

（一）以盗窃、利诱、胁迫或者其他不正当手段获取权利人的商业秘密；

（二）披露、使用或者允许他人使用以前项手段获取的权利人的商业秘密；

（三）违反约定或者违反权利人有关保守商业秘密的要求，披露、使用或者允许他人使用其所掌握的商业秘密。第三人明知或者应知前款所列违法行为，获取、使用或者披露他人的商业秘密。本条所称的秘密，是指不为公众所知悉、能为权利人带来经济利益、具有实用性并经权利人采取保密措施的技术信息和经营信息。

第十一条　经营者不得以排挤对手为目的，以低于成本的价格销售商品。有下列情形之一的，不属于不正当行为：

（一）销售鲜活商品；

（二）处理有效期限即将到期的商品或者其他积压的商品；

（三）季节性降价；

（四）因清偿债务、转产、歇业降价销售商品。

第十二条　经营者销售商品，不得违背购买者的意愿搭售商品或者附加其他不合理的条件。

第十三条　经营者不得从事下列有奖销售：

（一）采用谎称有奖或者故意让内定人员中奖的欺骗方式进行有奖销售；

（二）利用有奖销售的手段推销质次价高的商品；

（三）抽奖式的有奖销售，最高奖的金额不超过五千元。

第十四条　经营者不得捏造、散布虚假事实，损害竞争对手的商业信誉、商品声誉。

第十五条 投标者不得串通投标，抬高标价或者压低标价。投标者和招标者不得相互勾结，以排挤竞争对手的公平竞争。

第三章 监督检查

第十六条 县级以上监督检查部门对不正当竞争行为，可以进行监督检查。

第十七条 监督检查部门在监督检查不正当竞争行为时，有权行使下列职权：

（一）按照规定程序询问被检查的经营者、利害关系人、证明人，并要求提供证明材料或者与不正当竞争行为有关的其他资料；

（二）查询、复制与不正当竞争行为有关的协议、账册、单据、文件、记录、业务函电和其他资料；

（三）检查与本法第五条规定的不正当竞争行为有关的财物，必要时可以责令被检查的经营者说明该商品的来源和数量，暂停销售，听候检查，不得转移、隐匿、销毁财物。

第十八条 监督检查部门工作人员监督检查不正当竞争行为时，应当出示检查证件。

第十九条 监督检查部门在监督检查不正当竞争行为时，被检查的经营者、利害关系人和证明人应当如实提供有关资料或者情况。

第四章 法律责任

第二十条 经营者违反本法规定，给被侵害的经营者造成损害的，应当承担损害赔偿责任，被侵害的经营者的损失难以计算的，赔偿额为侵权期间因侵权所获得的利润；并应当承担被侵害的经营者因调查该经营者侵害其合法权益的不正当竞争行为所支付的合理费用。被侵害的经营者的合法权益受到不正当竞争行为损害的，可以向人民法院提起诉讼。

第二十一条 经营者假冒他人的注册商标，擅自使用他人的企业名称或者姓名，伪造或者冒用认证标志、名优标志等质量标志，伪造产地，对商品质量作引人误解的虚假表示的，依照《中华人民共和国商标法》、《中华人民共和国产品质量法》的规定处罚。经营者擅自使用知名商品特有的名称、包装、装潢，或者使用与知名商品近似的名称、包装、装潢，造成和他人的知名商品相混淆，使购买者误认为是该知名商品的，监督检查部门应当责令停止违法行为，没收违法所得，可以根据情节处以违法所得一倍以上三倍以下罚款；情节严重的，可以吊销营业执照；销售伪劣商品，构成犯罪的，依法追究刑事责任。

第二十二条 经营者采用财物或者其他手段进行贿赂以销售或者购买商

品，构成犯罪的，依法追究刑事责任；不构成犯罪的，监督检查部门可以根据情节处以一万元以上二十万元以下的罚款，有违法所得的，予以没收。

第二十三条　公用企业或者其他依法具有独占地位的经营者，限定他人购买其指定的经营者的商品，以排挤其他经营者的公平竞争的，省级或者设区的市的监督检查部门应当责令停止违法行为，可以根据情节处以五万元以上二十万元以下的罚款。被指定的经营者借此销售质次价高商品或者滥收费用的，监督检查部应当没收违法所得，可以根据情节处以违法所得一倍以上三倍以下的罚款。

第二十四条　经营者利用广告或者其他方法，对商品作引人误解的虚假宣传的，监督检查部门应当责令停止违法行为，消除影响，可以根据情节处以一万元以上二十万元以下的罚款。广告的经营者，在明知或者应知的情况下，代理、设计、制作、发布虚假广告的，监督检查部门应当责令停止违法行为，没收违法所得，并依法处以罚款。

第二十五条　违反本法第十条规定侵犯商业秘密的，监督检查部门应当责令停止违法行为，可以根据情节处以一万元以上二十万元以下的罚款。

第二十六条　经营者违反本法第十三条规定进行有奖销售的，监督检查部门应当责令停止违法行为，可以根据情节处以一万元以上十万元以下的罚款。

第二十七条　投标者串通投标，抬高标价或者压低标价；投标者和招标者相互勾结，以排挤竞争对手的公平竞争的，其中标无效。监督检查部门可以根据情节处以一万元以上二十万元以下的罚款。

第二十八条　经营者有违反被责令暂停销售，不得转移、隐匿、销毁与不正当竞争行为有关的财物的行为，监督检查部门可以根据情节处以被销售、转移、隐匿、销毁财物的价款的一倍以上三倍以下的罚款。

第二十九条　当事人对监督检查部门作出的处罚决定不服的，可以自收到处罚决定之日起十五日内向上一级主管机关申请复议；对复议决定不服的，可以自收到复议决定书之日起十五日内向人民法院提起诉讼；也可以直接向人民法院提起诉讼。

第三十条　政府及其所属部门违反本法第七条规定，限定他人购买其指定的经营者的商品、限制其他经营者正当的经营活动，或者限制商品在地区之间正常流通的，由上级机关责令其改正；情节严重的，由同级或者上级机关对直接责任人员给予行政处分。被指定的经营者借此销售质次价高商品或者滥收费用的，监督检查部门应当没收违法所得，可以根据情节处以违法所得一倍以上三倍以下的罚款。

中华人民共和国劳动合同法

第一章 总 则

第一条 为了保护劳动者的合法权益，调整劳动关系，建立和维护适应社会主义市场经济的劳动制度，促进经济发展和社会进步，根据宪法，制定本法。

第二条 在中华人民共和国境内的企业、个体经济组织（以下统称用人单位）和与之形成劳动关系的劳动者，适用本法。

国家机关、事业组织、社会团体和与之建立劳动合同关系的劳动者，依照本法执行。

第三条 劳动者享有平等就业和选择职业的权利、取得劳动报酬的权利、休息休假的权利、获得劳动安全卫生保护的权利、接受职业技能培训的权利、享受社会保险和福利的权利、提请劳动争议处理的权利以及法律规定的其他劳动权利。劳动者应当完成劳动任务，提高职业技能，执行劳动安全卫生规程，遵守劳动纪律和职业道德。

第四条 用人单位应当依法建立和完善规章制度，保障劳动者享有劳动权利和履行劳动义务。

第五条 国家采取各种措施，促进劳动就业，发展职业教育，制定劳动标准，调节社会收入，完善社会保险，协调劳动关系，逐步提高劳动者的生活水平。

第六条 国家提倡劳动者参加社会义务劳动，开展劳动竞赛和合理化建议活动，鼓励和保护劳动者进行科学研究、技术革新和发明创造，表彰和奖励劳动模范和先进工作者。

第七条 劳动者有权依法参加和组织工会。工会代表和维护劳动者的合法权益，依法独立自主地开展活动。

第八条 劳动者依照法律规定，通过职工大会、职工代表大会或者其他形式，参与民主管理或者就保护劳动者合法权益与用人单位进行平等协商。

第九条 国务院劳动行政部门主管全国劳动工作。县级以上地方人民政府劳动行政部门主管本行政区域内的劳动工作。

第二章 促进就业

第十条 国家通过促进经济和社会发展，创造就业条件，扩大就业机会。国家鼓励企业、事业组织、社会团体在法律、行政法规规定的范围内兴办产业或者拓展经营，增加就业。国家支持劳动者自愿组织起来就业和从事个体经营实现就业。

第十一条 地方各级人民政府应当采取措施，发展多种类型的职业介绍机构，提供就业服务。

第十二条 劳动者就业，不因民族、种族、性别、宗教信仰不同而受歧视。

第十三条 妇女享有与男子平等的就业权利。在录用职工时，除国家规定的不适合妇女的工种或者岗位外，不得以性别为由拒绝录用妇女或者提高对妇女的录用标准。

第十四条 残疾人、少数民族人员、退出现役的军人的就业，法律、法规有特别规定的，从其规定。

第十五条 禁止用人单位招用未满十六周岁的未成年人。

文艺、体育和特种工艺单位招用未满十六周岁的未成年人，必须依照国家有关规定，履行审批手续，并保障其接受义务教育的权利。

第三章 劳动合同和集体合同

第十六条 劳动合同是劳动者与用人单位确立劳动关系、明确双方权利和义务的协议。

建立劳动关系应当订立劳动合同。

第十七条 订立和变更劳动合同，应当遵循平等自愿、协商一致的原则，不得违反法律、行政法规的规定。劳动合同依法订立即具有法律约束力，当事人必须履行劳动合同规定的义务。

第十八条 下列劳动合同无效：

（一）违反法律、行政法规的劳动合同；

（二）采取欺诈、威胁等手段订立的劳动合同。

无效的劳动合同，从订立的时候起，就没有法律约束力。确认劳动合同部分无效的，如果不影响其余部分的效力，其余部分仍然有效。劳动合同的无效，由劳动争议仲裁委员会或者人民法院确认。

第十九条 劳动合同应当以书面形式订立，并具备以下条款：

（一）劳动合同期限；

（二）工作内容；

（三）劳动保护和劳动条件；

（四）劳动报酬；

（五）劳动纪律；

（六）劳动合同终止的条件；

（七）违反劳动合同的责任。

劳动合同除前款规定的必备条款外，当事人可以协商约定其他内容。

第二十条 劳动合同的期限分为有固定期限、无固定期限和以完成一定的工作为期限。劳动者在同一用人单位连续工作满十年以上，当事人双方同意续延劳动合同的，如果劳动者提出订立无固定期限的劳动合同，应当订立无固定期限的劳动合同。

第二十一条 劳动合同可以约定试用期。试用期最长不得超过六个月。

第二十二条 劳动合同当事人可以在劳动合同中约定保守用人单位商业秘密的有关事项。

第二十三条 劳动合同期满或者当事人约定的劳动合同终止条件出现，劳动合同即行终止。

第二十四条 经劳动合同当事人协商一致，劳动合同可以解除。

第二十五条 劳动者有下列情形之一的，用人单位可以解除劳动合同：

（一）在试用期间被证明不符合录用条件的；

（二）严重违反劳动纪律或者用人单位规章制度的；

（三）严重失职，营私舞弊，对用人单位利益造成重大损害的；

（四）被依法追究刑事责任的。

第二十六条 有下列情形之一的，用人单位可以解除劳动合同，但是应当提前30日以书面形式通知劳动者本人：

（一）劳动者患病或者非因工负伤，医疗期满后，不能从事原工作也不能从事由用人单位另行安排的工作的；

（二）劳动者不能胜任工作，经过培训或者调整工作岗位，仍不能胜任工作的；

（三）劳动合同订立时所依据的客观情况发生重大变化，致使原劳动合同无法履行，经当事人协商不能就变更劳动合同达成协议的。

第二十七条 用人单位濒临破产进行法定整顿期间或者生产经营状况发生严重困难，确需裁减人员的，应当提前三十日向工会或者全体职工说明情况，听取工会或者职工的意见，经向劳动行政部门报告后，可以裁减人员。用人单位依据本条规定裁减人员，在六个月内录用人员的，应当优先录用被裁减的人员。

第二十八条 用人单位依据本法第二十四条、第二十六条、第二十七条的规定解除劳动合同的，应当依照国家有关规定给予经济补偿。

第二十九条 劳动者有下列情形之一的，用人单位不得依据本法第二十六条、第二十七条的规定解除劳动合同：

（一）患职业病或者因工负伤并被确认丧失或者部分丧失劳动能力的；

（二）患病或者因工负伤，在规定的医疗期内的；

（三）女职工在孕期、产期、哺乳期内的；

（四）法律、行政法规规定的其他情形。

第三十条 用人单位解除劳动合同，工会认为不适当的，有权提出意见。如果用人单位违反法律、法规或者劳动合同，工会有权要求重新处理；劳动者申请仲裁或者提起诉讼的，工会应当依法给予支持和帮助。

第三十一条 劳动者解除劳动合同，应当提前三十日以书面形式通知用人单位。

第三十二条 有下列情形之一的，劳动者可以随时通知用人单位解除劳动合同：

（一）在试用期内的；

（二）用人单位以暴力、威胁或者非法限制人身自由的手段强迫劳动的；

（三）用人单位未按照劳动合同约定支付劳动报酬或者提供劳动条件的。

第三十三条 企业职工一方与企业可以就劳动报酬、工作时间、休息休假、劳动安全卫生、保险福利等事项，签订集体合同。集体合同草案应当提交职工代表大会或者全体职工讨论通过。

集体合同由工会代表职工与企业签订；没有建立工会的企业，由职工推举的代表与企业签订。

第三十四条 集体合同签订后应当报送劳动行政部门；劳动行政部门自收到集体合同文本之日起十五日内未提出异议的，集体合同即行生效。

第三十五条 依法签订的集体合同对企业和企业全体职工具有约束力。职工个人与企业订立的劳动合同中劳动条件和劳动报酬等标准不得低于集体合同的规定。

第四章　工作时间和休息休假

第三十六条 国家实行劳动者每日工作时间不超过八小时、平均每周工作时间不超过四十四小时的工时制度。

第三十七条 对实行计件工作的劳动者，用人单位应当根据本法第三十六条规定的工时制度合理确定其劳动定额和计件报酬标准。

第三十八条 用人单位应当保证劳动者每周至少休息一日。

第三十九条 企业因生产特点不能实行本法第三十六条、第三十八条规定的，经劳动行政部门批准，可以实行其他工作和休息办法。

第四十条 用人单位在下列节日期间应当依法安排劳动者休假：

（一）元旦；

（二）春节；

（三）国际劳动节；

（四）国庆节；

（五）法律、法规规定的其他休假节日。

第四十一条 用人单位由于生产经营需要，经与工会和劳动者协商后可以延长工作时间，一般每日不得超过1小时；因特殊原因需要延长工作时间的，在保障劳动者身体健康的条件下延长工作时间每日不得超过三小时，但是每月不得超过三十六小时。

第四十二条 有下列情形之一的，延长工作时间不受本法第四十一条的限制：

（一）发生自然灾害、事故或者因其他原因，威胁劳动者生命健康和财产安全，需要紧急处理的；

（二）生产设备、交通运输线路、公共设施发生故障，影响生产和公众利益，必须及时抢修的；

（三）法律、行政法规规定的其他情形。

第四十三条 用人单位不得违反本法规定延长劳动者的工作时间。

第四十四条 有下列情形之一的，用人单位应当按照下列标准支付高于劳动者正常工作时间工资的工资报酬：

（一）安排劳动者延长工作时间的，支付不低于工资的百分之一百五十的工资报酬；

（二）休息日安排劳动者工作又不能安排补休的，支付不低于工资的百分之二百的工资报酬；

（三）法定休假日安排劳动者工作的，支付不低于工资的百分之三百的工资报酬。

第四十五条 国家实行带薪年休假制度。

劳动者连续工作一年以上的，享受带薪年休假。具体办法由国务院规定。

第五章 工 资

第四十六条 工资分配应当遵循按劳分配原则，实行同工同酬。工资水平在经济发展的基础上逐步提高。国家对工资总量实行宏观调控。

第四十七条 用人单位根据本单位的生产经营特点和经济效益，依法自主确定本单位的工资分配方式和工资水平。

第四十八条 国家实行最低工资保障制度。最低工资的具体标准由省、自治区、直辖市人民政府规定，报国务院备案。用人单位支付劳动者的工资不得低于当地最低工资标准。

第四十九条 确定和调整最低工资标准应当综合参考下列因素：

（一）劳动者本人及平均赡养人口的最低生活费用；

（二）社会平均工资水平；

（三）劳动生产率；

（四）就业状况；

（五）地区之间经济发展水平的差异。

第五十条 工资应当以货币形式按月支付给劳动者本人。不得克扣或者无故拖欠劳动者的工资。

第五十一条 劳动者在法定休假日和婚丧假期间以及依法参加社会活动期间，用人单位应当依法支付工资。

第六章 劳动安全卫生

第五十二条 用人单位必须建立、健全劳动安全卫生制度，严格执行国家劳动安全卫生规程和标准，对劳动者进行劳动安全卫生教育，防止劳动过程中的事故，减少职业危害。

第五十三条 劳动安全卫生设施必须符合国家规定的标准。

新建、改建、扩建工程的劳动安全卫生设施必须与主体工程同时设计、同时施工、同时投入生产和使用。

第五十四条 用人单位必须为劳动者提供符合国家规定的劳动安全卫生条件和必要的劳动防护用品，对从事有职业危害作业的劳动者应当定期进行健康检查。

第五十五条 从事特种作业的劳动者必须经过专门培训并取得特种作业资格。

第五十六条 劳动者在劳动过程中必须严格遵守安全操作规程。劳动者对用人单位管理人员违章指挥、强令冒险作业，有权拒绝执行；对危害生命安全和身体健康的行为，有权提出批评、检举和控告。

第五十七条 国家建立伤亡事故和职业病统计报告和处理制度。县级以上各级人民政府劳动行政部门、有关部门和用人单位应当依法对劳动者在劳动过程中发生的伤亡事故和劳动者的职业病状况，进行统计、报告和处理。

第七章　　女职工和未成年工特殊保护

第五十八条　国家对女职工和未成年工实行特殊劳动保护。

未成年工是指年满十六周岁未满十八周岁的劳动者。

第五十九条　禁止安排女职工从事矿山井下、国家规定的第四级体力劳动强度的劳动和其他禁忌从事的劳动。

第六十条　不得安排女职工在经期从事高处、低温、冷水作业和国家规定的第三级体力劳动强度的劳动。

第六十一条　不得安排女职工在怀孕期间从事国家规定的第三级体力劳动强度的劳动和孕期禁忌从事的劳动。对怀孕七个月以上的女职工，不得安排其延长工作时间和夜班劳动。

第六十二条　女职工生育享受不少于九十天的产假。

第六十三条　不得安排女职工在哺乳未满1周岁的婴儿期间从事国家规定的第三级体力劳动强度的劳动和哺乳期禁忌从事的其他劳动，不得安排其延长工作时间和夜班劳动。

第六十四条　不得安排未成年工从事矿山井下、有毒有害、国家规定的第四级体力劳动强度的劳动和其他禁忌从事的劳动。

第六十五条　用人单位应当对未成年工定期进行健康检查。

第八章　　职业培训

第六十六条　国家通过各种途径，采取各种措施，发展职业培训事业，开发劳动者的职业技能，提高劳动者素质，增强劳动者的就业能力和工作能力。

第六十七条　各级人民政府应当把发展职业培训纳入社会经济发展的规划，鼓励和支持有条件的企业、事业组织、社会团体和个人进行各种形式的职业培训。

第六十八条　用人单位应当建立职业培训制度，按照国家规定提取和使用职业培训经费，根据本单位实际，有计划地对劳动者进行职业培训。从事技术工种的劳动者，上岗前必须经过培训。

第六十九条　国家确定职业分类，对规定的职业制定职业技能标准，实行职业资格证书制度，由经过政府批准的考核鉴定机构负责对劳动者实施职业技能考核鉴定。

第九章　　社会保险和福利

第七十条　国家发展社会保险事业，建立社会保险制度，设立社会保险基金，使劳动者在年老、患病、工伤、失业、生育等情况下获得帮助和补偿。

第七十一条　社会保险水平应当与社会经济发展水平和社会承受能力相适应。

第七十二条　社会保险基金按照保险类型确定资金来源，逐步实行社会统筹。用人单位和劳动者必须依法参加社会保险，缴纳社会保险费。

第七十三条　劳动者在下列情形下，依法享受社会保险待遇：

（一）退休；

（二）患病、负伤；

（三）因工伤残或者患职业病；

（四）失业；

（五）生育。

劳动者死亡后，其遗属依法享受遗属津贴。劳动者享受社会保险待遇的条件和标准由法律、法规规定。劳动者享受的社会保险金必须按时足额支付。

第七十四条　社会保险基金经办机构依照法律规定收支、管理和运营社会保险基金，并负有使社会保险基金保值增值的责任。社会保险基金监督机构依照法律规定，对社会保险基金的收支、管理和运营实施监督。社会保险基金经办机构和社会保险基金监督机构的设立和职能由法律规定。任何组织和个人不得挪用社会保险基金。

第七十五条　国家鼓励用人单位根据本单位实际情况为劳动者建立补充保险。国家提倡劳动者个人进行储蓄性保险。

第七十六条　国家发展社会福利事业，兴建公共福利设施，为劳动者休息、休养和疗养提供条件。用人单位应当创造条件，改善集体福利，提高劳动者的福利待遇。

第十章　劳动争议

第七十七条　用人单位与劳动者发生劳动争议，当事人可以依法申请调解、仲裁、提起诉讼，也可以协商解决。调解原则适用于仲裁和诉讼程序。

第七十八条　解决劳动争议，应当根据合法、公正、及时处理的原则，依法维护劳动争议当事人的合法权益。

第七十九条　劳动争议发生后，当事人可以向本单位劳动争议调解委员会申请调解；调解不成，当事人一方要求仲裁的，可以向劳动争议仲裁委员会申请仲裁。当事人一方也可以直接向劳动争议仲裁委员会申请仲裁。对仲裁裁决不服的，可以向人民法院提起诉讼。

第八十条　在用人单位内，可以设立劳动争议调解委员会。劳动争议调解委员会由职工代表、用人单位代表和工会代表组成。劳动争议调解委员会主任由工会代表担任。劳动争议经调解达成协议的，当事人应当履行。

第八十一条 劳动争议仲裁委员会由劳动行政部门代表、同级工会代表、用人单位方面的代表组成。劳动争议仲裁委员会主任由劳动行政部门代表担任。

第八十二条 提出仲裁要求的一方应当自劳动争议发生之日起六十日内向劳动争议仲裁委员会提出书面申请。仲裁裁决一般应在收到仲裁申请的六十日内作出。对仲裁裁决无异议的，当事人必须履行。

第八十三条 劳动争议当事人对仲裁裁决不服的，可以自收到仲裁裁决书之日起十五日内向人民法院提起诉讼。一方当事人在法定期限内不起诉又不履行仲裁裁决的，另一方当事人可以申请人民法院强制执行。

第八十四条 因签订集体合同发生争议，当事人协商解决不成的，当地人民政府劳动行政部门可以组织有关各方协调处理。因履行集体合同发生争议，当事人协商解决不成的，可以向劳动争议仲裁委员会申请仲裁；对仲裁裁决不服的，可以自收到仲裁裁决书之日起十五日内向人民法院提起诉讼。

第十一章　监督检查

第八十五条 县级以上各级人民政府劳动行政部门依法对用人单位遵守劳动法律、法规的情况进行监督检查，对违反劳动法律、法规的行为有权制止，并责令改正。

第八十六条 县级以上各级人民政府劳动行政部门监督检查人员执行公务，有权进入用人单位了解执行劳动法律、法规的情况，查阅必要的资料，并对劳动场所进行检查。

县级以上各级人民政府劳动行政部门监督检查人员执行公务，必须出示证件，秉公执法并遵守有关规定。

第八十七条 县级以上各级人民政府有关部门在各自职责范围内，对用人单位遵守劳动法律、法规的情况进行监督。

第八十八条 各级工会依法维护劳动者的合法权益，对用人单位遵守劳动法律、法规的情况进行监督。任何组织和个人对于违反劳动法律、法规的行为有权检举和控告。

第十二章　法律责任

第八十九条 用人单位制定的劳动规章制度违反法律、法规规定的，由劳动行政部门给予警告，责令改正；对劳动者造成损害的，应当承担赔偿责任。

第九十条 用人单位违反本法规定，延长劳动者工作时间的，由劳动行政部门给予警告，责令改正，并可以处以罚款。

第九十一条 用人单位有下列侵害劳动者合法权益情形之一的，由劳动行政部门责令支付劳动者的工资报酬、经济补偿，并可以责令支付赔偿金：

（一）克扣或者无故拖欠劳动者工资的；

（二）拒不支付劳动者延长工作时间工资报酬的；

（三）低于当地最低工资标准支付劳动者工资的；

（四）解除劳动合同后，未依照本法规定给予劳动者经济补偿的。

第九十二条 用人单位的劳动安全设施和劳动卫生条件不符合国家规定或者未向劳动者提供必要的劳动防护用品和劳动保护设施的，由劳动行政部门或者有关部门责令改正，可以处以罚款；情节严重的，提请县级以上人民政府决定责令停产整顿；对事故隐患不采取措施，致使发生重大事故，造成劳动者生命和财产损失的，对责任人员比照刑法第一百八十七条的规定追究刑事责任。

第九十三条 用人单位强令劳动者违章冒险作业，发生重大伤亡事故，造成严重后果的，对责任人员依法追究刑事责任。

第九十四条 用人单位非法招用未满十六周岁的未成年人的，由劳动行政部门责令改正，处以罚款；情节严重的，由工商行政管理部门吊销营业执照。

第九十五条 用人单位违反本法对女职工和未成年工的保护规定，侵害其合法权益的，由劳动行政部门责令改正，处以罚款；对女职工或者未成年工造成损害的，应当承担赔偿责任。

第九十六条 用人单位有下列行为之一的，由公安机关对责任人员处以十五日以下拘留、罚款或者警告；构成犯罪的，对责任人员依法追究刑事责任：

（一）以暴力、威胁或者非法限制人身自由的手段强迫劳动的；

（二）侮辱、体罚、殴打、非法搜查和拘禁劳动者的。

第九十七条 由于用人单位的原因订立的无效合同，对劳动者造成损害的，应当承担赔偿责任。

第九十八条 用人单位违反本法规定的条件解除劳动合同或者故意拖延不订立劳动合同的，由劳动行政部门责令改正；对劳动者造成损害的，应当承担赔偿责任。

第九十九条 用人单位招用尚未解除劳动合同的劳动者，对原用人单位造成经济损失的，该用人单位应当依法承担连带赔偿责任。

第一百条 用人单位无故不缴纳社会保险费的，由劳动行政部门责令其限期缴纳，逾期不缴的，可以加收滞纳金。

第一百零一条 用人单位无理阻挠劳动行政部门、有关部门及其工作人员行使监督检查权，打击报复举报人员的，由劳动行政部门或者有关部门处以罚款；构成犯罪的，对责任人员依法追究刑事责任。

第一百零二条 劳动者违反本法规定的条件解除劳动合同或者违反劳动合同中约定的保密事项，对用人单位造成经济损失的，应当依法承担赔偿责任。

第一百零三条 劳动行政部门或者有关部门的工作人员滥用职权、玩忽职守、徇私舞弊，构成犯罪的，依法追究刑事责任；不构成犯罪的，给予行政处分。

第一百零四条 国家工作人员和社会保险基金经办机构的工作人员挪用社会保险基金，构成犯罪的，依法追究刑事责任。

第一百零五条 违反本法规定侵害劳动者合法权益，其他法律、行政法规已规定处罚的，依照该法律、行政法规的规定处罚。

第十三章 附 则

第一百零六条 省、自治区、直辖市人民政府根据本法和本地区的实际情况，规定劳动合同制度的实施步骤，报国务院备案。

第一百零七条 本法自 1995 年 1 月 1 日起施行。

中华人民共和国食品卫生法

第一章 总 则

第一条 为保证食品卫生，防止食品污染和有害因素对人体的危害，保障人民身体健康，增强人民体质，制定本法。

第二条 国家实行食品卫生监督制度。

第三条 国务院卫生行政部门主管全国食品卫生监督管理工作。

国务院有关部门在各自的职责范围内负责食品卫生管理工作。

第四条 凡在中华人民共和国领域内从事食品生产经营的，都必须遵守本法。

本法适用于一切食品，食品添加剂，食品容器、包装材料和食品用工具、设备、洗涤剂、消毒剂；也适用于食品的生产经营场所、设施和有关环境。

第五条 国家鼓励和保护社会团体和个人对食品卫生的社会监督。

对违反本法的行为，任何人都有权检举和控告。

第二章　食品的卫生

第六条　食品应当无毒、无害，符合应当有的营养要求，具有相应的色、香、味等感官性状。

第七条　专供婴幼儿的主、辅食品，必须符合国务院卫生行政部门制定的营养、卫生标准。

第八条　食品生产经营过程必须符合下列卫生要求：

（一）保持内外环境整洁，采取消除苍蝇、老鼠、蟑螂和其他有害昆虫及其滋生条件的措施，与有毒、有害场所保持规定的距离；

（二）食品生产经营企业应当有与产品品种、数量相适应的食品原料处理、加工、包装、储存等厂房或者场所；

（三）应当有相应的消毒、更衣、盥洗、采光、照明、通风、防腐、防尘、防蝇、防鼠、洗涤、污水排放、存放垃圾和废弃物的设施；

（四）设备布局和工艺流程应当合理，防止待加工食品与直接入口食品、原料与成品交叉污染，食品不得接触有毒物、不洁物；

（五）餐具、饮具和盛放直接入口食品的容器，使用前必须洗净、消毒，炊具、用具用后必须洗净，保持清洁；

（六）储存、运输和装卸食品的容器包装、工具、设备和条件必须安全、无害，保持清洁，防止食品污染；

（七）直接入口的食品应当有小包装或者使用无毒、清洁的包装材料；

（八）食品生产经营人员应当经常保持个人卫生，生产、销售食品时，必须将手洗净，穿戴清洁的工作衣、帽；销售直接入口食品时，必须使用售货工具；

（九）用水必须符合国家规定的城乡生活饮用水卫生标准；

（十）使用的洗涤剂、消毒剂应当对人体安全、无害。

对食品摊贩和城乡集市贸易食品经营者在食品生产经营过程中的卫生要求，由省、自治区、直辖市人民代表大会常务委员会根据本法作出具体规定。

第九条　禁止生产经营下列食品：

（一）腐败变质、油脂酸败、霉变、生虫、污秽不洁、混有异物或者其他感官性状异常，可能对人体健康有害的；

（二）含有毒、有害物质或者被有毒、有害物质污染，可能对人体健康有害的；

（三）含有致病性寄生虫、微生物的，或者微生物毒素含量超过国家限定标准的；

（四）未经兽医卫生检验或者检验不合格的肉类及其制品；

（五）病死、毒死或者死因不明的禽、畜、兽、水产动物等及其制品；

（六）容器包装污秽不洁、严重破损或者运输工具不洁造成污染的；

（七）掺假、掺杂、伪造，影响营养、卫生的；

（八）用非食品原料加工的，加入非食品用化学物质的或者将非食品当作食品的；

（九）超过保质期限的；

（十）为防病等特殊需要，国务院卫生行政部门或者省、自治区、直辖市人民政府专门规定禁止出售的；

（十一）含有未经国务院卫生行政部门批准使用的添加剂的或者农药残留超过国家规定容许量的；

（十二）其他不符合食品卫生标准和卫生要求的。

第十条　食品不得加入药物，但是按照传统既是食品又是药品的作为原料、调料或者营养强化剂加入的除外。

第三章　食品添加剂的卫生

第十一条　生产经营和使用食品添加剂，必须符合食品添加剂使用卫生标准和卫生管理办法的规定；不符合卫生标准和卫生管理办法的食品添加剂，不得经营、使用。

第四章　食品容器、包装材料和食品用
工具、设备的卫生

第十二条　食品容器、包装材料和食品用工具、设备必须符合卫生标准和卫生管理办法的规定。

第十三条　食品容器、包装材料和食品用工具、设备的生产必须采用符合卫生要求的原材料。产品应当便于清洗和消毒。

第五章　食品卫生标准和管理办法的制定

第十四条　食品，食品添加剂，食品容器、包装材料，食品用工具、设备，用于清洗食品和食品用工具、设备的洗涤剂、消毒剂以及食品中污染物质、放射性物质容许量的国家卫生标准、卫生管理办法和检验规程，由国务院卫生行政部门制定或者批准颁发。

第十五条　国家未制定卫生标准的食品，省、自治区、直辖市人民政府可以制定地方卫生标准，报国务院卫生行政部门和国务院标准化行政主管部门备案。

第十六条 食品添加剂的国家产品质量标准中有卫生学意义的指标，必须经国务院卫生行政部门审查同意。

农药、化肥等农用化学物质的安全性评价，必须经国务院卫生行政部门审查同意。

屠宰畜、禽的兽医卫生检验规程，由国务院有关行政部门会同国务院卫生行政部门制定。

第十七条 各级人民政府的食品生产经营管理部门应当加强食品卫生管理工作，并对执行本法情况进行检查。

各级人民政府应当鼓励和支持改进食品加工工艺，促进提高食品卫生质量。

第六章　食品卫生管理

第十八条 食品生产经营企业应当健全本单位的食品卫生管理制度，配备专职或者兼职食品卫生管理人员，加强对所生产经营食品的检验工作。

第十九条 食品生产经营企业的新建、扩建、改建工程的选址和设计应当符合卫生要求，其设计审查和工程验收必须有卫生行政部门参加。

第二十条 利用新资源生产的食品、食品添加剂的新品种，生产经营企业在投入生产前，必须提出该产品卫生评价和营养评价所需的资料；利用新的原材料生产的食品容器、包装材料和食品用工具、设备的新品种，生产经营企业在投入生产前，必须提出该产品卫生评价所需的资料。上述新品种在投入生产前还需提供样品，并按照规定的食品卫生标准审批程序报请审批。

第二十一条 定型包装食品和食品添加剂，必须在包装标识或者产品说明书上根据不同产品分别按照规定标出品名、产地、厂名、生产日期、批号或者代号、规格、配方或者主要成分、保质期限、食用或者使用方法等。食品、食品添加剂的产品说明书，不得有夸大或者虚假的宣传内容。

食品包装标识必须清楚，容易辨识。在国内市场销售的食品，必须有中文标识。

第二十二条 表明具有特定保健功能的食品，其产品及说明书必须报国务院卫生行政部门审查批准；其卫生标准和生产经营管理办法，由国务院卫生行政部门制定。

第二十三条 表明具有特定保健功能的食品，不得有害于人体健康，其产品说明书内容必须真实，该产品的功能和成分必须与说明书相一致，不得有虚假。

第二十四条 食品、食品添加剂和专用于食品的容器、包装材料及其他用具，其生产者必须按照卫生标准和卫生管理办法实施检验合格，方可出厂或者销售。

第二十五条 食品生产经营者采购食品及其原料，应当按照国家有关规定索取检验合格证或者化验单，销售者应当保证提供。需要索证的范围和种类由省、自治区、直辖市人民政府卫生行政部门规定。

第二十六条 食品生产经营人员每年必须进行健康检查；新参加工作和临时参加工作的食品生产经营人员必须进行健康检查，取得健康证明，方可参加工作。

凡患有痢疾、伤寒、病毒性肝炎等消化道传染病（包括病原携带者），活动性肺结核，化脓性或者渗出性皮肤病以及其他有碍食品卫生的疾病的，不得参加接触直接入口食品的工作。

第二十七条 食品生产经营企业和食品摊贩，必须先取得卫生行政部门发放的卫生许可证方可向工商行政管理部门申请登记。未取得卫生许可证的，不得从事食品生产经营活动。

食品生产经营者不得伪造、涂改、出借卫生许可证。

卫生许可证的发放管理办法由省、自治区、直辖市人民政府卫生行政部门制定。

第二十八条 各类食品市场的举办者应当负责市场内的食品卫生管理工作，并在市场内设置必要的公共卫生设施，保持良好的环境卫生状况。

第二十九条 城乡集市贸易的食品卫生管理工作由工商行政管理部门负责，食品卫生监督检验工作由卫生行政部门负责。

第三十条 进口的食品，食品添加剂，食品容器、包装材料和食品用工具及设备，必须符合国家卫生标准和卫生管理办法的规定。

进口前款所列产品，由口岸进口食品卫生监督检验机构进行卫生监督、检验。检验合格的，方准进口。海关凭检验合格证书放行。

进口单位在申报检验时，应当提供输出国（地区）所使用的农药、添加剂、熏蒸剂等有关资料和检验报告。

进口第一款所列产品，依照国家卫生标准进行检验，尚无国家卫生标准的，进口单位必须提供输出国（地区）的卫生部门或者组织出具的卫生评价资料，经口岸进口食品卫生监督检验机构审查检验并报国务院卫生行政部门批准。

第三十一条 出口食品由国家进出口商品检验部门进行卫生监督、检验。

海关凭国家进出口商品检验部门出具的证书放行。

第七章　食品卫生监督

第三十二条　县级以上地方人民政府卫生行政部门在管辖范围内行使食品卫生监督职责。

铁道、交通行政主管部门设立的食品卫生监督机构，行使国务院卫生行政部门会同国务院有关部门规定的食品卫生监督职责。

第三十三条　食品卫生监督职责是：

（一）进行食品卫生监测、检验和技术指导；

（二）协助培训食品生产经营人员，监督食品生产经营人员的健康检查；

（三）宣传食品卫生、营养知识，进行食品卫生评价，公布食品卫生情况；

（四）对食品生产经营企业的新建、扩建、改建工程的选址和设计进行卫生审查，并参加工程验收；

（五）对食物中毒和食品污染事故进行调查，并采取控制措施；

（六）对违反本法的行为进行巡回监督检查；

（七）对违反本法的行为追查责任，依法进行行政处罚；

（八）负责其他食品卫生监督事项。

第三十四条　县级以上人民政府卫生行政部门设立食品卫生监督员。食品卫生监督员由合格的专业人员担任，由同级卫生行政部门发给证书。

铁道、交通的食品卫生监督员，由其上级主管部门发给证书。

第三十五条　食品卫生监督员执行卫生行政部门交付的任务。

食品卫生监督员在执行任务时，可以向食品生产经营者了解情况，索取必要的资料，进入生产经营场所检查，按照规定无偿采样。生产经营者不得拒绝或者隐瞒。

第三十六条　国务院和省、自治区、直辖市人民政府的卫生行政部门，根据需要可以确定具备条件的单位作为食品卫生检验单位，进行食品卫生检验并出具检验报告。

第三十七条　县级以上地方人民政府卫生行政部门对已造成食物中毒事故或者有证据证明可能导致食物中毒事故的，可以对该食品生产经营者采取下列临时控制措施：

（一）封存造成食物中毒或者可能导致食物中毒的食品及其原料；

（二）封存被污染的食品用工具及用具，并责令进行清洗消毒。

经检验，属于被污染的食品，予以销毁；未被污染的食品，予以解封。

第三十八条　发生食物中毒的单位和接收病人进行治疗的单位，除采取抢救措施外，应当根据国家有关规定，及时向所在地卫生行政部门报告。

县级以上地方人民政府卫生行政部门接到报告后，应当及时进行调查处理，并采取控制措施。

第八章　法律责任

第三十九条　违反本法规定，生产经营不符合卫生标准的食品，造成食物中毒事故或者其他食源性疾患的，责令停止生产经营，销毁导致食物中毒或者其他食源性疾患的食品，没收违法所得，并处以违法所得一倍以上五倍以下的罚款；没有违法所得的，处以一千元以上五万元以下的罚款。

违反本法规定，生产经营不符合卫生标准的食品，造成严重食物中毒事故或者其他严重食源性疾患，对人体健康造成严重危害的，或者在生产经营的食品中掺入有毒、有害的非食品原料的，依法追究刑事责任。

有本条所列行为之一的，吊销卫生许可证。

第四十条　违反本法规定，未取得卫生许可证或者伪造卫生许可证从事食品生产经营活动的，予以取缔，没收违法所得，并处以违法所得一倍以上五倍以下的罚款；没有违法所得的，处以五百元以上三万元以下的罚款。涂改、出借卫生许可证的，收缴卫生许可证，没收违法所得，并处以违法所得1倍以上三倍以下的罚款；没有违法所得的，处以五百元以上一万元以下的罚款。

第四十一条　违反本法规定，食品生产经营过程不符合卫生要求的，责令改正，给予警告，可以处以五千元以下的罚款；拒不改正或者有其他严重情节的，吊销卫生许可证。

第四十二条　违反本法规定，生产经营禁止生产经营的食品的，责令停止生产经营，立即公告收回已售出的食品，并销毁该食品，没收违法所得，并处以违法所得一倍以上五倍以下的罚款；没有违法所得的，处以一千元以上五万元以下的罚款。情节严重的，吊销卫生许可证。

第四十三条　违反本法规定，生产经营不符合营养、卫生标准的专供婴幼儿的主、辅食品的，责令停止生产经营，立即公告收回已售出的食品，并销毁该食品，没收违法所得，并处以违法所得一倍以上五倍以下的罚款；没有违法所得的，处以一千元以上五万元以下的罚款。情节严重的，吊销卫生许可证。

第四十四条　违反本法规定，生产经营或者使用不符合卫生标准和卫生管理办法规定的食品添加剂、食品容器、包装材料和食品用工具、设备以及洗涤剂、消毒剂的，责令停止生产或者使用，没收违法所得，并处以违法所得一倍以上3倍以下的罚款；没有违法所得的，处以五千元以下的罚款。

第四十五条　违反本法规定，未经国务院卫生行政部门审查批准而生产经营表明具有特定保健功能的食品的，或者该食品的产品说明书内容虚假的，责令停止生产经营，没收违法所得，并处以违法所得一倍以上五倍以下的罚款；没有违法所得的，处以一千元以上五万元以下的罚款。情节严重的，吊销卫生许可证。

　　第四十六条　违反本法规定，定型包装食品和食品添加剂的包装标识或者产品说明书上不标明或者虚假标注生产日期、保质期限等规定事项的，或者违反规定不标注中文标识的，责令改正，可以处以五百元以上一万元以下的罚款。

　　第四十七条　违反本法规定，食品生产经营人员未取得健康证明而从事食品生产经营的，或者对患有疾病不得接触直接入口食品的生产经营人员，不按规定调离的，责令改正，可以处以五千元以下的罚款。

　　第四十八条　违反本法规定，造成食物中毒事故或者其他食源性疾患的，或者因其他违反本法行为给他人造成损害的，应当依法承担民事赔偿责任。

　　第四十九条　本法规定的行政处罚由县级以上地方人民政府卫生行政部门决定。本法规定的行使食品卫生监督权的其他机关，在规定的职责范围内，依照本法的规定作出行政处罚决定。

　　第五十条　当事人对行政处罚决定不服的，可以在接到处罚通知之日起十五日内向作出处罚决定的机关的上一级机关申请复议；当事人也可以在接到处罚通知之日起十五日内直接向人民法院起诉。

　　当事人逾期不申请复议也不向人民法院起诉，又不履行处罚决定的，作出处罚决定的机关可以申请人民法院强制执行。

　　第五十一条　卫生行政部门违反本法规定，对不符合条件的生产经营者发放卫生许可证的，对直接责任人员给予行政处分；收受贿赂，构成犯罪的，依法追究刑事责任。

　　第五十二条　食品卫生监督管理人员滥用职权、玩忽职守、营私舞弊，造成重大事故，构成犯罪的，依法追究刑事责任；不构成犯罪的，依法给予行政处分。

　　第五十三条　以暴力、威胁方法阻碍食品卫生监督管理人员依法执行职务的，依法追究刑事责任；拒绝、阻碍食品卫生监督管理人员依法执行职务未使用暴力、威胁方法的，由公安机关依照治安管理处罚条例的规定处罚。

第九章　附　则

　　第五十四条　本法下列用语的含义：

　　食品：指各种供人食用或者饮用的成品和原料以及按照传统既是食品又是药品的物品，但是不包括以治疗为目的的物品。

　　食品添加剂：指为改善食品品质和色、香、味，以及为防腐和加工工艺的需要而加入食品中的化学合成物或者天然物质。

营养强化剂：指为增强营养成分而加入食品中的天然的或者人工合成的属于天然营养素范围的食品添加剂。

食品容器、包装材料：指包装、盛放食品用的纸、竹、木、金属、搪瓷、陶瓷、塑料、橡胶、天然纤维、化学纤维、玻璃等制品和接触食品的涂料。

食品用工具、设备：指食品在生产经营过程中接触食品的机械、管道、传送带、容器、用具、餐具等。

食品生产经营：指一切食品的生产（不包括种植业和养殖业）、采集、收购、加工、储存、运输、陈列、供应、销售等活动。

食品生产经营者：指一切从事食品生产经营的单位或者个人，包括职工食堂、食品摊贩等。

第五十五条 出口食品的管理办法，由国家进出口商品检验部门会同国务院卫生行政部门和有关行政部门另行制定。

第五十六条 军队专用食品和自供食品的卫生管理办法由中央军事委员会依据本法制定。

第五十七条 本法自公布之日起施行。《中华人民共和国食品卫生法（试行）》同时废止。

公共场所卫生管理条例

第一章 总 则

第一条 为创造良好的公共场所卫生条件，预防疾病，保障人体健康，制定本条例。

第二条 本条例适用于下列公共场所：

（一）宾馆、饭馆、旅店、招待所、车马店、咖啡馆、酒吧、茶座；

（二）公共浴室、理发店、美容院；

（三）影剧院、录像厅（室）、游艺厅（室）、舞厅、音乐厅；

（四）体育场（馆）、游泳场（馆）、公园；

（五）展览馆、博物馆、美术馆、图书馆；

（六）商场（店）、书店；

（七）候诊室、候车（机、船）室，公共交通工具。

第三条 公共场所的下列项目应符合国家卫生标准和要求：

（一）空气、微小气候（湿度、温度、风速）；

（二）水质；

（三）采光、照明；

（四）噪声；

（五）顾客用具和卫生设施。

公共场所的卫生标准和要求，由卫生部负责制定。

第四条 国家对公共场所以及新建、改建、扩建的公共场所的选址和设计实行"卫生许可证"制度。

"卫生许可证"由县以上卫生行政部门签发。

第二章 卫生管理

第五条 公共场所的主管部门应当建立卫生管理制度，配备专职或者兼职卫生管理人员，对所属经营单位（包括个体经营者，下同）的卫生状况进行经常性检查，并提供必要的条件。

第六条 经营单位应当负责所经营的公共场所的卫生管理，建立卫生责任制度，对本单位的从业人员进行卫生知识的培训和考核工作。

第七条 公共场所直接为顾客服务的人员，持有"健康合格证"方能从事本职工作。患有痢疾、伤寒、病毒性肝炎、活动期肺结核、化脓性或者渗出性皮肤病以及其他有碍公共卫生的疾病的，治愈前不得从事直接为顾客服务的工作。

第八条 经营单位须取得"卫生许可证"后，方可向工商行政管理部门申请登记，办理营业执照。在本条例实施前已开业的，须经卫生防疫机构验收合格后，补发"卫生许可证"。"卫生许可证"两年复核一次。

第九条 公共场所因不符合卫生标准和要求造成危害健康事故的，经营单位应妥善处理，并及时报告卫生防疫机构。

第三章 卫生监督

第十条 各级卫生防疫机构，负责管辖范围内的公共场所卫生监督工作。

民航、铁路、交通、厂（场）矿卫生防疫机构对管辖范围内的公共场所，施行卫生监督，并接受当地卫生防疫机构的业务指导。

第十一条 卫生防疫机构根据需要设立公共场所卫生监督员，执行卫生防疫机构交给的任务。公共场所卫生监督员由同级人民政府发给证书。

民航、铁路、交通、工矿企业卫生防疫机构的公共场所卫生监督员，由其上级主管部门发给证书。

第十二条 卫生防疫机构对公共场所的卫生监督职责：

（一）对公共场所进行卫生监测和卫生技术指导；

（二）监督从业人员健康检查，指导有关部门对从业人员进行卫生知识的教育和培训；

（三）对新建、扩建、改建的公共场所的选址和设计进行卫生审查，并参加竣工验收。

第十三条 卫生监督员有权对公共场所进行现场检查，索取有关资料，经营单位不得拒绝或隐瞒。卫生监督员对所提供的技术资料有保密的责任。

第四章 罚 则

第十四条 凡有下列行为之一的单位或者个人，卫生防疫机构可以根据情节轻重，给予警告、罚款、停业整顿、吊销"卫生许可证"的行政处罚：

（一）卫生质量不符合国家卫生标准和要求，而继续营业的；

（二）未获得"健康合格证"，而从事直接为顾客服务的；

（三）拒绝卫生监督的；

（四）未取得"卫生许可证"，擅自营业的。

罚款一律上缴国库。

第十五条 违反本条例的规定造成严重危害公民健康的事故或中毒事故的单位或者个人，应当对受害人赔偿损失。

违反本条例致人残疾或者死亡，构成犯罪的，应由司法机关依法追究直接责任人员的刑事责任。

第十六条 对罚款、停业整顿及吊销"卫生许可证"的行政处罚不服的，在接到处罚通知之日起十五日内，可以向当地人民法院起诉。但对公共场所卫生质量控制的决定应立即执行。对处罚的决定不履行又逾期不起诉的，由卫生防疫机构向人民法院申请强制执行。

第十七条 公共场所卫生监督机构和卫生监督员必须尽职尽责，依法办事。对玩忽职守、滥用职权、收受贿赂的，由上级主管部门给予直接责任人员行政处分。构成犯罪的，由司法机关依法追究直接责任人员的刑事责任。

第五章 附 则

第十八条 本条例的实施细则由卫生部负责制定。

第十九条 本条例自发布之日起施行。

价格违法行为行政处罚规定

第一条 为了依法惩处价格违法行为，保护消费者和经营者的合法权益，根据《中华人民共和国价格法》（以下简称价格法）的有关规定，制定本规定。

第二条 县级以上各级人民政府价格主管部门依法对价格活动进行监督检查，并决定对价格违法行为的行政处罚。

第三条 价格违法行为的行政处罚由价格违法行为发生地的地方人民政府价格主管部门决定；国务院价格主管部门规定由其上级价格主管部门决定的，从其规定。

第四条 经营者违反价格法第十四条的规定，有下列行为之一的，责令改正，没收违法所得，可以并处违法所得五倍以下的罚款；没有违法所得的，给予警告，可以并处三万元以上三十万元以下的罚款；情节严重的，责令停业整顿，或者由工商行政管理机关吊销营业执照：

（一）相互串通，操纵市场价格，损害其他经营者或者消费者的合法权益的；

（二）除依法降价处理鲜活商品、季节性商品、积压商品等商品外，为了排挤竞争对手或者独占市场，以低于成本的价格倾销，扰乱正常的生产经营秩序，损害国家利益或者其他经营者的合法权益的；

（三）提供相同商品或者服务，对具有同等交易条件的其他经营者实行价格歧视的。

第五条 经营者违反价格法第十四条的规定，捏造、散布涨价信息，哄抬价格，推动商品价格过高上涨的，或者利用虚假的或者使人误解的价格手段，诱骗消费者或者其他经营者与其进行交易的，责令改正，没收违法所得，可以并处违法所得5倍以下的罚款；没有违法所得的，给予警告，可以并处2万元以上20万元以下的罚款；情节严重的，责令停业整顿，或者由工商行政管理机关吊销营业执照。

第六条 经营者违反价格法第十四条的规定，采取抬高等级或者压低等级等手段销售、收购商品或者提供服务，变相提高或者压低价格的，责令改正，没收违法所得，可以并处违法所得五倍以下的罚款；没有违法所得的，给予警告，可以并处一万元以上十万元以下的罚款；情节严重的，责令停业整顿，或者由工商行政管理机关吊销营业执照。

第七条 经营者不执行政府指导价、政府定价，有下列行为之一的，责令改正，没收违法所得，可以并处违法所得五倍以下的罚款；没有违法所得的，可以处二万元以上二十万元以下的罚款，情节严重的，责令停业整顿：

（一）超出政府指导价浮动幅度制定价格的；

（二）高于或者低于政府定价制定价格的；

（三）擅自制定属于政府指导价、政府定价范围内的商品或者服务价格的；

（四）提前或者推迟执行政府指导价、政府定价的；

（五）自立收费项目或者自定标准收费的；

（六）采取分解收费项目、重复收费、扩大收费范围等方式变相提高收费标准的；

（七）对政府明令取消的收费项目继续收费的；

（八）违反规定以保证金、抵押金等形式变相收费的；

（九）强制或者变相强制服务并收费的；

（十）不按照规定提供服务而收取费用的；

（十一）不执行政府指导价、政府定价的其他行为。

第八条 经营者不执行法定的价格干预措施、紧急措施，有下列行为之一的，责令改正，没收违法所得，可以并处违法所得五倍以下的罚款；没有违法所得的，可以处四万元以上四十万元以下的罚款；情节严重的，责令停业整顿：

（一）不执行提价申报或者调价备案制度的；

（二）超过规定的差价率、利润率幅度的；

（三）不执行规定的限价、最低保护价的；

（四）不执行集中定价权限措施的；

（五）不执行冻结价格措施的；

（六）不执行法定的价格干预措施、紧急措施的其他行为。

第九条 本规定第四条至第八条规定中经营者为个人的，对其没有违法所得的价格违法行为，可以处五万元以下的罚款。

第十条 经营者违反法律、法规的规定牟取暴利的，责令改正，没收违法所得，可以并处违法所得五倍以下的罚款；情节严重的，责令停业整顿，或者由工商行政管理机关吊销营业执照。

第十一条 经营者违反明码标价规定，有下列行为之一的，责令改正，没收违法所得，可以并处五千元以下的罚款：

（一）不标明价格的；

（二）不按照规定的内容和方式明码标价的；

（三）在标价之外加价出售商品或者收取未标明的费用的；

（四）违反明码标价规定的其他行为。

第十二条 拒绝提供价格监督检查所需资料或者提供虚假资料的，责令改正，给予警告；逾期不改正的，可以处五万元以下的罚款，对直接负责的主管人员和其他直接责任人员给予纪律处分。

第十三条 政府价格主管部门进行价格监督检查时，发现经营者的违法行为同时具有下列三种情形的，可以依照价格法第三十四条第（三）项的规定责令其暂停相关营业：

（一）违法行为情节复杂或者情节严重，经查明后可能给予较重处罚的；

（二）不暂停相关营业，违法行为将继续的；

（三）不暂停相关营业，可能影响违法事实的认定，采取其他措施又不足以保证查明的。

政府价格主管部门进行价格监督检查时，执法人员不得少于二人，并应当向经营者或者有关人员出示证件。

第十四条 经营者因价格违法行为致使消费者或者其他经营者多付价款的，责令限期退还；难以查找多付价款的消费者、经营者的，责令公告查找；公告期限届满仍无法退还的价款，以违法所得论处。

第十五条 经营者有行政处罚法第二十六条所列情形的，应当依法从轻或者减轻处罚。经营者有下列情形之一的，应当从重处罚：

（一）价格违法行为严重或者社会影响较大的；

（二）屡查屡犯的；

（三）伪造、涂改或者转移、销毁证据的；

（四）转移与价格违法行为有关的资金或者商品的；

（五）应予从重处罚的其他价格违法行为。

第十六条 经营者对政府价格主管部门作出的处罚决定不服的，应当先依法申请行政复议；对行政复议决定不服的，可以依法向人民法院提起诉讼。

第十七条 逾期不缴纳罚款的，每日按罚款数额的百分之三加处罚款；逾期不缴纳违法所得的，每日按违法所得数额的千分之二加处罚款。

第十八条 任何单位和个人有本规定所列价格违法行为，情节严重，拒不改正的，政府价格主管部门除依照本规定给予处罚外，可以在其营业场地公告其价格违法行为，直至改正。

第十九条 价格执法人员泄露国家秘密、经营者的商业秘密或者滥用职权、玩忽职守、徇私舞弊，构成犯罪的，依法追究刑事责任；尚不构成犯罪的，依法给予行政处分。

第二十条 本规定自发布之日起施行。

中华人民共和国消防法

第一章 总 则

第一条 为了预防火灾和减少火灾危害，保护公民人身、公共财产和公民财产的安全，维护公共安全，保障社会主义现代化建设的顺利进行，制定本法。

第二条 消防工作贯彻预防为主、防消结合的方针，坚持专门机关与群众相结合的原则，实行防火安全责任制。

第三条 消防工作由国务院领导，由地方各级人民政府负责。各级人民政府应当将消防工作纳入国民经济和社会发展计划，保障消防工作与经济建设和社会发展相适应。

第四条 国务院公安部门对全国的消防工作实施监督管理，县级以上地方各级人民政府公安机关对本行政区域内的消防工作实施监督管理，并由本级人民政府公安机关消防机构负责实施。军事设施、矿井地下部分、核电厂的消防工作，由其主管单位监督管理。

森林、草原的消防工作，法律、行政法规另有规定的，从其规定。

第五条 任何单位、个人都有维护消防安全、保护消防设施、预防火灾、报告火警的义务。任何单位、成年公民都有参加有组织的灭火工作的义务。

第六条 各级人民政府应当经常进行消防宣传教育，提高公民的消防意识。

教育、劳动等行政主管部门应当将消防知识纳入教学、培训内容。

新闻、出版、广播、电影、电视等有关主管部门，有进行消防安全宣传教育的义务。

第七条 对在消防工作中有突出贡献或者成绩显著的单位和个人，应当予以奖励。

第二章 火灾预防

第八条 城市人民政府应当将包括消防安全布局、消防站、消防供水、消防通信、消防车通道、消防装备等内容的消防规划纳入城市总体规划，并负责组织有关主管部门实施。公共消防设施、消防装备不足或者不适应实际需要的，应当增建、改建、配置或者进行技术改造。

对消防工作，应当加强科学研究，推广、使用先进消防技术、消防装备。

第九条　生产、储存和装卸易燃易爆危险物品的工厂、仓库和专用车站、码头，必须设置在城市的边缘或者相对独立的安全地带。易燃易爆气体和液体的充装站、供应站、调压站，应当设置在合理的位置，符合防火防爆要求。

原有的生产、储存和装卸易燃易爆危险物品的工厂、仓库和专用车站、码头，易燃易爆气体和液体的充装站、供应站、调压站，不符合前款规定的，有关单位应当采取措施，限期加以解决。

第十条　按照国家工程建筑消防技术标准需要进行消防设计的建筑工程，设计单位应当按照国家工程建筑消防技术标准进行设计，建设单位应当将建筑工程的消防设计图纸及有关资料报送公安消防机构审核；未经审核或者经审核不合格的，建设行政主管部门不得发给施工许可证，建设单位不得施工。

经公安消防机构审核的建筑工程消防设计需要变更的，应当报经原审核的公安消防机构核准；未经核准的，任何单位、个人不得变更。

按照国家工程建筑消防技术标准进行消防设计的建筑工程竣工时，必须经公安消防机构进行消防验收；未经验收或者经验收不合格的，不得投入使用。

第十一条　建筑构件和建筑材料的防火性能必须符合国家标准或者行业标准。

公共场所室内装修、装饰根据国家工程建筑消防技术标准的规定，应当使用不燃、难燃材料的，必须选用依照产品质量法的规定确定的检验机构检验合格的材料。

第十二条　歌舞厅、影剧院、宾馆、饭店、商场、集贸市场等公众聚集的场所，在使用或者开业前，应当向当地公安消防机构申报，经消防安全检查合格后，方可使用或者开业。

第十三条　举办大型集会、焰火晚会、灯会等群众性活动，具有火灾危险的，主办单位应当制定灭火和应急疏散预案，落实消防安全措施，并向公安消防机构申报，经公安消防机构对活动现场进行消防安全检查合格后，方可举办。

第十四条　机关、团体、企业、事业单位应当履行下列消防安全职责：

（一）制定消防安全制度、消防安全操作规程；

（二）实行防火安全责任制，确定本单位和所属各部门、岗位的消防安全责任人；

（三）针对本单位的特点对职工进行消防宣传教育；

（四）组织防火检查，及时消除火灾隐患；

（五）按照国家有关规定配置消防设施和器材、设置消防安全标志，并定期组织检验、维修，确保消防设施和器材完好、有效；

（六）保障疏散通道、安全出口畅通，并设置符合国家规定的消防安全疏散标志。

居民住宅区的管理单位，应当依照前款有关规定，履行消防安全职责，做好住宅区的消防安全工作。

第十五条 在设有车间或者仓库的建筑物内，不得设置员工集体宿舍。

在设有车间或者仓库的建筑物内，已经设置员工集体宿舍的，应当限期加以解决。对于暂时确有困难的，应当采取必要的消防安全措施，经公安消防机构批准后，可以继续使用。

第十六条 县级以上地方各级人民政府公安机关消防机构应当将发生火灾可能性较大以及一旦发生火灾可能造成人身重大伤亡或者财产重大损失的单位，确定为本行政区域内的消防安全重点单位，报本级人民政府备案。

消防安全重点单位除应当履行本法第十四条规定的职责外，还应当履行下列消防安全职责：

（一）建立防火档案，确定消防安全重点部位，设置防火标志，实行严格管理；

（二）实行每日防火巡查，并建立巡查记录；

（三）对职工进行消防安全培训；

（四）制定灭火和应急疏散预案，定期组织消防演练。

第十七条 生产、储存、运输、销售或者使用、销毁易燃易爆危险物品的单位、个人，必须执行国家有关消防安全的规定。

生产易燃易爆危险物品的单位，对产品应当附有燃点、闪点、爆炸极限等数据的说明书，并且注明防火防爆注意事项。对独立包装的易燃易爆危险物品应当贴附危险品标签。

进入生产、储存易燃易爆危险物品的场所，必须执行国家有关消防安全的规定。禁止携带火种进入生产、储存易燃易爆危险物品的场所。禁止非法携带易燃易爆危险物品进入公共场所或者乘坐公共交通工具。

储存可燃物资仓库的管理，必须执行国家有关消防安全的规定。

第十八条 禁止在具有火灾、爆炸危险的场所使用明火；因特殊情况需要使用明火作业的，应当按照规定事先办理审批手续。作业人员应当遵守消防安全规定，并采取相应的消防安全措施。

进行电焊、气焊等具有火灾危险的作业人员和自动消防系统的操作人员，必须持证上岗，并严格遵守消防安全操作规程。

第十九条 消防产品的质量必须符合国家标准或者行业标准。禁止生产、销售或者使用未经依照产品质量法的规定确定的检验机构检验合格的消防产品。

禁止使用不符合国家标准或者行业标准的配件或者灭火剂维修消防设施和器材。

公安消防机构及其工作人员不得利用职务为用户指定消防产品的销售单位和品牌。

第二十条 电器产品、燃气用具的质量必须符合国家标准或者行业标准。电器产品、燃气用具的安装、使用和线路、管路的设计、敷设，必须符合国家有关消防安全技术规定。

第二十一条 任何单位、个人不得损坏或者擅自挪用、拆除、停用消防设施、器材，不得埋压、圈占消火栓，不得占用防火间距，不得堵塞消防通道。

公用和城建等单位在修建道路以及停电、停水、截断通信线路时有可能影响消防队灭火救援的，必须事先通知当地公安消防机构。

第二十二条 在农业收获季节、森林和草原防火期间、重大节假日期间以及火灾多发季节，地方各级人民政府应当组织开展有针对性的消防宣传教育，采取防火措施，进行消防安全检查。

第二十三条 村民委员会、居民委员会应当开展群众性的消防工作，组织制定防火安全公约，进行消防安全检查。乡镇人民政府、城市街道办事处应当予以指导和监督。

第二十四条 公安消防机构应当对机关、团体、企业、事业单位遵守消防法律、法规的情况依法进行监督检查。对消防安全重点单位应当定期监督检查。

公安消防机构的工作人员在进行监督检查时，应当出示证件。

公安消防机构进行消防审核、验收等监督检查不得收取费用。

第二十五条 公安消防机构发现火灾隐患，应当及时通知有关单位或者个人采取措施，限期消除隐患。

第三章 消防组织

第二十六条 各级人民政府应当根据经济和社会发展的需要，建立多种形式的消防组织，加强消防组织建设，增强扑救火灾的能力。

第二十七条 城市人民政府应当按照国家规定的消防站建设标准建立公安消防队、专职消防队，承担火灾扑救工作。

镇人民政府可以根据当地经济发展和消防工作的需要，建立专职消防队、义务消防队，承担火灾扑救工作。

公安消防队除保证完成本法规定的火灾扑救工作外，还应当参加其他灾害或者事故的抢险救援工作。

第二十八条 下列单位应当建立专职消防队，承担本单位的火灾扑救工作：

（一）核电厂、大型发电厂、民用机场、大型港口；

（二）生产、储存易燃易爆危险物品的大型企业；

（三）储备可燃的重要物资的大型仓库、基地；

（四）第一项、第二项、第三项规定以外的火灾危险性较大、距离当地公安消防队较远的其他大型企业；

（五）距离当地公安消防队较远的列为全国重点文物保护单位的古建筑群的管理单位。

第二十九条 专职消防队的建立，应当符合国家有关规定，并报省级人民政府公安机关消防机构验收。

第三十条 机关、团体、企业、事业单位以及乡、村可以根据需要，建立由职工或者村民组成的义务消防队。

第三十一条 公安消防机构应当对专职消防队、义务消防队进行业务指导，并有权指挥调动专职消防队参加火灾扑救工作。

第四章 灭火救援

第三十二条 任何人发现火灾时，都应当立即报警。任何单位、个人都应当无偿为报警提供便利，不得阻拦报警。严禁谎报火警。

公共场所发生火灾时，该公共场所的现场工作人员有组织、引导在场群众疏散的义务。

发生火灾的单位必须立即组织力量扑救火灾。邻近单位应当给予支援。

消防队接到火警后，必须立即赶赴火场，救助遇险人员，排除险情，扑灭火灾。

第三十三条 公安消防机构在统一组织和指挥火灾的现场扑救时，火场总指挥员有权根据扑救火灾的需要，决定下列事项：

（一）使用各种水源；

（二）截断电力、可燃气体和液体的输送，限制用火用电；

（三）划定警戒区，实行局部交通管制；

（四）利用临近建筑物和有关设施；

（五）为防止火灾蔓延，拆除或者破损毗邻火场的建筑物、构筑物；

（六）调动供水、供电、医疗救护、交通运输等有关单位协助灭火救助。

扑救特大火灾时，有关地方人民政府应当组织有关人员、调集所需物资支援灭火。

第三十四条　公安消防队参加火灾以外的其他灾害或者事故的抢险救援工作，在有关地方人民政府的统一指挥下实施。

第三十五条　消防车、消防艇前往执行火灾扑救任务或者执行其他灾害、事故的抢险救援任务时，不受行驶速度、行驶路线、行驶方向和指挥信号的限制，其他车辆、船舶以及行人必须让行，不得穿插、超越。交通管理指挥人员应当保证消防车、消防艇迅速通行。

第三十六条　消防车、消防艇以及消防器材、装备和设施，不得用于与消防和抢险救援工作无关的事项。

第三十七条　公安消防队扑救火灾，不得向发生火灾的单位、个人收取任何费用。

对参加扑救外单位火灾的专职消防队、义务消防队所损耗的燃料、灭火剂和器材、装备等，依照规定予以补偿。

第三十八条　对因参加扑救火灾受伤、致残或者死亡的人员，按照国家有关规定给予医疗、抚恤。

第三十九条　火灾扑灭后，公安消防机构有权根据需要封闭火灾现场，负责调查、认定火灾原因，核定火灾损失，查明火灾事故责任。

对于特大火灾事故，国务院或者省级人民政府认为必要时，可以组织调查。

火灾扑灭后，起火单位应当按照公安消防机构的要求保护现场，接受事故调查，如实提供火灾事实的情况。

第五章　法律责任

第四十条　违反本法的规定，有下列行为之一的，责令限期改正；逾期不改正的，责令停止施工、停止使用或者停产停业，可以并处罚款：

（一）建筑工程的消防设计未经公安消防机构审核或者经审核不合格，擅自施工的；

（二）依法应当进行消防设计的建筑工程竣工时未经消防验收或者经验收不合格，擅自使用的；

（三）公众聚集的场所未经消防安全检查或者经检查不合格，擅自使用或者开业的。

单位有前款行为的，依照前款的规定处罚，并对其直接负责的主管人员和其他直接责任人员处警告或者罚款。

第四十一条　违反本法的规定，擅自举办大型集会、焰火晚会、灯会等群众性活动，具有火灾危险的，公安消防机构应当责令当场改正；当场不能改正的，应当责令停止举办，可以并处罚款。

单位有前款行为的，依照前款的规定处罚，并对其直接负责的主管人员和其他直接责任人员处警告或者罚款。

第四十二条 违反本法的规定，擅自降低消防技术标准施工、使用防火性能不符合国家标准或者行业标准的建筑构件和建筑材料或者不合格的装修、装饰材料施工的，责令限期改正；逾期不改正的，责令停止施工，可以并处罚款。

单位有前款行为的，依照前款的规定处罚，并对其直接负责的主管人员和其他直接责任人员处警告或者罚款。

第四十三条 机关、团体、企业、事业单位违反本法的规定，未履行消防安全职责的，责令限期改正；逾期不改正的，对其直接负责的主管人员和其他直接责任人员依法给予行政处分或者警告。

营业性场所有下列行为之一的，责令限期改正；逾期不改正的，责令停产停业，可以并处罚款，并对其直接负责的主管人员和其他直接责任人员处罚款：

（一）对火灾隐患不及时消除的；

（二）不按照国家有关规定，配置消防设施和器材的；

（三）不能保障疏散通道、安全出口畅通的。

在设有车间或者仓库的建筑物内设置员工集体宿舍的，依照第二款的规定处罚。

第四十四条 违反本法的规定，生产、销售未经依照产品质量法的规定确定的检验机构检验合格的消防产品的，责令停止违法行为，没收产品和违法所得，依照产品质量法的规定从重处罚。

维修、检测消防设施、器材的单位，违反消防安全技术规定，进行维修、检测的，责令限期改正，可以并处罚款，并对其直接负责的主管人员和其他直接责任人员处警告或者罚款。

第四十五条 电器产品、燃气用具的安装或者线路、管路的敷设不符合消防安全技术规定的，责令限期改正；逾期不改正的，责令停止使用。

第四十六条 违反本法的规定，生产、储存、运输、销售或者使用、销毁易燃易爆危险物品的，责令停止违法行为，可以处警告、罚款或者十五日以下拘留。

单位有前款行为的，责令停止违法行为，可以处警告或者罚款，并对其直接负责的主管人员和其他直接责任人员依照前款的规定处罚。

第四十七条 违反本法的规定，有下列行为之一的，处警告、罚款或者十日以下拘留：

（一）违反消防安全规定进入生产、储存易燃易爆危险物品场所的；

（二）违法使用明火作业或者在具有火灾、爆炸危险的场所违反禁令，吸烟、使用明火的；

（三）阻拦报火警或者谎报火警的；

（四）故意阻碍消防车、消防艇赶赴火灾现场或者扰乱火灾现场秩序的；

（五）拒不执行火场指挥员指挥，影响灭火救灾的；

（六）过失引起火灾，尚未造成严重损失的。

第四十八条　违反本法的规定，有下列行为之一的，处警告或者罚款：

（一）指使或者强令他人违反消防安全规定，冒险作业，尚未造成严重后果的；

（二）埋压、圈占消火栓或者占用防火间距、堵塞消防通道的，或者损坏和擅自挪用、拆除、停用消防设施、器材的；

（三）有重大火灾隐患，经公安消防机构通知逾期不改正的。

单位有前款行为的，依照前款的规定处罚，并对其直接负责的主管人员和其他直接责任人员处警告或者罚款。

有第一款第二项所列行为的，还应当责令其限期恢复原状或者赔偿损失；对逾期不恢复原状的，应当强制拆除或者清除，所需费用由违法行为人承担。

第四十九条　公共场所发生火灾时，该公共场所的现场工作人员不履行组织、引导在场群众疏散的义务，造成人身伤亡，尚不构成犯罪的，处十五日以下拘留。

第五十条　火灾扑灭后，为隐瞒、掩饰起火原因、推卸责任，故意破坏现场或者伪造现场，尚不构成犯罪的，处警告、罚款或者十五日以下拘留。

单位有前款行为的，处警告或者罚款，并对其直接负责的主管人员和其他直接责任人员依照前款的规定处罚。

第五十一条　对违反本法规定行为的处罚，由公安消防机构裁决。对给予拘留的处罚，由公安机关依照治安管理处罚条例的规定裁决。

责令停产停业，对经济和社会生活影响较大的，由公安消防机构报请当地人民政府依法决定，由公安消防机构执行。

第五十二条　公安消防机构的工作人员在消防工作中滥用职权、玩忽职守、徇私舞弊，有下列行为之一，给国家和人民利益造成损失，尚不构成犯罪的，依法给予行政处分：

（一）对不符合国家建筑工程消防技术标准的消防设计、建筑工程通过审核、验收的；

（二）对应当依法审核、验收的消防设计、建筑工程，故意拖延，不予审核、验收的；

（三）发现火灾隐患不及时通知有关单位或者个人改正的；

（四）利用职务为用户指定消防产品的销售单位、品牌或者指定建筑消防设施施工单位的；

（五）其他滥用职权、玩忽职守、徇私舞弊的行为。

第五十三条 有违反本法行为，构成犯罪的，依法追究刑事责任。

第六章 附 则

第五十四条 本法自 1998 年 9 月 1 日起施行。1984 年 5 月 11 日第六届全国人民代表大会常务委员会第五次会议批准、1984 年 5 月 13 日国务院公布的《中华人民共和国消防条例》同时废止。

中华人民共和国计量法

第一章 总 则

第一条 为了加强计量监督管理，保障国家计量单位制的统一和量值的准确可靠，有利于生产、贸易和科学技术的发展，适应社会主义现代化建设的需要，维护国家、人民的利益，制定本法。

第二条 在中华人民共和国境内，建立计量基准器具、计量标准器具，进行计量检定，制造、修理、销售、使用计量器具，必须遵守本法。

第三条 国家采用国际单位制。

国际单位制计量单位和国家选定的其他计量单位，为国家法定计量单位。国家法定计量单位的名称、符号由国务院公布。

非国家法定计量单位应当废除。废除的办法由国务院制定。

第四条 国务院计量行政部门对全国计量工作实施统一监督管理。

县级以上地方人民政府计量行政部门对本行政区域内的计量工作实施监督管理。

第二章 计量基准器具、计量标准器具和计量检定

第五条 国务院计量行政部门负责建立各种计量基准器具，作为统一全国量值的最高依据。

第六条 县级以上地方人民政府计量行政部门根据本地区的需要，建立社

会公用计量标准器具，经上级人民政府计量行政部门主持考核合格后使用。

第七条　国务院有关主管部门和省、自治区、直辖市人民政府有关主管部门，根据本部门的特殊需要，可以建立本部门使用的计量标准器具，其各项最高计量标准器具经同级人民政府计量行政部门主持考核合格后使用。

第八条　企业、事业单位根据需要，可以建立本单位使用的计量标准器具，其各项最高计量标准器具经有关人民政府计量行政部门主持考核合格后使用。

第九条　县级以上人民政府计量行政部门对社会公用计量标准器具，部门和企业、事业单位使用的最高计量标准器具，以及用于贸易结算、安全防护、医疗卫生、环境监测方面的列入强制检定目录的工作计量器具，实行强制检定。未按照规定申请检定或者检定不合格的，不得使用。实行强制检定的工作计量器具的目录和管理办法，由国务院制定。

对前款规定以外的其他计量标准器具和工作计量器具，使用单位应当自行定期检定或者送其他计量检定机构检定，县级以上人民政府计量行政部门应当进行监督检查。

第十条　计量检定必须按照国家计量检定系统表进行。国家计量检定系统表由国务院计量行政部门制定。

计量检定必须执行计量检定规程。国家计量检定规程由国务院计量行政部门制定。没有国家计量检定规程的，由国务院有关主管部门和省、自治区、直辖市人民政府计量行政部门分别制定部门计量检定规程和地方计量检定规程，并向国务院计量行政部门备案。

第十一条　计量检定工作应当按照经济合理的原则，就地就近进行。

第三章　计量器具管理

第十二条　制造、修理计量器具的企业、事业单位，必须具备与所制造、修理的计量器具相适应的设施、人员和检定仪器设备，经县级以上人民政府计量行政部门考核合格，取得《制造计量器具许可证》或者《修理计量器具许可证》。

制造、修理计量器具的企业未取得《制造计量器具许可证》或者《修理计量器具许可证》的，工商行政管理部门不予办理营业执照。

第十三条　制造计量器具的企业、事业单位生产本单位未生产过的计量器具新产品，必须经省级以上人民政府计量行政部门对其样品的计量性能考核合格，方可投入生产。

第十四条　未经国务院计量行政部门批准，不得制造、销售和进口国务院规定废除的非法定计量单位的计量器具和国务院禁止使用的其他计量器具。

第十五条 制造、修理计量器具的企业、事业单位必须对制造、修理的计量器具进行检定，保证产品计量性能合格，并对合格产品出具产品合格证。

县级以上人民政府计量行政部门应当对制造、修理的计量器具的质量进行监督检查。

第十六条 进口的计量器具，必须经省级以上人民政府计量行政部门检定合格，方可销售。

第十七条 使用计量器具不得破坏其准确度，损害国家和消费者的利益。

第十八条 个体工商户可以制造、修理简易的计量器具。

制造、修理计量器具的个体工商户，必须经县级人民政府计量行政部门考核合格，发给《制造计量器具许可证》或者《修理计量器具许可证》，方可向工商行政管理部门申请营业执照。

个体工商户制造、修理计量器具的范围和管理办法，由国务院计量行政部门制定。

第四章 计量监督

第十九条 县级以上人民政府计量行政部门，根据需要设置计量监督员。计量监督员管理办法，由国务院计量行政部门制定。

第二十条 县级以上人民政府计量行政部门可以根据需要设置计量检定机构，或者授权其他单位的计量检定机构，执行强制检定和其他检定、测试任务。

执行前款规定的检定、测试任务的人员，必须经考核合格。

第二十一条 处理因计量器具准确度所引起的纠纷，以国家计量基准器具或者社会公用计量标准器具检定的数据为准。

第二十二条 为社会提供公证数据的产品质量检验机构，必须经省级以上人民政府计量行政部门对其计量检定、测试的能力和可靠性考核合格。

第五章 法律责任

第二十三条 未取得《制造计量器具许可证》、《修理计量器具许可证》制造或者修理计量器具的，责令停止生产、停止营业，没收违法所得，可以并处罚款。

第二十四条 制造、销售未经考核合格的计量器具新产品的，责令停止制造、销售该种新产品，没收违法所得，可以并处罚款。

第二十五条 制造、修理、销售的计量器具不合格的，没收违法所得，可以并处罚款。

第二十六条 属于强制检定范围的计量器具，未按照规定申请检定或者检定不合格继续使用的，责令停止使用，可以并处罚款。

第二十七条 使用不合格的计量器具或者破坏计量器具准确度，给国家和消费者造成损失的，责令赔偿损失，没收计量器具和违法所得，可以并处罚款。

第二十八条 制造、销售、使用以欺骗消费者为目的的计量器具的，没收计量器具和违法所得，并处以罚款；情节严重的，并对个人或者单位直接责任人员按诈骗罪或者投机倒把罪追究刑事责任。

第二十九条 违反本法规定，制造、修理、销售的计量器具不合格，造成人身伤亡或者重大财产损失的，比照《刑法》第一百八十七条的规定，对个人或者单位直接责任人员追究刑事责任。

第三十条 计量监督人员违法失职，情节严重的，依照《刑法》有关规定追究刑事责任；情节轻微的，给予行政处分。

第三十一条 本法规定的行政处罚，由县级以上地方人民政府计量行政部门决定。本法第二十七条规定的行政处罚，也可以由工商行政管理部门决定。

第三十二条 当事人对行政处罚决定不服的，可以在接到处罚通知之日起十五日内向人民法院起诉；对罚款、没收违法所得的行政处罚决定期满不起诉又不履行的，由作出行政处罚决定的机关申请人民法院强制执行。

第六章 附 则

第三十三条 中国人民解放军和国防科技工业系统计量工作的监督管理办法，由国务院、中央军事委员会依据本法另行制定。

第三十四条 国务院计量行政部门根据本法制定实施细则，报国务院批准施行。

第三十五条 本法自 1986 年 7 月 1 日起施行。

中华人民共和国合同法

总 则

第一章 一般规定

第一条 为了保护合同当事人的合法权益，维护社会经济秩序，促进社会主义现代化建设，制定本法。

第二条 本法所称合同是平等主体的自然人、法人，其他组织之间设立、变更、终止民事权利义务关系的协议。婚姻、收养、监护等有关身份关系的协议，适用其他法律的规定。

第三条 合同当事人的法律地位平等，一方不得将自己的意志强加给另一方。

第四条 当事人依法享有自愿订立合同的权利，任何单位和个人不得非法干预。

第五条 当事人应当遵循公平原则确定各方的权利和义务。

第六条 当事人行使权利、履行义务应当遵循诚实信用原则。

第七条 当事人订立、履行合同，应当遵守法律、行政法规，尊重社会公德，不得扰乱社会经济秩序，损害社会公共利益。

第八条 依法成立的合同，对当事人具有法律约束力。当事人应当按照约定履行自己的义务，不得擅自变更或者解除合同。依法成立的合同，受法律保护。

第二章　合同的订立

第九条 当事人订立合同，应当具有相应的民事权利能力和民事行为能力。当事人依法可以委托代理人订立合同。

第十条 当事人订立合同，有书面形式、口头形式和其他形式。法律、行政法规规定采用书面形式的，应当采用书面形式。当事人约定采用书面形式的，应当采用书面形式。

第十一条 书面形式是指合同书、信件和数据电文（包括电报、电传、传真、电子数据交换和电子邮件）等可以有形地表现所载内容的形式。

第十二条 合同的内容由当事人约定，一般包括以下条款：

（一）当事人的名称或者姓名和住所；

（二）标的；

（三）数量；

（四）质量；

（五）价款或者报酬；

（六）履行期限、地点和方式；

（七）违约责任；

（八）解决争议的方法。

当事人可以参照各类合同的示范文本订立合同。

第十三条 当事人订立合同，采取要约、承诺方式。

第十四条 要约是希望和他人订立合同的意思表示，该意思表示应当符合下列规定：

（一）内容具体确定；

（二）表明经受要约人承诺，要约人即受该意思表示约束。

第十五条 要约邀请是希望他人向自己发出要约的意思表示。寄送的价目表、拍卖公告、招标公告、招股说明书、商业广告等为要约邀请。商业广告的内容符合要约规定的，视为要约。

第十六条 要约到达受要约人时生效。采用数据电文形式订立合同，收件人指定特定系统接收数据电文的，该数据电文进入该特定系统的时间，视为到达时间；未指定特定系统的，该数据电文进入收件人的任何系统的首次时间，视为到达时间。

第十七条 要约可以撤回。撤回要约的通知应当在要约到达受要约人之前或者与要约同时到达受要约人。

第十八条 要约可以撤销。撤销要约的通知应当在受要约人发出承诺通知之前到达受要约人。

第十九条 有下列情形之一的，要约不得撤销：

（一）要约人确定了承诺期限或者以其他形式明示要约不可撤销；

（二）受要约人有理由认为要约是不可撤销的，并已经为履行合同做了准备工作。

第二十条 有下列情形之一的，要约失效：

（一）拒绝要约的通知到达要约人；

（二）要约人依法撤销要约；

（三）承诺期限届满，受要约人未作出承诺；

（四）受要约人对要约的内容作出实质性变更。

第二十一条 承诺是受要约人同意要约的意思表示。

第二十二条 承诺应当以通知的方式作出，但根据交易习惯或者要约表明可以通过行为作出承诺的除外。

第二十三条 承诺应当在要约确定的期限内到达要约人。要约没有确定承诺期限的，承诺应当依照下列规定到达：

（一）要约以对话方式作出的，应当即时作出承诺，但当事人另有约定的除外；

（二）要约以非对话方式作出的，承诺应当在合理期限内到达。

第二十四条 要约以信件或者电报作出的，承诺期限自信件载明的日期或者电报交发之日开始计算。信件未载明日期的，自投寄该信件的邮戳日期开始计算。要约以电话、传真等快速通信方式作出的，承诺期限自要约到达受要约人时开始计算。

第二十五条 承诺生效时合同成立。

第二十六条 承诺通知到达要约人时生效。承诺不需要通知的，根据交易习惯或者要约的要求作出承诺的行为时生效。采用数据电文形式订立合同的，承诺到达的时间适用本法第十六条第二款的规定。

第二十七条 承诺可以撤回。撤回承诺的通知应当在承诺通知到达要约人之前或者与承诺通知同时到达要约人。

第二十八条 受要约人超过承诺期限发出承诺的，除要约人及时通知受要约人该承诺有效的以外，为新要约。

第二十九条 受要约人在承诺期限内发出承诺，按照通常情形能够及时到达要约人，但因其他原因承诺到达要约人时超过承诺期限的，除要约人及时通知受要约人因承诺超过期限不接受该承诺的以外，该承诺有效。

第三十条 承诺的内容应当与要约的内容一致。受要约人对要约的内容作出实质性变更的，为新要约。有关合同标的、数量、质量、价款或者报酬、履行期限、履行地点和方式、违约责任和解决争议方法等的变更，是对要约内容的实质性变更。

第三十一条 承诺对要约的内容作出非实质性变更的，除要约人及时表示反对或者要约表明承诺不得对要约的内容作出任何变更的以外，该承诺有效，合同的内容以承诺的内容为准。

第三十二条 当事人采用合同书形式订立合同的，自双方当事人签字或者盖章时合同成立。

第三十三条 当事人采用信件、数据电文等形式订立合同的，可以在合同成立之前要求签订确认书。签订确认书时合同成立。

第三十四条 承诺生效的地点为合同成立的地点。采用数据电文形式订立合同的，收件人的主营业地为合同成立的地点；没有主营业地的，其经常居住地为合同成立的地点。当事人另有约定的，按照其约定。

第三十五条 当事人采用合同书形式订立合同的，双方当事人签字或者盖章的地点为合同成立的地点。

第三十六条 法律、行政法规规定或者当事人约定采用书面形式订立合同，当事人未采用书面形式但一方已经履行主要义务，对方接受的，该合同成立。

第三十七条 采用合同书形式订立合同，在签字或者盖章之前，当事人一方已经履行主要义务，对方接受的，该合同成立。

第三十八条 国家根据需要下达指令性任务或者国家订货任务的，有关法人、其他组织之间应当依照有关法律、行政法规规定的权利和义务订立合同。

第三十九条 采用格式条款订立合同的，提供格式条款的一方应当遵循公平原则规定当事人之间的权利和义务，并采取合理的方式提请对方注意免除或者限制其责任条款，按照对方的要求，对该条款予以说明。格式条款是当事人为了重复使用而预拟定，并在订立合同时未与对方协商的条款。

第四十条 格式条款具有本法第五十二条和第五十三条规定情形的，或者提供格式条款一方免除其责任、加重对方责任、排除对方主要权利的，该条款无效。

第四十一条 对格式条款的理解发生争议的，应当按照通常理解予以解释。对格式条款有两种以上解释的，应当作出不利于提供格式条款一方的解释。格式条款和非格式条款不一致的，应当采用非格式条款。

第四十二条 当事人在订立合同过程中有下列情形之一，给对方造成损失的，应当承担损害赔偿责任：

（一）假借订立合同，恶意进行磋商；

（二）故意隐瞒与订立合同有关的重要事实或者提供虚假情况；

（三）有其他违背诚实信用原则的行为。

第四十三条 当事人在订立合同过程中知悉的商业秘密，无论合同是否成立，不得泄露或者不正当地使用。泄露或者不正当地使用该商业秘密给对方造成损失的，应当承担损害赔偿责任。

第三章 合同的效力

第四十四条 依法成立的合同，自成立时生效。法律、行政法规规定应当办理批准、登记等手续生效的，依照其规定。

第四十五条 当事人对合同的效力可以约定附条件。附生效条件的合同，自条件成就时生效。附解除条件的合同，自条件成就时失效。当事人为自己的利益不正当地阻止条件成就的，视为条件已成就；不正当地促成条件成就的，视为条件不成就。

第四十六条 当事人对合同的效力可以约定附期限。附生效期限的合同，自期限届至时生效。附终止期限的合同，自期限届满时失效。

第四十七条 限制民事行为能力人订立的合同，经法定代理人追认后，该合同有效，但纯获利益的合同或者与其年龄、智力、精神健康状况相适应而订立的合同，不必经法定代理人追认。相对人可以催告法定代理人在一个月内予以追认。法定代理人未作表示的，视为拒绝追认。合同被追认之前，善意相对人有撤销的权利。撤销应当以通知的方式作出。

第四十八条 行为人没有代理权、超越代理权或者代理权终止后以被代理人名义订立的合同，未经被代理人追认，对被代理人不发生效力，由行为人承担责任。相对人可以催告被代理人在一个月内予以追认。被代理人未作表示的，视为拒绝追认。合同被追认之前，善意相对人有撤销的权利。撤销应当以通知的方式作出。

第四十九条 行为人没有代理权、超越代理权或者代理权终止后以被代理人名义订立合同，相对人有理由相信行为人有代理权的，该代理行为有效。

第五十条 法人或者其他组织的法定代表人、负责人超越权限订立的合同，除相对人知道或者应当知道其超越权限的以外，该代表行为有效。

第五十一条 无处分权的人处分他人财产，经权利人追认或者无处分权的人订立合同后取得处分权的，该合同有效。

第五十二条 有下列情形之一的，合同无效：

（一）一方以欺诈、胁迫的手段订立合同，损害国家利益；

（二）恶意串通，损害国家、集体或者第三人利益；

（三）以合法形式掩盖非法目的；

（四）损害社会公共利益；

（五）违反法律、行政法规的强制性规定。

第五十三条 合同中的下列免责条款无效：

（一）造成对方人身伤害的；

（二）因故意或者重大过失造成对方财产损失的。

第五十四条 下列合同，当事人一方有权请求人民法院或者仲裁机构变更或者撤销：

（一）因重大误解订立的；

（二）在订立合同时显失公平的。

一方以欺诈、胁迫的手段或者乘人之危，使对方在违背真实意思的情况下订立的合同，受损害方有权请求人民法院或者仲裁机构变更或者撤销。

当事人请求变更的，人民法院或者仲裁机构不得撤销。

第五十五条 有下列情形之一的，撤销权消灭：

（一）具有撤销权的当事人自知道或者应当知道撤销事由之日起一年内没有行使撤销权；

（二）具有撤销权的当事人知道撤销事由后明确表示或者以自己的行为放弃撤销权。

第五十六条 无效的合同或者被撤销的合同自始没有法律约束力。合同部分无效，不影响其他部分效力的，其他部分仍然有效。

第五十七条 合同无效、被撤销或者终止的，不影响合同中独立存在的有关解决争议方法的条款的效力。

第五十八条 合同无效或者被撤销后，因该合同取得的财产，应当予以返还；不能返还或者没有必要返还的，应当折价补偿。有过错的一方应当赔偿对方因此所受到的损失，双方都有过错的，应当各自承担相应的责任。

第五十九条 当事人恶意串通，损害国家、集体或者第三人利益的，因此取得的财产收归国家所有或者返还集体、第三人。

第四章　合同的履行

第六十条 当事人应当按照约定全面履行自己的义务。当事人应当遵循诚实信用原则，根据合同的性质、目的和交易习惯履行通知、协助、保密等义务。

第六十一条 合同生效后，当事人就质量、价款或者报酬、履行地点等内容没有约定或者约定不明确的，可以协议补充；不能达成补充协议的，按照合同有关条款或者交易习惯确定。

第六十二条 当事人就有关合同内容约定不明确，依照本法第六十一条的规定仍不能确定的，适用下列规定：

（一）质量要求不明确的，按照国家标准、行业标准履行；没有国家标准、行业标准的，按照通常标准或者符合合同目的的特定标准履行。

（二）价款或者报酬不明确的，按照订立合同时履行地的市场价格履行；依法应当执行政府定价或者政府指导价的，按照规定履行。

（三）履行地点不明确，给付货币的，在接受货币一方所在地履行；交付不动产的，在不动产所在地履行；其他标的，在履行义务一方所在地履行。

（四）履行期限不明确的，债务人可以随时履行，债权人也可以随时要求履行，但应当给对方必要的准备时间。

（五）履行方式不明确的，按照有利于实现合同目的的方式履行。

（六）履行费用的负担不明确的，由履行义务一方负担。

第六十三条 执行政府定价或者政府指导价的，在合同约定的交付期限内政府价格调整时，按照交付时的价格计价。逾期交付标的物的，遇价格上涨时，按照原价格执行；价格下降时，按照新价格执行。逾期提取标的物或者逾期付款的，遇价格上涨时，按照新价格执行；价格下降时，按照原价格执行。

第六十四条 当事人约定由债务人向第三人履行债务的，债务人未向第三人履行债务或者履行债务不符合约定，应当向债权人承担违约责任。

第六十五条 当事人约定由第三人向债权人履行债务的，第三人不履行债务或者履行债务不符合约定，债务人应当向债权人承担违约责任。

第六十六条 当事人互负债务，没有先后履行顺序的，应当同时履行。一方在对方履行之前有权拒绝其履行要求。一方在对方履行债务不符合约定时，有权拒绝其相应的履行要求。

第六十七条 当事人互负债务，有先后履行顺序，先履行一方未履行的，后履行一方有权拒绝其履行要求。先履行一方履行债务不符合约定的，后履行一方有权拒绝其相应的履行要求。

第六十八条 应当先履行债务的当事人，有确切证据证明对方有下列情形之一的，可以中止履行：

（一）经营状况严重恶化；

（二）转移财产、抽逃资金以逃避债务；

（三）丧失商业信誉；

（四）有丧失或者可能丧失履行债务能力的其他情形。当事人没有确切证据中止履行的，应当承担违约责任。

第六十九条 当事人依照本法第六十八条的规定中止履行的，应当及时通知对方。对方提供适当担保时，应当恢复履行。中止履行后，对方在合理期限内未恢复履行能力并且未提供适当担保的，中止履行的一方可以解除合同。

第七十条 债权人分立、合并或者变更住所没有通知债务人，致使履行债务发生困难的，债务人可以中止履行或者将标的物提存。

第七十一条 债权人可以拒绝债务人提前履行债务，但提前履行不损害债权人利益的除外。债务人提前履行债务给债权人增加的费用，由债务人负担。

第七十二条 债权人可以拒绝债务人部分履行债务，但部分履行不损害债权人利益的除外。债务人部分履行债务给债权人增加的费用，由债务人负担。

第七十三条 因债务人怠于行使其到期债权，对债权人造成损害的，债权人可以向人民法院请求以自己的名义代位行使债务人的债权，但该债权专属于债务人自身的除外。代位权的行使范围以债权人的债权为限。债权人行使代位权的必要费用，由债务人负担。

第七十四条 因债务人放弃其到期债权或者无偿转让财产，对债权人造成损害的，债权人可以请求人民法院撤销债务人的行为。债务人以明显不合理的低价转让财产，对债权人造成损害，并且受让人知道该情形的，债权人也可以请求人民法院撤销债务人的行为。撤销权的行使范围以债权人的债权为限。债权人行使撤销权的必要费用，由债务人负担。

第七十五条 撤销权自债权人知道或者应当知道撤销事由之日起一年内行

使。自债务人的行为发生之日起五年内没有行使撤销权的，该撤销权消灭。

第七十六条 合同生效后，当事人不得因姓名、名称的变更或者法定代表人、负责人、承办人的变动而不履行合同义务。

第五章 合同的变更和转让

第七十七条 当事人协商一致，可以变更合同。法律、行政法规规定变更合同应当办理批准、登记等手续的，依照其规定。

第七十八条 当事人对合同变更的内容约定不明确的，推定为未变更。

第七十九条 债权人可以将合同的权利全部或者部分转让给第三人，但有下列情形之一的除外：

（一）根据合同性质不得转让；

（二）按照当事人约定不得转让；

（三）依照法律规定不得转让。

第八十条 债权人转让权利的，应当通知债务人。未经通知，该转让对债务人不发生效力。债权人转让权利的通知不得撤销，但经受让人同意的除外。

第八十一条 债权人转让权利的，受让人取得与债权有关的从权利，但该从权利专属于债权人自身的除外。

第八十二条 债务人接到债权转让通知后，债务人对让与人的抗辩，可以向受让人主张。

第八十三条 债务人接到债权转让通知时，债务人对让与人享有债权，并且债务人的债权先于转让的债权到期或者同时到期的，债务人可以向受让人主张抵销。

第八十四条 债务人将合同的义务全部或者部分转移给第三人的，应当经债权人同意。

第八十五条 债务人转移义务的，新债务人可以主张原债务人对债权人的抗辩。

第八十六条 债务人转移义务的，新债务人应当承担与主债务有关的从债务，但该从债务专属于原债务人自身的除外。

第八十七条 法律、行政法规规定转让权利或者转移义务应当办理批准、登记等手续的，依照其规定。

第八十八条 当事人一方经对方同意，可以将自己在合同中的权利和义务一并转让给第三人。

第八十九条 权利和义务一并转让的，适用本法第七十九条、第八十一条至第八十三条、第八十五条至第八十七条的规定。

第九十条 当事人订立合同后合并的，由合并后的法人或者其他组织行使合同权利，履行合同义务。当事人订立合同后分立的，除债权人和债务人另有约定的以外，由分立的法人或者其他组织对合同的权利和义务享有连带债权，承担连带债务。

第六章　合同的权利义务终止

第九十一条 有下列情形之一的，合同的权利义务终止：

（一）债务已经按照约定履行；

（二）合同解除；

（三）债务相互抵销；

（四）债务人依法将标的物提存；

（五）债权人免除债务；

（六）债权债务同归于一人；

（七）法律规定或者当事人约定终止的其他情形。

第九十二条 合同的权利义务终止后，当事人应当遵循诚实信用原则，根据交易习惯履行通知、协助、保密等义务。

第九十三条 当事人协商一致，可以解除合同。当事人可以约定一方解除合同的条件。解除合同的条件成就时，解除权人可以解除合同。

第九十四条 有下列情形之一的，当事人可以解除合同：

（一）因不可抗力致使不能实现合同目的；

（二）在履行期限届满之前，当事人一方明确表示或者以自己的行为表明不履行主要债务；

（三）当事人一方迟延履行主要债务，经催告后在合理期限内仍未履行；

（四）当事人一方迟延履行债务或者有其他违约行为致使不能实现合同目的；

（五）法律规定的其他情形。

第九十五条 法律规定或者当事人约定解除权行使期限，期限届满当事人不行使的，该权利消灭。法律没有规定或者当事人没有约定解除权行使期限，经对方催告后在合理期限内不行使的，该权利消灭。

第九十六条 当事人一方依照本法第九十三条第二款、第九十四条的规定主张解除合同的，应当通知对方。合同自通知到达对方时解除。对方有异议的，可以请求人民法院或者仲裁机构确认解除合同的效力。法律、行政法规规定解除合同应当办理批准、登记等手续的，依照其规定。

第九十七条 合同解除后，尚未履行的，终止履行；已经履行的，根据履行情况和合同性质，当事人可以要求恢复原状、采取其他补救措施，并有权要求赔偿损失。

第九十八条 合同的权利义务终止，不影响合同中结算和清理条款的效力。

第九十九条 当事人互负到期债务，该债务的标的物种类、品质相同的，任何一方可以将自己的债务与对方的债务抵销，但依照法律规定或者按照合同性质不得抵销的除外。当事人主张抵销的，应当通知对方。通知自到达对方时生效。抵销不得附条件或者附期限。

第一百条 当事人互负债务，标的物种类、品质不相同的，经双方协商一致，也可以抵销。

第一百零一条 有下列情形之一，难以履行债务的，债务人可以将标的物提存：

（一）债权人无正当理由拒绝受领；

（二）债权人下落不明；

（三）债权人死亡未确定继承人或者丧失民事行为能力未确定监护人；

（四）法律规定的其他情形。标的物不适于提存或者提存费用过高的，债务人依法可以拍卖或者变卖标的物，提存所得的价款。

第一百零二条 标的物提存后，除债权人下落不明的以外，债务人应当及时通知债权人或者债权人的继承人、监护人。

第一百零三条 标的物提存后，毁损、灭失的风险由债权人承担。提存期间，标的物的孳息归债权人所有。提存费用由债权人负担。

第一百零四条 债权人可以随时领取提存物，但债权人对债务人负有到期债务的，在债权人未履行债务或者提供担保之前，提存部门根据债务人的要求应当拒绝其领取提存物。债权人领取提存物的权利，自提存之日起五年内不行使而消灭，提存物扣除提存费用后归国家所有。

第一百零五条 债权人免除债务人部分或者全部债务的，合同的权利义务部分或者全部终止。

第一百零六条 债权和债务同归于一人的，合同的权利义务终止，但涉及第三人利益的除外。

第七章 违约责任

第一百零七条 当事人一方不履行合同义务或者履行合同义务不符合约定的，应当承担继续履行、采取补救措施或者赔偿损失等违约责任。

第一百零八条 当事人一方明确表示或者以自己的行为表明不履行合同义务的，对方可以在履行期限届满之前要求其承担违约责任。

第一百零九条 当事人一方未支付价款或者报酬的，对方可以要求其支付价款或者报酬。

第一百一十条 当事人一方不履行非金钱债务或者履行非金钱债务不符合约定的，对方可以要求履行，但有下列情形之一的除外：

（一）法律上或者事实上不能履行；

（二）债务的标的不适于强制履行或者履行费用过高；

（三）债权人在合理期限内未要求履行。

第一百一十一条 质量不符合约定的，应当按照当事人的约定承担违约责任。对违约责任没有约定或者约定不明确，依照本法第六十一条的规定仍不能确定的，受损害方根据标的的性质以及损失的大小，可以合理选择要求对方承担修理、更换、重作、退货、减少价款或者报酬等违约责任。

第一百一十二条 当事人一方不履行合同义务或者履行合同义务不符合约定的，在履行义务或者采取补救措施后，对方还有其他损失的，应当赔偿损失。

第一百一十三条 当事人一方不履行合同义务或者履行合同义务不符合约定，给对方造成损失的，损失赔偿额应当相当于因违约所造成的损失，包括合同履行后可以获得的利益，但不得超过违反合同一方订立合同时预见到或者应当预见到的因违反合同可能造成的损失。经营者对消费者提供商品或者服务有欺诈行为的，依照《中华人民共和国消费者权益保护法》的规定承担损害赔偿责任。

第一百一十四条 当事人可以约定一方违约时应当根据违约情况向对方支付一定数额的违约金，也可以约定因违约产生的损失赔偿额的计算方法。约定的违约金低于造成的损失的，当事人可以请求人民法院或者仲裁机构予以增加；约定的违约金过分高于造成的损失的，当事人可以请求人民法院或者仲裁机构予以适当减少。当事人就迟延履行约定违约金的，违约方支付违约金后，还应当履行债务。

第一百一十五条 当事人可以依照《中华人民共和国担保法》约定一方向对方给付定金作为债权的担保。债务人履行债务后，定金应当抵作价款或者收回。给付定金的一方不履行约定的债务的，无权要求返还定金；收受定金的一方不履行约定的债务的，应当双倍返还定金。

第一百一十六条 当事人既约定违约金，又约定定金的，一方违约时，对方可以选择适用违约金或者定金条款。

第一百一十七条 因不可抗力不能履行合同的，根据不可抗力的影响，部分或者全部免除责任，但法律另有规定的除外。当事人迟延履行后发生不可抗力的，不能免除责任。本法所称不可抗力，是指不能预见、不能避免，并不能克服的客观情况。

第一百一十八条 当事人一方因不可抗力不能履行合同的，应当及时通知对方，以减轻可能给对方造成的损失，并应当在合理期限内提供证明。

第一百一十九条 当事人一方违约后，对方应当采取适当措施防止损失的扩大；没有采取适当措施致使损失扩大的，不得就扩大的损失要求赔偿。当事人因防止损失扩大而支出的合理费用，由违约方承担。

第一百二十条 当事人双方都违反合同的，应当各自承担相应的责任。

第一百二十一条 当事人一方因第三人的原因造成违约的，应当向对方承担违约责任。当事人一方和第三人之间的纠纷，依照法律规定或者按照约定解决。

第一百二十二条 因当事人一方的违约行为，侵害对方人身、财产权益的，受损害方有权选择依照本法要求其承担违约责任或者依照其他法律要求其承担侵权责任。

第八章 其他规定

第一百二十三条 其他法律对合同另有规定的，依照其规定。

第一百二十四条 本法分则或者其他法律没有明文规定的合同，适用本法总则的规定，并可以参照本法分则或者其他法律最相类似的规定。

第一百二十五条 当事人对合同条款的理解有争议的，应当按照合同所使用的词句、合同的有关条款、合同的目的、交易习惯以及诚实信用原则，确定该条款的真实意思。合同文本采用两种以上文字订立并约定具有同等效力的，对各文本使用的词句推定具有相同含义。各文本使用的词句不一致的，应当根据合同的目的予以解释。

第一百二十六条 涉外合同的当事人可以选择处理合同争议所适用的法律，但法律另有规定的除外。涉外合同的当事人没有选择的，适用与合同有最密切联系的国家的法律。在中华人民共和国境内履行的中外合资经营企业合同、中外合作经营企业合同、中外合作勘探开发自然资源合同，适用中华人民共和国法律。

第一百二十七条 工商行政管理部门和其他有关行政主管部门在各自的职权范围内，依照法律、行政法规的规定，对利用合同危害国家利益、社会公共利益的违法行为，负责监督处理；构成犯罪的，依法追究刑事责任。

第一百二十八条 当事人可以通过和解或者调解解决合同争议。当事人不愿和解、调解或者和解、调解不成的，可以根据仲裁协议向仲裁机构申请仲裁。涉外合同的当事人可以根据仲裁协议向中国仲裁机构或者其他仲裁机构申请仲裁。当事人没有订立仲裁协议或者仲裁协议无效的，可以向人民法院起诉。当事人应当履行发生法律效力的判决、仲裁裁决、调解书；拒不履行的，对方可以请求人民法院执行。

第一百二十九条 因国际货物买卖合同和技术进出口合同争议提起诉讼或者申请仲裁的期限为四年，自当事人知道或者应当知道其权利受到侵害之日起计算。因其他合同争议提起诉讼或者申请仲裁的期限，依照有关法律的规定。

分　则

第九章　买卖合同

第一百三十条 买卖合同是出卖人转移标的物的所有权于买受人，买受人支付价款的合同。

第一百三十一条 买卖合同的内容除依照本法第十二条的规定以外，还可以包括包装方式、检验标准和方法、结算方式、合同使用的文字及其效力等条款。

第一百三十二条 出卖的标的物，应当属于出卖人所有或者出卖人有权处分。法律、行政法规禁止或者限制转让的标的物，依照其规定。

第一百三十三条 标的物的所有权自标的物交付时起转移，但法律另有规定或者当事人另有约定的除外。

第一百三十四条 当事人可以在买卖合同中约定买受人未履行支付价款或者其他义务的，标的物的所有权属于出卖人。

第一百三十五条 出卖人应当履行向买受人交付标的物或者交付提取标的物的单证，并转移标的物所有权的义务。

第一百三十六条 出卖人应当按照约定或者交易习惯向买受人交付提取标的物单证以外的有关单证和资料。

第一百三十七条 出卖具有知识产权的计算机软件等标的物的，除法律另有规定或者当事人另有约定的以外，该标的物的知识产权不属于买受人。

第一百三十八条 出卖人应当按照约定的期限交付标的物。约定交付期间的，出卖人可以在该交付期间内的任何时间交付。

第一百三十九条 当事人没有约定标的物的交付期限或者约定不明确的，适用本法第六十一条、第六十二条第四项的规定。

第一百四十条 标的物在订立合同之前已为买受人占有的，合同生效的时间为交付时间。

第一百四十一条 出卖人应当按照约定的地点交付标的物。当事人没有约定交付地点或者约定不明确，依照本法第六十一条的规定仍不能确定的，适用下列规定：

（一）标的物需要运输的，出卖人应当将标的物交付给第一承运人以运交给买受人；

（二）标的物不需要运输，出卖人和买受人订立合同时知道标的物在某一地点的，出卖人应当在该地点交付标的物；不知道标的物在某一地点的，应当在出卖人订立合同时的营业地交付标的物。

第一百四十二条 标的物毁损、灭失的风险，在标的物交付之前由出卖人承担，交付之后由买受人承担，但法律另有规定或者当事人另有约定的除外。

第一百四十三条 因买受人的原因致使标的物不能按照约定的期限交付的，买受人应当自违反约定之日起承担标的物毁损、灭失的风险。

第一百四十四条 出卖人出卖交由承运人运输的在途标的物，除当事人另有约定的以外，毁损、灭失的风险自合同成立时起由买受人承担。

第一百四十五条 当事人没有约定交付地点或者约定不明确，依照本法第一百四十一条第二款第一项的规定标的物需要运输的，出卖人将标的物交付给第一承运人后，标的物毁损、灭失的风险由买受人承担。

第一百四十六条 出卖人按照约定或者依照本法第一百四十一条第二款第二项的规定将标的物置于交付地点，买受人违反约定没有收取的，标的物毁损、灭失的风险自违反约定之日起由买受人承担。

第一百四十七条 出卖人按照约定未交付有关标的物的单证和资料的，不影响标的物毁损、灭失风险的转移。

第一百四十八条 因标的物质量不符合质量要求，致使不能实现合同目的的，买受人可以拒绝接受标的物或者解除合同。买受人拒绝接受标的物或者解除合同的，标的物毁损、灭失的风险由出卖人承担。

第一百四十九条 标的物毁损、灭失的风险由买受人承担的，不影响因出卖人履行债务不符合约定，买受人要求其承担违约责任的权利。

第一百五十条 出卖人就交付的标的物，负有保证第三人不得向买受人主张任何权利的义务，但法律另有规定的除外。

第一百五十一条 买受人订立合同时知道或者应当知道第三人对买卖的标的物享有权利的，出卖人不承担本法第一百五十条规定的义务。

第一百五十二条 买受人有确切证据证明第三人可能就标的物主张权利的，可以中止支付相应的价款，但出卖人提供适当担保的除外。

第一百五十三条 出卖人应当按照约定的质量要求交付标的物。出卖人提供有关标的物质量说明的，交付的标的物应当符合该说明的质量要求。

第一百五十四条　当事人对标的物的质量要求没有约定或者约定不明确，依照本法第六十一条的规定仍不能确定的，适用本法第六十二条第一项的规定。

第一百五十五条　出卖人交付的标的物不符合质量要求的，买受人可以依照本法第一百一十一条的规定要求承担违约责任。

第一百五十六条　出卖人应当按照约定的包装方式交付标的物。对包装方式没有约定或者约定不明确，依照本法第六十一条的规定仍不能确定的，应当按照通用的方式包装，没有通用方式的，应当采取足以保护标的物的包装方式。

第一百五十七条　买受人收到标的物时应当在约定的检验期间内检验。没有约定检验期间的，应当及时检验。

第一百五十八条　当事人约定检验期间的，买受人应当在检验期间内将标的物的数量或者质量不符合约定的情形通知出卖人。买受人怠于通知的，视为标的物的数量或者质量符合约定。当事人没有约定检验期间的，买受人应当在发现或者应当发现标的物的数量或者质量不符合约定的合理期间内通知出卖人。买受人在合理期间内未通知或者自标的物收到之日起两年内未通知出卖人的，视为标的物的数量或者质量符合约定，但对标的物有质量保证期的，适用质量保证期，不适用该两年的规定。出卖人知道或者应当知道提供的标的物不符合约定的，买受人不受前两款规定的通知时间的限制。

第一百五十九条　买受人应当按照约定的数额支付价款。对价款没有约定或者约定不明确的，适用本法第六十一条、第六十二条第二项的规定。

第一百六十条　买受人应当按照约定的地点支付价款。对支付地点没有约定或者约定不明确，依照本法第六十一条的规定仍不能确定的，买受人应当在出卖人的营业地支付，但约定支付价款以交付标的物或者交付提取标的物单证为条件的，在交付标的物或者交付提取标的物单证的所在地支付。

第一百六十一条　买受人应当按照约定的时间支付价款。对支付时间没有约定或者约定不明确，依照本法第六十一条的规定仍不能确定的，买受人应当在收到标的物或者提取标的物单证的同时支付。

第一百六十二条　出卖人多交标的物的，买受人可以接收或者拒绝接收多交的部分。买受人接收多交部分的，按照合同的价格支付价款；买受人拒绝接收多交部分的，应当及时通知出卖人。

第一百六十三条　标的物在交付之前产生的孳息，归出卖人所有，交付之后产生的孳息，归买受人所有。

第一百六十四条　因标的物的主物不符合约定而解除合同的，解除合同的效力及于从物。因标的物的从物不符合约定被解除的，解除的效力不及于主物。

第一百六十五条 标的物为数物，其中一物不符合约定的，买受人可以就该物解除，但该物与他物分离使标的物的价值显受损害的，当事人可以就数物解除合同。

第一百六十六条 出卖人分批交付标的物的，出卖人对其中一批标的物不交付或者交付不符合约定，致使该批标的物不能实现合同目的的，买受人可以就该批标的物解除。出卖人不交付其中一批标的物或者交付不符合约定，致使今后其他各批标的物的交付不能实现合同目的的，买受人可以就该批以及今后其他各批标的物解除。买受人如果就其中一批标的物解除，该批标的物与其他各批标的物相互依存的，可以就已经交付和未交付的各批标的物解除。

第一百六十七条 分期付款的买受人未支付到期价款的金额达到全部价款的五分之一的，出卖人可以要求买受人支付全部价款或者解除合同。出卖人解除合同的，可以向买受人要求支付该标的物的使用费。

第一百六十八条 凭样品买卖的当事人应当封存样品，并可以对样品质量予以说明。出卖人交付的标的物应当与样品及其说明的质量相同。

第一百六十九条 凭样品买卖的买受人不知道样品有隐蔽瑕疵的，即使交付的标的物与样品相同，出卖人交付的标的物的质量仍然应当符合同种物的通常标准。

第一百七十条 试用买卖的当事人可以约定标的物的试用期间。对试用期间没有约定或者约定不明确，依照本法第六十一条的规定仍不能确定的，由出卖人确定。

第一百七十一条 试用买卖的买受人在试用期内可以购买标的物，也可以拒绝购买。试用期间届满，买受人对是否购买标的物未作表示的，视为购买。

第一百七十二条 招标投标买卖的当事人的权利和义务以及招标投标程序等，依照有关法律、行政法规的规定。

第一百七十三条 拍卖的当事人的权利和义务以及拍卖程序等，依照有关法律、行政法规的规定。

第一百七十四条 法律对其他有偿合同有规定的，依照其规定；没有规定的，参照买卖合同的有关规定。

第一百七十五条 当事人约定易货交易，转移标的物的所有权的，参照买卖合同的有关规定。

第十章　供用电、水、气、热力合同

第一百七十六条　供用电合同是供电人向用电人供电，用电人支付电费的合同。

第一百七十七条　供用电合同的内容包括供电的方式、质量、时间，用电容量、地址、性质，计量方式，电价、电费的结算方式，供用电设施的维护责任等条款。

第一百七十八条　供用电合同的履行地点，按照当事人约定；当事人没有约定或者约定不明确的，供电设施的产权分界处为履行地点。

第一百七十九条　供电人应当按照国家规定的供电质量标准和约定安全供电。供电人未按照国家规定的供电质量标准和约定安全供电，造成用电人损失的，应当承担损害赔偿责任。

第一百八十条　供电人因供电设施计划检修、临时检修、依法限电或者用电人违法用电等原因，需要中断供电时，应当按照国家有关规定事先通知用电人。未事先通知用电人中断供电，造成用电人损失的，应当承担损害赔偿责任。

第一百八十一条　因自然灾害等原因断电，供电人应当按照国家有关规定及时抢修。未及时抢修，造成用电人损失的，应当承担损害赔偿责任。

第一百八十二条　用电人应当按照国家有关规定和当事人的约定及时交付电费。用电人逾期不交付电费的，应当按照约定支付违约金。经催告用电人在合理期限内仍不交付电费和违约金的，供电人可以按照国家规定的程序中止供电。

第一百八十三条　用电人应当按照国家有关规定和当事人的约定安全用电。用电人未按照国家有关规定和当事人的约定安全用电，造成供电人损失的，应当承担损害赔偿责任。

第一百八十四条　供用水、供用气、供用热力合同，参照供用电合同的有关规定。

第十一章　赠与合同

第一百八十五条　赠与合同是赠与人将自己的财产无偿给予受赠人，受赠人表示接受赠与的合同。

第一百八十六条　赠与人在赠与财产的权利转移之前可以撤销赠与。具有救灾、扶贫等社会公益、道德义务性质的赠与合同或者经过公证的赠与合同，不适用前款规定。

第一百八十七条　赠与的财产依法需要办理登记等手续的，应当办理有关手续。

第一百八十八条　具有救灾、扶贫等社会公益、道德义务性质的赠与合同或者经过公证的赠与合同，赠与人不交付赠与的财产的，受赠人可以要求交付。

第一百八十九条　因赠与人故意或者重大过失致使赠与的财产毁损、灭失的，赠与人应当承担损害赔偿责任。

第一百九十条　赠与可以附义务。赠与附义务的，受赠人应当按照约定履行义务。

第一百九十一条　赠与的财产有瑕疵的，赠与人不承担责任。附义务的赠与，赠与的财产有瑕疵的，赠与人在附义务的限度内承担与出卖人相同的责任。赠与人故意不告知瑕疵或者保证无瑕疵，造成受赠人损失的，应当承担损害赔偿责任。

第一百九十二条　受赠人有下列情形之一的，赠与人可以撤销赠与：

（一）严重侵害赠与人或者赠与人的近亲属；

（二）对赠与人有扶养义务而不履行；

（三）不履行赠与合同约定的义务。

赠与人的撤销权，自知道或者应当知道撤销原因之日起一年内行使。

第一百九十三条　因受赠人的违法行为致使赠与人死亡或者丧失民事行为能力的，赠与人的继承人或者法定代理人可以撤销赠与。赠与人的继承人或者法定代理人的撤销权，自知道或者应当知道撤销原因之日起六个月内行使。

第一百九十四条　撤销权人撤销赠与的，可以向受赠人要求返还赠与的财产。

第一百九十五条　赠与人的经济状况显著恶化，严重影响其生产经营或者家庭生活的，可以不再履行赠与义务。

第十二章　借款合同

第一百九十六条　借款合同是借款人向贷款人借款，到期返还借款并支付利息的合同。

第一百九十七条　借款合同采用书面形式，但自然人之间借款另有约定的除外。借款合同的内容包括借款种类、币种、用途、数额、利率、期限和还款方式等条款。

第一百九十八条　订立借款合同，贷款人可以要求借款人提供担保。担保依照《中华人民共和国担保法》的规定。

第一百九十九条 订立借款合同，借款人应当按照贷款人的要求提供与借款有关的业务活动和财务状况的真实情况。

第二百条 借款的利息不得预先在本金中扣除。利息预先在本金中扣除的，应当按照实际借款数额返还借款并计算利息。

第二百零一条 贷款人未按照约定的日期、数额提供借款，造成借款人损失的，应当赔偿损失。借款人未按照约定的日期、数额收取借款的，应当按照约定的日期、数额支付利息。

第二百零二条 贷款人按照约定可以检查、监督借款的使用情况。借款人应当按照约定向贷款人定期提供有关财务会计报表等资料。

第二百零三条 借款人未按照约定的借款用途使用借款的，贷款人可以停止发放借款、提前收回借款或者解除合同。

第二百零四条 办理贷款业务的金融机构贷款的利率，应当按照中国人民银行规定的贷款利率的上下限确定。

第二百零五条 借款人应当按照约定的期限支付利息。对支付利息的期限没有约定或者约定不明确，依照本法第六十一条的规定仍不能确定，借款期间不满一年的，应当在返还借款时一并支付；借款期间一年以上的，应当在每届满一年时支付，剩余期间不满一年的，应当在返还借款时一并支付。

第二百零六条 借款人应当按照约定的期限返还借款。对借款期限没有约定或者约定不明确，依照本法第六十一条的规定仍不能确定的，借款人可以随时返还；贷款人可以催告借款人在合理期限内返还。

第二百零七条 借款人未按照约定的期限返还借款的，应当按照约定或者国家有关规定支付逾期利息。

第二百零八条 借款人提前偿还借款的，除当事人另有约定的以外，应当按照实际借款的时间计算利息。

第二百零九条 借款人可以在还款期限届满之前向贷款人申请展期。贷款人同意的，可以展期。

第二百一十条 自然人之间的借款合同，自贷款人提供借款时生效。

第二百一十一条 自然人之间的借款合同对支付利息没有约定或者约定不明确的，视为不支付利息。自然人之间的借款合同约定支付利息的，借款的利率不得违反国家有关限制借款利率的规定。

第十三章　租赁合同

第二百一十二条 租赁合同是出租人将租赁物交付承租人使用、收益，承租人支付租金的合同。

第二百一十三条 租赁合同的内容包括租赁物的名称、数量、用途、租赁期限、租金及其支付期限和方式、租赁物维修等条款。

第二百一十四条 租赁期限不得超过二十年。超过二十年的，超过部分无效。租赁期间届满，当事人可以续订租赁合同，但约定的租赁期限自续订之日起不得超过二十年。

第二百一十五条 租赁期限六个月以上的，应当采用书面形式。当事人未采用书面形式的，视为不定期租赁。

第二百一十六条 出租人应当按照约定将租赁物交付承租人，并在租赁期间保持租赁物符合约定的用途。

第二百一十七条 承租人应当按照约定的方法使用租赁物。对租赁物的使用方法没有约定或者约定不明确，依照本法第六十一条的规定仍不能确定的，应当按照租赁物的性质使用。

第二百一十八条 承租人按照约定的方法或者租赁物的性质使用租赁物，致使租赁物受到损耗的，不承担损害赔偿责任。

第二百一十九条 承租人未按照约定的方法或者租赁物的性质使用租赁物，致使租赁物受到损失的，出租人可以解除合同并要求赔偿损失。

第二百二十条 出租人应当履行租赁物的维修义务，但当事人另有约定的除外。

第二百二十一条 承租人在租赁物需要维修时可以要求出租人在合理期限内维修。出租人未履行维修义务的，承租人可以自行维修，维修费用由出租人负担。因维修租赁物影响承租人使用的，应当相应减少租金或者延长租期。

第二百二十二条 承租人应当妥善保管租赁物，因保管不善造成租赁物毁损、灭失的，应当承担损害赔偿责任。

第二百二十三条 承租人经出租人同意，可以对租赁物进行改善或者增设他物。承租人未经出租人同意，对租赁物进行改善或者增设他物的，出租人可以要求承租人恢复原状或者赔偿损失。

第二百二十四条 承租人经出租人同意，可以将租赁物转租给第三人。承租人转租的，承租人与出租人之间的租赁合同继续有效，第三人对租赁物造成损失的，承租人应当赔偿损失。承租人未经出租人同意转租的，出租人可以解除合同。

第二百二十五条 在租赁期间因占有、使用租赁物获得的收益，归承租人所有，但当事人另有约定的除外。

第二百二十六条 承租人应当按照约定的期限支付租金。对支付期限没有约定或者约定不明确，依照本法第六十一条的规定仍不能确定，租赁期间不满一年的，应当在租赁期间届满时支付；租赁期间一年以上的，应当在每届满一年时支付，剩余期间不满一年的，应当在租赁期间届满时支付。

第二百二十七条 承租人无正当理由未支付或者迟延支付租金的，出租人可以要求承租人在合理期限内支付。承租人逾期不支付的，出租人可以解除合同。

第二百二十八条 因第三人主张权利，致使承租人不能对租赁物使用、收益的，承租人可以要求减少租金或者不支付租金。第三人主张权利的，承租人应当及时通知出租人。

第二百二十九条 租赁物在租赁期间发生所有权变动的，不影响租赁合同的效力。

第二百三十条 出租人出卖租赁房屋的，应当在出卖之前的合理期限内通知承租人，承租人享有以同等条件优先购买的权利。

第二百三十一条 因不可归责于承租人的事由，致使租赁物部分或者全部毁损、灭失的，承租人可以要求减少租金或者不支付租金；因租赁物部分或者全部毁损、灭失，致使不能实现合同目的的，承租人可以解除合同。

第二百三十二条 当事人对租赁期限没有约定或者约定不明确，依照本法第六十一条的规定仍不能确定的，视为不定期租赁。当事人可以随时解除合同，但出租人解除合同应当在合理期限之前通知承租人。

第二百三十三条 租赁物危及承租人的安全或者健康的，即使承租人订立合同时明知该租赁物质量不合格，承租人仍然可以随时解除合同。

第二百三十四条 承租人在房屋租赁期间死亡的，与其生前共同居住的人可以按照原租赁合同租赁该房屋。

第二百三十五条 租赁期间届满，承租人应当返还租赁物。返还的租赁物应当符合按照约定或者租赁物的性质使用后的状态。

第二百三十六条 租赁期间届满，承租人继续使用租赁物，出租人没有提出异议的，原租赁合同继续有效，但租赁期限为不定期。

第十四章 融资租赁合同

第二百三十七条 融资租赁合同是出租人根据承租人对出卖人、租赁物的选择，向出卖人购买租赁物，提供给承租人使用，承租人支付租金的合同。

第二百三十八条 融资租赁合同的内容包括租赁物名称、数量、规格、技术性能、检验方法、租赁期限、租金构成及其支付期限和方式、币种、租赁期间届满租赁物的归属等条款。融资租赁合同应当采用书面形式。

第二百三十九条 出租人根据承租人对出卖人、租赁物的选择订立的买卖合同，出卖人应当按照约定向承租人交付标的物，承租人享有与受领标的物有关的买受人的权利。

第二百四十条 出租人、出卖人、承租人可以约定，出卖人不履行买卖合同义务的，由承租人行使索赔的权利。承租人行使索赔权利的，出租人应当协助。

第二百四十一条 出租人根据承租人对出卖人、租赁物的选择订立的买卖合同，未经承租人同意，出租人不得变更与承租人有关的合同内容。

第二百四十二条 出租人享有租赁物的所有权。承租人破产的，租赁物不属于破产财产。

第二百四十三条 融资租赁合同的租金，除当事人另有约定的以外，应当根据购买租赁物的大部分或者全部成本以及出租人的合理利润确定。

第二百四十四条 租赁物不符合约定或者不符合使用目的的，出租人不承担责任，但承租人依赖出租人的技能确定租赁物或者出租人干预选择租赁物的除外。

第二百四十五条 出租人应当保证承租人对租赁物的占有和使用。

第二百四十六条 承租人占有租赁物期间，租赁物造成第三人的人身伤害或者财产损害的，出租人不承担责任。

第二百四十七条 承租人应当妥善保管、使用租赁物。承租人应当履行占有租赁物期间的维修义务。

第二百四十八条 承租人应当按照约定支付租金。承租人经催告后在合理期限内仍不支付租金的，出租人可以要求支付全部租金；也可以解除合同，收回租赁物。

第二百四十九条 当事人约定租赁期间届满租赁物归承租人所有，承租人已经支付大部分租金，但无力支付剩余租金，出租人因此解除合同收回租赁物的，收回的租赁物的价值超过承租人欠付的租金以及其他费用的，承租人可以要求部分返还。

第二百五十条 出租人和承租人可以约定租赁期间届满租赁物的归属。对租赁物的归属没有约定或者约定不明确，依照本法第六十一条的规定仍不能确定的，租赁物的所有权归出租人。

第十五章　承揽合同

第二百五十一条 承揽合同是承揽人按照定作人的要求完成工作，交付工作成果，定作人给付报酬的合同。承揽包括加工、定作、修理、复制、测试、检验等工作。

第二百五十二条 承揽合同的内容包括承揽的标的、数量、质量、报酬、承揽方式、材料的提供、履行期限、验收标准和方法等条款。

第二百五十三条 承揽人应当以自己的设备、技术和劳力，完成主要工作，但当事人另有约定的除外。承揽人将其承揽的主要工作交由第三人完成的，应当就该第三人完成的工作成果向定作人负责；未经定作人同意的，定作人也可以解除合同。

第二百五十四条 承揽人可以将其承揽的辅助工作交由第三人完成。承揽人将其承揽的辅助工作交由第三人完成的，应当就该第三人完成的工作成果向定作人负责。

第二百五十五条 承揽人提供材料的，承揽人应当按照约定选用材料，并接受定作人检验。

第二百五十六条 定作人提供材料的，定作人应当按照约定提供材料。承揽人对定作人提供的材料，应当及时检验，发现不符合约定时，应当及时通知定作人更换、补齐或者采取其他补救措施。承揽人不得擅自更换定作人提供的材料，不得更换不需要修理的零部件。

第二百五十七条 承揽人发现定作人提供的图纸或者技术要求不合理的，应当及时通知定作人。因定作人怠于答复等原因造成承揽人损失的，应当赔偿损失。

第二百五十八条 定作人中途变更承揽工作的要求，造成承揽人损失的，应当赔偿损失。

第二百五十九条 承揽工作需要定作人协助的，定作人有协助的义务。定作人不履行协助义务致使承揽工作不能完成的，承揽人可以催告定作人在合理期限内履行义务，并可以顺延履行期限；定作人逾期不履行的，承揽人可以解除合同。

第二百六十条 承揽人在工作期间，应当接受定作人必要的监督检验。定作人不得因监督检验妨碍承揽人的正常工作。

第二百六十一条 承揽人完成工作的，应当向定作人交付工作成果，并提交必要的技术资料和有关质量证明。定作人应当验收该工作成果。

第二百六十二条 承揽人交付的工作成果不符合质量要求的，定作人可以要求承揽人承担修理、重作、减少报酬、赔偿损失等违约责任。

第二百六十三条 定作人应当按照约定的期限支付报酬。对支付报酬的期限没有约定或者约定不明确，依照本法第六十一条的规定仍不能确定的，定作人应当在承揽人交付工作成果时支付；工作成果部分交付的，定作人应当相应支付。

第二百六十四条 定作人未向承揽人支付报酬或者材料费等价款的，承揽人对完成的工作成果享有留置权，但当事人另有约定的除外。

第二百六十五条 承揽人应当妥善保管定作人提供的材料以及完成的工作成果，因保管不善造成毁损、灭失的，承揽人应当承担损害赔偿责任。

第二百六十六条 承揽人应当按照定作人的要求保守秘密，未经定作人许可，不得留存复制品或者技术资料。

第二百六十七条 共同承揽人对定作人承担连带责任，但当事人另有约定的除外。

第二百六十八条 定作人可以随时解除承揽合同，造成承揽人损失的，应当赔偿损失。

第十六章 建设工程合同

第二百六十九条 建设工程合同是承包人进行工程建设，发包人支付价款的合同。建设工程合同包括工程勘察、设计、施工合同。

第二百七十条 建设工程合同应当采用书面形式。

第二百七十一条 建设工程的招标投标活动，应当依照有关法律的规定公开、公平、公正地进行。

第二百七十二条 发包人可以与总承包人订立建设工程合同，也可以分别与勘察人、设计人、施工人订立勘察、设计、施工承包合同。发包人不得将应当由一个承包人完成的建设工程肢解成若干部分发包给几个承包人。总承包人或者勘察、设计、施工承包人经发包人同意，可以将自己承包的部分工作交由第三人完成。第三人就其完成的工作成果与总承包人或者勘察、设计、施工承包人向发包人承担连带责任。承包人不得将其承包的全部建设工程转包给第三人或者将其承包的全部建设工程肢解以后以分包的名义分别转包给第三人。禁止承包人将工程分包给不具备相应资质条件的单位。禁止分包单位将其承包的工程再分包。建设工程主体结构的施工必须由承包人自行完成。

第二百七十三条 国家重大建设工程合同，应当按照国家规定的程序和国家批准的投资计划、可行性研究报告等文件订立。

第二百七十四条 勘察、设计合同的内容包括提交有关基础资料和文件（包括概预算）的期限、质量要求、费用以及其他协作条件等条款。

第二百七十五条 施工合同的内容包括工程范围、建设工期、中间交工工程的开工和竣工时间、工程质量、工程造价、技术资料交付时间、材料和设备供应责任、拨款和结算、竣工验收、质量保修范围和质量保证期、双方相互协作等条款。

第二百七十六条 建设工程实行监理的，发包人应当与监理人采用书面形式订立委托监理合同。发包人与监理人的权利和义务以及法律责任，应当依照本法委托合同以及其他有关法律、行政法规的规定。

第二百七十七条 发包人在不妨碍承包人正常作业的情况下，可以随时对作业进度、质量进行检查。

第二百七十八条 隐蔽工程在隐蔽以前，承包人应当通知发包人检查。发包人没有及时检查的，承包人可以顺延工程日期，并有权要求赔偿停工、窝工等损失。

第二百七十九条 建设工程竣工后，发包人应当根据施工图纸及说明书、国家颁发的施工验收规范和质量检验标准及时进行验收。验收合格的，发包人应当按照约定支付价款，并接收该建设工程。建设工程竣工经验收合格后，方可交付使用；未经验收或者验收不合格的，不得交付使用。

第二百八十条 勘察、设计的质量不符合要求或者未按照期限提交勘察、设计文件拖延工期给发包人造成损失的，勘察人、设计人应当继续完善勘察、设计，减收或者免收勘察、设计费并赔偿损失。

第二百八十一条 因施工人的原因致使建设工程质量不符合约定的，发包人有权要求施工人在合理期限内无偿修理或者返工、改建。经过修理或者返工、改建后，造成逾期交付的，施工人应当承担违约责任。

第二百八十二条 因承包人的原因致使建设工程在合理使用期限内造成人身和财产损害的，承包人应当承担损害赔偿责任。

第二百八十三条 发包人未按照约定的时间和要求提供原材料、设备、场地、资金、技术资料的，承包人可以顺延工程日期，并有权要求赔偿停工、窝工等损失。

第二百八十四条 因发包人的原因致使工程中途停建、缓建的，发包人应当采取措施弥补或者减少损失，赔偿承包人因此造成的停工、窝工、倒运、机械设备调迁、材料和构件积压等损失和实际费用。

第二百八十五条 因发包人变更计划，提供的资料不准确，或者未按照期限提供必需的勘察、设计工作条件而造成勘察、设计的返工、停工或者修改设计，发包人应当按照勘察人、设计人实际消耗的工作量增付费用。

第二百八十六条 发包人未按照约定支付价款的，承包人可以催告发包人在合理期限内支付价款。发包人逾期不支付的，除按照建设工程的性质不宜折价、拍卖的以外，承包人可以与发包人协议将该工程折价，也可以申请人民法院将该工程依法拍卖。建设工程的价款就该工程折价或者拍卖的价款优先受偿。

第二百八十七条 本章没有规定的，适用承揽合同的有关规定。

第十七章　运输合同

第一节　一般规定

第二百八十八条　运输合同是承运人将旅客或者货物从起运地点运输到约定地点，旅客、托运人或者收货人支付票款或者运输费用的合同。

第二百八十九条　从事公共运输的承运人不得拒绝旅客、托运人通常、合理的运输要求。

第二百九十条　承运人应当在约定期间或者合理期间内将旅客、货物安全运输到约定地点。

第二百九十一条　承运人应当按照约定的或者通常的运输路线将旅客、货物运输到约定地点。

第二百九十二条　旅客、托运人或者收货人应当支付票款或者运输费用。承运人未按照约定路线或者通常路线运输增加票款或者运输费用的，旅客、托运人或者收货人可以拒绝支付增加部分的票款或者运输费用。

第二节　客运合同

第二百九十三条　客运合同自承运人向旅客交付客票时成立，但当事人另有约定或者另有交易习惯的除外。

第二百九十四条　旅客应当持有效客票乘运。旅客无票乘运、超程乘运、越级乘运或者持失效客票乘运的，应当补交票款，承运人可以按照规定加收票款。旅客不交付票款的，承运人可以拒绝运输。

第二百九十五条　旅客因自己的原因不能按照客票记载的时间乘坐的，应当在约定的时间内办理退票或者变更手续。逾期办理的，承运人可以不退票款，并不再承担运输义务。

第二百九十六条　旅客在运输中应当按照约定的限量携带行李。超过限量携带行李的，应当办理托运手续。

第二百九十七条　旅客不得随身携带或者在行李中夹带易燃、易爆、有毒、有腐蚀性、有放射性以及有可能危及运输工具上人身和财产安全的危险物品或者其他违禁物品。旅客违反前款规定的，承运人可以将违禁物品卸下、销毁或者送交有关部门。旅客坚持携带或者夹带违禁物品的，承运人应当拒绝运输。

第二百九十八条　承运人应当向旅客及时告知有关不能正常运输的重要事由和安全运输应当注意的事项。

第二百九十九条　承运人应当按照客票载明的时间和班次运输旅客。承运人迟延运输的，应当根据旅客的要求安排改乘其他班次或者退票。

第三百条　承运人擅自变更运输工具而降低服务标准的，应当根据旅客的要求退票或者减收票款；提高服务标准的，不应当加收票款。

第三百零一条　承运人在运输过程中，应当尽力救助患有急病、分娩、遇险的旅客。

第三百零二条　承运人应当对运输过程中旅客的伤亡承担损害赔偿责任，但伤亡是旅客自身健康原因造成的或者承运人证明伤亡是旅客故意、重大过失造成的除外。前款规定适用于按照规定免票、持优待票或者经承运人许可搭乘的无票旅客。

第三百零三条　在运输过程中旅客自带物品毁损、灭失，承运人有过错的，应当承担损害赔偿责任。旅客托运的行李毁损、灭失的，适用货物运输的有关规定。

第三节　货运合同

第三百零四条　托运人办理货物运输，应当向承运人准确表明收货人的名称或者姓名或者凭指示的收货人，货物的名称、性质、重量、数量，收货地点等有关货物运输的必要情况。因托运人申报不实或者遗漏重要情况，造成承运人损失的，托运人应当承担损害赔偿责任。

第三百零五条　货物运输需要办理审批、检验等手续的，托运人应当将办理完有关手续的文件提交承运人。

第三百零六条　托运人应当按照约定的方式包装货物。对包装方式没有约定或者约定不明确的，适用本法第一百五十六条的规定。托运人违反前款规定的，承运人可以拒绝运输。

第三百零七条　托运人托运易燃、易爆、有毒、有腐蚀性、有放射性等危险物品的，应当按照国家有关危险物品运输的规定对危险物品妥善包装，作出危险物标志和标签，并将有关危险物品的名称、性质和防范措施的书面材料提交承运人。托运人违反前款规定的，承运人可以拒绝运输，也可以采取相应措施以避免损失的发生，因此产生的费用由托运人承担。

第三百零八条　在承运人将货物交付收货人之前，托运人可以要求承运人中止运输、返还货物、变更到达地或者将货物交给其他收货人，但应当赔偿承运人因此受到的损失。

第三百零九条　货物运输到达后，承运人知道收货人的，应当及时通知收货人，收货人应当及时提货。收货人逾期提货的，应当向承运人支付保管费等费用。

第三百一十条　收货人提货时应当按照约定的期限检验货物。对检验货物的期限没有约定或者约定不明确，依照本法第六十一条的规定仍不能确定的，应当在合理期限内检验货物。收货人在约定的期限或者合理期限内对货物的数量、毁损等未提出异议的，视为承运人已经按照运输单证的记载交付的初步证据。

第三百一十一条　承运人对运输过程中货物的毁损、灭失承担损害赔偿责任，但承运人证明货物的毁损、灭失是因不可抗力、货物本身的自然性质或者合理损耗以及托运人、收货人的过错造成的，不承担损害赔偿责任。

第三百一十二条　货物的毁损、灭失的赔偿额，当事人有约定的，按照其约定；没有约定或者约定不明确，依照本法第六十一条的规定仍不能确定的，按照交付或者应当交付时货物到达地的市场价格计算。法律、行政法规对赔偿额的计算方法和赔偿限额另有规定的，依照其规定。

第三百一十三条　两个以上承运人以同一运输方式联运的，与托运人订立合同的承运人应当对全程运输承担责任。损失发生在某一运输区段的，与托运人订立合同的承运人和该区段的承运人承担连带责任。

第三百一十四条　货物在运输过程中因不可抗力灭失，未收取运费的，承运人不得要求支付运费；已收取运费的，托运人可以要求返还。

第三百一十五条　托运人或者收货人不支付运费、保管费以及其他运输费用的，承运人对相应的运输货物享有留置权，但当事人另有约定的除外。

第三百一十六条　收货人不明或者收货人无正当理由拒绝受领货物的，依照本法第一百零一条的规定，承运人可以提存货物。

第四节　多式联运合同

第三百一十七条　多式联运经营人负责履行或者组织履行多式联运合同，对全程运输享有承运人的权利，承担承运人的义务。

第三百一十八条　多式联运经营人可以与参加多式联运的各区段承运人就多式联运合同的各区段运输约定相互之间的责任，但该约定不影响多式联运经营人对全程运输承担的义务。

第三百一十九条　多式联运经营人收到托运人交付的货物时，应当签发多式联运单据。按照托运人的要求，多式联运单据可以是可转让单据，也可以是不可转让单据。

第三百二十条　因托运人托运货物时的过错造成多式联运经营人损失的，即使托运人已经转让多式联运单据，托运人仍然应当承担损害赔偿责任。

第三百二十一条 货物的毁损、灭失发生于多式联运的某一运输区段的，多式联运经营人的赔偿责任和责任限额，适用调整该区段运输方式的有关法律规定。货物毁损、灭失发生的运输区段不能确定的，依照本章规定承担损害赔偿责任。

第十八章 技术合同

第一节 一般规定

第三百二十二条 技术合同是当事人就技术开发、转让、咨询或者服务订立的确立相互之间权利和义务的合同。

第三百二十三条 订立技术合同，应当有利于科学技术的进步，加速科学技术成果的转化、应用和推广。

第三百二十四条 技术合同的内容由当事人约定，一般包括以下条款：

（一）项目名称；

（二）标的的内容、范围和要求；

（三）履行的计划、进度、期限、地点、地域和方式；

（四）技术情报和资料的保密；

（五）风险责任的承担；

（六）技术成果的归属和收益的分成办法；

（七）验收标准和方法；

（八）价款、报酬或者使用费及其支付方式；

（九）违约金或者损失赔偿的计算方法；

（十）解决争议的方法；

（十一）名词和术语的解释。

与履行合同有关的技术背景资料、可行性论证和技术评价报告、项目任务书和计划书、技术标准、技术规范、原始设计和工艺文件，以及其他技术文档，按照当事人的约定可以作为合同的组成部分。技术合同涉及专利的，应当注明发明创造的名称、专利申请人和专利权人、申请日期、申请号、专利号以及专利权的有效期限。

第三百二十五条 技术合同价款、报酬或者使用费的支付方式由当事人约定，可以采取一次总算、一次总付或者一次总算、分期支付，也可以采取提成支付或者提成支付附加预付入门费的方式。约定提成支付的，可以按照产品价格、实施专利和使用技术秘密后新增的产值、利润或者产品销售额的一定比例提成，也可以按照约定的其他方式计算。提成支付的比例可以采取固定比例、逐年递增比例或者逐年递减比例。

约定提成支付的，当事人应当在合同中约定查阅有关会计账目的办法。

第三百二十六条 职务技术成果的使用权、转让权属于法人或者其他组织的，法人或者其他组织可以就该项职务技术成果订立技术合同。法人或者其他组织应当从使用和转让该项职务技术成果所取得的收益中提取一定比例，对完成该项职务技术成果的个人给予奖励或者报酬。法人或者其他组织订立技术合同转让职务技术成果时，职务技术成果的完成人享有以同等条件优先受让的权利。职务技术成果是执行法人或者其他组织的工作任务，或者主要是利用法人或者其他组织的物质技术条件所完成的技术成果。

第三百二十七条 非职务技术成果的使用权、转让权属于完成技术成果的个人，完成技术成果的个人可以就该项非职务技术成果订立技术合同。

第三百二十八条 完成技术成果的个人有在有关技术成果文件上写明自己是技术成果完成者的权利和取得荣誉证书、奖励的权利。

第三百二十九条 非法垄断技术、妨碍技术进步或者侵害他人技术成果的技术合同无效。

第二节 技术开发合同

第三百三十条 技术开发合同是指当事人之间就新技术、新产品、新工艺或者新材料及其系统的研究开发所订立的合同。技术开发合同包括委托开发合同和合作开发合同。技术开发合同应当采用书面形式。当事人之间就具有产业应用价值的科技成果实施转化订立的合同，参照技术开发合同的规定。

第三百三十一条 委托开发合同的委托人应当按照约定支付研究开发经费和报酬；提供技术资料、原始数据；完成协作事项；接受研究开发成果。

第三百三十二条 委托开发合同的研究开发人应当按照约定制定和实施研究开发计划；合理使用研究开发经费；按期完成研究开发工作，交付研究开发成果，提供有关的技术资料和必要的技术指导，帮助委托人掌握研究开发成果。

第三百三十三条 委托人违反约定造成研究开发工作停滞、延误或者失败的，应承担违约责任。

第三百三十四条 研究开发人违反约定造成研究开发工作停滞、延误或者失败的，应当承担违约责任。

第三百三十五条 合作开发合同的当事人应当按照约定进行投资，包括以技术进行投资；分工参与研究开发工作；协作配合研究开发工作。

第三百三十六条 合作开发合同的当事人违反约定造成研究开发工作停

滞、延误或者失败的，应当承担违约责任。

第三百三十七条 因作为技术开发合同标的的技术已经由他人公开，致使技术开发合同的履行没有意义的，当事人可以解除合同。

第三百三十八条 在技术开发合同履行过程中，因出现无法克服的技术困难，致使研究开发失败或者部分失败的，该风险责任由当事人约定。没有约定或者约定不明确，依照本法第六十一条的规定仍不能确定的，风险责任由当事人合理分担。当事人一发现前款规定的可能致使研究开发失败或者部分失败的情形时，应当及时通知另一方并采取适当措施减少损失。没有及时通知并采取适当措施，致使损失扩大的，应当就扩大的损失承担责任。

第三百三十九条 委托开发完成的发明创造，除当事人另有约定的以外，申请专利的权利属于研究开发人。研究开发人取得专利权的，委托人可以免费实施该专利。研究开发人转让专利申请权的，委托人享有以同等条件优先受让的权利。

第三百四十条 合作开发完成的发明创造，除当事人另有约定的以外，申请专利的权利属于合作开发的当事人共有。当事人一方转让其共有的专利申请权的，其他各方享有以同等条件优先受让的权利。合作开发的当事人一方声明放弃其共有的专利申请权的，可以由另一方单独申请或者由其他各方共同申请。申请人取得专利权的，放弃专利申请权的一方可以免费实施该专利。合作开发的当事人一方不同意申请专利的，另一方或者其他各方不得申请专利。

第三百四十一条 委托开发或者合作开发完成的技术秘密成果的使用权、转让权以及利益的分配办法，由当事人约定。没有约定或者约定不明确，依照本法第六十一条的规定仍不能确定的，当事人均有使用和转让的权利，但委托开发的研究开发人不得在向委托人交付研究开发成果之前，将研究开发成果转让给第三人。

第三节 技术转让合同

第三百四十二条 技术转让合同包括专利权转让、专利申请权转让、技术秘密转让、专利实施许可合同。技术转让合同应当采用书面形式。

第三百四十三条 技术转让合同可以约定让与人和受让人实施专利或者使用技术秘密的范围，但不得限制技术竞争和技术发展。

第三百四十四条 专利实施许可合同只在该专利权的存续期间内有效。专利权有效期限届满或者专利权被宣布无效的，专利权人不得就该专利与他人订立专利实施许可合同。

第三百四十五条 专利实施许可合同的让与人应当按照约定许可受让人实

施专利交付实施专利有关的技术资料，提供必要的技术指导。

第三百四十六条　专利实施许可合同的受让人应当按照约定实施专利，不得许可约定以外的第三人实施该专利；并按照约定支付使用费。

第三百四十七条　技术秘密转让合同的让与人应当按照约定提供技术资料，进行技术指导，保证技术的实用性、可靠性，承担保密义务。

第三百四十八条　技术秘密转让合同的受让人应当按照约定使用技术，支付使用费，承担保密义务。

第三百四十九条　技术转让合同的让与人应当保证自己是所提供的技术的合法拥有者，并保证所提供的技术完整、无误、有效，能够达到约定的目标。

第三百五十条　技术转让合同的受让人应当按照约定的范围和期限，对让与人提供的技术中尚未公开的秘密部分，承担保密义务。

第三百五十一条　让与人未按照约定转让技术的，应当返还部分或者全部使用费，并应当承担违约责任；实施专利或者使用技术秘密超越约定的范围的，违反约定擅自许可第三人实施该项专利或者使用该项技术秘密的，应当停止违约行为，承担违约责任；违反约定的保密义务的，应当承担违约责任。

第三百五十二条　受让人未按照约定支付使用费的，应当补交使用费并按照约定支付违约金；不补交使用费或者不支付违约金的，应当停止实施专利或者使用技术秘密，交还技术资料，承担违约责任；实施专利或者使用技术秘密超越约定的范围的，未经让与人同意擅自许可第三人实施该专利或者使用该技术秘密的，应当停止违约行为，承担违约责任；违反约定的保密义务的，应当承担违约责任。

第三百五十三条　受让人按照约定实施专利、使用技术秘密侵害他人合法权益的由让与人承担责任，但当事人另有约定的除外。

第三百五十四条　当事人可以按照互利的原则，在技术转让合同中约定实施专利使用技术秘密后续改进的技术成果的分享办法。没有约定或者约定不明确，依照本法第六十一条的规定仍不能确定的，一方后续改进的技术成果，其他各方无权分享。

第三百五十五条　法律、行政法规对技术进出口合同或者专利、专利申请合同另有规定的，依照其规定。

第四节　技术咨询合同和技术服务合同

第三百五十六条　技术咨询合同包括就特定技术项目提供可行性论证、技术预测、专题技术调查、分析评价报告等合同。技术服务合同是指当事人一方以技术知识为另一方解决特定技术问题所订立的合同，不包括建设工程合同和承揽合同。

第三百五十七条　技术咨询合同的委托人应当按照约定阐明咨询的问题，提供技术背景材料及有关技术资料、数据；接受受托人的工作成果，支付报酬。

第三百五十八条　技术咨询合同的受托人应当按照约定的期限完成咨询报告或者解答问题；提出的咨询报告应当达到约定的要求。

第三百五十九条　技术咨询合同的委托人未按照约定提供必要的资料和数据，影响工作进度和质量，不接受或者逾期接受工作成果的，支付的报酬不得追回，未支付的报酬应当支付。技术咨询合同的受托人未按期提出咨询报告或者提出的咨询报告不符合约定的，应当承担减收或者免收报酬等违约责任。技术咨询合同的委托人按照受托人符合约定要求的咨询报告和意见作出决策所造成的损失，由委托人承担，但当事人另有约定的除外。

第三百六十条　技术服务合同的委托人应当按照约定提供工作条件，完成配合事项；接受工作成果并支付报酬。

第三百六十一条　技术服务合同的受托人应当按照约定完成服务项目，解决技术问题，保证工作质量，并传授解决技术问题的知识。

第三百六十二条　技术服务合同的委托人不履行合同义务或者履行合同义务不符合约定，影响工作进度和质量，不接受或者逾期接受工作成果的，支付的报酬不得追回，未支付的报酬应当支付。技术服务合同的受托人未按照合同约定完成服务工作的，应当承担免收报酬等违约责任。

第三百六十三条　技术咨询合同、技术服务合同履行过程中，受托人利用委托人提供的技术资料和工作条件完成的新的技术成果，属于受托人。委托人利用受托人的工作成果完成的新的技术成果，属于委托人。当事人另有约定的，按照其约定。

第三百六十四条　法律、行政法规对技术中介合同、技术培训合同另有规定的，依照其规定。

第十九章　保管合同

第三百六十五条　保管合同是保管人保管寄存人交付的保管物，并返还该物的合同。

第三百六十六条　寄存人应当按照约定向保管人支付保管费。当事人对保管费没有约定或者约定不明确，依照本法第六十一条的规定仍不能确定的，保管是无偿的。

第三百六十七条　保管合同自保管物交付时成立，但当事人另有约定的除外。

　　第三百六十八条　寄存人向保管人交付保管物的，保管人应当给付保管凭证，但另有交易习惯的除外。

　　第三百六十九条　保管人应当妥善保管保管物。当事人可以约定保管场所或者方法。除紧急情况或者为了维护寄存人利益的以外，不得擅自改变保管场所或者方法。

　　第三百七十条　寄存人交付的保管物有瑕疵或者按照保管物的性质需要采取特殊保管措施的，寄存人应当将有关情况告知保管人。寄存人未告知，致使保管物受损失的，保管人不承担损害赔偿责任；保管人因此受损失的，除保管人知道或者应当知道并且未采取补救措施的以外，寄存人应当承担损害赔偿责任。

　　第三百七十一条　保管人不得将保管物转交第三人保管，但当事人另有约定的除外。保管人违反前款规定，将保管物转交第三人保管，对保管物造成损失的，应当承担损害赔偿责任。

　　第三百七十二条　保管人不得使用或者许可第三人使用保管物，但当事人另有约定的除外。

　　第三百七十三条　第三人对保管物主张权利的，除依法对保管物采取保全或者执行的以外，保管人应当履行向寄存人返还保管物的义务。第三人对保管人提起诉讼或者对保管物申请扣押的，保管人应当及时通知寄存人。

　　第三百七十四条　保管期间，因保管人保管不善造成保管物毁损、灭失的，保管人应当承担损害赔偿责任，但保管是无偿的，保管人证明自己没有重大过失的，不承担损害赔偿责任。

　　第三百七十五条　寄存人寄存货币、有价证券或者其他贵重物品的，应当向保管人声明，由保管人验收或者封存。寄存人未声明的，该物品毁损、灭失后，保管人可以按照一般物品予以赔偿。

　　第三百七十六条　寄存人可以随时领取保管物。当事人对保管期间没有约定或者约定不明确的，保管人可以随时要求寄存人领取保管物；约定保管期间的，保管人无特别事由，不得要求寄存人提前领取保管物。

　　第三百七十七条　保管期间届满或者寄存人提前领取保管物的，保管人应当将原物及其孳息归还寄存人。

　　第三百七十八条　保管人保管货币的，可以返还相同种类、数量的货币。保管其他可替代物的，可以按照约定返还相同种类、品质、数量的物品。

　　第三百七十九条　有偿的保管合同，寄存人应当按照约定的期限向保管人支付保管费。当事人对支付期限没有约定或者约定不明确，依照本法第六十一条的规定仍不能确定的，应当在领取保管物的同时支付。

第三百八十条 寄存人未按照约定支付保管费以及其他费用的，保管人对保管物享有留置权，但当事人另有约定的除外。

第二十章 仓储合同

第三百八十一条 仓储合同是保管人储存存货人交付的仓储物，存货人支付仓储的合同。

第三百八十二条 仓储合同自成立时起生效。

第三百八十三条 储存易燃、易爆、有毒、有腐蚀性、有放射性等危险物品或者易变质物品，存货人应当说明该物品的性质，提供有关资料。存货人违反前款规定的，保管人可以拒收仓储物，也可以采取相应措施以避免损失的发生，因此产生的费用由存货人承担。保管人储存易燃、易爆、有毒、有腐蚀性、有放射性等危险物品的，应当具备相应的保管条件。

第三百八十四条 保管人应当按照约定对入库仓储物进行验收。保管人验收时发现入库仓储物与约定不符合的，应当及时通知存货人。保管人验收后，发生仓储物的品种、数量、质量不符合约定的，保管人应当承担损害赔偿责任。

第三百八十五条 存货人交付仓储物的，保管人应当给付仓单。

第三百八十六条 保管人应当在仓单上签字或者盖章。仓单包括下列事项：

（一）存货人的名称或者姓名和住所；

（二）仓储物的品种、数量、质量、包装、件数和标记；

（三）仓储物的损耗标准；

（四）储存场所；

（五）储存期间；

（六）仓储费；

（七）仓储物已经办理保险的，其保险金额、期间以及保险人的名称；

（八）填发人、填发地和填发日期。

第三百八十七条 仓单是提取仓储物的凭证。存货人或者仓单持有人在仓单上背书并经保管人签字或者盖章的，可以转让提取仓储物的权利。

第三百八十八条 保管人根据存货人或者仓单持有人的要求，应当同意其检查仓储物或者提取样品。

第三百八十九条 保管人对入库仓储物发现有变质或者其他损坏的，应当及时通知存货人或者仓单持有人。

第三百九十条 保管人对入库仓储物发现有变质或者其他损坏，危及其他仓储物的安全和正常保管的，应当催告存货人或者仓单持有人作出必要的处置。因情况紧急，保管人可以作出必要的处置，但事后应当将该情况及时通知存货人或者仓单持有人。

第三百九十一条 当事人对储存期间没有约定或者约定不明确的，存货人或者仓单持有人可以随时提取仓储物，保管人也可以随时要求存货人或者仓单持有人提取仓储物，但应当给予必要的准备时间。

第三百九十二条 储存期间届满，存货人或者仓单持有人应当凭仓单提取仓储物。存货人或者仓单持有人逾期提取的，应当加收仓储费；提前提取的，不减收仓储费。

第三百九十三条 储存期间届满，存货人或者仓单持有人不提取仓储物的，保管人可以催告其在合理期限内提取，逾期不提取的，保管人可以提存该物。

第三百九十四条 储存期间，因保管人保管不善造成仓储物毁损、灭失的，保管人应当承担损害赔偿责任。因仓储物的性质、包装不符合约定或者超过有效储存期造成仓储物变质、损坏的，保管人不承担损害赔偿责任。

第三百九十五条 本章没有规定的，适用保管合同的有关规定。

第二十一章 委托合同

第三百九十六条 委托合同是委托人和受托人约定，由受托人处理委托人事务的合同。

第三百九十七条 委托人可以特别委托受托人处理一项或者数项事务，也可以概括委托受托人处理一切事务。

第三百九十八条 委托人应当预付处理委托事务的费用。受托人为处理委托事务垫付的必要费用，委托人应当偿还该费用及其利息。

第三百九十九条 受托人应当按照委托人的指示处理委托事务。需要变更委托人指示的，应当经委托人同意；因情况紧急，难以和委托人取得联系的，受托人应当妥善处理委托事务，但事后应当将该情况及时报告委托人。

第四百条 受托人应当亲自处理委托事务。经委托人同意，受托人可以转委托。转委托经同意的，委托人可以就委托事务直接指示转委托的第三人，受托人仅就第三人的选任及其对第三人的指示承担责任。转委托未经同意的，受托人应当对转委托的第三人的行为承担责任，但在紧急情况下受托人为维护委托人的利益需要转委托的除外。

第四百零一条 受托人应当按照委托人的要求，报告委托事务的处理情况。委托合同终止时，受托人应当报告委托事务的结果。

第四百零二条 受托人以自己的名义，在委托人的授权范围内与第三人订立的合同，第三人在订立合同时知道受托人与委托人之间的代理关系的，该合同直接约束委托人和第三人，但有确切证据证明该合同只约束受托人和第三人的除外。

第四百零三条 受托人以自己的名义与第三人订立合同时，第三人不知道受托人与委托人之间的代理关系的，受托人因第三人的原因对委托人不履行义务，受托人应当向委托人披露第三人，委托人因此可以行使受托人对第三人的权利，但第三人与受托人订立合同时如果知道该委托人就不会订立合同的除外。受托人因委托人的原因对第三人不履行义务，受托人应当向第三人披露委托人，第三人因此可以选择受托人或者委托人作为相对人主张其权利，但第三人不得变更选定的相对人。委托人行使受托人对第三人的权利的，第三人可以向委托人主张其对受托人的抗辩。第三人选定委托人作为其相对人的，委托人可以向第三人主张其对受托人的抗辩以及受托人对第三人的抗辩。

第四百零四条 受托人处理委托事务取得的财产，应当转交给委托人。

第四百零五条 受托人完成委托事务的，委托人应当向其支付报酬。因不可归责于受托人的事由，委托合同解除或者委托事务不能完成的，委托人应当向受托人支付相应的报酬。当事人另有约定的，按照其约定。

第四百零六条 有偿的委托合同，因受托人的过错给委托人造成损失的，委托人可以要求赔偿损失。无偿的委托合同，因受托人的故意或者重大过失给委托人造成损失的，委托人可以要求赔偿损失。受托人超越权限给委托人造成损失的，应当赔偿损失。

第四百零七条 受托人处理委托事务时，因不可归责于自己的事由受到损失的，可以向委托人要求赔偿损失。

第四百零八条 委托人经受托人同意，可以在受托人之外委托第三人处理委托事务。因此，给受托人造成损失的，受托人可以向委托人要求赔偿损失。

第四百零九条 两个以上的受托人共同处理委托事务的，对委托人承担连带责任。

第四百一十条 委托人或者受托人可以随时解除委托合同。因解除委托合同给对方造成损失的，除不可归责于该当事人的事由以外，应当赔偿损失。

第四百一十一条 委托人或者受托人死亡、丧失民事行为能力或者破产的，委托合同终止，但当事人另有约定或者根据委托事务的性质不宜终止的除外。

第四百一十二条 因委托人死亡、丧失民事行为能力或者破产，致使委托合同终止将损害委托人利益的，在委托人的继承人、法定代理人或者清算组织承受委托事务之前，受托人应当继续处理委托事务。

第四百一十三条 因受托人死亡、丧失民事行为能力或者破产，致使委托合同终止的，受托人的继承人、法定代理人或者清算组织应当及时通知委托人。因委托合同终止将损害委托人利益的，在委托人作出善后处理之前，受托人的继承人、法定代理人或者清算组织应当采取必要措施。

第二十二章　行纪合同

第四百一十四条 行纪合同是行纪人以自己的名义为委托人从事贸易活动，委托人支付报酬的合同。

第四百一十五条 行纪人处理委托事务支出的费用，由行纪人负担，但当事人另有约定的除外。

第四百一十六条 行纪人占有委托物的，应当妥善保管委托物。

第四百一十七条 委托物交付给行纪人时有瑕疵或者容易腐烂、变质的，经委托人同意，行纪人可以处分该物；和委托人不能及时取得联系的，行纪人可以合理处分。

第四百一十八条 行纪人低于委托人指定的价格卖出或者高于委托人指定的价格买入的，应当经委托人同意。未经委托人同意，行纪人补偿其差额的，该买卖对委托人发生效力。行纪人高于委托人指定的价格卖出或者低于委托人指定的价格买入的，可以按照约定增加报酬。没有约定或者约定不明确，依照本法第六十一条的规定仍不能确定的，该利益属于委托人。委托人对价格有特别指示的，行纪人不得违背该指示卖出或者买入。

第四百一十九条 行纪人卖出或者买入具有市场定价的商品，除委托人有相反的意思表示的以外，行纪人自己可以作为买受人或者出卖人。行纪人有前款规定情形的，仍然可以要求委托人支付报酬。

第四百二十条 行纪人按照约定买入委托物，委托人应当及时受领。经行纪人催告，委托人无正当理由拒绝受领的，行纪人依照本法第一百零一条的规定可以提存委托物。委托物不能卖出或者委托人撤回出卖，经行纪人催告，委托人不取回或者不处分该物的，行纪人依照本法第一百零一条的规定可以提存委托物。

第四百二十一条 行纪人与第三人订立合同的，行纪人对该合同直接享有权利、承担义务。第三人不履行义务致使委托人受到损害的，行纪人应当承担损害赔偿责任，但行纪人与委托人另有约定的除外。

第四百二十二条 行纪人完成或者部分完成委托事务的，委托人应当向其支付相应的报酬。委托人逾期不支付报酬的，行纪人对委托物享有留置权，但当事人另有约定的除外。

第四百二十三条 本章没有规定的，适用委托合同的有关规定。

第二十三章　居间合同

第四百二十四条 居间合同是居间人向委托人报告订立合同的机会或者提供订立合同的媒介服务，委托人支付报酬的合同。

第四百二十五条 居间人应当就有关订立合同的事项向委托人如实报告。居间人故意隐瞒与订立合同有关的重要事实或者提供虚假情况，损害委托人利益的，不得要求支付报酬并应当承担损害赔偿责任。

第四百二十六条 居间人促成合同成立的，委托人应当按照约定支付报酬。对居间人的报酬没有约定或者约定不明确，依照本法第六十一条的规定仍不能确定的，根据居间人的劳务合理确定。因居间人提供订立合同的媒介服务而促成合同成立的，由该合同的当事人平均负担居间人的报酬。居间人促成合同成立的，居间活动的费用，由居间人负担。

第四百二十七条 居间人未促成合同成立的，不得要求支付报酬，但可以要求委托人支付从事居间活动支出的必要费用。

附　则

第四百二十八条 本法自 1999 年 10 月 1 日起施行，《中华人民共和国经济合同法》、《中华人民共和国涉外经济合同法》、《中华人民共和国技术合同法》同时废止。

中华人民共和国广告法

第一章　总　则

第一条 为了规范广告活动，促进广告业的健康发展，保护消费者的合法权益，维护社会经济秩序，发挥广告在社会主义市场经济中的积极作用，制定本法。

第二条 广告主、广告经营者、广告发布者在中华人民共和国境内从事广告活动，应当遵守本法。

本法所称广告，是指商品经营者或者服务提供者承担费用，通过一定媒介和形式直接或者间接地介绍自己所推销的商品或者所提供的服务的商业广告。

本法所称广告主，是指为推销商品或者提供服务，自行或者委托他人设计、制作、发布广告的法人、其他经济组织或者个人。

本法所称广告经营者，是指受委托提供广告设计、制作、代理服务的法人、其他经济组织或者个人。

本法所称广告发布者，是指为广告主或者广告主委托的广告经营者发布广告的法人或者其他经济组织。

第三条 广告应当真实、合法，符合社会主义精神文明建设的要求。

第四条 广告不得含有虚假的内容，不得欺骗和误导消费者。

第五条 广告主、广告经营者、广告发布者从事广告活动，应当遵守法律、行政法规，遵循公平、诚实信用的原则。

第六条 县级以上人民政府工商行政管理部门是广告监督管理机关。

第二章　广告准则

第七条 广告内容应当有利于人民的身心健康，促进商品和服务质量的提高，保护消费者的合法权益，遵守社会公德和职业道德，维护国家的尊严和利益。

广告不得有下列情形：

（一）使用中华人民共和国国旗、国徽、国歌；

（二）使用国家机关和国家机关工作人员的名义；

（三）使用国家级、最高级、最佳等用语；

（四）妨碍社会安定和危害人身、财产安全，损害社会公共利益；

（五）妨碍社会公共秩序和违背社会良好风尚；

（六）含有淫秽、迷信、恐怖、暴力、丑恶的内容；

（七）含有民族、种族、宗教、性别歧视的内容；

（八）妨碍环境和自然资源保护；

（九）法律、行政法规规定禁止的其他情形。

第八条 广告不得损害未成年人和残疾人的身心健康。

第九条 广告中对商品的性能、产地、用途、质量、价格、生产者、有效期限、允诺或者对服务的内容、形式、质量、价格、允诺有表示的，应当清楚、明白。

广告中表明推销商品、提供服务附带赠送礼品的，应当标明赠送的品种和数量。

第十条 广告使用数据、统计资料、调查结果、文摘、引用语，应当真实、准确，并表明出处。

第十一条 广告中涉及专利产品或者专利方法的，应当标明专利号和专利种类。

未取得专利权的，不得在广告中谎称取得专利权。

禁止使用未授予专利权的专利申请和已经终止、撤销、无效的专利做广告。

第十二条 广告不得贬低其他生产经营者的商品或者服务。

第十三条 广告应当具有可识别性，能够使消费者辨明其为广告。

大众传播媒介不得以新闻报道形式发布广告。通过大众传播媒介发布的广告应当有广告标记，与其他非广告信息相区别，不得使消费者产生误解。

第十四条 药品、医疗器械广告不得有下列内容：

（一）含有不科学的表示功效的断言或者保证的；

（二）说明治愈率或者有效率的；

（三）与其他药品、医疗器械的功效和安全性比较的；

（四）利用医药科研单位、学术机构、医疗机构或者专家、医生、患者的名义和形象作证明的；

（五）法律、行政法规规定禁止的其他内容。

第十五条 药品广告的内容必须以国务院卫生行政部门或者省、自治区、直辖市卫生行政部门批准的说明书为准。

国家规定的应当在医生指导下使用的治疗性药品广告中，必须注明"按医生处方购买和使用"。

第十六条 麻醉药品、精神药品、毒性药品、放射性药品等特殊药品，不得做广告。

第十七条 农药广告不得有下列内容：

（一）使用无毒、无害等表明安全性的绝对化断言的；

（二）含有不科学的表示功效的断言或者保证的；

（三）含有违反农药安全使用规程的文字、语言或者画面的；

（四）法律、行政法规规定禁止的其他内容。

第十八条 禁止利用广播、电影、电视、报纸、期刊发布烟草广告。

禁止在各类等候室、影剧院、会议厅堂、体育比赛场馆等公共场所设置烟草广告。

烟草广告中必须标明"吸烟有害健康"。

第十九条 食品、酒类、化妆品广告的内容必须符合卫生许可的事项，并不得使用医疗用语或者易与药品混淆的用语。

第三章　广告活动

第二十条　广告主、广告经营者、广告发布者之间在广告活动中应当依法订立书面合同，明确各方的权利和义务。

第二十一条　广告主、广告经营者、广告发布者不得在广告活动中进行任何形式的不正当竞争。

第二十二条　广告主自行或者委托他人设计、制作、发布广告，所推销的商品或者所提供的服务应当符合广告主的经营范围。

第二十三条　广告主委托设计、制作、发布广告，应当委托具有合法经营资格的广告经营者、广告发布者。

第二十四条　广告主自行或者委托他人设计、制作、发布广告，应当具有或者提供真实、合法、有效的下列证明文件：

（一）营业执照以及其他生产、经营资格的证明文件；

（二）质量检验机构对广告中有关商品质量内容出具的证明文件；

（三）确认广告内容真实性的其他证明文件。

依照本法第三十四条的规定，发布广告需要经有关行政主管部门审查的，还应当提供有关批准文件。

第二十五条　广告主或者广告经营者在广告中使用他人名义、形象的，应当事先取得他人的书面同意；使用无民事行为能力人、限制民事行为能力人的名义、形象的，应当事先取得其监护人的书面同意。

第二十六条　从事广告经营的，应当具有必要的专业技术人员、制作设备，并依法办理公司或者广告经营登记，方可从事广告活动。

广播电台、电视台、报刊出版单位的广告业务，应当由其专门从事广告业务的机构办理，并依法办理兼营广告的登记。

第二十七条　广告经营者、广告发布者依据法律、行政法规查验有关证明文件，核实广告内容。对内容不实或者证明文件不全的广告，广告经营者不得提供设计、制作、代理服务，广告发布者不得发布。

第二十八条　广告经营者、广告发布者按照国家有关规定，建立、健全广告业务的承接登记、审核、档案管理制度。

第二十九条　广告收费应当合理、公开，收费标准和收费办法应当向物价和工商行政管理部门备案。

广告经营者、广告发布者应当公布其收费标准和收费办法。

第三十条　广告发布者向广告主、广告经营者提供的媒介覆盖率、收视率、发行量等资料应当真实。

第三十一条 法律、行政法规规定禁止生产、销售的商品或者提供的服务，以及禁止发布广告的商品或者服务，不得设计、制作、发布广告。

第三十二条 有下列情形之一的，不得设置户外广告：

（一）利用交通安全设施、交通标志的；

（二）影响市政公共设施、交通安全设施、交通标志使用的；

（三）妨碍生产或者人民生活，损害市容市貌的；

（四）国家机关、文物保护单位和名胜风景点的建筑控制地带；

（五）当地县级以上地方人民政府禁止设置户外广告的区域。

第三十三条 户外广告的设置规划和管理办法，由当地县级以上地方人民政府组织广告监督管理、城市建设、环境保护、公安等有关部门制定。

第四章 广告的审查

第三十四条 利用广播、电影、电视、报纸、期刊以及其他媒介发布药品、医疗器械、农药、兽药等商品的广告和法律、行政法规规定应当进行审查的其他广告，必须在发布前依照有关法律、行政法规由有关行政主管部门（以下简称广告审查机关）对广告内容进行审查；未经审查，不得发布。

第三十五条 广告主申请广告审查，应当依照法律、行政法规向广告审查机关提交有关证明文件。广告审查机关应当依照法律、行政法规作出审查决定。

第三十六条 任何单位和个人不得伪造、变造或者转让广告审查决定文件。

第五章 法律责任

第三十七条 违反本法规定，利用广告对商品或者服务作虚假宣传的，由广告监督管理机关责令广告主停止发布，并以等额广告费用在相应范围内公开更正消除影响，并处广告费用一倍以上五倍以下的罚款；对负有责任的广告经营者、广告发布者没收广告费用，并处广告费用一倍以上五倍以下的罚款；情节严重的，依法停止其广告业务。构成犯罪的，依法追究刑事责任。

第三十八条 违反本法规定，发布虚假广告，欺骗和误导消费者，使购买商品或者接受服务的消费者的合法权益受到损害的，由广告主依法承担民事责任；广告经营者、广告发布者明知或者应知广告虚假仍设计、制作、发布的，应当依法承担连带责任。

广告经营者、广告发布者不能提供广告主的真实名称、地址的，应当承担全部民事责任。

社会团体或者其他组织，在虚假广告中向消费者推荐商品或者服务，使消费者的合法权益受到损害的，应当依法承担连带责任。

第三十九条　发布广告违反本法第七条第二款规定的，由广告监督管理机关责令负有责任的广告主、广告经营者、广告发布者停止发布、公开更正，没收广告费用，并处广告费用一倍以上五倍以下的罚款；情节严重的，依法停止其广告业务。构成犯罪的，依法追究刑事责任。

第四十条　发布广告违反本法第九条至第十二条规定的，由广告监督管理机关责令负有责任的广告主、广告经营者、广告发布者停止发布、公开更正，没收广告费用，可以并处广告费用一倍以上五倍以下的罚款。

发布广告违反本法第十三条规定的，由广告监督管理机关责令广告发布者改正，处以一千元以上一万元以下的罚款。

第四十一条　违反本法第十四条至第十七条、第十九条规定，发布药品、医疗器械、农药、食品、酒类、化妆品广告的，或者违反本法第三十一条规定发布广告的，由广告监督管理机关责令负有责任的广告主、广告经营者、广告发布者改正或者停止发布，没收广告费用，可以并处广告费用一倍以上五倍以下的罚款；情节严重的，依法停止其广告业务。

第四十二条　违反本法第十八条的规定，利用广播、电影、电视、报纸、期刊发布烟草广告，或者在公共场所设置烟草广告的，由广告监督管理机关责令负有责任的广告主、广告经营者、广告发布者停止发布，没收广告费用，可以并处广告费用一倍以上五倍以下的罚款。

第四十三条　违反本法第三十四条的规定，未经广告审查机关审查批准，发布广告的，由广告监督管理机关责令负有责任的广告主、广告经营者、广告发布者停止发布，没收广告费用，并处广告费用一倍以上五倍以下的罚款。

第四十四条　广告主提供虚假证明文件的，由广告监督管理机关处以一万元以上十万元以下的罚款。

伪造、变造或者转让广告审查决定文件的，由广告监督管理机关没收违法所得，并处一万元以上十万元以下的罚款。构成犯罪的，依法追究刑事责任。

第四十五条　广告审查机关对违法的广告内容作出审查批准决定的，对直接负责的主管人员和其他直接责任人员，由其所在单位、上级机关、行政监察部门依法给予行政处分。

第四十六条　广告监督管理机关和广告审查机关的工作人员玩忽职守、滥用职权、徇私舞弊的，给予行政处分。构成犯罪的，依法追究刑事责任。

第四十七条　广告主、广告经营者、广告发布者违反本法规定，有下列侵权行为之一的，依法承担民事责任：

（一）在广告中损害未成年人或者残疾人的身心健康的；

（二）假冒他人专利的；

（三）贬低其他生产经营者的商品或者服务的；

（四）广告中未经同意使用他人名义、形象的；

（五）其他侵犯他人合法民事权益的。

第四十八条 当事人对行政处罚决定不服的，可以在接到处罚通知之日起十五日内向作出处罚决定的机关的上一级机关申请复议；当事人也可以在接到处罚通知之日起十五日内直接向人民法院起诉。

复议机关应当在接到复议申请之日起六十日内作出复议决定。当事人对复议决定不服的，可以在接到复议决定之日起十五日内向人民法院起诉。复议机关逾期不作出复议决定的，当事人可以在复议期满之日起十五日内向人民法院起诉。

当事人逾期不申请复议也不向人民法院起诉，又不履行处罚决定的，作出处罚决定的机关可以申请人民法院强制执行。

第六章 附 则

第四十九条 本法自 1995 年 2 月 1 日起施行。本法施行前制定的其他有关广告的法律、法规的内容与本法不符的，以本法为准。

中华人民共和国票据法

第一章 总 则

第一条 为了规范票据行为，保障票据活动中当事人的合法权益，维护社会经济秩序，促进社会主义市场经济的发展，制定本法。

第二条 在中华人民共和国境内的票据活动，适用本法。

本法所称票据，是指汇票、本票和支票。

第三条 票据活动应当遵守法律、行政法规，不得损害社会公共利益。

第四条 票据出票人制作票据，应当按照法定条件在票据上签章，并按照所记载的事项承担票据责任。

持票人行使票据权利，应当按照法定程序在票据上签章，并出示票据。

其他票据债务人在票据上签章的，按照票据所记载的事项承担票据责任。

本法所称票据权利，是指持票人向票据债务人请求支付票据金额的权利，包括付款请求权和追索权。

本法所称票据责任，是指票据债务人向持票人支付票据金额的义务。

第五条 票据当事人可以委托其代理人在票据上签章，并应当在票据上表明其代理关系。

没有代理权而以代理人名义在票据上签章的，应当由签章人承担票据责任；代理人超越代理权限的，应当就其超越权限的部分承担票据责任。

第六条 无民事行为能力人或者限制民事行为能力人在票据上签章的，其签章无效，但是不影响其他签章的效力。

第七条 票据上的签章，为签名、盖章或者签名加盖章。

法人和其他使用票据的单位在票据上的签章，为该法人或者该单位的盖章加其法定代表人或者其授权的代理人的签章。

在票据上的签名，应当为该当事人的本名。

第八条 票据金额以中文大写和数码同时记载，二者必须一致，二者不一致的，票据无效。

第九条 票据上的记载事项必须符合本法的规定。

票据金额、日期、收款人名称不得更改，更改的票据无效。

对票据上的其他记载事项，原记载人可以更改，更改时应当由原记载人签章证明。

第十条 票据的签发、取得和转让，应当遵循诚实信用的原则，具有真实的交易关系和债权债务关系。

票据的取得，必须给付对价，即应当给付票据双方当事人认可的相对应的代价。

第十一条 因税收、继承、赠与可以依法无偿取得票据的，不受给付对价的限制。但是，所享有的票据权利不得优于其前手的权利。

前手是指在票据签章人或者持票人之前签章的其他票据债务人。

第十二条 以欺诈、偷盗或者胁迫等手段取得票据的，或者明知有前列情形，出于恶意取得票据的，不得享有票据权利。

持票人因重大过失取得不符合本法规定的票据的，也不得享有票据权利。

第十三条 票据债务人不得以自己与出票人或者与持票人的前手之间的抗辩事由，对抗持票人。但是，持票人明知存在抗辩事由而取得票据的除外。

票据债务人可以对不履行约定义务的与自己有直接债权债务关系的持票人，进行抗辩。

本法所称抗辩，是指票据债务人根据本法规定对票据债权人拒绝履行义务的行为。

第十四条 票据上的记载事项应当真实，不得伪造、变造。

票据上有伪造、变造的签章的，不影响票据上其他真实签章的效力。

票据上其他记载事项被变造的，在变造之前签章的人，对原记载事项负责；在变造之后签章的人，对变造之后的记载事项负责；不能辨别是在票据被变造之前或者之后签章的，视同在变造之前签章。

第十五条 票据丧失，失票人可以及时通知票据的付款人挂失止付，但是，未记载付款人或者无法确定付款人及其代理付款人的票据除外。

收到挂失止付通知的付款人，应当暂停支付。

失票人应当在通知挂失止付后三日内，也可以在票据丧失后，直接依法向人民法院申请公示催告，或者向人民法院提起诉讼。

第十六条 持票人对票据债务人行使票据权利，或者保全票据权利，应当在票据当事人的营业场所和营业时间内进行，票据当事人无营业场所的，应当在其住所进行。

第十七条 票据权利在下列期限内不行使而消灭：

（一）持票人对票据的出票人和承兑人的权利，自票据到期日起两年。见票即付的汇票、本票，自出票日起两年。

（二）持票人对支票出票人的权利，自出票日起六个月。

（三）持票人对前手的追索权，自被拒绝承兑或者被拒绝付款之日起六个月。

（四）持票人对前手的再追索权，自清偿日或者被提起诉讼之日起三个月。

票据的出票日、到期日由票据当事人依法确定。

第十八条 持票人因超过票据权利时效或者因票据记载事项欠缺而丧失票据权利的，仍享有民事权利，可以请求出票人或者承兑人返还其与未支付的票据金额相当的利益。

第二章 汇 票

第一节 出 票

第十九条 汇票是出票人签发的，委托付款人在见票时或者在指定日期无条件支付确定的金额给收款人或者持票人的票据。

汇票分为银行汇票和商业汇票。

第二十条 出票是指出票人签发票据并将其交付给收款人的票据行为。

第二十一条 汇票的出票人必须与付款人具有真实的委托付款关系，并且具有支付汇票金额的可靠资金来源。

不得签发无对价的汇票用以骗取银行或者其他票据当事人的资金。

第二十二条 汇票必须记载下列事项：

（一）表明"汇票"的字样；

（二）无条件支付的委托；

（三）确定的金额；

（四）付款人名称；

（五）收款人名称；

（六）出票日期；

（七）出票人签章。

汇票上未记载前款规定事项之一的，汇票无效。

第二十三条 汇票上记载付款日期、付款地、出票地等事项的，应当清楚、明确。

汇票上未记载付款日期的，为见票即付。

汇票上未记载付款地的，付款人的营业场所、住所或者经常居住地为付款地。

汇票上未记载出票地的，出票人的营业场所、住所或者经常居住地为出票地。

第二十四条 汇票上可以记载本法规定事项以外的其他出票事项，但是该记载事项不具有汇票上的效力。

第二十五条 付款日期可以按照下列形式之一记载：

（一）见票即付；

（二）定日付款；

（三）出票后定期付款；

（四）见票后定期付款。

前款规定的付款日期为汇票到期日。

第二十六条 出票人签发汇票后，即承担保证该汇票承兑和付款的责任。出票人在汇票得不到承兑或者付款时，应当向持票人清偿本法第七十条、第七十一条规定的金额和费用。

第二节　背　书

第二十七条 持票人可以将汇票权利转让给他人或者将一定的汇票权利授予他人行使。

出票人在汇票上记载"不得转让"字样的，汇票不得转让。

持票人行使第一款规定的权利时，应当背书并交付汇票。

背书是指在票据背面或者粘单上记载有关事项并签章的票据行为。

第二十八条 票据凭证不能满足背书人记载事项的需要，可以加附粘单，粘附于票据凭证上。

粘单上的第一记载人，应当在汇票和粘单的粘接处签章。

第二十九条 背书由背书人签章并记载背书日期。

背书未记载日期的，视为在汇票到期日前背书。

第三十条 汇票以背书转让或者以背书将一定的汇票权利授予他人行使时，必须记载被背书人名称。

第三十一条 以背书转让的汇票，背书应当连续。持票人以背书的连续，证明其汇票权利；非经背书转让，而以其他合法方式取得汇票的，依法举证，证明其汇票权利。

前款所称背书连续，是指在票据转让中，转让汇票的背书人与受让汇票的被背书人在汇票上的签章依次前后衔接。

第三十二条 以背书转让的汇票，后手应当对其直接前手背书的真实性负责。

后手是指在票据签章人之后签章的其他票据债务人。

第三十三条 背书不得附有条件。背书时附有条件的，所附条件不具有汇票上的效力。

将汇票金额的一部分转让的背书或者将汇票金额分别转让给二人以上的背书无效。

第三十四条 背书人在汇票上记载"不得转让"字样，其后手再背书转让的，原背书人对后手的被背书人不承担保证责任。

第三十五条 背书记载"委托收款"字样的，被背书人有权代背书人行使被委托的汇票权利。但是，被背书人不得再以背书转让汇票权利。

汇票可以设定质押；质押时应当以背书记载"质押"字样。被背书人依法实现其质权时，可以行使汇票权利。

第三十六条 汇票被拒绝承兑、被拒绝付款或者超过付款提示期限的，不得背书转让；背书转让的，背书人应当承担汇票责任。

第三十七条 背书人以背书转让汇票后，即承担保证其后手所持汇票承兑和付款的责任。背书人在汇票得不到承兑或者付款时，应当向持票人清偿本法第七十条、第七十一条规定的金额和费用。

第三节　承　兑

第三十八条 承兑是指汇票付款人承诺在汇票到期日支付汇票金额的票据

行为。

第三十九条 定日付款或者出票后定期付款的汇票，持票人应当在汇票到期日前向付款人提示承兑。·

提示承兑是指持票人向付款人出示汇票，并要求付款人承诺付款的行为。

第四十条 见票后定期付款的汇票，持票人应当自出票日起一个月内向付款人提示承兑。

汇票未按照规定期限提示承兑的，持票人丧失对其前手的追索权。

见票即付的汇票无需提示承兑。

第四十一条 付款人对向其提示承兑的汇票，应当自收到提示承兑的汇票之日起 3 日内承兑或者拒绝承兑。

付款人收到持票人提示承兑的汇票时，应当向持票人签发收到汇票的回单。回单上应当记明汇票提示承兑日期并签章。

第四十二条 付款人承兑汇票的，应当在汇票正面记载"承兑"字样和承兑日期并签章；见票后定期付款的汇票，应当在承兑时记载付款日期。

汇票上未记载承兑日期的，以前条第一款规定期限的最后一日为承兑日期。

第四十三条 付款人承兑汇票，不得附有条件；承兑附有条件的，视为拒绝承兑。

第四十四条 付款人承兑汇票后，应当承担到期付款的责任。

第四节 保　证

第四十五条 汇票的债务可以由保证人承担保证责任。

保证人由汇票债务人以外的他人担当。

第四十六条 保证人必须在汇票或者粘单上记载下列事项：

（一）表明"保证"的字样；

（二）保证人名称和住所；

（三）被保证人的名称；

（四）保证日期；

（五）保证人签章。

第四十七条 保证人在汇票或者粘单上未记载前条第（三）项的，已承兑的汇票，承兑人为被保证人；未承兑的汇票，出票人为被保证人。

保证人在汇票或者粘单上未记载前条第（四）项的，出票日期为保证日期。

第四十八条 保证不得附有条件；附有条件的，不影响对汇票的保证责任。

第四十九条 保证人对合法取得汇票的持票人所享有的汇票权利，承担保证责任。但是，被保证人的债务因汇票记载事项欠缺而无效的除外。

第五十条 被保证的汇票，保证人应当与被保证人对持票人承担连带责任。汇票到期后得不到付款的，持票人有权向保证人请求付款，保证人应当足额付款。

第五十一条 保证人为二人以上的，保证人之间承担连带责任。

第五十二条 保证人清偿汇票债务后，可以行使持票人对被保证人及其前手的追索权。

第五节 付 款

第五十三条 持票人应当按照下列期限提示付款：

（一）见票即付的汇票，自出票日起一个月内向付款人提示付款；

（二）定日付款、出票后定期付款或者见票后定期付款的汇票，自到期日起 10 日内向承兑人提示付款。

持票人未按照前款规定期限提示付款的，在作出说明后，承兑人或者付款人仍应当继续对持票人承担付款责任。

通过委托收款银行或者通过票据交换系统向付款人提示付款的，视同持票人提示付款。

第五十四条 持票人依照前条规定提示付款的，付款人必须在当日足额付款。

第五十五条 持票人获得付款的，应当在汇票上签收，并将汇票交给付款人。持票人委托银行收款的，受委托的银行将代收的汇票金额转账收入持票人账户，视同签收。

第五十六条 持票人委托的收款银行的责任，限于按照汇票上记载事项将汇票金额转入持票人账户。

付款人委托的付款银行的责任，限于按照汇票上记载事项从付款人账户支付汇票金额。

第五十七条 付款人及其代理付款人付款时，应当审查汇票背书的连续，并审查提示付款人的合法身份证明或者有效证件。

付款人及其代理付款人以恶意或者有重大过失付款的，应当自行承担责任。

第五十八条 对定日付款、出票后定期付款或者见票后定期付款的汇票，付款人在到期日前付款的，由付款人自行承担所产生的责任。

第五十九条 汇票金额为外币的，按照付款日的市场汇价，以人民币支付。汇票当事人对汇票支付的货币种类另有约定的，从其约定。

第六十条 付款人依法足额付款后，全体汇票债务人的责任解除。

第六节　追索权

第六十一条　汇票到期被拒绝付款的，持票人可以对背书人、出票人以及汇票的其他债务人行使追索权。

汇票到期日前，有下列情形之一的，持票人也可以行使追索权：

（一）汇票被拒绝承兑的；

（二）承兑人或者付款人死亡、逃匿的；

（三）承兑人或者付款人被依法宣告破产的或者因违法被责令终止业务活动的。

第六十二条　持票人行使追索权时，应当提供被拒绝承兑或者被拒绝付款的有关证明。

持票人提示承兑或者提示付款被拒绝的，承兑人或者付款人必须出具拒绝证明，或者出具退票理由书。未出具拒绝证明或者退票理由书的，应当承担由此产生的民事责任。

第六十三条　持票人因承兑人或者付款人死亡、逃匿或者其他原因，不能取得拒绝证明的，可以依法取得其他有关证明。

第六十四条　承兑人或者付款人被人民法院依法宣告破产的，人民法院的有关司法文书具有拒绝证明的效力。

承兑人或者付款人因违法被责令终止业务活动的，有关行政主管部门的处罚决定具有拒绝证明的效力。

第六十五条　持票人不能出示拒绝证明、退票理由书或者未按照规定期限提供其他合法证明的，丧失对其前手的追索权。但是，承兑人或者付款人仍应当对持票人承担责任。

第六十六条　持票人应当自收到被拒绝承兑或者被拒绝付款的有关证明之日起3日内，将被拒绝事由书面通知其前手；其前手应当自收到通知之日起3日内书面通知其再前手。持票人也可以同时向各汇票债务人发出书面通知。

未按照前款规定期限通知的，持票人仍可以行使追索权。因延期通知给其前手或者出票人造成损失的，由没有按照规定期限通知的汇票当事人，承担对该损失的赔偿责任，但是所赔偿的金额以汇票金额为限。

在规定期限内将通知按照法定地址或者约定的地址邮寄的，视为已经发出通知。

第六十七条　依照前条第一款所作的书面通知，应当记明汇票的主要记载事项，并说明该汇票已被退票。

第六十八条　汇票的出票人、背书人、承兑人和保证人对持票人承担连带责任。

持票人可以不按照汇票债务人的先后顺序，对其中任何一人、数人或者全体行使追索权。

持票人对汇票债务人中的一人或者数人已经进行追索的，对其他汇票债务人仍可以行使追索权。被追索人清偿债务后，与持票人享有同一权利。

第六十九条 持票人为出票人的，对其前手无追索权。持票人为背书人的，对其后手无追索权。

第七十条 持票人行使追索权，可以请求被追索人支付下列金额和费用：

（一）被拒绝付款的汇票金额；

（二）汇票金额自到期日或者提示付款日起至清偿日止，按照中国人民银行规定的利率计算的利息；

（三）取得有关拒绝证明和发出通知书的费用。

被追索人清偿债务时，持票人应当交出汇票和有关拒绝证明，并出具所收到利息和费用的收据。

第七十一条 被追索人依照前条规定清偿后，可以向其他汇票债务人行使再追索权，请求其他汇票债务人支付下列金额和费用：

（一）已清偿的全部金额；

（二）前项金额自清偿日起至再追索清偿日止，按照中国人民银行规定的利率计算的利息；

（三）发出通知书的费用。

行使再追索权的被追索人获得清偿时，应当交出汇票和有关拒绝证明，并出具所收到利息和费用的收据。

第七十二条 被追索人依照前两条规定清偿债务后，其责任解除。

第三章 本 票

第七十三条 本票是出票人签发的，承诺自己在见票时无条件支付确定的金额给收款人或者持票人的票据。

本法所称本票，是指银行本票。

第七十四条 本票的出票人必须具有支付本票金额的可靠资金来源，并保证支付。

第七十五条 本票出票人的资格由中国人民银行审定，具体管理办法由中国人民银行规定。

第七十六条 本票必须记载下列事项：

（一）表明"本票"的字样；

（二）无条件支付的承诺；

（三）确定的金额；

（四）收款人名称；

（五）出票日期；

（六）出票人签章。

本票上未记载前款规定事项之一的，本票无效。

第七十七条 本票上记载付款地、出票地等事项的，应当清楚、明确。

本票上未记载付款地的，出票人的营业场所为付款地。

本票上未记载出票地的，出票人的营业场所为出票地。

第七十八条 本票的出票人在持票人提示见票时，必须承担付款的责任。

第七十九条 本票自出票日起，付款期限最长不得超过两个月。

第八十条 本票的持票人未按照规定期限提示见票的，丧失对出票人以外的前手的追索权。

第八十一条 本票的背书、保证、付款行为和追索权的行使，除本章规定外，适用本法第二章有关汇票的规定。

本票的出票行为，除本章规定外，适用本法第二十四条关于汇票的规定。

第四章 支 票

第八十二条 支票是出票人签发的，委托办理支票存款业务的银行或者其他金融机构在见票时无条件支付确定的金额给收款人或者持票人的票据。

第八十三条 开立支票存款账户，申请人必须使用其本名，并提交证明其身份的合法证件。

开立支票存款账户和领用支票，应当有可靠的资信，并存入一定的资金。

开立支票存款账户，申请人应当预留其本名的签名式样和印鉴。

第八十四条 支票可以支取现金，也可以转账，用于转账时，应当在支票正面注明。

支票中专门用于支取现金的，可以另行制作现金支票，现金支票只能用于支取现金。

支票中专门用于转账的，可以另行制作转账支票，转账支票只能用于转账，不得支取现金。

第八十五条 支票必须记载下列事项：

（一）表明"支票"的字样；

（二）无条件支付的委托；

（三）确定的金额；

（四）付款人名称；

（五）出票日期；

（六）出票人签章。

支票上未记载前款规定事项之一的，支票无效。

第八十六条　支票上的金额可以由出票人授权补记，未补记前的支票，不得使用。

第八十七条　支票上未记载收款人名称的，经出票人授权，可以补记。

支票上未记载付款地的，付款人的营业场所为付款地。

支票上未记载出票地的，出票人的营业场所、住所或者经常居住地为出票地。

出票人可以在支票上记载自己为收款人。

第八十八条　支票的出票人所签发的支票金额不得超过其付款时在付款人处实有的存款金额。

出票人签发的支票金额超过其付款时在付款人处实有的存款金额的，为空头支票。禁止签发空头支票。

第八十九条　支票的出票人不得签发与其预留本名的签名式样或者印鉴不符的支票。

第九十条　出票人必须按照签发的支票金额承担保证向该持票人付款的责任。

出票人在付款人处的存款足以支付支票金额时，付款人应当在当日足额付款。

第九十一条　支票限于见票即付，不得另行记载付款日期。另行记载付款日期的，该记载无效。

第九十二条　支票的持票人应当自出票日起十日内提示付款；异地使用的支票，其提示付款的期限由中国人民银行另行规定。

超过提示付款期限的，付款人可以不予付款；付款人不予付款的，出票人仍应当对持票人承担票据责任。

第九十三条　付款人依法支付支票金额的，对出票人不再承担受委托付款的责任，对持票人不再承担付款的责任。但是，付款人以恶意或者有重大过失付款的除外。

第九十四条　支票的背书、付款行为和追索权的行使，除本章规定外，适用本法第二章有关汇票的规定。

支票的出票行为，除本章规定外，适用本法第二十四条、第二十六条关于汇票的规定。

第五章　涉外票据的法律适用

第九十五条　涉外票据的法律适用，依照本章的规定确定。

前款所称涉外票据，是指出票、背书、承兑、保证、付款等行为中，既有发生在中华人民共和国境内又有发生在中华人民共和国境外的票据。

第九十六条　中华人民共和国缔结或者参加的国际条约同本法有不同规定的，适用国际条约的规定。但是，中华人民共和国声明保留的条款除外。

本法和中华人民共和国缔结或者参加的国际条约没有规定的，可以适用国际惯例。

第九十七条　票据债务人的民事行为能力，适用其本国法律。

票据债务人的民事行为能力，依照其本国法律为无民事行为能力或者为限制民事行为能力而依照行为地法律为完全民事行为能力的，适用行为地法律。

第九十八条　汇票、本票出票时的记载事项，适用出票地法律。

支票出票时的记载事项，适用出票地法律，经当事人协议，也可以适用付款地法律。

第九十九条　票据的背书、承兑、付款和保证行为，适用行为地法律。

第一百条　票据追索权的行使期限，适用出票地法律。

第一百零一条　票据的提示期限、有关拒绝证明的方式、出具拒绝证明的期限，适用付款地法律。

第一百零二条　票据丧失时，失票人请求保全票据权利的程序，适用付款地法律。

第六章　法律责任

第一百零三条　有下列票据欺诈行为之一的，依法追究刑事责任：

（一）伪造、变造票据的；

（二）故意使用伪造、变造的票据的；

（三）签发空头支票或者故意签发与其预留的本名签名式样或者印鉴不符的支票，骗取财物的；

（四）签发无可靠资金来源的汇票、本票，骗取资金的；

（五）汇票、本票的出票人在出票时作虚假记载，骗取财物的；

（六）冒用他人的票据，或者故意使用过期或者作废的票据，骗取财物的；

（七）付款人同出票人、持票人恶意串通，实施前六项所列行为之一的。

第一百零四条　有前条所列行为之一，情节轻微，不构成犯罪的，依照国家有关规定给予行政处罚。

第一百零五条 金融机构工作人员在票据业务中玩忽职守，对违反本法规定的票据予以承兑、付款或者保证的，给予处分；造成重大损失，构成犯罪的，依法追究刑事责任。

由于金融机构工作人员因前款行为给当事人造成损失的，由该金融机构和直接责任人员依法承担赔偿责任。

第一百零六条 票据的付款人对见票即付或者到期的票据，故意压票，拖延支付的，由金融行政管理部门处以罚款，对直接责任人员给予处分。

票据的付款人故意压票，拖延支付，给持票人造成损失的，依法承担赔偿责任。

第一百零七条 依照本法规定承担赔偿责任以外的其他违反本法规定的行为，给他人造成损失的，应当依法承担民事责任。

第七章 附 则

第一百零八条 本法规定的各项期限的计算，适用民法通则关于计算期间的规定。按月计算期限的，按到期月的对日计算；无对日的，月末日为到期日。

第一百零九条 汇票、本票、支票的格式应当统一。

票据凭证的格式和印制管理办法，由中国人民银行规定。

第一百一十条 票据管理的具体实施办法，由中国人民银行依照本法制定，报国务院批准后施行。

第一百一十一条 本法自 1996 年 1 月 1 日起施行。

中华人民共和国商标法（修正）

第一章 总 则

第一条 为了加强商标管理，保护商标专用权，促使生产者保证商品质量和维护商标信誉，以保障消费者的利益，促进社会主义商品经济的发展，特制定本法。

第二条 国务院工商行政管理部门商标局主管全国商标注册和管理的工作。

第三条 经商标局核准注册的商标为注册商标，商标注册人享有商标专用权，受法律保护。

第四条 企业、事业单位和个体工商业者，对其生产、制造、加工、拣选或者经销的商品，需要取得商标专用权的，应当向商标局申请商品商标注册。

企业、事业单位和个体工商业者，对其提供的服务项目，需要取得商标专用权的，应当向商标局申请服务商标注册。

本法有关商品商标的规定，适用于服务商标。

第五条 国家规定必须使用注册商标的商品，必须申请商标注册，未经核准注册的，不得在市场销售。

第六条 商标使用人应当对其使用商标的商品质量负责。各级工商行政管理部门应当通过商标管理，监督商品质量，制止欺骗消费者的行为。

第七条 商标使用的文字、图形或者其组合，应当有显著特征，便于识别。使用注册商标的，并应当标明"注册商标"或者注册标记。

第八条 商标不得使用下列文字、图形：

（1）同中华人民共和国的国家名称、国旗、国徽、军旗、勋章相同或者近似的；

（2）同外国的国家名称、国旗、国徽、军旗相同或者近似的；

（3）同政府间国际组织的旗帜、徽记、名称相同或者近似的；

（4）同"红十字"、"红新月"的标志、名称相同或者近似的；

（5）本商品的通用名称和图形；

（6）直接表示商品的质量、主要原料、功能、用途、重量、数量及其他特点的；

（7）带有民族歧视性的；

（8）夸大宣传并带有欺骗性的；

（9）有害于社会主义道德风尚或者有其他不良影响的。

县级以上行政区划的地名或者公众知晓的外国地名，不得作为商标，但是，地名具有其他含义的除外；已经注册的使用地名的商标继续有效。

第九条 外国人或者外国企业在中国申请商标注册的，应当按其所属国和中华人民共和国签订的协议或者共同参加的国际条约办理，或者按对等原则办理。

第十条 外国人或者外国企业在中国申请商标注册和办理其他商标事宜的，应当委托国家指定的组织代理。

第二章 商标注册的申请

第十一条 申请商标注册的，应当按规定的商品分类表填报使用商标的商品类别和商品名称。

第十二条 同一申请人在不同类别的商品上使用同一商标的，应当按商品分类表提出注册申请。

第十三条 注册商标需要在同一类的其他商品上使用的，应当另行提出注册申请。

第十四条 注册商标需要改变文字、图形的，应当重新提出注册申请。

第十五条 注册商标需要变更注册人的名义、地址或者其他注册事项的，应当提出变更申请。

第三章 商标注册的审查和核准

第十六条 申请注册的商标，凡符合本法有关规定的，由商标局初步审定，予以公告。

第十七条 申请注册的商标，凡不符合本法有关规定或者同他人在同一种商品或者类似商品上已经注册的或者初步审定的商标相同或者近似的，由商标局驳回申请，不予公告。

第十八条 两个或者两个以上的申请人，在同一种商品或者类似商品上，以相同或者近似的商标申请注册的，初步审定并公告申请在先的商标；同一天申请的，初步审定并公告使用在先的商标，驳回其他人的申请，不予公告。

第十九条 对初步审定的商标，自公告之日起三个月内，任何人均可以提出异议。无异议或者经裁定异议不能成立的，始予核准注册，发给商标注册证，并予公告；经裁定异议成立的，不予核准注册。

第二十条 国务院工商行政管理部门设立商标评审委员会，负责处理商标争议事宜。

第二十一条 对驳回申请、不予公告的商标，商标局应当书面通知申请人。申请人不服的，可以在收到通知十五天内申请复审，由商标评审委员会做出终局决定，并书面通知申请人。

第二十二条 对初步审定、予以公告的商标提出异议的，商标局应当听取异议人和申请人陈述事实和理由，经调查核实后，做出裁定。当事人不服的，可以在收到通知十五天内申请复审，由商标评审委员会做出终局裁定，并书面通知异议人和申请人。

第四章 注册商标的续展、转让和使用许可

第二十三条 注册商标的有效期为十年，自核准注册之日起计算。

第二十四条 注册商标有效期满，需要继续使用的，应当在期满前六个月内申请续展注册；在此期间未能提出申请的，可以给予六个月的宽展期。宽展期满仍未提出申请的，注销其注册商标。

每次续展注册的有效期为十年。

续展注册经核准后，予以公告。

第二十五条 转让注册商标的，转让人和受让人应当共同向商标局提出申请。受让人应当保证使用该注册商标的商品质量。

转让注册商标经核准后，予以公告。

第二十六条 商标注册人可以通过签订商标使用许可合同，许可他人使用其注册商标。许可人应当监督被许可人使用其注册商标的商品质量。被许可人应当保证使用该注册商标的商品质量。

经许可使用他人注册商标的，必须在使用该注册商标的商品上标明被许可人的名称和商品产地。

商标使用许可合同应当报商标局备案。

第五章　注册商标争议的裁定

第二十七条 已经注册的商标，违反本法第八条规定的，或者是以欺骗手段或者其他不正当手段取得注册的，由商标局撤销该注册商标；其他单位或者个人可以请求商标评审委员会裁定撤销该注册商标。

除前款规定的情形外，对已经注册的商标有争议的，可以自该商标经核准注册之日起一年内，向商标评审委员会申请裁定。

商标评审委员会收到裁定申请后，应当通知有关当事人，并限期提出答辩。

第二十八条 对核准注册前已经提出异议并经裁定的商标，不得再以相同的事实和理由申请裁定。

第二十九条 商标评审委员会做出维持或者撤销注册商标的终局裁定后，应当书面通知有关当事人。

第六章　商标使用的管理

第三十条 使用注册商标，有下列行为之一的，由商标局责令限期改正或者撤销其注册商标：

（1）自行改变注册商标的文字、图形或者其组合的；

（2）自行改变注册商标的注册人名义、地址或者其他注册事项的；

（3）自行转让注册商标的；

（4）连续三年停止使用的。

第三十一条 使用注册商标，其商品粗制滥造，以次充好，欺骗消费者的，由各级工商行政管理部门分别以不同情况，责令限期改正，并可以予以通报或者处以罚款，或者由商标局撤销其注册商标。

第三十二条 注册商标被撤销的或者期满不再续展的，自撤销或者注销之日起一年内，商标局对与该商标相同或者近似的商标注册申请，不予核准。

第三十三条 违反本法第五条规定的，由地方工商行政管理部门责令限期申请注册，可以并处罚款。

第三十四条 使用未注册商标，有下列行为之一的，由地方工商行政管理部门予以制止，限期改正，并可以予以通报或者处以罚款：

（1）冒充注册商标的；

（2）违反本法第八条规定的；

（3）粗制滥造，以次充好，欺骗消费者的。

第三十五条 对商标局撤销注册商标的决定，当事人不服的，可以在收到通知十五天内申请复审，由商标评审委员会做出终局决定，并书面通知申请人。

第三十六条 对工商行政管理部门根据本法第三十一条、第三十三条、第三十四条的规定做出的罚款决定，当事人不服的，可以在收到通知十五天内，向人民法院起诉；期满不起诉又不履行的，由有关工商行政管理部门申请人民法院强制执行。

第七章 注册商标专用权的保护

第三十七条 注册商标的专用权，以核准注册的商标和核定使用的商品为限。

第三十八条 有下列行为之一的，均属侵犯注册商标专用权：

（1）未经注册商标所有人的许可，在同一种商品或者类似商品上使用与其注册商标相同或者近似的商标的；

（2）销售明知是假冒注册商标的商品的；

（3）伪造、擅自制造他人注册商标标识或者销售伪造、擅自制造的注册商标标识的；

（4）给他人的注册商标专用权造成其他损害的。

第三十九条 有本法第三十八条所列侵犯注册商标专用权行为之一的，被侵权人可以向县级以上工商行政管理部门要求处理，有关工商行政管理部门有权责令侵权人立即停止侵权行为，赔偿被侵权人的损失，赔偿额为侵权人在侵权期间因侵权所获得的利润或者被侵权人在被侵权期间因被侵权所受到的损失。侵犯注册商标专用权，未构成犯罪的，工商行政管理部门可以处以罚款。当事人对工商行政管理部门责令停止侵权行为、罚款的处理决定不服的，可以在收到通知 15 天内，向人民法院起诉；期满不起诉又不履行的，由有关工商行政管理部门申请人民法院强制执行。

对侵犯注册商标专用权的，被侵权人也可以直接向人民法院起诉。

第四十条 假冒他人注册商标，构成犯罪的，除赔偿被侵权人的损失外，依法追究刑事责任。

伪造、擅自制造他人注册商标标识或者销售伪造、擅自制造的注册商标标识，构成犯罪的，除赔偿被侵权人的损失外，依法追究刑事责任。

销售明知是假冒注册商标的商品，构成犯罪的，除赔偿被侵权人的损失外，依法追究刑事责任。

第八章 附 则

第四十一条 申请商标注册和办理其他商标事宜的，应当缴纳费用，具体收费标准另定。

第四十二条 本法的实施细则，由国务院工商行政管理部门制定，报国务院批准施行。

第四十三条 本法自 1983 年 3 月 1 日起施行。1963 年 4 月 10 日国务院公布的《商标管理条例》同时废止；其他有关商标管理的规定，凡与本法抵触的，同时失效。

本法施行以前已经注册的商标继续有效。

附：全国人民代表大会常务委员会关于修改《中华人民共和国商标法》的决定

第七届全国人民代表大会常务委员会第三十次会议审议了国务院关于《中华人民共和国商标法修正案（草案）》的议案，决定对《中华人民共和国商标法》作如下修改：

一、第四条修改为三款：

"企业、事业单位和个体工商业者，对其生产、制造、加工、拣选或者经销的商品，需要取得商标专用权的，应当向商标局申请商品商标注册。"

"企业、事业单位和个体工商业者，对其提供的服务项目，需要取得商标专用权的，应当向商标局申请服务商标注册。"

"本法有关商品商标的规定，适用于服务商标。"

二、第八条增加一款，作为第二款："县级以上行政区划的地名或者公众知晓的外国地名，不得作为商标，但是，地名具有其他含义的除外；已经注册的使用地名的商标继续有效。"

三、第十二条修改为："同一申请人在不同类别的商品上使用同一商标的，应当按商品分类表提出注册申请。"

四、第二十六条增加一款，作为第二款："经许可使用他人注册商标的，必须在使用该注册商标的商品上标明被许可人的名称和商品产地。"

五、第二十七条第一款修改为两款："已经注册的商标，违反本法第八条规定的，或者是以欺骗手段或其他不正当手段取得注册的，由商标局撤销该注册商标；其他单位或者个人可以请求商标评审委员会裁定撤销该注册商标。"

"除前款规定的情形外，对已经注册的商标有争议的，可以自该商标经核准注册之日起一年内，向商标评审委员会申请裁定。"

六、第二十九条修改为："商标评审委员会做出维持或者撤销注册商标的终局裁定后，应当书面通知有关当事人。"

七、第三十八条增加一项作为第（2）项："销售明知是假冒注册商标的商品的。"

第三十八条第（2）项修改为第（3）项："伪造、擅自制造他人注册商标标识或者销售伪造、擅自制造的注册商标标识的。"

第三十八条第（3）项相应地作为第（4）项。

八、第三十九条第一款修改为："有本法第三十八条所列侵犯注册商标专用权行为之一的，被侵权人可以向县级以上工商行政管理部门要求处理，有关工商行政管理部门有权责令侵权人立即停止侵权行为，赔偿被侵权人的损失，赔偿额为侵权人在侵权期间因侵权所获得的利润或者被侵权人在被侵权期间因被侵权所受到的损失。侵犯注册商标专用权，未构成犯罪的，工商行政管理部门可以处以罚款。当事人对工商行政管理部门责令停止侵权行为、罚款的处理决定不服的，可以在收到通知十五天内，向人民法院起诉；期满不起诉又不履行的，由有关工商行政管理部门申请人民法院强制执行。"

九、第四十条修改为三款：

"假冒他人注册商标，构成犯罪的，除赔偿被侵权人的损失外，依法追究刑事责任。"

"伪造、擅自制造他人注册商标标识或者销售伪造、擅自制造的注册商标标识，构成犯罪的，除赔偿被侵权人的损失外，依法追究刑事责任。"

"销售明知是假冒注册商标的商品，构成犯罪的，除赔偿被侵权人的损失外，依法追究刑事责任。"

本决定自 1993 年 7 月 1 日起施行。

《中华人民共和国商标法》根据本决定作相应的修正，重新公布。

中华人民共和国个人所得税法

第一条 在中国境内有住所，或者无住所而在境内居住满一年的个人，从中国境内和境外取得的所得，依照本法规定缴纳个人所得税。

在中国境内无住所又不居住或者无住所而在境内居住不满一年的个人，从中国境内取得的所得，依照本法规定缴纳个人所得税。

第二条 下列各项个人所得，应纳个人所得税：

一、工资、薪金所得；

二、个体工商户的生产、经营所得；

三、对企事业单位的承包经营、承租经营所得；

四、劳务报酬所得；

五、稿酬所得；

六、特许权使用费所得；

七、利息、股息、红利所得；

八、财产租赁所得；

九、财产转让所得；

十、偶然所得；

十一、经国务院财政部门确定征税的其他所得。

第三条 个人所得税的税率：

一、工资、薪金所得，适用超额累进税率，税率为百分之五至百分之四十五（税率表附后）。

二、个体工商户的生产、经营所得和对企事业单位的承包经营、承租经营所得，适用百分之五至百分之三十五的超额累进税率（税率表附后）。

三、稿酬所得，适用比例税率，税率为百分之二十，并按应纳税额减征百分之三十。

四、劳务报酬所得，适用比例税率，税率为百分之二十。对劳务报酬所得一次收入畸高的，可以实行加成征收，具体办法由国务院规定。

五、特许权使用费所得，利息、股息、红利所得，财产租赁所得，财产转让所得，偶然所得和其他所得，适用比例税率，税率为百分之二十。

第四条 下列各项个人所得，免纳个人所得税：

一、省级人民政府、国务院部委和中国人民解放军军以上单位，以及外国组织、国际组织颁发的科学、教育、技术、文化、卫生、体育、环境保护等方面的奖金；

二、国债和国家发行的金融债券利息；

三、按照国家统一规定发给的补贴、津贴；

四、福利费、抚恤金、救济金；

五、保险赔款；

六、军人的转业费、复员费；

七、按照国家统一规定发给干部、职工的安家费、退职费、退休工资、离休工资、离休生活补助费；

八、依照我国有关法律规定应予免税的各国驻华使馆、领事馆的外交代表、领事官员和其他人员的所得；

九、中国政府参加的国际公约、签订的协议中规定免税的所得；

十、经国务院财政部门批准免税的所得。

第五条 有下列情形之一的，经批准可以减征个人所得税：

一、残疾、孤老人员和烈属的所得；

二、因严重自然灾害造成重大损失的；

三、其他经国务院财政部门批准减税的。

第六条 应纳税所得额的计算：

一、工资、薪金所得，以每月收入额减除费用二千元后的余额，为应纳税所得额。

二、个体工商户的生产、经营所得，以每一纳税年度的收入总额，减除成本费用以及损失后的余额，为应纳税所得额。

三、对企事业单位的承包经营、承租经营所得，以每一纳税年度的收入总额，减除必要费用后的余额，为应纳税所得额。

四、劳务报酬所得、稿酬所得、特许权使用费所得、财产租赁所得，每次收入不超过四千元的，减除费用八百元；四千元以上的，减除百分之二十的费用，其余额为应纳税所得额。

五、财产转让所得，以转让财产的收入额减除财产原值和合理费用后的余额，为应纳税所得额。

六、利息、股息、红利所得，偶然所得和其他所得，以每次收入额为应纳税所得额。

个人将其所得对教育事业和其他公益事业捐赠的部分，按照国务院有关规定从应纳税所得额中扣除。

对在中国境内无住所而在中国境内取得工资、薪金所得的纳税义务人和在中国境内有住所而在中国境外取得工资、薪金所得的纳税义务人，可以根据其平均收入水平、生活水平以及汇率变化情况确定附加减除费用，附加减除费用适用的范围和标准由国务院规定。

　　第七条　纳税义务人从中国境外取得的所得，准予其在应纳税额中扣除已在境外缴纳的个人所得税税额。但扣除额不得超过该纳税义务人境外所得依照本法规定计算的应纳税额。

　　第八条　个人所得税，以所得人为纳税义务人，以支付所得的单位或者个人为扣缴义务人。在两处以上取得工资、薪金所得和没有扣缴义务人的，纳税义务人应当自行申报纳税。

　　第九条　扣缴义务人每月所扣的税款，自行申报纳税人每月应纳的税款，都应当在次月七日内缴入国库，并向税务机关报送纳税申报表。

　　工资、薪金所得应纳的税款，按月计征，由扣缴义务人或者纳税义务人在次月七日内缴入国库，并向税务机关报送纳税申报表。特定行业的工资、薪金所得应纳的税款，可以实行按年计算、分月预缴的方式计征，具体办法由国务院规定。

　　个体工商户的生产、经营所得应纳的税款，按年计算，分月预缴，由纳税义务人在次月七日内预缴，年度终了后三个月内汇算清缴，多退少补。

　　对企事业单位的承包经营、承租经营所得应纳的税款，按年计算，由纳税义务人在年度终了后三十日内缴入国库，并向税务机关报送纳税申报表。纳税义务人在一年内分次取得承包经营、承租经营所得的，应当在取得每次所得后的七日内预缴，年度终了后三个月内汇算清缴，多退少补。

　　从中国境外取得所得的纳税义务人，应当在年度终了后三十日内，将应纳的税款缴入国库，并向税务机关报送纳税申报表。

　　第十条　各项所得的计算，以人民币为单位。所得为外国货币的，按照国家外汇管理机关规定的外汇牌价折合成人民币缴纳税款。

　　第十一条　对扣缴义务人按照所扣缴的税款，付给百分之二的手续费。

　　第十二条　对储蓄存款利息所得征收个人所得税的开征时间和征收办法由国务院规定。

　　第十三条　个人所得税的征收管理，依照《中华人民共和国税收征收管理法》的规定执行。

　　第十四条　国务院根据本法制定实施条例。

　　第十五条　本法自公布之日起施行。

个人所得税税率表一（工资、薪金所得适用）

级　数	全月应纳税所得额	税率（%）
1	不超过 500 元的	5
2	超过 500 元至 2000 元的部分	10
3	超过 2000 元至 5000 元的部分	15
4	超过 5000 元至 20000 元的部分	20
5	超过 20000 元至 40000 元的部分	25
6	超过 40000 元至 60000 元的部分	30
7	超过 60000 元至 80000 元的部分	35
8	超过 80000 元至 100000 元的部分	40
9	超过 100000 元的部分	45

注：本表所称全月应纳税所得额是指依照本法第六条的规定，以每月收入额减除费用 2000 元后的余额或者减除附加减除费用后的余额。

个人所得税税率表二（个体工商户的生产、经营所得和对企事业单位的承包经营、承租经营所得适用）

级　数	全年应纳税所得额	税率（%）
1	不超过 5000 元的	5
2	超过 5000 元至 10000 元的部分	10
3	超过 10000 元至 30000 元的部分	20
4	超过 30000 元至 50000 元的部分	30
5	超过 50000 元的部分	35

注：本表所称全年应纳税所得额是指依照本法第六条的规定，以每一纳税年度的收入总额，减除成本、费用以及损失后的余额。

第二章　开市与收市过程管理手册

（本文所提时间、位置均为虚拟，根据具体情况而定）

第一节　开市准备

为确保商业广场开收市的安全秩序，使商业广场开收市制度化、程序化、科学化，特制定开收市营运程序，请营运各部遵照执行。

1　工作程序。

1.1　8:50，营运卖场管理人员（含柜组长）进入各楼层员工通道准备迎接第一批员工，员工由员工通道进入卖场后，管理人员要向员工问候"早上好!"

1.2　9:00，各位员工穿好工衣，佩戴好工牌，准时进入卖场，由各位柜组长带队，进入各楼层大厅开晨会，排队秩序要求从高到矮排列。

1.3　9:15，晨会完毕，各位员工立刻回到柜台，开始打扫柜台及清点货品工作，要求各位管理人员巡场及检查工作。

卖场当班员工不得携带私人物品（包袋、私人服饰用品、与销售商品有关的物品等）进入卖场。

1.4　9:28，广播系统播放致员工辞时，各楼层迎宾人员必须到位，以商业广场要求的站姿站位及良好的精神面貌站在各自岗位上，迎接我们的第一批顾客。

1.5　9:30，大门开启，所有员工必须以良好的精神面貌迎接我们的第一批顾客，迎宾人员要齐声说："早上好! 欢迎光临!"所有早班导购员要求对顾客说："早上好! 欢迎光临!"

1.6　9:28~9:50，所有员工必须停下手中所有工作，以良好的站姿站态迎接我们的第一批顾客。

2　开市工作的分工。

2.1　商场开业之前，由营运部值班经理组织指挥各楼层管理员、保卫部值班人员和机电工程部值班人员进入商场进行开业前的安全检查，在确定无任何异常情况下，方可开门营业。

安全检查项目：

商场首层的各出入口的门和锁及外围的窗口，商场各楼层的门窗、灭火器、消防栓、防火门、防火卷帘门、走火楼梯、照明、开关箱、自动扶梯、客梯、观光电梯、护栏、各个通道、商铺门窗及其他可能存在安全隐患的部位。

2.2 安检人员由商场首层的员工通道进出商场（只留一个出入口），门口放置"禁止入内"警示牌，设立保安门卫岗，控制检查进出人员。

2.3 保安员将商场各楼层内的防火门打开及将各楼层公共通道出入口的门打开。

2.4 安全检查工作完毕，营运部值班经理填写签署《商场开业前安检情况交接表》，接班值班经理签收《商场开业前安检情况交接表》，工作交接结束。

2.5 开业前××分钟，保卫部统一打开西、南大门，门口放置"非营业时间，禁止入内"警示牌，设立保安门卫岗，控制进出人员，允许商户进入。

2.6 正式开门营业，广播员进行开门营业首遍迎宾广播。

2.7 保卫部统一打开商场首层所有大门，允许顾客进入。

2.8 保卫部撤销保安门卫岗，保安员进入日常工作状态。

第二节 晨 会

1 进场。

1.1 各楼层导购必须在 8:50 在员工通道集合列队。检查好自己的仪容仪表、工卡是否符合规范。

1.2 各楼层员工由 4 楼至 1 楼依次进入卖场，进场必须秩序井然，不得高声喧哗。

1.3 进场后在楼层管理人员带领下排好队伍，准备开晨会。

1.4 卖场上早班员工 9:00 入场，入场后，先由各楼层经理组织本楼层员工集中开晨会，再分别进入各柜组做上班前的准备工作，员工不得先进入柜台后再开会。否则，出现问题不管是组织者安排的或个人违反的，都要分别承担相关责任。

2 晨会标准流程（内容虚拟）。

9:00~9:05　　　　　队伍军训

9:05~9:08　　　　　唱商业广场店歌《感恩的心》

9:08~9:12　　　　楼层经理点名，检查员工仪容仪表

9:12~9:15　　　　传达公司精神，布置当日部门工作事项，总结上一工作
　　　　　　　　日的业绩及存在的问题，定向对导购业务知识及销售技
　　　　　　　　巧等方面的培训

9:15　　　　　　晨会结束

第三节　交接班细则

为了使商业广场交接班工作更规范化、程序化，特制定如下细则：

早班 3:30 分交接班时，早班员工统一由楼层经理点名下班出场，不得早退，如有违者，按公司规定处罚。

1　接班（晚班）。

1.1　时间：　　　14:50 集合　　　　14:55 入场

1.2　地点：（外）员工通道（南广场）。

1.3　队伍：一路纵队（由矮至高），由一名保安整队。

1.4　领队：各楼层值班经理带队。

1.5　入场顺序：四楼→三楼→二楼→一楼

1.6　进入卖场前：存放个人物品（更衣间）→检查仪容仪表

1.7　进入卖场后：报到→点数→核单→交接（晨会内容及其他事宜）。

2　交班（早班）。

2.1　对单。

2.2　与晚班人员交接：件数、金额、晨会的内容及其他事项。

2.3　离开卖场、更换工衣。

2.4　经员工通道离场，并接受外保的检查。

2.5　要求：

2.5.1　交接双方认真、仔细、无遗漏。

2.5.2　在更衣间更换工衣，不可使用试衣间（特别是一、二、三楼）。

2.5.3　更衣后不可再返回卖场逗留，更不允许在卖场与导购聊天、吃东西、坐椅。如需在店内购物，不得着工装，应以顾客为先。

2.5.4　卖场员工上、下班一律按公司规定走员工通道，严禁在商场内更换工衣，如有违反者，按公司规定每次罚款人民币 50 元。

2.5.5　员工离开卖场下班后不得穿着工衣在商场购物。如有违反，保卫部

门有权没收其私人物品，同时通知人事部门按照有关规定给予处罚。

第四节　收市准备

1　工作程序。

1.1　周一至周五晚 9:45 左右，各专柜可以在收银台后方对单。

1.2　对单完毕后回到岗位，各专柜员工必须以良好的站姿站态送走我们的最后一位顾客。

1.3　晚 10:30，各柜员工在自己货区内排列整齐，由柜长点名，然后带队到指定集合处开晚会。

1.4　开完晚会之后，各队员工由柜组长带领从员工通道退场，值班主任、保安员、监察小组成员、工程部一同由既定路线清场，确认卖场无人时，营运经理与保安值班经理同时签字认可。

1.5　楼层员工在收市开完晚例会后，统一由员工通道离场。收市后，除有正常手续进场作业外，任何人员不得进入楼层。

2　收市准备工作的分工。

2.1　在结束营业前××分钟，广播员播放送宾致辞，中间穿插音乐。

2.2　保安员引导顾客离场；机电工程人员关闭向上自动扶梯观光电梯、客梯的运行，此时只允许下，不允许上。

2.3　保安部统一关闭商场首层所有出入口，只留西、南大门，设立保安门卫岗，门口放置"营业结束，禁止入内"警示牌，控制进出人员，只准出，不准进。

2.4　营运部广播员播放对商户的致辞，提醒商户做好下班前准备工作，关闭用电电器及照明等。营运部楼层管理员巡视、督导商户离场。

2.5　保安员、楼层管理员巡查边厅、商铺门锁闭情况；机电工程人员停止向下自动扶梯、中央空调的运行。

2.6　保安部统一关闭商场首层所有出入口，只留员工通道一个出口，设立保安门卫岗，控制检查进出工作人员。严禁管理公司其他无关人员进入商场内。

第五节 清 场

1 清场原则。

1.1 晚 10:00 收市（周六、周日为晚 10:30，遇有特殊情况，公司可对收市时间作出临时调整），收市时由当日总值班、各楼层营运经理和楼层保安、机电工程部人员等组成楼层清场小组。

1.2 清场时由清场小组由上至下、先里后外逐层检查各楼层柜台是否锁好。确认各消防通道内、更衣间、洗手间、办公室、库房、空调机房等场所的顾客是否已全部离开。该层值班经理及所属各级员工按指定员工通道方可离开现场，否则发生后果由值班经理承担相关责任。

1.3 在清场小组清场时，除清场人员外，其他人员一律不得来回走动，清场完毕，保安领班人员与各楼层营运经理办理签字认可手续后，楼层保安锁好员工通道门和消防通道门，工程部值班人员关闭有关照明及设备，再一同下楼，从下面楼层的员工通道离场。

1.4 全部清场完毕，全体当班保安在 1 楼大厅集合开收市会，进行讲评，会毕统一由 1 楼员工通道离场锁门，并接受外保检查。

1.5 各楼层值班经理收市退场程序由 4 楼至 1 楼，4 楼员工走入员工通道后，3 楼方可散会，依此类推。

1.6 各楼层值班经理与保安员清场后必须同时离场，任何人不得提前离场，无故离场者给予相应处罚。

1.7 各楼层清场成员清场时务必注意各灯箱位及美食专柜是否有隐患存在，如有，必须及时解决，不得疏忽大意。

1.8 各楼层清场路线：

1.8.1 1 楼清场路线： → → → →

1.8.2 2 楼清场路线： → → → →

1.8.3 3 楼清场路线： → → → →

1.8.4 4 楼清场路线： → → → →

2 清场工作的分工。

2.1 内巡保安员和机电工程人员进行商场封闭前的安全检查工作，其中包括：各通道、楼梯间、洗手间、试衣间、贮物间及商场其他死角有无人员躲藏，各商铺门、窗是否锁好及照明有无关闭；消防设施是否工作正常，安全监控设施是否工作正常；其他夜间可能出现的安全隐患。

2.2 安全检查结束后，保安员关闭商场内各楼层的防火门及所有出入口；机电工程人员关闭货梯及各楼层所有照明灯（打开夜间照明，并保证摄像头所需的最低照度）；现场管理部督察员巡视、检查及监督各项工作完成情况。

2.3 商场内清场完毕，管理公司所有工作人员统一由员工通道离开商场，同时接受保安门卫岗的检查。工作人员全部离开商场后，保安门卫岗关闭员工通道门。

2.4 营运部值班经理填写签署《商场收市清场情况交接表》，接班值班经理签收《商场收市清场情况交接表》，工作交接完毕，商场清场结束。

2.5 保卫部撤销保安门卫岗，保安员进入正常值班工作状态。

3 清洁人员进退场。

3.1 保洁工作人员开始进入商场内，进行公共区域的清洁作业。门卫岗保安员对其进行检查，要求保洁工作人员不得携带包、袋及个人物品入场。内巡保安员负责清洁作业期间对各楼层的商铺及其货物的看管。出场时由外保统一检查签字后方可下班。

3.2 商场内清洁作业结束，保洁工作人员撤离商场，保安门卫岗对其工作人员进行离场检查，重点检查有无携带商品及其他物品出场。

4 附件《商场开业前安检情况交接表》。

《商场开业前安检情况交接表》

检查项目 楼层	各层电源开关	试衣间卫生间	仓库及办公室	空调机房	1#消防门	2#消防门	3#消防门	4#消防门	防火卷帘门	楼层负责人	保安负责人	总值班	备注
四楼													
三楼													
二楼													
一楼													
其他													

第六节　夜间保安监控制度

1 监控室布防。

1.1 消防监控中心在接到清场通知后，对消防报警联动系统进行检查，对遗留的报警故障信号即时报总值班进行处理。

1.2　收市清场时，中心保安通过各防区监控镜头，监控收市清场人员有无遗漏疏忽之处，如有则即时报总值班进行处理。

1.3　在收市清场时，对防盗系统进行自动监测，排除故障；封场后，开始对防区布防，开启带有红外微波双鉴探头的防盗系统。

1.4　通过监控镜头对主要出入口进行固定监控录像。

1.5　对夜间入场的工作人员进行现场跟踪录像，并记录备案。

1.6　对夜班监控中心值班人员，不得擅离职守、睡觉，对每一个报警信号、故障信号显示，都必须及时与现场保安联系配合处理，并记录上报总值班。

1.7　遇突发事件，视情况上报总值班和报警，在通知有关负责人的同时，对事件进行跟踪监控录像，记录备案。

1.8　次日开市前，对防盗系统撤防，使之置于待警状态，对所有系统进行全面巡视检测，有无遗留报警、故障信号，并通过监控检查各出入口有无异常，如有则及时处理并上报总值班。

2　夜间启动监控时段。

夜间自封场开始到次日开市止为夜间消防监控系统监控时段。

第三章　商品销管手册

1　目的。

为规范商品的管理，保护消费者的合法权益，提高企业信誉，对商品销售全程监控，在售前要把好供应商品牌选择关，商品进货品质关；在售中要把好管理制度关；在售后要把好服务质量关。特制定本制度手册。

2　适用范围。

本手册适用于××国际商业广场经营范围内的所有商品日常管理和在销售过程中的管理准则。

3　品牌入场程序。

3.1　供应商提供各种经营证件，以证明经营商品的合法性。供应商在商品进场经营前，须向××国际商业广场提供商品合法的代理权、经销权、商品证明、质检证、生产许可证单据、文件等有效合法手续文件。

3.2　确保入场秩序的规范性。经过招商部、营运部的审核，总经理批准，进行洽谈，达成协议后签订合同。

3.3　供应商入场装修要办理相关手续，与营运部、工程部、保卫部等相关部门办理手续后进场装修，详见《供应商管理手册》。

4　商品进场规定。

4.1　商品进场必须走商品入场通道。严禁从非商品入场通道进场，违者罚款。

4.2　验单。

4.2.1　新进场商品——必须由主管质检员、营运员、物价员签名。

4.2.2　随货同行联——须验明随货同行联上的公章、国际码、品名、规格、型号、计量单位、价格等是否填写完整。

4.3　验货。

4.4　所有商品均须在理货验收区验收、整理，然后搬运入库，入场。验收时按产品质量法要求，对商品实物验收在品名、规格、型号、价格、计量单位、规格（重量）国际码等项目；日用品还必须清晰地印有生产日期、厂名、厂址；家电等易损坏商品箱体上还应清晰注明"防潮"、"禁踏"、"此面朝上"、

"堆码极限"等防损标记。

4.5 清点数量。

商品品种、规格核对无误后，应按照发货单所列数量清点商品，整件包装商品，在外包装完整无损的情况下，可按大件点收，必要时可进行开箱抽查。如外包装破损，应拆除包装，逐一清点。散装商品还应检验商品重量，如发现差错或商品残损，应退货或做好商品残损记录，供货人签字。随货赠送的促销商品，奖售商品应按正常商品对待，必须验清品名、规格、清点数量。

4.6 检验质量。

商品质量验收时，主要检查商品有无残损、破碎、变质、变形、裂痕、污迹、霉点、锈斑、结块、沉淀、挥发、变味、串味等情况，对有保质期的商品还应检验商品的生产日期和保质期，如发现质量问题，应予以拒收。

4.7 办理验收手续。

商品通过单货核对、数量和质量验收无误后，可同意收货，并办理有关手续，在对方送货单据上签字，然后将有关单据转相关责任部门。

4.8 收货后，应及时将商品入库或进入专柜，在商品搬运过程中，要轻拿轻放，小心搬运，杜绝野蛮装卸，最大限度地避免商品损失。

4.9 验收人员按实际数量填写验收单。柜组签字后即可上柜、入库。

4.9.1 入账。

按实收数量入账，验收人签名认可。

4.9.2 送单。

每日分次将单据整理登记，交给主管或指定传单人员送单签名，由主管或指定传单人员将单据送相关电脑录入员，电脑录入人员须在接单交接表上签收，送单人同时负责取回电脑验收单、退货单等，并与送单记录核对，发现不符及时查找。

4.10 商品上货清单。

附：上货清单

上货清单

年　月　日

订货单位	公司名称：				电话：		
	柜组：						
	公司地址：						
	经办人：			结算方式：			
项次	商品代码 / 条形码	品名	规格	数量	单价	合计	备注
01							
02							
03							
04							
05							
06							
07							
08							
09							
10							
11							
12							
总计	人民币：				小写：		
营运部门签字：				专柜签字：			

5　商品的质量管理规定。

5.1　商品质量检验监督工作管理体系。

5.1.1　商场成立以商场总经理为首的商品质量检验监督领导小组，成员包括：运营总监、招商客户部部长、现场管理部部长和楼层营运部部长、经理等。领导小组全面负责商品的质量检验监督管理工作。

5.1.2　商品质量监督检察员要做到：认真学习掌握国家有关商品质量的政策法规，贯彻执行上级质量监督检查部门的规定；负责商品质量管理工作，制订工作程序和要求，保管各种证件及原始资料，严格执行本制度的各项条款；发现问题，及时上报主管经理，并负责协助解决。

5.2　严把质量关，杜绝假冒伪劣商品进入市场。

5.2.1　招商客户部在与生产厂方业务洽谈中要执行进货检验制度，层层把关，不得引进以下商品：

5.2.1.1 无产品质量检验合格证明。

5.2.1.2 未用中文表明产品名称、生产厂名、厂址和出厂日期。

5.2.1.3 限期使用的产品，未注明生产日期，安全使用期或失效日期。

5.2.1.4 根据产品的特点和使用要求，未标明产品规格、等级、所含成分名称和含量。

5.2.1.5 因使用不当，容易造成产品本身损坏或可能危及人身财产安全的产品，未有警示标志或是中文警示说明。

5.2.1.6 伪造或冒用认证标志、名优标志等质量标志，盗用其他厂家注册商标，伪造产品的产地，伪造或冒用他人的厂名、厂址。

5.2.1.7 在产品中掺杂、掺假，以假充真，以次顶好。

5.2.2 向生产单位或经营部门索取证件。

5.2.2.1 对已经实行《生产许可证》制度的商品，要索取国家有关部门颁发的生产许可证。审查商品包装及说明书是否有许可证标志。

5.2.2.2 对食品进货要审查、索取食品卫生部门的检验证明，并按国家食品标签通用标准执行。

5.2.2.3 经营的计量器具、仪器、仪表在进货时要严格审查《制造计量器具许可证》，并检查商品上有无（mc、cmc）计量器具许可证、标志、出厂合格证、厂名、厂址。

5.2.2.4 对化妆品，须审查《卫生许可证》、《化妆品卫生质量评价报告》，外埠的化妆品须出示防疫站开具的《化妆品检测证明》。

5.2.2.5 进口商品和合资企业产品须索要商品准运证和调运证。

5.2.2.6 对贵重商品、黄金、天然宝石、高档手表、字画等商品（价值在300元以上的）必须有国家指定检测部门开具的检测报告或检测卡。

招商及营运部人员签订的经济合同要符合中华人民共和国《合同法》、《标准化法》、《商标法》有关规定，并明确商品质量标准，坚持看样订货制度，不搞印象订货和口头协议，对商品要进行功能外观检查，并封存样品，做到没有质量保证的产品坚决不进。

5.2.3 楼层管理人员要严把入库关，商品质量验收合格后方可入库。

5.2.4 楼层管理人员进行商品定价时，按物价政策规定，要坚持看样定价，无样不定价，对假冒伪劣，无合同号商品，无证商品，国家明令禁止销售的商品，有权拒绝定价。

5.2.5 商品上货架（柜台），商品质量检验监督领导小组要按质量要求，对商品进行全面检查，合格后方可出售。如发现外观问题，不能正常使用，商检员有权制止出售；对出售家电产品，每件都要进行安全检查和通电试机，避免出现质量问题导致伤亡和危害人身健康事故；对必须安装调试才能发现质量缺陷的商品，应给顾客提出异议的时间。

5.3　加强商品质量监督检验三级管理。

5.3.1　经营由质检工作经理主管对所经营的商品进行重点检查，发现问题要及时妥善解决不可拖延，并做好自查记录，次月 10 日前将本月自查情况书面上报营运部。

5.3.2　商场商品根据经营情况，定期或不定期地对所有商品进行重点检查和抽查。

5.4　依法取信于消费者，做好售后服务工作。

5.4.1　提供使用说明、咨询、维修等服务，对质量有缺陷的商品进行退换，维护消费者权益。

5.4.2　进行质量跟踪，使厂方不断提高商品质量。

5.4.3　售后服务中出现的质量问题，商检员要及时反馈给生产企业，以便改进产品设计和制造。

5.5　增强商品质量法规意识，严肃质检工作纪律。

5.5.1　凡是国家法定检测单位公布的不合格的产品，要立即停止销售，并清理出库，及时与厂方协商退货事宜，终止（合同）协议，并对已售出商品，各店处理善后工作。

5.5.2　以经销、代销、联营展销、招商等形式进行的业务经营活动，由于我方员工工作失误或为个人谋取私利，致使伪劣商品混入，并造成影响的除扣发当事人、责任人（领导责任）奖金外，还要根据情节轻重给予行政处分；造成人身伤亡，企业巨大财产损失，要根据国家和××市的有关规定，追究其法律责任。

5.6　商品质量检查监督的处罚。

有以下情况之一者，视情节轻重，给予不同程度处罚：

5.6.1　未严格执行国家有关商品（产品）质量方面的法规、政策及商场商品质量管理制度。

5.6.2　政府有关部门来商场进行质量检查，发现质量问题，并给予处罚决定的。

5.6.3　消费者对我商场商品进行投诉的，经查证属实。

5.6.4　在所属单位内因出售商品有质量问题引起纠纷，又不能妥善解决带来一定影响的。

5.6.5　经销掺杂掺假冒牌产品以及处理品冒充合格品的。

5.6.6 经销国家实行许可证制度而到期未取得生产许可证产品的。

5.6.7 经销没有检验合格证的产品。

5.6.8 经销国家已明令淘汰的产品。

5.6.9 经销过期失效产品及违反《食品标签通用标准》的食品。

5.6.10 商场进行质量抽查时，发现违反本制度除按规定处罚外，并对所属楼层管理人员给予罚款，被罚款门店必须在一周内将罚款交到财务部，逾期不交，加倍处罚。

6 商品的存储管理规定。

6.1 商品储存是商场经营管理活动中的一项重要内容，做好商品的收、发、保管养护是商品存储的基本任务。

6.2 保安人员负责指挥送货车辆和人员，按照规定，在指定地点卸货，卸货时要堆放整齐，以便清点。

6.3 各楼层设专门商品收货人员，负责商品入场的验收工作，检验到货商品的包装、质量、数量，做好记录，对检验合格的商品，开具允入单，如发现质量不符合国家、行业规定应做出详细记录，开具待储单。

6.4 供应商专柜根据收货员开具的允入单，到货厂商开具的出库单对到货商品进行验收，清点商品数量，检验包装是否完好，查验无误后，专柜组长须在允入单上签字，以示收清。

6.5 营业专柜要及时将商品进行入账，整理摆放与顾客见面。

6.6 对出租的仓库，商品的日常保养与养护，要做好仓库商品管理的"八防"工作，即防霉变，防锈蚀，防鼠咬、虫蛀，防潮湿，防汛，防冻，防火，防盗。

6.7 商品接近时效或保本利期时，应通知供应商主管领导，及时处理以防造成损失。

6.8 仓库安全工作贯彻预防为主的方针，严格执行仓库安全管理制度，规范作业，加强防范。

6.9 商品出库要有正式手续，严禁白条出库，提货单必须字迹清楚，不许涂改。

7 商品销售流程。

7.1 开单。

在顾客选好商品以后，由导购开具《商品销售小票》，小票的内容应填写完整，特别是商户编码、商品条码以及商品单位、数量、单价、金额等要填写清楚、准确。在公司举行促销活动期间，如不参加活动的供应商还应在《商品销售小票》上注明"不参与促销活动"的字样。由于导购开单原因而使收银员错收货款、兑券人员误兑票券的，其责任由导购承担。

7.2 收银。

收银员凭填写准确、清楚的《商品销售小票》收取商品货款，收妥货款后，收银员在《商品销售小票》的顾客联、柜组联上加盖公章和私章，并将其中二联连同商品销售的电脑小票一起交给顾客，另一联留财务。

7.3 发货。

营业员凭加盖公章和收银员私章的《商品销售小票》顾客联与××国际商业广场电脑小票（查验后交还顾客）交付顾客商品。留下《商品销售小票》的柜组联作为与收银员对账存根，导购在接收小票的过程中应仔细检查小票上的有关记录。

7.4 对票。

收银员于当班时间结束时，应核对账票是否相符。营业员在交接班时要核对小票，做到账实相符。

7.5 商品销售流程图。

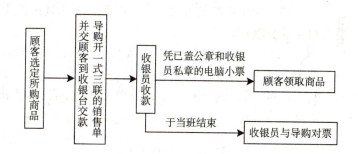

7.6 关于销售单、退货单的填写。

7.6.1 字迹工整、不潦草、一目了然，清清楚楚。

7.6.2 认真填写专柜名称、专柜编号和时间，营业员一栏要填写导购员的"工卡编号"。

7.6.3 在填写商品编号、商品名称、单价、数量、折扣及金额时必须由上至下填写，且每张单只可填写四个品类（不含合计）。

7.6.4 单价栏的价格是每个单品的折前价，即为原价；如商品打折，则在打折栏详细填写折扣，金额栏是每个品类的售价金额；合计栏是全部商品的售价总额。

7.6.5 折扣的填写：填"几折"、"金额"用小写数字，"合计"必须用大写数字。

附：

××国际商业广场商品销售单

楼层：　专柜名称：　专柜编号：　　　　　　　　　　　年　月　日

商品编号	商品名称	单价	数量	折扣	金　额						
					万	仟	佰	拾	元	角	分
合计											

大写合计：　万　仟　佰　拾　元　角　分

现　金	银行卡	购物卡	支　票	礼　券	营业员	收银员

此单共三联：一联财务联、一联顾客联、一联柜组联

7.6.6　关于退货单的填写。

7.6.7　退货单的填写同销售单的方式一样，但多一项退货销售发票编号及退货原因，营业员要认真填写。

注：如顾客买三件商品，只退其中一件，且原购三件商品填置的是一张销售单，则营业员在填置退货单时必须填三件商品，剩余的两件应再开销售单。两项操作同时进行，不可以只填置退一件的退货单，这样不符合电脑操作。

附：

××国际商业广场商品退货单

楼层：　专柜名称：　专柜编号：　　　　　　　　日期：　年　月　日

商品编号	商品名称	单价	数量	折扣	金　额						
					万	仟	佰	拾	元	角	分
合计:											

大写合计　万　仟　佰　拾　元　角　分

退货销售发票编号							
柜组长/楼层管理员							

现　金	银行卡	购物卡	支　票	礼　券	营业员	收银员

8 商品销售工作行为规范。

8.1 柜组长要严把上柜商品的质量关，坚决杜绝假冒伪劣商品上柜销售。

8.2 任何商品上柜都要经组长验货，被通知有问题的商品严禁任何员工私自上柜，否则后果自负。

8.3 开票台应保持整洁，不准乱堆乱放物品。

8.4 标价签应填写规范，一律用黑色钢笔填写，字迹工整清晰，数码准确，要求一货一签，货签对位。

8.5 在销售中要保持三价统一，即标价签、商品码、销售小票的价格一致，商品调价后要及时更换标价签和商品码，原商品码要撕掉，严禁将新码贴在旧码上（临时促销除外）。

8.6 中午交接班时，上午班一定要将晨会内容和还未完成的工作传达到下午班，做好衔接工作。

8.7 营业员的交接手册要保持账目清晰、整洁，严禁乱写乱画、随便改动。

8.8 领用物品应根据实际需要领取（包装袋、价签、小票、报表等），严禁乱用、私用、外借等浪费行为。

8.9 晨会布置的各项工作要保质保量地准时完成，严禁无故拖延。

8.10 柜组物价和质量要时刻严格把关，并定期采价，出现质量及价格问题由相关责任人员负连带责任。

8.11 在个人负责范围内严禁替顾客照看包、衣物等，提醒顾客自己注意物品安全，顾客试衣服时只留押金或人，严禁留物品作抵押。

8.12 小票填写要求工整规范，填写内容清晰准确无误，严禁出现错票。

8.13 员工开具小票应询问顾客有无会员卡，在顾客出示会员卡后方可开具打折小票，并注明会员卡。

8.14 当顾客购买金额比较大时，应先询问顾客的支付方式，以避免因支票付款（到账后方可提货）造成的纠纷。

8.15 任何商品打折须经值班管理人员批准，严禁私自给顾客打折，或将顾客直接介绍给厂家而不经过商场，严禁将自己的会员卡借给顾客使用，严禁直接从厂家拿进价。

8.16 严禁私收货款，红票须经柜组长或经手人签字后方可找值班管理人员签字，严禁私退、空退商品，套取商品差价。

8.17 在销售有外包装的商品时，一定要和顾客一起打开商品检查一遍（国家有特殊规定的除外），在付货时应让顾客自己检查一下商品是否有误后，方可发货；严禁私自给顾客调换商品或发错货。

8.18 在付货时应双手将商品递送到顾客手中，严禁甩、扔等不礼貌的动作。

8.19　严禁私借、挪用柜台商品。

8.20　对缺货登记的内容要定期检查，不管是否有货都要给顾客一个答复，严禁不了了之。

8.21　对批量订购的情况，应积极与厂家联系，如无法保证备货，应如实告诉顾客，严禁拖延时间和随便承诺，如有货应定准取货时间，严禁出尔反尔。

8.22　员工介绍商品时一定要实事求是，严禁夸大商品的功能、长处或错误地介绍商品的优点、成分造成误导和使顾客误解。

8.23　当顾客询问时要有迎候语"您好，欢迎光临"；当员工到仓库取货时要说"您请稍候"；当服务中出现错误时必须道歉"对不起"；当顾客取货离开时要说"谢谢，请走好，欢迎下次光临"；当在通道上遇见顾客时要说"欢迎光临"。

8.24　员工介绍商品或回答顾客的询问时一定要面对顾客。

8.25　在解答顾客的询问时应实事求是，并解释清楚，对似是而非的问题严禁随便解释，应及时找管理人员解答。

8.26　商品须调价时应打调价单，严禁原编号冲零，编新号入账的行为。

8.27　营业员中的退货原则是本着实事求是、合理、合法、以我为主、以企业信誉为重的态度，坚持可换可不换以换为主，可退可不退以退为主，责任不清楚时以我方责任为主的原则。

8.28　对顾客都要一视同仁，视退换货如销售一样，严禁指桑骂槐，贬低顾客。

8.29　退货时一定要仔细检查发票，事先将特殊情况告知顾客，以免因商城的财务规定（顾客不知道的，如使用银行的各种储值卡不能退现金等）造成顾客的不满和投诉。

8.30　在服务中不要随意承诺，承诺的内容要符合实际情况和商城的有关规定，对承诺的事情要一诺千金，不可随意反悔，如承诺不能兑现而须变更要提前征得顾客的同意。

8.31　在发生服务纠纷时，无论谁的原因，员工都要保持镇静，注意自己的言行举止，尽力避免事态的扩大，并及时通知管理人员，严禁和顾客吵闹、出言不逊及其他过激行为。

8.32　在销售和售后服务中，不准供货商参与意见，严禁由供货商和顾客直接打交道或将纠纷交与供货商处理，任何事情都由商场管理人员解决。

8.33　顾客正常退换商品时，员工不准以推销自己的商品为目的而故意刁难顾客或限制顾客的挑选范围。

8.34 顾客无发票换货时，在确定是本商场商品的基础上可以调换价位不低于本商品的其他商品，会员卡只适用于差价部分。

8.35 对顾客提出的询问和合理要求要认真、及时、恰当地给予处理，解决不了的及时通知管理人员。

8.36 不得以推销自己的商品为由贬低商城的其他商品。

8.37 营业接待中不讲有伤顾客自尊心和人格的话，不讲埋怨责备顾客的话，不讲讽刺挖苦顾客的话。

8.38 接待顾客或接受顾客的询问时，应将注意力放在顾客身上，严禁说或做与工作无关的事，无视顾客的存在。

9 精致服务工作规范。

9.1 按导购员精致服务工作规范标准接待顾客要精神集中，举止大方，言谈文雅，真诚热情。随时体察顾客心理，介绍商品要客观、实际、耐心。如有顾客对商品咨询时应主动参谋介绍，不得有虚假导购，蒙骗顾客等行为。在整个销售服务过程中，导购均应保持真诚自然的微笑，为顾客提供贴心、精致的服务。

9.2 详见《营业员管理手册》。

9.3 收银员精致服务工作在顾客来到收银台前交款时，收银员应面带微笑，主动与之问好。收找钱款应唱收唱付，并根据情况使用规范用语。找回顾客零款及购物小票时，应双手递送到顾客手中，然后礼貌道谢、道别。

9.4 详见《收银员管理手册》。

10 销售业绩考核。

10.1 商品品种新颖，品质优良，价格合理，服务精致这些是我们实现良好业绩的保证。

10.2 根据各供应商所经营的商品品种不同，场地占有面积不同，销售扣点不同，测算出各供应商的预计销售额，根据商品销售的实际发生（月、季、年）结算出实际销售额。

10.3 按业绩进度排列先后次序。对业绩好、超额完成销售任务的，××国际商业广场将供应商降低扣点，再降低扣点直至取消扣点。对任务完成不好的，要加强管理，协助供应商找出差距，如果商品确实不符合市场需求没有竞争力，要按末尾淘汰制执行，劝其离开××国际商业广场。

11 商品陈列管理规定。

商品陈列是有效促进销售的重点环节，为做好商品配置陈列规范化管理，特制定本制度。

11.1 组织机构设置。

××国际商业广场营运部是商品品牌陈列的管理机构，是负责店铺商品配置陈列设计审核、设计图执行情况的督导机构。

11.2　商品配置管理。

11.2.1　控制商品项。在进行周密准确市场调研的基础上，有效控制商品品牌数，建立商品配置表，严格按照商品配置项目组织货源，各专柜品牌不得交叉经营。

11.2.2　商品定位管理，按照商品品牌配置表，确定卖场内的商品定位，陈列方式和在货架的陈列位置，保证商品有序有效地定位陈列。

11.2.3　商品陈列排面管理，分析和预测商品销售量和敏感程度，结合商品配置表，确定商品的合理摆放。

11.2.4　畅销商品保护管理，根据商品配置表，结合商品销售情况，确定畅销商品在摆放中的位置和排面数，保证畅销商品放在明显的位置。

11.3　商品陈列的原则。

11.3.1　商品陈列显而易见的原则，要做到贴有价格价签的商品面要面对顾客，一货一签，货签对位，每种商品不能被其他商品遮挡。

11.3.2　商品陈列要让顾客伸手可取，又很容易放回原处。

11.3.3　商品要丰满陈列，商品陈列丰满、美观、及时补充，专柜内商品不能空缺。

11.3.4　使顾客容易判断陈列商品所在地，在卖场明显位置贴示卖场分布图。

11.4　商品陈列的检查。

11.4.1　商品的价格标签是否面向顾客的正面。

11.4.2　商品有无被遮挡，无法"显而易见"。

11.4.3　商品上是否有灰尘或杂质。

11.4.4　有无价格价签脱落或价格不明显的商品。

11.4.5　是否做到了取商品容易，放回也容易。

11.4.6　商品部门所经营的品种区分是否正确。

11.4.7　商品陈列摆放是否有空闲区。

12　商品定价原则。

联营厂商所进入××国际商业广场专柜的商品，零售价由厂方制定，定价原则如下：

12.1　供应商在××国际商业广场销售的商品零售价格必须服从××国际商业广场物价统一管理，供应商所定商品价格不得超过《××市物价局制止牟取暴利规定》所规定的最高限价，商品销售价格也不得高于××市其他商场同类商品销售价格，否则××国际商业广场有权拒付销货款并按零售价差额的十倍支付给××国际商业广场作违约金。

12.2　在经营中，根据专柜的实际销售情况，通过市场调研和整体营销策略，甲方有权对供应商经营商品的价格、陈列、促销等提出意见，供应商须配合并立即作出相应的整改。

13　商品售价变价申请流程。

13.1　营运部员工将市调结果汇总，对比同类商品价格差异。

13.2　营运部主管填写《商品售价变价申请单》。

13.3　部门经理审核《商品售价变价申请单》内容。

13.4　营运部经理将《商品售价变价申请单》交与供应商。

13.5　供应商根据市调结果进行价格方面的查询并确认商品是否变价。

13.6　供应商确认进行变价通过营运部进行系统调价，需发放变价通知单并打印需变价商品新价格标签。

13.7　供应商专柜接到营运部通知后立即领取新的商品价格标签，并更新旧商品价格标签。

附：

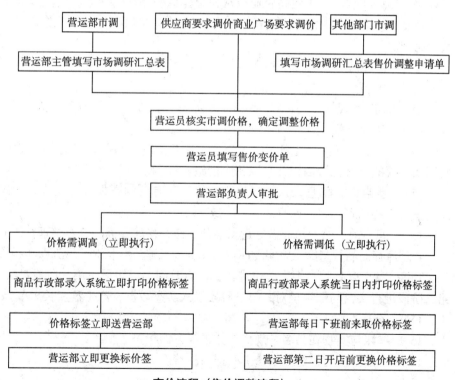

变价流程（售价调整流程）

14 商品标价签管理规定。

14.1 标价签要统一使用××市物价局发放的统一价签（或商场统一制作的价签），根据所经营的商品按规定购买价签。

14.2 第一种形式标价签应填写规范，一律用黑色钢笔填写，字迹工整清晰，数码准确，要求一货一签，货签对位。

第二种形式商品价签由营运部统一制作，电脑打印。各专柜书面写明价签规格、颜色将商品购进表同时送至营运部，由专职人员进行制作。以达到标签统一的目的。

14.3 在销售中要保持三价统一，即标价签、商品码、销售小票的价格一致，商品调价后要及时更换标价签。

14.4 商品价格标签在丢失、破损和污染的情况下立即重新更换新的价格标签。

15 商品盘点管理规定。

15.1 对库存商品进行盘点是确保商品安全的重要手段，又是商品存量分析和经营成果分析的重要依据，商品盘点管理工作的目的是：真实反映商品存量以及商品动销状况，为提高企业经营和管理水平服务。

15.2 商品盘点工作必须坚持实物与账物对应的原则，盘点工作由营运部负责组织。

15.3 日常盘点：营业专柜在日常入货、发货过程中应对商品库存进行经常性的整理和清点。

15.4 临时盘点：一般根据特殊需要进行，如专柜班长替换，人员交接，以及特殊原因需要清点库存时，可进行临时性盘点。

15.5 定期盘点：每月组织一次全面性盘点，核对库存商品是否账实相符，对账实不符的要查找原因，并采取相应措施。

15.6 盘点前，信息录入员需将所有与库存有关的票据办理完毕，并以盘点前一日最终结存为机内账存。

15.7 盘点前，营业员应做好盘点准备工作，将库存商品分类整理，码放整齐，整理库存商品数量账，将实物库存与库存商品账进行核对，做到账实相符。

15.8 盘点以品牌专柜为单位进行，盘点时间为三阶段，第一阶段盘实物，第二阶段进行实盘与账存核对，第三阶段录入实盘数据，产生盘点长短单。

15.9 查货。

15.9.1 账与实物在品名、规格、数量等方面相符。

15.9.2 账簿应与柜组流水账上的记录相符。

15.10 造表。

15.10.1 按账簿供应商填制盘点表或按实物摆放顺序填制盘点表，要求一家一表，形式四联。

15.10.2 盘点表上须特别注明：

最后一次进出货日期；供应商编号。

15.11 盘点。

15.11.1 按货物摆放顺序见物盘物，不得跳盘、漏盘、重盘，盘点人将实盘数量写在盘点表上，如有改动须用大写注明数量并由盘点人、监盘人双方签字认可。

15.11.2 在盘点表上注明盘点日期、实盘数量、盘点人。

15.11.3 收表——盘点完毕，由××国际商业广场指定收表人统一收表，并按一、二、三、四联分开，其中：第一联：专柜自留，第二联：录入员，第三联：楼层经理，第四联：营运部长。

15.11.4 账面处理。在账簿上注明盘点日期、实盘数量、实盘金额、盘点人，并用红笔在下面画一直线作为本月结存数。

15.11.5 盘点后，营运部迅速准确计算出各供应商数量，若有误差，迅速查明原因及时更正。

15.11.6 若属管理不善，盘实物与账面不符，短少商品由柜组责任人赔偿，根据实际情况缺货数量较大，营运部可按私收银，或专柜管理不善对专柜进行违规罚款处理。

15.11.7 残次品盘点与正品共同进行，盘点表单列（一式四份），格式与正品盘点表相同，由参加盘点人签字确认。

15.11.8 盘点过程中，营运经理要随时抽查，复核盘点结果，以确保盘点的准确性。

15.11.9 盘点核对完成后，录入员录入实盘数据，产生盘点长短单（一式四份），计算出长短数量，由营业员和楼层经理共同签字确认。

15.11.10 商品盘点不准以长补短，以账外补账内，以白条顶账、顶货，以及任何弄虚作假行为。

15.11.11 盘点结果要及时上报，不能以盘点不清为由不报或迟报，结账五天后上报盘点结果。

15.11.12 对于出现合理范围内的长短，要及时认真地查找原因，对长货作出文字说明，对短缺商品专柜员工负责赔偿。

15.11.13 盘点过程中发现残次品，要及时安排清理，上报供应商退货或削价处理。

16 供应商货款结算。

16.1　供应商必须使用管理方印制的统一销售单据，该销售单据对账联作为对账结算的凭证。

16.2　管理方对供应商销售货款结算周期，以双方签订的相关合同协议约定为准。

16.3　供应商应于结算期内到管理方财务部领取结算清单。

16.4　供应商核对无误，签章确认后将结算清单交回财务部，财务部开具结算通知单，未领取结算通知单的供应商，于结算期内至楼层营运部领取结算通知书。

16.5　管理方财务部根据供应商提供的发票和结算通知单，扣除相关应扣费用后为供应商方办理营业款结算。

16.6　供应商在领取结算通知书后，在规定时间内未办理结算，则顺延至下一个结算周期。

16.7　供应商不能按时足额向管理方缴纳相关合同约定所承担的各项费用和其他由供应商承担罚款及赔偿金时，供应商同意由管理方从其营业款中扣除，如仍不能足额抵扣时，供应商同意以现金或支票形式给予补足。

16.8　结算说明：详见《结算管理手册》。

16.9　供应商结算流程：

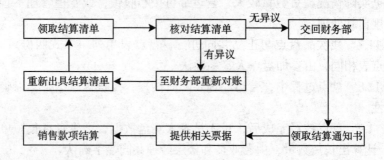

17　供应商退货流程。

17.1　填单。

17.1.1　根据供应商（专柜）商品更换实际情况，将有问题商品清单及时送给分管经理，营运部配合楼层各专柜做好问题商品、过季商品清退工作。

17.1.2　按实际退货品种数量开具退货单，注明供应商名称、供应商编码、退货日期、计量单位、数量、进价等，并按进价在退货单上算出退货总金额。

17.1.3　供应商须出具盖有公章的退货凭据，按实退商品金额开具收据，并由供应商业务员签名认可。在我公司退货单上由供应商业务员签名并加盖供货单位公章。

17.2 验货。

同供应商一起核对应退商品是否与退货单上所填商品相符。

17.3 查账。

查对账单上的记录同实物是否相符。

17.4 签名。

17.4.1 专柜退货人员签名。

17.4.2 商品录入查账、审核人员签名。

17.4.3 营运经理审核签名。

17.4.4 分管部长审核。

17.4.5 供应商退货人员签名。

17.5 开具《商品出门放行表》。根据退货单内容填写《商品出门放行表》一式三联，《商品出门放行表》上须注明与退货单同行，由营运部值班经理签名并送部门部长审核签名。供应商退货人员持《商品出门放行表》出门时须由值班保安检查，并在表上签名后放行。

17.5.1 未有楼层营运部主管审批签字的出场单，值班保安员不予放行。

17.5.2 楼层营运管理员在办理专柜商品出场手续时，应仔细检查柜组商品是否充足、是否有新货入场、是否有季节性商品退换货及调换商品的数量、价格等，如存在异常，应及时通知主管，上报总监，并立即终止出货。

17.5.3 对于存在大额欠款或长期无新品入场的专柜原则上不予办理有关商品出场手续。

17.5.4 商品出场手续必须齐全，出场单不得有任何涂改，否则不予审批放行。

17.5.5 商品出场必须从商品验收通道出场，不得从其他大门出场，以免影响顾客的进出及卖场的形象。

17.5.6 商品出场单当日有效，过期须重新申请，防损部对非当日批准的出场单不予放行。

根据退货单内容填写《商品出门放行表》一式三联，《商品出门放行表》上须注明与退货单同行，由储运部退货人签名并送部门主任审核签名。供应商退货人员持《商品出门放行表》出门时须由值班保安检查，并在表上签名后放行。

17.6 将实退商品及时入账。

17.7 送单。

与商品入库制度送单程序相同。

18 商品保管责任。

18.1 营业时间商品保管责任在供应商方，非营业时间商品保管出现责任事故由××国际商业广场负责报警，按公安机关处理意见办理。

18.2 供应商经营场地内的商品实行自愿保险，费用自付并通过××国际商业广场统一代办保险手续。

18.3 发生事故造成经济损失后，××国际商业国际广场协助供应商向保险公司申请索赔。

18.4 本保管责任有关规定可参照《商品管理手册》。

19 商品促销要求。

19.1 管理方将根据经营的需要，在重大节假日、店庆、换季期间开展统一的营销宣传和促销活动。在统一的促销和营销活动中，供应商必须配合管理方的促销计划，并根据促销所产生的实际费用适当分摊一定费用。

19.2 供应商自行开展的促销、宣传活动，不得违背国家和地方的广告法规，不得使用不符合管理方统一规定标准的广告道具和宣传品。

19.3 供应商所开展宣传、促销活动均不得有虚假、不实和欺骗消费者的内容，供应商不得使用不正当的竞争或损害消费者利益的手段推销商品。

19.4 供应商同类商品在××国际商业广场之外的其他商场或是专卖店促销时，必须在××国际商业广场同时进行。

19.5 供应商需利用公共区域（如中庭、广场、外立面、公共柱体等）进行宣传、促销时，必须提前7日提出书面申请，经管理方批准后有偿使用。

19.6 在经营期间，供应商未经××国际商业广场同意，不得擅自将场地用于"特卖场"售卖货品，否则甲方有权停止乙方经营，情节严重者，甲方有权解除合同。

19.7 商品在××国际商业广场开展促销活动时，须经××国际商业广场批准后方可实施，有关促销方式或广告、宣传品的张贴及使用须遵守××国际商业广场有关规定，并经××国际商业广场批准后实施。供应商必须参加××国际商业广场组织的整体营销宣传活动并承担相应费用。

详见《促销管理手册》。

20 禁止场外交易、私换商标的暂行规定。

20.1 为进一步规范卖场的售卖秩序，确保供应商及公司的共同利益，防止不正当竞争，特作如下规定：

20.1.1 各供应商不得在卖场内不通过收银台私收顾客现金，进行场外交易。

20.1.2 各供应商不得将团购业务介绍到其他商场或专卖店。

20.1.3 供应商所提供商品不得有假冒伪劣及私自更换商标的商品。

20.1.4 公司内部员工不得参与场外交易。

20.2 对违反上述规定的供应商处以不低于商品零售总价十倍的罚款，场外交易两次以上（包括两次）者予以清退。

20.3 对参与场外交易的导购员扣除管理保证金，并予以除名。

20.4 对检举场外交易或假冒伪劣、私换商标行为的，公司查实后对举报者给予商品零售总价五倍的奖励。在经营场地销售过程中严禁营业员收取现金，如有发现加倍处罚直至除名，按贪污论处。

21 商品售后服务。

21.1 为维护消费者合法权益和××国际商业广场及全体供应商的信誉和形象，供应商须遵守××国际商业广场的有关售后服务管理规定。

21.2 ××国际商业广场设有专门的服务总台，管理方统一受理顾客退、换货，负责处理消费者购物后的退换货、维修等工作，供应商必须协助和配合管理方做好售后服务工作。

21.3 供应商必须遵守国家、地方对不同品类商品的退、换货和"新三包"管理规定，有责任接受顾客对商品退、换、维修等方面的要求，顾客退、换货如符合退、换货的规定，供应商必须无条件协助办理，承担提供商品的退换责任。供应商经营的商品在质量、包装及售后服务等方面均必须达到国家标准和行业标准，供应商应保证其经销商品具有合法所有权，严格按合法的渠道进货，保证商品质量，实行三包（包换、包退、包修），不得经销假冒伪劣商品；不得经销明知是侵犯他人商标、专利等合法权利的产品；不得经销国家限制、禁止经营的产品；不得经销超越本合同所规定的经营范围的商品。供应商因违反前款规定经销产品，造成侵害他人权利，因供应商经营商品造成他人损害及受到行政处罚的，××国际商业广场有权向供应商追索由此造成的经济损失，并有权对供应商进行违约罚款，××国际商业广场有权对供应商的经营产品合法性进行监督，有权查验供应商有关凭证。

21.4 因供应商所供销售的商品存在质量问题，给消费者造成损害的由供应商自行承担。

21.5 供应商所供商品销售后，顾客需要开具相关发票，统一由管理方服务总台办理。

21.6 管理方将成立专门的投诉受理机构，接待供应商及顾客等对涉及××国际商业广场经营活动的各项投诉。

21.7 管理方投诉受理机构对供应商及顾客等的投诉本着公正、公平、实事求是的原则进行调查，在事实基础上，依据××国际商业广场各项管理制度、管理规定和国家有关法律、法规对供应商及顾客的各项投诉进行处理。

21.8　管理方有权对供应商及营业人员进行调查、核实和处理，供应商及其营业人员必须主动配合××国际商业广场管理人员的工作，并接受处理意见。

21.9　供应商及顾客等均有权力、责任和义务对损害消费者合法权益的行为进行批评和举报，经管理方核实后，对于举报者，管理方将予以表彰和鼓励，对违规者予以处罚。

21.10　供应商及顾客等对投诉机构的处理意见不满，可向其他相关机构投诉。

21.11　详见《客服管理手册》。

22　顾客退换货流程。

22.1　顾客到服务台或专柜要求退换货时，服务台员工或营业员确认顾客商品是否在我商场购买，如不是在我商场购买，可告知，并给予适当的帮助。

22.2　确认为我商场的商品之后，服务台受理的退换货应直接通知楼层管理人员，由管理人员处理；专柜受理的退换货应由营业员与顾客沟通处理，如有分歧，应及时告知楼层管理人员，由管理人员处理。

22.3　确认可以退换货后，应由营业员凭顾客的手工销售单、手工销售小票及所开发票到服务台领取手工退货单并填写退货内容。退货单的填写方式同销售单填写一致，但要注明退换货原因，销售发票编号等。

22.3.1　填妥退货单后，应由当事营业员签名及柜组长签名确认或楼层管理员签名。

22.3.2　顾客本人持此手工退货单、手工销售小票及发票等到服务台办理退货手续。

22.3.3　服务台人员认真核对退货单，做电脑退单。

22.3.4　如果顾客是现金消费，在退货时则直接退现金与顾客。

22.3.5　如顾客是刷卡消费，则须顾客出示身份证、卡号或银行存折并提供一份复印件，然后办理退卡（款）手续，打出电脑退单，顾客须在电脑退单上签字确认。

22.3.6　服务台员工于当班结束时将原销售小票、发票、退货单、电脑退单及顾客提供的复印件一同转现金房，再转财务部作为作账依据，同时，由财务部到银行办理，退卡（款）在十五天左右退到顾客银行账户上。

22.3.7　退卡（款）手续办理完毕，顾客可在十五天左右查询。如顾客到服务台询问，服务台人员要给予解释，同时要与财务部沟通了解退卡（款）办理及到账时间等情况。

22.4　退换货的办理必须在服务台收银机上操作，服务台人员要检查退货是否属实，退货必须由顾客本人前来办理，不是顾客本人，不予办理。

22.5 专柜换货，如顾客换价高的商品，只需导购开补差价的销售单即可，单上注明原购商品、价格、现换商品及价格，由顾客到收银台交款即可，但要求顾客的付款方式要相同，以方便其他业务手续的办理。

22.6 顾客如要求换同价不同商品时，专柜可直接给予换货；或原商品按退货程序办理，新商品按销售程序办理，两种方式均可。

22.7 如顾客所换商品比之前所购商品价低，则须原商品按退货程序办理，新商品按销售程序办理。

22.8 如顾客遗失购物凭证，所有原始单据均遗失，但导购员可证明顾客所购商品为我商场购买，则须找出原始单据（销售小票柜组联），复印一份由楼层管理部确认，服务台根据楼层管理部的确认作退货处理，此复印件等同于原始单据。

22.9 对于非我商场出售的商品，不予退换货，可给予适当的帮助。

23 供应商、商品撤场管理规定。

23.1 供应商（专柜）撤场应以书面的形式向××国际商业广场提出申请，并详细填写《××国际商业广场商户（专柜）撤场单》，注明撤场时间、原因等。

23.2 专柜持填好的撤场单及申请到招商部，由招商部签署意见后，到楼层营运部签署意见，然后由工程部签署意见，再转财务部确认未结款项及所欠租金等，最后由总经理审批。

23.3 经总经理审批同意的撤场单，要转至楼层管理部办理相关出场手续。商户填写《商品出场单》，楼层管理部主管签字审批，然后由防损部监控商户撤场。

23.4 专柜商品撤场原则上不准在营业时间进行，须在我商场收市后进行。

23.5 专柜商品撤场要提前申请，以方便我们的工作安排，保证撤场顺利。

23.6 专柜商品撤场时，不准携带审批以外的任何商品或货架出场，不得破坏我商场的统一设施和其他专柜的货架及商品。

23.7 专柜应配合我商场防损部的工作，有秩序地进行撤场。

23.8 专柜办理撤场的人员应保持卖场卫生，离开时应将所有垃圾带出商场，不得在商场内进餐、饮酒。

23.9 专柜撤场要迅速、有效，不得无故拖延时间，影响进度。

23.10 供应商（专柜）撤场流程。

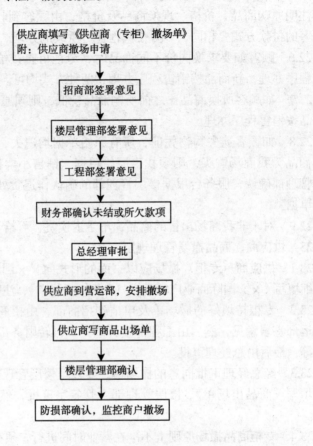

供应商填写《供应商（专柜）撤场单》
附：供应商撤场申请

↓

招商部签署意见

↓

楼层管理部签署意见

↓

工程部签署意见

↓

财务部确认未结或所欠款项

↓

总经理审批

↓

供应商到营运部，安排撤场

↓

供应商写商品出场单

↓

楼层管理部确认

↓

防损部确认，监控商户撤场

附：

××国际商业广场供应商（专柜）撤场单

商户名称		专柜编号		撤场时间	

撤场原因：

招商部意见：	楼层管理部意见：	工程部意见：	财务部意见：	总经理审批：

此单为三联，一联由招商部留存，一联由楼层管理部留存，一联财务部留存。

第四章 营业员管理手册

第一节 顾客销售服务原则

　　"服务"就是用劳务来满足消费者的需求，通常被看做商品的一部分，即商品＝产品＋服务。销售是将商品从制造商转移到消费者手中这一过程的最后环节，而其中营业员提供的服务，则是商品与顾客之间的桥梁与情感纽带。营业员在服务过程中，最应讲究的就是销售服务技巧，这对商品的销售能否成功十分关键。营业员在顾客购物之际，应善于捕捉其消费心理活动，适当应对，

原则要点	具体说明
热情主动	顾客进专柜时，要友善注目，主动招呼，笑脸相迎；推荐商品要实事求是；服务态度要不卑不亢、不温不火、买卖不成也要同样热情；顾客离柜时，要说欢迎再次光临，切忌冷淡与失礼。
业务精熟	营业员要熟练掌握必需的商品知识和操作技能，对商品的尺寸、材料、款式、名称、种类、价格、特征、产地、制造商、品牌、颜色、规格、品质及使用方法等要能脱口而出，在推介时通过展示示范、顾客试用等方式，使顾客对商品有直观的了解。
准确把握顾客	营业员在销售过程中，要有针对性，不同的顾客，采用不同的方法。做到察其颜，观其行，揣测和了解顾客的消费心理，探知顾客的性格爱好，迎合顾客的兴趣，有针对性地进行推介，并在推介过程中，时刻注意顾客的反应，及时提供参考意见，营造良好交易气氛，及时捕捉机会，促进交易成功。
卖点突破关联销售	"卖点"是商品在款式、材料、品质、价格、促销等方面具有的优势因素。营业员在推介时要把"卖点"作为销售重点，争取以"卖点"打动顾客，促成交易；当顾客购买了一件商品后，营业员要主动向顾客推荐与商品相关联的配套或附属商品，积极引导顾客购买，扩大销售。
建设自身良好修为	营业员工作是一项礼貌性很强的工作，要求营业员在接待过程中，做到信心十足、谦虚温和、友好诚信、动作协调、语言轻缓、耐心服务、细心待客、仪容整洁规范、举止大方、知理识趣，较好地展示自己的精神面貌，体现商场气质，使顾客能对营业员及商场留下良好印象。
充分照顾顾客利益	营业员在销售时要充分尊重顾客，视顾客为亲朋和老板，为顾客推荐物有所值的高质量商品，满足顾客需求，力争使交易达到"双赢"效果。

提供恰到好处的服务，使其轻松愉快，从而促成交易的成功，并达到顾客的满意。

第二节　顾客消费需求倾向

下面是消费者在挑选商品时经常出现的需求倾向。消费者在挑选商品过程中，并不仅仅具有其中的某一种倾向，也许有两种或两种以上的倾向。不过，在多种需求倾向中总有某一种发挥主导作用。营业员在接待顾客过程中应注意揣摩顾客在挑选商品中的各种需求倾向，尽量满足其需求，促进商品交易的圆满达成。

倾向	内　容	挑选商品时的表现	接待对策
求实	以追求商品的使用价值为主要倾向，也是最常见最普遍的购买倾向。其核心是讲求"实惠"、"实用"。	特别注重商品的效用、质量和使用方便，不过分强调外观的新颖、美观及象征意义等。	应对商品的性能、特点多做介绍，帮助挑选。
求新	以追求商品时尚、新颖、奇特为主要倾向，很大程度上包含有好奇的心理因素，因此求新与好奇往往结合在一起。其核心是"流行"、"奇特"。	注重商品的式样是否流行或与众不同等，不大注意商品的实用与否和价格高低。	应对商品的流行趋势与与众不同之处多加说明。
求美	以追求商品欣赏价值和艺术价值为主要倾向。以中青年妇女和文艺界人士为多见。其核心是"赏心"、"悦目"。	特别注重商品的造型、色彩、包装装潢等外观美，注意对人体的美化作用和对环境的装饰作用，不特别注重商品本身的使用价值。	多从装饰及美化方面介绍商品，略过商品的使用价值。
求廉	以追求廉价商品为主要倾向。在经济收入不高或经济收入虽高但节约成习的消费者中多见。这类消费者对商品价格的变化敏感。	往往对同类商品之间的价格进行仔细比较，而对商品质量、花色、款式、包装等不大计较挑剔，喜欢选购折价、优惠价、特价商品。	切忌冷淡轻视，要以平和的态度，多向其推荐商品的低价品、换季降价商品、积压处理商品等。
求名	以追求名牌、地方土特产为主要倾向。其核心是崇拜、信任名牌，仰慕地方特产和传统的有名产品。	特别注重名牌，对名牌孜孜以求，不信任杂牌商品质量，非名牌不买。外地顾客或遇到外地的顾客会特别希望购买代表本地特色的商品。	特别注意介绍本店名牌的商品来自直接代理商或制造商，给顾客以信任感。内行地推荐本地极富代表性的特产。

续表

倾向	内　容	挑选商品时的表现	接待对策
求荣	以追求高级、名牌、稀有、名贵商品为主要倾向。其核心是"炫耀"、"好胜"。以得到公认的贵重的高级商品为荣耀，以此显示其生活的富裕或身份地位的特殊。	注重商品价格是否很高，品牌是否著名，数量是否很少等。	极力赞美其富贵或艺术鉴赏力高，着重介绍前来购买同类商品的其他名人，以增加顾客的荣耀感。
求同	以购买大众化商品为主要倾向。其核心是"同步"、"从众"。这在思想意识较为保守者中多见。一般受相关消费群体的影响，不想"出人头地"，不愿赶上流行趋势。	注意别人购买什么，买的人多了，才下决心购买。	多介绍该种商品的销售额，上市时间长久，以及性能、质量，以促使其下决心。
求趣	以满足个人特殊的爱好、兴趣为主要倾向。其核心是为了满足某种"嗜好"、"情趣"。希望从购买的商品中得到无限的快慰和乐趣。	对所感兴趣的商品，会立即购买，对价格高低与否不大计较。	根据其兴趣，重点介绍商品在其关心的领域中的作用。
求恒	以满足对某种商品的"习惯"消费为主要倾向。其核心是出于"习惯"或讲求"稳定"。不愿在繁多的品种中重新考虑和决定购买哪一种，或为了节省思考时间，或为了减少风险和麻烦。消费忠诚度比较高。	往往根据自己的消费习惯选择商品，购买指向性集中、稳定。	不必过多介绍，而应在顾客到来的同时，立即拿出其"习惯"购买的商品，增加顾客的亲切感和信任感。

第三节　顾客销售服务技巧

营业员在无顾客时，要保持正确的站姿和态度，并经常检查与整理商品，维护商品的良好卖相，时刻做好迎接顾客的准备。

销售过程中，要适当运用以下技巧，促进交易的成功。

技　巧	说　明
接近顾客的技巧	适时地接近顾客，销售可谓成功了一半。
1.仔细在看商品时	顾客若在卖场上对某一种商品看了很长时间，表示其对商品产生了兴趣，此时，就是接近顾客的时机。
2.用手去触摸商品时	当顾客伸手去触摸商品时，表示其对商品产生了兴趣，也是营业员接近顾客的时机。
3.将目光从商品处转向营业员时	此时有两种可能：一种是顾客等营业员详细介绍，一种为准备离开。若为前者则依顾客需求准备展示商品，若系后者也应询问原因，以便争取销售机会。
4.脚步突然停止时	顾客突然将脚步停止时，无论是在商品前还是在营业员面前，都有可能是被商品所吸引，此时就是接近的时机，同时要注意顾客的目光所接触的商品，以准备展开关于此商品的话题。
5.像在寻找某一商品时	若发现顾客像在寻找什么时，应立即接近，以便了解顾客的用意，而且可以省掉顾客寻找的时间，同时增加交易的机会。
6.与顾客目光相遇时	此时营业员应面带微笑，并且向顾客打招呼，诸如欢迎光临、早上好、晚上好之类的问候语，以增进彼此接近的机会。
商品展示的技巧	营业员在接近顾客之后，接着就是准备商品的展示了。在展示商品时不仅要将商品拿给顾客看，还要能够促进顾客的联想力，进而刺激其购买欲。
1.将商品使用时的状态给顾客看	必须将商品使用时的状态展示给顾客看，如毛衣要展在顾客胸前，领带要打个结提示给顾客等，以便让顾客能联想到使用时的状态。
2.使顾客接触商品	展示商品时，一定要让顾客去实际地接触商品或试用商品，让顾客对商品有直观真实的感觉。
3.引导顾客看出商品的价值	展示商品时，要让顾客能够看出商品的价值，并且一定要注意附加价值的表现，使顾客感到"买得值"。
4.若一样商品不合适，再提示第二样、第三样	由于每一位顾客对商品的喜好程度不同，往往会因为色彩、尺寸、花样、价格等因素而觉得不适合，此时营业员仍需要展示第二样、第三样商品，供顾客选择，并适时地向顾客提供自己的见解。
5.按由低价格到高价格的顺序展示商品	通过与顾客接洽，洞悉其所需的设计、规格、材料等因素，以推测顾客的预算金额，依次向顾客展示由低价格到高价格的商品，同时在展示过程中应特别注意顾客的反应，以掌握顾客所愿意接受的价格。
商品推荐的技巧	在销售过程中，除了把商品展示给顾客，并且对商品加以说明之外，还要尽力向顾客推荐商品，以刺激其购买的欲望。
1.推荐时要有信心	推荐商品时，营业员本身要具有信心，才能让顾客对商品产生信任。
2.由5W2H上着手，推荐适合顾客的商品	5W2H指顾客购买商品：谁来使用（Who）、在何处使用（Where）、在何时使用（When）、为何要使用（Why）、要使用什么（What）、如何使用（How）、准备花多少钱（How much），营业员要在接洽过程中了解以上信息，并且向顾客推荐其需要的商品。
3.将商品的"卖点"和其他优势推荐给顾客	商品兼具多种特征，营业员一定要将商品的优势特征推荐给顾客，增加顾客的信任感，并根据商品和顾客的不同，随时调整推荐策略。
4.适当运用肢体语言并注意讲话技巧	借助适当的肢体语言如手势等可加强说明效果；讲话时要注意技巧，争取用简短有力的语言打动顾客，促使其下定购买决心，切不可因讲话不当引起顾客不满或投诉。
促成交易的技巧	当顾客对商品产生购买信念时，要促使其提早下定决心并付诸行动。因此，懂得如何得体巧妙地结束洽谈，也很重要。

续表

技　巧	说　明
1. 集中于 3~5 种商品	在销售过程中，前半段可能提供很多商品供顾客选择，但在后半段时，营业员应在接待中测知顾客较喜爱的 3~5 种商品，缩小话题和顾客比较与选择的范围。
2. 探知顾客的喜好	在缩小范围之后，要特别注意顾客对商品的反应。诸如一直拿在手上的商品、一直询问的商品等，均为顾客很可能购买的商品。营业员针对观察到的情况，洞悉顾客之喜好，进一步加以说明与推荐，则交易成功率很高。
3. 加上一句"那么这一件好啦"	在通过说明推荐并观察出顾客可能购买的商品后，若能针对此项商品加上这么一句或"这一件的效果最好"等类似的话，很可能促使顾客做出购买决定。
4. 多询问选择性问题	当发现顾客在心理上已经动摇但仍犹豫不决时，要多向顾客提出问题，让顾客在你的问题引导下做出选择，如"先生，这件开票吗？"、"先生，现在开票吗？"、"先生，您要这个颜色还是那个颜色？"等，促使顾客在回答时做出决定。
5. 给顾客造成机不可失、可遇不可求的感觉	在服务过程中，要注意适时地提醒顾客诸如"这是最后一件"、"我们的活动明天就结束了"、"这一件特别适合你的气质"等类似话语，增加顾客的需求急迫感。这样，即使是带钱不够或游览的顾客，也有可能成为你的买家。

第四节　顾客服务应注意的问题

1　成交过程。

1.1　要用头 30 秒与顾客建立良好关系。

1.1.1　当有顾客临近时，要在第一时间内与顾客打招呼。

1.1.2　向顾客打招呼，可采用点头、微笑的方式，同时说 "欢迎光临"等礼貌用语；然后，要让顾客从容轻松浏览和挑选商品。

1.1.3　分析不同类型的顾客，采取针对性的服务：

A. 对于全确定型顾客（买客）应快速提供服务，尽快完成交易。

B. 对于半确定型顾客（看客）应态度热情、耐心周到，并揣摩其心理，启发和引导其购买行为。

C. 对于不确定型顾客（游客）应满腔热情，留给他们良好的印象。

1.2　掌握接近顾客的最佳时机。

1.3　帮助顾客购买。

1.3.1　顾客挑选商品显得犹豫不决时，要根据你的专业眼光留意顾客的喜好，为他作出购买建议。

1.3.2　顾客结伴而来时，要争取说服决策者，使其产生购买欲望，同时顾及非决策者的意见，以便大家都高兴。

1.3.3　经介绍、示范后，顾客仍下不了购买决心时，营业员可暂时离开顾客，留给他较多的时间轻松地考虑是否购买。

1.3.4　切忌贬低他人品牌质量争顾客、抢生意，切忌使用欺骗或争论等方法以求达到目的。

1.3.5　宁愿错过一次销售机会而保留顾客的信心，也不要强逼顾客购买一些他们不喜欢的商品。

1.3.6　无论何时，所有顾客都有权决定购物与否，更有权获得营业员的礼貌对待，应鼓励顾客继续选购其他商品或下次再来参观。

2　顾客接待。

2.1　接待多位顾客时，应做到"接一顾二招呼三"，耳聪目明、沉着冷静，做好手上的生意，对顾客询问一一作答，并注意商品安全。

2.2　接待不同顾客时，都要做到服务主动、热情、耐心、周到。

2.2.1　顾客买与不买一个样。

2.2.2　顾客买多买少一个样。

2.2.3　顾客退换货与购物时一个样。

2.3　正在工作时，例如，处理单据、文件、清理货架等，顾客到来应立刻放下工作，先向你范围内的顾客打招呼。

2.4　遇到商品断货时，要注意服务表达方式。

2.4.1　对缺货表示深切的道歉。

2.4.2　介绍代替的商品。

2.4.3　如果有确切的到货日期，要明确告知。

2.4.4　未能到货时及时通知顾客，要做好登记，包括姓名、单位、联系地址、电话等内容，并负责到底。

2.5　没听到或没听清顾客询问，引起顾客不满时，必须诚恳地说"对不起"，以求得顾客的原谅，切忌抬杠。

2.6　下班时间到，仍有顾客购买时。

2.6.1　不可有准备下班的动作、催促顾客。

2.6.2　帮助顾客决策。

3　处理顾客异议。

3.1　遇到顾客对所介绍商品提出异议时，营业员要以冷静和友善的态度回应，保持轻松、微笑和信心，无论事实怎样，永远不要对顾客说："不，你错了！"

3.2　倘若顾客没有问及，切勿申述你的个人意见。

3.3 顾客态度不好时，营业员应表现出极好的职业修养，做到既忍辱负重又坚持原则，既有礼有节又不卑不亢。

3.4 同事与顾客发生矛盾时，应立即有效劝架，通过取悦于顾客或象征性无伤大雅贬斥同事的做法，使局面得以控制；如失败则移交上级处理。

第五节 顾客售后服务流程及原则

1 顾客投诉原因及处理原则。

顾客投诉的原因多种多样，简单地说，就是对商场出售的商品及服务方式有所不满。

详细分析顾客投诉的原因，对当时顺利、适当地解决问题，以及事后查清责任并进行改进工作，有着重要意义。以下是顾客投诉的常见原因及处理原则：

原因	内容	实例	处理原则
商品不良引起的投诉	质量不良	① 衣服在经过洗涤后缩水、变形、褪色；② 休闲装遇到汗水变色；③ 床单上有破洞。	营业员在平时要加强对商品的管理,防止损耗。在销售过程中，必须将自己检查过的质量合格的商品推荐给顾客，并向顾客详细说明使用方法，有包装的商品，必须同顾客一起开封逐件查验。对于因质量问题引起的投诉，营业员可按照各品类三包规定及顾客满意原则，灵活处理；解决不了时，上报现场主管。
	商品标识不全或与内容不符	① 毛衣、丝织品、棉织品上未标示质量成分；② 按照商品标示的方法洗涤却褪色了；③ 标签标示是 A 种商品，却误拿成 B 种商品；④ 标签上标示着一套商品的数量，回去拆开时却少了一个。	
	制造上的瑕疵	① 裤缝有皱褶；② 衣服上的饰物未缝紧，轻易脱落；③ 鞋子的皮与底很快脱落。	
	污迹、破损	① 成套的瓷器中，有一只已破损；② 裙子上有污点。	
使用不习惯或方法不当	对新商品、新材料使用不习惯或使用方法不当	① 加了丝的衣料会越洗越发黄，并且每次洗后必须熨烫，且容易烫坏，因此使许多顾客感到相当不方便；② 顾客未按照使用方法正确使用商品或使用方法未达到明示效果。	

续表

原因	内 容	实 例	处理原则
服务方式欠佳引起的投诉	应对不得体	① 态度恶劣，举止失当； ② 语言失当； ③ 销售方式不当。	营业员在服务过程中，要时刻注意自己的言行，避免引起顾客不满和服务投诉。 对于在现场发生的各类顾客投诉，营业员是第一接待者和决策者，必须端正态度，采取适当措施，运用得体语言和行动及时更正自身错误并向顾客真诚道歉，避免矛盾激化。 当营业员处理不了或不知如何处理时，立即向现场主管报告。
	说明不足	① 搅拌机的使用说明不够详细，回去后使用不久就坏了； ② 说明不实，以致买回的商品无用。	
	金钱上的疏忽	① 收银小票不清楚或未给收银小票； ② 少找了钱给顾客； ③ 算错账，多收了顾客的钱。	
	礼品包装不当	① 忘了撕下价格标签，使顾客丢脸； ② 弄错了贺卡。	
	不遵守承诺	① 顾客依照约定的日期前来提货，却发现商品还未采购回来； ② 顾客要求修改的服装不能按时取货。	
	运送不当	① 未在指定时间内送货； ② 未将货送到指定地点； ③ 包装不好使商品污损。	

2 售后服务处理流程。

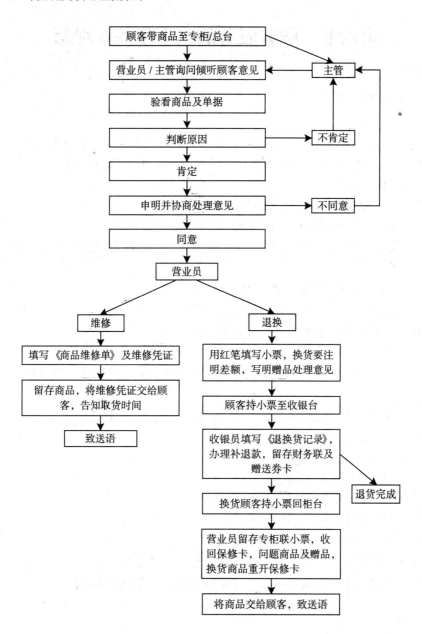

第六节　顾客服务的二十项基本观念

1　让顾客满意。

2　帮助顾客解决问题。

3　顾客购买的动机：在于拥有商品后的满足，而不在于商品多么好。

4　顾客只愿意购买两种商品：一种是让他产生愉快感觉的，一种是为他解决实际问题的。

5　"可靠的关心"，"贴心的照顾"。

6　所有的营业员都代表商场的形象。

7　顾客是否愿意下次光临，不依赖于他，而依赖于营业员能否让他这一次满意而归。

8　一个企业成功的重要因素是：员工、顾客。

9　帮助顾客买东西，而不是向他卖东西。

10　了解顾客心中所期望的被满足方式。

11　以诚挚的友谊对待顾客。

12　凡事要以顾客的角度去思考，不符合他的要求的服务，当然也不满足其他顾客。

13　正确认识"顾客想要的"与"你认为顾客想要的"的区别。

14　永远不要与顾客为敌。

15　提供顾客喜爱的商品。

16　保持工作区域的清洁。

17　笑脸相迎，热诚地打招呼。

18　永远不能让顾客感觉到冷落。

19　营业员在顾客面前一律不得吃食物、嚼口香糖等。

20　从顾客进门的第一步起，不论他们的态度是好是坏，都不能用不尊重的语言、态度、举动对待顾客，一定要保持笑容，直到顾客离去。

第七节　顾客投诉与索赔处理制度

一、顾客投诉处理制度

1　投诉处理原则。

1.1　基本原则：本着维护顾客的合法权益，兼顾本公司经济利益不受损失的原则，妥善处理顾客投诉。

1.2　操作原则。

1.2.1　接受顾客投诉时要态度冷静、耐心聆听、分析原因，使用文明用语、语气谦和。

1.2.2　力争将矛盾消化在柜组，如不能成功，立即向上级汇报，并将顾客亲自引见给上级。

1.2.3　控制事态发展，不能激化矛盾。

1.2.4　严格按照法律、法规处理顾客的投诉。

1.2.5　对于需较长时间处理的投诉，以及情绪较激动的顾客，应尽量避免在卖场或公共区域内处理。

1.2.6　按照约定的时间准时给予顾客答复，跟进处理顾客投诉，时间不得超过 24 小时。

2　投诉处理程序。

跟进处理、给予答复。

3　处理方法。

3.1　感情交流法：认真了解顾客投诉的原因，耐心聆听顾客的苦衷，从顾客的角度出发，对其表示同情和理解，主动化解矛盾，协商解决。

3.2　经济平衡法：顾客投诉是因为在购买商品的某个过程中受到了损失，可以利用价格优惠、品种调剂以及其他合理的经济补偿方法，在兼顾公司利益不受损失的前提下给予顾客经济利益的平衡。

3.3　第三者仲裁法：在处理顾客投诉出现权益争议时，为保障公司利益不受侵犯，在确实无法达成共识的情况下，可耐心指导顾客请求消费者协会调解或向其他权威机构提请仲裁。

3.4　在顾客投诉时，应主动向顾客表示歉意，说明退换规定，耐心做好说服解释工作，但注意不要给顾客造成"狡辩、强调客观、不认账"之嫌而使矛盾激化。

4 投诉处理须注意的问题。

4.1 处理诉怨的语言：作为营业员，不管与顾客往来的时间有多长，要消除顾客的不好印象是很难的，营业员在遇到诉怨时，应说："万一回答错误的话反而麻烦，所以让我去请负责人来，请稍等。"然后去叫负责人。

4.2 表明认真的态度：为了解决诉怨，营业员最好拿好笔记本和笔，记录顾客的诉怨，深入了解顾客的想法，顾客才会回以慎重的态度。

4.3 要富有感情：营业员要温柔地赞许顾客的说法且富有感情，有时可能因这样而意外解决了诉怨。

4.4 要耐心听完，中途不辩解：不论是什么样的诉怨，营业员都不要辩解，让顾客尽情地说完，顾客会因满足而觉安慰，坦白说出。

4.5 不可忘记顾客的好意：营业员要明白，顾客是好意才会说出诉怨，如果认为很烦，自然会以为是在找麻烦，所以不可忘记顾客的好意。

4.6 不可指出顾客错误：营业员对于顾客不合理的诉怨，不可擅发议论与对方争辩，即使对方的诉怨的确不合理，也不可说出："你是错的!"

4.7 在诉怨中学习：营业员应懂得诉怨的顾客是基于对自己店的商品有兴趣和关心才来讲话的，因此，应保持感谢的态度；不过许多诉怨都是可以事先预防的，而且是每个店都会有人诉怨的，因而不必过于紧张。

4.8 处理诉怨的程序和注意事项。

4.8.1 诉怨时，要注意：听完所有诉怨，要抱着关心的态度注意听，要没有偏见；对问题须加以记录。

4.8.2 分析诉怨的原因时要抓住诉怨重点，排列重点；同时要时刻查询商场的方针，并与同事研究能否立刻回复，或是否能在权限内处理，也可以立即向上级报告。

4.8.3 找出解决的办法时，研究是否包括在商场的方针内，如果在权限外则移交所属部门但必须说明清楚，取得顾客谅解。

4.8.4 告之解决的办法时，要亲切地让客人接受；如果不在自己权限内时，特别要详细说明其过程和手续。

4.8.5 检讨结果要分三类情况处理：如果是自己处理时，可自行检讨其结果；如果在权限外时，要查询解决的内容及方法和对方的反应，也可以对比检讨诉怨对其他店的影响。

二、索赔问题处理制度

1　销售上的索赔。

销售上的索赔大多是有关交易方面的问题，即商品、价格、交货期、服务及其他方面的问题。

1.1　对于索赔，无论大小，应慎重处理。

1.2　防止索赔问题的发生才是根本的解决问题之道，不可等索赔问题发生时，才图谋对策。

2　服务部门的处理。

2.1　要迅速、正确地获得有关索赔的情报。

2.2　索赔问题发生时，服务部门尽快提出对策。

2.3　经理对于所有的资料均应防止部下忽略了重要问题。

2.4　每一种索赔问题，均应定出标准的处理方法（处理规定、手续、形式等）。

3　要与制造厂家等联络。

3.1　有关商品（制品）方面的索赔，大多与制造厂家有关。

3.2　要访问经办人，或听其报告有关索赔的对策、处理经过及是否已经解决等。

3.3　与制造厂家保持联系，召开协议会。

第八节　商品陈列管理

1　商品陈列原则。

1.1　商品陈列要保持整洁、丰满并富美感、季节性突出，能体现商品品质与品位。

1.2　主通道两侧商品由低渐高陈列；模特、商品展示器械不占过道。

1.3　出样商品须标识齐全，价签书写规范、不错不漏。

1.4　价签陈列要做到一货一签、货签相符。

1.5　柜台上出样的商品，仓库必须有尺码完整、款式齐全的备货。

2　商品陈列要显眼。

2.1　重点宣传促销的商品，尽量设置在显眼的地点和高度。

2.2 方便顾客选择、取拿。

商品陈列要便于顾客观看，除特殊商品外，要尽量陈列在顾客容易取拿的地方。

2.3 提高商品活力。

充分利用陈列道具将商品有效地搭配陈列好，使商品生动化，引人注目，强调商品的活力，以吸引顾客。

2.4 提高商品价值。

陈列商品时，尽量利用与商品有直接关联的商品搭配组合，以增强效果，如男士衬衫、领带和袖扣的组合展示，家居用品、日用品的组合展示。

3 商品有效陈列要诀。

3.1 善用黄金线，遵循高度原则。

黄金线方位是指人的视线水平 20 度之外的高度位置，亦是手取方便的位置；顾客最容易取拿商品的高度范围为男性 70~160 厘米，女性 60~150 厘米。

3.2 小型商品在前方（眼睛最近），大型商品在后方。

3.3 较便宜的商品在前方（容易取拿的方位），较昂贵的商品在后方。

3.4 暗色系商品在前方，明亮色彩系商品在后方。

3.5 季节性商品、畅销商品及新商品在前方，一般商品在后方。

3.6 将商品的最佳面朝向顾客。

4 商场资产整理要点。

4.1 营业区内无卫生死角，做到商品、柜台、货架、展示器械、服务设施等的整洁。

4.2 柜台、货架内不得堆放杂物。

4.3 柜台、货架内不得存放私人物品，不放暖瓶、水杯、餐具、抹布等与营业无关的用具。

4.4 柜台、货架等相关资产完整齐全，没有破损，功能正常。

5 POP 陈列要求。

5.1 POP 由营销企划部统一制作。

5.2 POP 应在明显的地方，但位置不能妨碍商品陈列。

5.3 POP 的内容要简明扼要，突出顾客希望知道的事项，不能使顾客产生歧义。

5.4 POP 要写明促销活动的起止日期。

5.5 POP 广告如果陈旧、破损、过期，柜组人员要及时更换。

第九节 商品知识管理

1 必须熟悉本柜经营的商品。

1.1 熟悉商品的产地、厂名、商标、包装、生产日期等。

1.2 熟悉商品的质量、性能、用途、价格、规格、款式、流行程度、类似商品和竞争商品的比较。

1.3 熟悉商品结构和必要的零件，商品的整理和保管方法，调试、安装和简单的修理方法。

1.4 熟悉各商品的销售情况、现存量及存放地点。

1.5 掌握必要的商品搭配知识。

2 必须熟悉销售任务，完成当天的销售指标。

必须熟知本柜组及个人销售任务，提升商品的销量，提高接待顾客的技巧，增加顾客的满意度。

3 掌握商品知识的途径。

3.1 在卖场上向资深人员请教。

3.2 从专业杂志、书报、厂商专刊等刊物中学习。

3.3 从厂商或厂家业务人员处获得。

3.4 从工厂或展会中学习。

3.5 经由自己的使用和操作经验而习得。

3.6 从较专业或有使用经验的顾客处学习。

第十节 商品销售管理

1 销售小票的填写。

1.1 正常销售小票的填写。

营业员在顾客选好商品后，应根据商品用蓝笔填写一式三联的销售小票：第一联销售柜组留存；第二联顾客留存；第三联收款台留存。

营业员应主动请顾客出示会员卡并询问顾客交款方式，根据具体情况认真填写销售小票的各项内容，包括销售日期、商品编号、商品名称、商品规格型号、销售数量、商品售价、商品金额（如是优惠销售则根据其优惠权限填写优惠幅度及优惠金额）及营业员姓名工号等各项内容，并在最后一行的合计栏中填写合计金额，同时要注意保持销售小票字迹清晰；特殊优惠折扣时须经楼层经理或部长签字同意。

1.2　退换货小票的填写。

顾客退货时，用红笔填写小票各项内容，注明赠品及相关卡券的处理，并请楼层经理或部长签字；顾客换货时，用蓝笔填写新商品的各项内容，用红笔填写旧商品的各项内容，在合计栏中写明二者的差额，蓝笔写补差，红笔写退差，注明赠品及相关卡券的处理，并请楼层经理或部长签字，同时要注意保持销售小票字迹清晰，将填好的小票交给顾客。

1.3　促销小票的填写。

专柜单独或参加统一促销时，按正常销售小票填写方法填写，在小票上注明优惠折扣及相关卡券的处理；成交优惠折扣低于声明折扣时，须经楼层经理或部长同意；不参加统一促销的专柜，须在小票上注明"不参加活动"。

2　不同支付方式的处理。

2.1　现金方式售卖。

2.1.1　营业员填好销售小票并在空格处画"/"后，将三联一并交与顾客，并向顾客指明收款台位置。

2.1.2　收款员将销售小票检查无误后输入收款机，点收货款，将销售小票三联盖"现金收讫"章及个人名章后，把柜组留存联、顾客留存联、发票及微机打出的销货小票交与顾客。

2.1.3　营业员收回柜组留存联小票，查验印章并检验发票与微机小票的日期、累计金额和商品数量与柜组留存联的内容是否相符。

2.1.4　检验无误后，将商品、信誉卡、顾客联小票、发票及微机小票交与顾客，并将柜组留存联集中存放（日清日结）。

2.2　支票方式售卖。

2.2.1　顾客如用支票方式结算，营业员将填写的一式三联销售小票交与顾客（填写方法同现金售卖），并向顾客指明受理支票的收款台位置；每楼层一号台专职受理支票付款。

2.2.2　收款员根据《收款台支票受理办法》受理支票后，将销售小票一式三联同时加盖"支票收讫"章及个人名章，并将第一联、第二联、发票及微机小票交与顾客，并登记顾客的相关资料及支票信息。

2.2.3　营业员收回销售小票第一联，检验各项内容无误后（检验方法同现金方式售卖），一般情况下，告诉顾客于支票到账后（遇特殊情况或节假日、休息日顺延）提货，并在顾客留存联上注明提货日期，同时将销售小票顾客联及微机小票粘贴于顾客所买商品上并做好"封"存标记存放于零仓内或柜台一旁。如有下列情况，可让顾客当时提货：

A. 顾客所在单位名列于公司公布的《信誉较好单位名单》中。

B. 顾客有公司内部人员担保（5000 元以上的担保人必须为经理级以上人员），可由担保人签字后当时提货，如支票无法收回，货款损失由担保人负责。

C. 除上述情况之外而顾客坚决要求当日提货，则由商场经理向顾客解释，按规定处理。

2.2.4 顾客取货时候，营业员应主动询问交款款台，如尚未收到"退票通知"则视同款已到账；然后核对顾客所持销售发票与柜组留存联，检验是否一致；核对无误，将商品交与顾客。

2.3 信用卡（专用卡）方式售卖。

2.3.1 营业员填写一式三联的销售小票交与顾客（填写方法同现金方式售卖），并向顾客指明款台（本店所有款台均装有 POS 机）。

2.3.2 收银员按信用卡（专用卡）操作规程受理，在销售小票三联同时加盖"信用卡收讫"章及个人名章，然后将销售小票两联、发票、持卡人联及微机小票交与顾客。

2.3.3 营业员核对其印章是否正确，日期、累计金额与合计金额是否相符；无误后将商品、顾客联小票、微机小票、信誉卡交与顾客，留存销售小票第一联。

2.4 促销券/购物券方式售卖。

2.4.1 顾客如用促销券/购物券方式结算，营业员应在填写（方法同现金售卖）的一式三联销售小票上注明"促销券/购物券结算"并将小票交与顾客；使用促销券/购物券结算，不再享受其他促销优惠。

2.4.2 收银员按促销券/购物券操作规程受理，在销售小票三联同时加盖"促销券/购物券收讫"章（须补交现金的小票还要加盖"现金收讫"章）及个人名章，然后将销售小票两联、发票及微机小票交与顾客，并将回收的促销券/购物券进行登记。

2.4.3 营业员核对其印章是否正确，日期、累计金额与合计金额是否相符；无误后将商品、顾客联小票、微机小票、信誉卡交与顾客，留存销售小票第一联。

3 大宗销售。

3.1 因大宗销售大多以略高于进价价格销售，优惠幅度较大，所以在实际经营过程中，应由柜组人员填制《大宗销售审批单》，附在销售小票后报营运部长签批；大宗金额在 10 万元以上者，报营运总监签批。

3.2　营业员要及时登记大宗客户资料，并每周将大宗金额 3000 元以上的客户资料汇总上报营运经理，由营运经理上报并转客服中心。

4　接待与道别。

4.1　顾客已购物。

4.1.1　有礼貌地询问顾客是否需要相关配套的商品或其他商品。

4.1.2　微笑着用双手把票据及商品交给顾客，同时提醒顾客检验商品，以示对其负责；如需广场送货的，要详细告知顾客需办理哪些手续。

4.1.3　提醒顾客带好随身物品。

4.1.4　提醒顾客妥善保管好发票、信誉卡、小票、微机小票等，以便商品出现质量问题时使用；适时向顾客介绍所购买商品相关的售后服务事宜。

4.1.5　对顾客用"请走好"、"谢谢"、"欢迎下次光临"等文明用语道别。

4.2　顾客未购物。

4.2.1　对顾客微笑，点头示意，并向顾客推荐其他可替代商品。

4.2.2　对顾客用"请走好"、"欢迎下次光临"等文明用语道别。

第十一节　商品库存管理

1　商品管理。

1.1　各专柜设实物负责人对商品进行管理。

1.2　各专柜应每日在《柜组库存商品明细账》上登记商品的进销调存数量，做到"日清日结"，《柜组库存商品明细账》由实物负责人登记。

1.3　顾客购买商品成交时，营业员凭已缴妥款的销售凭证及微机小票才能发货，无论错发商品或丢失商品均由当事人赔偿。

1.4　任何人未经批准不得以任何理由擅自挪用或外借柜内商品，若发现挪用及外借商品以偷盗商品论处。

1.5　交接班时，各类商品要逐件清点，并实行逐日盘点。

1.6　散仓存放的商品视同柜存商品，由实物负责人负责管理。

1.7　柜组营业人员要根据商品性能，加强对在柜商品的保管及维护，确保其数量的准确及质量的完好。

2　商品验收。

2.1　直接上柜商品。

2.1.1　供货方填写送货清单，随货由专用的上货通道送至柜组，柜组根据送货清单逐一核对商品数量，进行商品验收，同时检查商品质量（包括商品或其外包装标识），问题及时反映，假冒、不合格商品不准上柜销售。

2.1.2　验收无误后，在送货清单上签字，并留存商场留存联，或填制收货单（商场印制的），由供方送货人签字后将供货方联交回；然后根据送货清单或收货单办理购进手续（即填制《经销购进传票》、《代销商品接收单》、《联营商品购进传票》）；如果是新品牌或老品牌新渠道，需持招商部下发的新增商品申请单，连同购进手续交招商部审核（手续是否齐全、价格是否合理），再交录入人员录入微机。

2.1.3　商品一经验收并录入微机后，柜组应以最快速度书写/打印价码，当日内将商品陈列上柜销售。

2.2　仓库上柜商品。

2.2.1　柜组填写《移库单》，办理提货手续，交仓库保管员签字登记。

2.2.2　柜组验收提货后，将《移库单》传录入人员录入微机；柜组立即书写/打印价码，并将商品陈列上柜销售。

2.2.3　外库商品入内库，柜组需先填制《移库单》，办理移库手续，并将移库单交财务中心录入微机。

2.3　仓库商品的购进。

2.3.1　柜组根据《商品订单》与厂方的《送货清单》，与仓库保管员一同验货，入库。

2.3.2　验收中发现单货不符、差错、破损或质量问题，仓库保管员应在"订单"实收栏注明实收数量，经仓库柜组核实认可后，由柜组、厂方、仓库三方签字，加盖"仓库货物收讫章"。

2.3.3　柜组持签收后的订单、随货清单到电脑信息部录入。

2.4　柜组商品退库。

2.4.1　确需退库的商品，由柜组填制《商品移库单》，加盖本商场商品出入库专用章。

2.4.2　柜组将商品及《移库单》送达仓库，保管员验收无误后，保管员、送货人在《移库单》上签字，加盖"货物送讫章"，留下仓库联。

2.4.3　柜组将《移库单》柜组联送电脑信息部录入。

3　标价签的设置。

3.1　同一商品大类区域应使用规格相同的标价签，不同商品应使用不同的价签。如服装、针织类应使用长条标签，家电类及其他大件商品应使用特大、大号价签，小商品应使用中号、小号标签，处理的经销商品（处理价低于进价的）用处理价签，优惠商品用优惠价签。

3.2　设置标价签一般要使用价签支架，不能使用支架的，如服装类、针织类应用红绳挂在纽扣上，严禁使用大头针、回形针、无色透明胶带、双面胶及粘胶等材料，陈列时要做到整齐有序。

3.3　标价签设置原则上要求一货一签。

3.3.1　产地不同。

3.3.2　花色不同。

3.3.3　规格不同。

3.3.4　价格不同。

3.3.5　编号不同。

3.3.6　材质不同。

3.3.7　品名不同的商品，都要有相应的价签。

3.4　明码标价，货签对位准确。

3.5　价签填写规范。

3.5.1　项目齐全，严禁漏项、缺项，确属无法标注而空缺的项目均在价签对应项目栏打"/"线。

3.5.2　内容完整、正确：标价签品名栏应填：品牌/材质/品名；产地为省内的，一般填写市名或县名；产地为外省的，产地一般写省名或市名；单位栏应是销售商品的最小单位；价格栏应是用字码章加盖而成，必须标价准确，字迹清晰，同时规定价格为整数的应在整数后加小数位"00"，并要求小数位的位置应高于整数位半栏；价格带小数位的要求相同。

3.5.3　标价签由柜组中专人（写字较好的）用钢笔填写，墨水颜色为黑色或蓝黑色。

3.6　标价签只能用于标价，不得标写与标价无关的符号或文字；价格变动时或残损的价签应及时更换。

3.7　标价签到各楼层营运经理处领取，统一管理，不能挪作他用或乱扔，严禁流散到店外使用；退给厂家的商品或调给其他商场的商品，必须将标价签取下，将打印的价码揭掉，严禁流散到店外，否则对相关责任人进行处罚。

3.8　价签、POP 申请流程。

向部门经理提出申请→填写《价签打印申请表》/《POP 制作申请表》→经理审核、签字→持申请表至相关部门制作→张挂价签、POP 。

4　盘点。

4.1　逐日盘点。

实行逐日盘点的柜组，采用交接班盘点的方式进行日清日结，账货相符为盘点正确。盘点完毕，由经办营业员登记《营业员交接班结账记录手册》并签字。

4.2 月底盘点。

4.2.1 原则上采取一人清点，一人复核方法进行，并由楼层管理员负责全面检查或抽查。

4.2.2 盘点人根据微机打印的空白盘点表，对本柜组专柜、内库、外库的商品逐一清点核对，并填写数量。

4.2.3 将微机打印的盘点表与专柜、库存商品检核完毕，两人交叉将盘点商品复核一遍，即记录者点数，点数者复查盘点记录，无误后两人签名，将盘点表交给楼层营运经理。

4.2.4 营运经理在盘点表上签字后送交录入中心录入微机，自动生成盘点结果。

4.3 月底盘点流程。

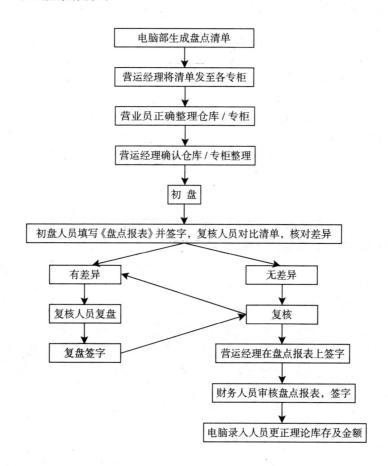

5 仓库整理原则。

5.1 仓库先按柜组、后按品牌、再按分类整理；品牌与分类商品必须明确位置（在货架末端贴上提示牌）。

5.2 货架或货垛之间要留有通道，并保持畅通。

5.3 商品码放要整齐美观，安全牢固，便于拿取；高周转商品和重的商品放在货架底部。

5.4 只有满的封闭的纸箱才可以放在库房；一个纸箱只能放一个单品，每个纸箱上须贴库存标签。

5.5 商品必须包装完整，单件商品不允许放在库房内（除非样品放在封闭纸箱前）。

5.6 商品纸箱不可以放在地面上（应放在仓板或货架上）。

5.7 货架底层须与地面间隔 0.2 米；货架（货垛）距房顶不少于 0.3 米，距喷淋头下侧不少于 0.2 米，距照明灯具不少于 0.5 米。

5.8 仓库要随时保持整洁卫生，垃圾必须送到指定地点。

5.9 消防通道不能堆放商品及店内用品；灭火器放在仓库门口并保持完好有效。

5.10 仓库禁止吸烟；商品周转产生的易燃易爆物品要随时清理，其他易燃易爆物品严禁带入仓库。

5.11 仓库内的电器设备，不准随意拆装，不得私接电源，乱扯电线，不准使用各种电热器具。

5.12 仓库要随时锁牢门窗，做到人去灯灭。

5.13 仓库内不得休息、会客、吃饭、聊天。

6 台账。

6.1 台账（《柜组库存商品明细账》）由实物负责人进行保管，应保管完好，不缺页，更不能出现撕页现象。

6.2 为便于分清责任，对购进、提货、移库等手续，由经手、制单的实物负责人登录台账；对于销售账，一般由当班的实物负责人根据销售小票，在下班之前进行台账登录。

6.3 每日交接班时必须认真登录台账。登录时，以蓝/黑笔书写，要字迹清晰，不能随意涂改，并要求所有业务必须登录完整。厂商退货以红笔标注于"进货"栏，顾客退货以红笔标注于"销货"栏，退货与进/销货兼有时，在栏格内须以斜线加以区分。签名栏必须写全名。

第十二节 商品质量管理

1 所有上柜商品必须在产品上、包装上或其附属文件上标注商品标识。裸装食品和其他根据产品特点难以附加的除外。

2 产品标识必须真实、正确，符合相关法律法规强制标准规定；产品标识内容不得以错误的、易引起误解的或欺骗的方式描述。

3 产品标识必须有中文标识，必须使用国家法定计量量值。

4 商品必须有质量检验合格证明，标明产品名称、企业名称及地址，否则即三无产品；企业名称及地址必须是承担质量责任、依法登记注册的企业名称和地址；企业名称应标全称，地址应详细。进口商品应标明原产国、地区（港、澳、台）和代理商、进口商或销售商在国内依法登记注册的名称和地址，可以免除原制造者的名称和地址。个别商品经销商可标注"××国际商业广场"。

5 国内的产品应标明采用的产品标准编号，明确规定质量等级的应标明质量等级。

6 实行许可证、准产证制度的产品，在产品或其包装上应当标注许可证证号或准产证证号。

7 根据产品的特点和使用要求、需要表明的规格、所含主要成分的名称及含量、洗涤熨烫说明、安全标志、警示标志以及有其他技术要求的，应按照该产品标准的规定，相应予以标明。

8 限期使（食）用产品的生产日期以及保质期、安全使（食）用期或失效期，应当标注在产品或其包装上。不得用粘贴办法标注，不得使用附签。日期表示方法应符合国家规定。

9 营业员是商品质量第一负责人，必须严把商品验收关，保证所有上柜商品质量。

9.1 商品上柜销售前，必须检查商品质量及其外包装标识，发现问题及时反映。

9.2 假冒、伪劣、不合格商品一律不准上柜销售。

9.3 每日要进行一次"清柜台"、查标识、查标签工作。

9.4 配合公司内外的质量检查工作。

第十三节　赠品管理办法

1　赠品是指顾客因购买商品而获赠的物品、店内专用票券。通常情况下，顾客不购买商品，不能取得赠品。

2　赠品必须是店内没有销售或不能销售的物品及店内专用票券。

3　各专柜促销赠品的种类、数量、质量、发放办法的实施与变更，均须报营运部备案。

4　各专柜要建立专用的《赠品登记表》，详细记录赠品的收货、发放及退货情况，发放时要有顾客签名；每日交接班时必须盘点赠品并作好记录。

5　商品包装袋是商品不可分割的组成部分，不是赠品。营业员不得以任何理由将商品包装袋挪作私用、送予他人或向他人索要、接受商品包装袋。有此行为的营业员视为偷盗，给予辞退处理。

6　通常情况下，商场内发放的赠品不得无偿赠送。营业员不得在销售过程中，借职务之便在赠品种类、数量、质量、发放办法的实施与变更、《赠品登记表》的记录等方面弄虚作假，采用内部串通、外部勾结等手段，通过自己、亲朋、同事、熟人等渠道虚送或多送赠品。有此行为的营业员视为偷盗，给予辞退处理，并视标的额的大小决定是否移送公安机关。

7　各专柜营业员须严格保管本专柜赠品，因保管不当，造成赠品丢失或破损，由当班责任人根据赠品价值酌情予以赔偿或补偿。

8　营业员不得试用、使用、恶意破坏本专柜或其他专柜的赠品；不得索要和接受其他专柜赠品；不得私拿或窃取本专柜与其他专柜赠品。有此行为的营业员视为偷盗，给予辞退处理，并视标的额的大小决定是否移送公安机关。

9　顾客退货时的赠品处理。

9.1　顾客带赠品时，营业员用红笔为顾客开具退货小票，收回赠品及问题商品、三包卡。

9.2　顾客未带赠品或赠品已用时，营业员与顾客协商，在顾客同意情况下，将赠品按其价值合理折价，从退货款中扣除；顾客不同意折价时，通知营运经理处理。

10　顾客换货时的赠品处理。

10.1　顾客带赠品时，若换同等价值商品，赠品不做处理；若换不同价值商品，营业员根据赠品发放办法对赠品酌情调换。

10.2　顾客未带赠品时，若换同等价值商品，赠品不做处理；若换不同价值商品，营业员根据赠品发放办法将赠品按其价值合理折价，并根据所换商品价值，在顾客办理换货补交款或退款时，予以酌情减少或酌情增加。

11　专柜之间进行销售协助时发放的赠品，经手人要详细记录在受协助专柜的《赠品登记表》上，并及时就此沟通。

12　赠品的收货与退货流程按商品的收货与退货流程执行。

13　商场进行促销活动时发放的赠品，在进货、收货、保管、发放等环节均要有专人负责，并做好详细记录；保管与发放环节不得由同一人负责。

14　商场赠品各环节负责人与参与人因赠品出现问题，参照上述专柜商品管理的有关规定执行。

15　本管理办法由营运部负责解释与实施，并对营业员行使处罚权；非营业员工由分管副总或经理进行处罚。

请其他相关部门对本管理办法予以监督、配合。

第十四节　特别强调的注意事项

1　必须熟知相关业务流程，如正确填写单据、标价签及销售小票，验货手续，支票售卖方式等。

2　应熟悉商品。介绍商品时要如实说明商品的优点和不足、保养方法以及使用中的注意事项，不能为了销售欺瞒顾客。

3　不能贬低其他同类竞争品牌的商品，不能争抢顾客。

4　在销售过程中，不得随意向顾客作出超出商场规定或自身服务能力的承诺，以免与顾客产生纠纷。

5　在和顾客交谈中，要站在商场的角度，不能使用"我们某某公司"等字眼。如非用不可，可用"我们供应商"作答。

6　不得私自收取顾客现金或代替顾客交款，不得私自将顾客介绍到厂家去买货。违反此两条规定之一者，除补齐商场经济损失外，还要给予经济处罚，并作辞退处理。

7　任何情况下，营业员无权随意许诺给顾客打折优惠。如发现，当事人除补齐差额外，按规定给予相应处罚，情节严重者作辞退处理。

8　促销员必须及时更换促销牌。若发现过期未续牌者，对柜组长和当事营业员一并处罚。

9 不得带食品进入货区，否则对柜组长和当事营业员一并处罚。

10 营业员应了解商场的商品布局，以便为顾客指引正确的方向。

11 切记：当顾客交款回柜台提货时，一定要与顾客共同验货，以免事后发生纠纷。

12 绝对不允许私借会员卡给顾客。

13 不要随意给顾客看管包物，要提醒顾客包不离手，以免财物受损。随时提高警惕，注意防盗、防破坏。

14 商品退换时，如有优惠，应把原发票或微机小票上的流水号写在退货小票上，并提醒款台按流水号冲账。

第十五节 商品售后服务规定

一、商品退换、维修处理原则

1 公司将严格按照国家及消协制定的法律、法规处理商品退换货及维修事宜。

2 商品退换实行先行负责制。对于在质量保证期内发现质量问题的商品，必须由我方先行解决，不得推脱或让消费者找供货方。

3 售出商品在保证期内发生质量问题，给消费者造成财产、人身损害的或有欺诈行为的，依照《中华人民共和国消费者权益保护法》有关规定由商场或厂方承担赔偿责任。

4 商品退换须有购物凭证。无购物凭证一般不准退换货。如有特殊情况，无购物凭证退换货需由柜组营业员确认是否在本柜组购买，由商场管理人员签字方可办理。

5 根据公司保证商品退换原则，顾客所购商品在不影响再次销售的情况下，凭购物凭证一个月内包退包换（国家有规定的除外）；凡购买一个月内因商品质量原因造成的退换，免收折旧费，超过一个月，按实际天数收取折旧费（国家有规定的除外）。

6 对不能判定是否属于商品质量问题的争议，可与消费者协商请其去国家授权的技术监督检测机构鉴定，明确责任，检测等费用由责任方承担。

7 商品退货应按原始凭证实收价格退款，应收折旧费或有其他规定的除外。

8 有下列情况之一者，应按消费者要求给予修换的，不得收取磨损、手续等费用。

8.1 消费者购买了规格、型号、色泽等不合适的普通商品，在不影响再次销售的前提下，自购买之日起一个月内持购物凭证，给予退换，有特殊规定的按约定时间。

8.2 消费者所购商品一个月内出现质量问题（有特殊规定的按约定时间），造成主要功能丧失或主要部件损坏，难以修复使用的商品，给予退换（国家规定商品除外）。

8.3 由于服务过程中销售人员造成的错误，给予退换。

9 根据国家有关规定，下列商品无质量问题不予退换。

9.1 医药类、食品类（如烟酒及鲜活产品）、感光材料类（如胶卷、相纸）。

9.2 涉及人体卫生的商品（如化妆品类、内衣裤、丝袜、泳衣、卫生用品等贴身商品）。

9.3 销售时已标明"削价处理"的商品。

9.4 图书、音像制品及电池等一次性用品。

9.5 金银制品、珠宝玉器、钟表、眼镜、家具、高档饰品、家用电器、电脑、健身器械、照相机、自行车、乐器、工艺品、高档陶瓷制品、书法绘画、儿童玩具等价值较大或有保修服务的商品。

9.6 超过自身寿命期限（或约定期限）的商品、用户使用不当导致损坏的商品、自行损坏的商品、自行拆动的商品。

9.7 剪开撕断的丈量商品。

二、退换货及修理程序

1 营业员在受理商品退换业务时，首先请顾客出示购物凭证（销货小票或发票），并审核购物凭证是否合法、有效。

2 对持会员卡购物的商品退换，要请顾客出示会员卡。

3 判断所购商品是否在规定的"三包"期内。

4 收回商品时，必须认真检查该商品是否为本柜组出售，是否保持原样。

5 经过以上的审核程序，确认符合退换条件的，营业员填写有关的退换凭证。

6 营运经理或营运部长确认符合退换条件的，在有关的退换凭证上签字，并注明"退"或"换"字样。营运经理只可以进行换货处理，若要退货必须经营运部长同意并签字。

7 退换业务应由柜组营业员陪同顾客到收款台办理，并在收款台的《退换货登记表》上登记签字。

8 本柜组根据有关的退换凭证，及时调整商品账。

9 办理退换及修理时应根据实际情况予以处理。

9.1 对于无质量问题要求退货的商品，按保证商品退换原则进行处理。

9.2 对于有质量问题要求退货的商品，按规定的比例收取一定的折旧，再予以退换。

9.3 对于需要修理的商品，视其情况进行免费修理或收费修理，并必须在规定时间内交付顾客；如确实无法在规定时间内交货，应及时与顾客联系，表示歉意。

9.4 同类质量问题，两次修理不能恢复商品正常使用性能的，应予以换货（视情况收取折旧），无货可换时应予以退货。

三、商品退换与修理细则

1 食品、药品类。

1.1 食品（包括烟酒）、药品关系到人体健康和生命安全，卫生要求较高，属特殊商品，根据国家有关规定不予退换。

1.2 在商品标明的保质期内出现发霉、变质或其他质量问题的商品，可退可换。若所售商品超过保质期，应给予购买者所购商品价值两倍的经济赔偿（含所购商品退款）。

2 洗涤化妆品类。

2.1 化妆品、洗涤用品属特殊商品，直接涉及人体卫生，无质量问题，一般不予退换。

2.2 商品包装存在溢漏、分量不足（未经使用）可退可换。购买一个月内，化妆品在使用过程中造成皮肤过敏现象，并经医院证明确系使用本产品造成的，视商品使用程度打折退换。

3 皮具、箱包类。

3.1 正常使用条件下，三个月内出现脱线、脱胶、拉锁损坏等问题，可修复的实行免费修理。

3.2 如三个月内出现不能修理的商品质量问题，可收取折旧费进行退换。折旧率为每日收取售价的 0.5%，一般不能超过售价的 30%。

4 钟表类。

4.1 钟表属于精密机械仪器商品，自售出之日起，无质量问题不予退换。

4.2 保修范围及期限：凡在本公司购买的石英钟表、机械钟表由于本身质量问题出现故障均可包修，包修期限为售出之日起一年内。

4.3 有质量问题酌情退换。

4.3.1 自售出之日起，七日内发生性能故障（如停走、脱针等问题）予以换货、退货；十五日内发生性能故障给予换货或修理。

4.3.2 自售出之日起，一年内出现同类故障连续维修两次仍不能正常使用的，凭维修记录，折价后予以退换。

4.3.3 折旧率为每日收取售价的 0.05%。

5 金银制品、珠宝玉器类。

5.1 金银制品、珠宝玉器属贵重商品，因此顾客购买时，营业员应提醒顾客认真挑选，无质量问题原则上不予退换。

5.2 金银制品、珠宝玉器如出现开焊、镶嵌宝石脱落等问题，视情况可给予有偿或免费维修；消费者要求退换，需请有关部门检测出具鉴定报告后，依据鉴定结果酌情予以处理。

5.3 珠宝、玉器饰品损坏后原则上不予修理或改形。

6 工艺制品类。

工艺品在购买时营业员应提醒顾客严格检查其质量、外观是否有破损、瑕疵；一经售出，如再出现有断裂、破损情况，概不退换。

7 服装类。

7.1 无质量问题退换时，在不影响再次销售的前提下，凭购物凭证一个月内予以退换。

7.2 商品存在质量问题的退换。

7.2.1 在售出之日一个月内，出现质量问题免收折旧费予以退换。

7.2.2 一个月之后三个月之内出现质量问题，给予免费修理；如无法修理或修理后不能保持原样，实行收费退换。

7.2.3 收费标准：自购买之日起每日收取售价的 1%，但不得超过 30%。

7.2.4 商品标识上有洗涤、保养说明，而未按说明穿着造成商品损伤的，不予退换。

8 针棉内衣类。

8.1 内衣类、袜类。

按照国家规定，内衣、袜类属涉及人体健康卫生的用品，无质量问题原则上不予退换；营业员应提醒顾客认真挑选；出售的内衣如果有质量问题，七日内予以退换。

8.2 针棉 T 恤、羊毛衫类。

参见服装类商品退换细则。

9 鞋类。

9.1 修理、退换细则根据××市消协颁布的三包规定执行。

9.2 鞋类商品退换时按规定适当收取折旧费，折旧率为每日收取售价的 0.5%。

9.3 以下情况之一，不实行三包：

9.3.1 保管或使用不当而损坏的。

9.3.2 标明"处理品"的。

9.3.3 无发票或购物凭证的。

9.3.4 发票或购物凭证私自改动的。

9.3.5 票、物不相符的。

9.3.6 超过"三包"期的。

9.3.7 自行修理或人为损坏的。

9.3.8 非质量问题或在产品标准允许误差范围内的。

10 家电类。

10.1 商品自售出之日起七日内发生性能故障，消费者凭购物凭证可选择退货、换货或修理。十五日内出现性能故障，消费者凭购物凭证可选择换货或修理。

10.2 部分商品三包有效期内，因生产者未供应配件，自送修之日起超过 90 日未修好的或因修理者自身原因使修理期超过三十日的，应为消费者调换同型号、同规格商品或收折旧费退货。

10.3 换货后的三包有效期自换货之日起重新计算。

10.4 在三包期内，修理两次仍不能正常使用的产品予以退换。

10.5 属下列情况之一的，不实行三包：

10.5.1 因消费者使用、维护、保管不当造成的。

10.5.2 无三包有效凭证及有效期发票的。

10.5.3 非承担三包修理者拆动的。

10.5.4 三包凭证型号与修理产品型号不符或涂改的。

10.5.5 因不可抗力造成损坏的。

10.5.6 已明示降价销售的"处理商品"。

10.6 《新三包规定》中未涉及的商品按生产厂家承诺的期限进行"三包"。

名　称	三包有限期（年）		折旧率
	整　机	主要部件	
彩色电视机	1	3	0.1%
黑白电视机	1	3	0.05%
家用录像机	1	1	0.1%
摄像机	1	1	0.1%
收录机	0.5	1	0.05%
电子琴（37键以上）	1	—	0.05%
家用电冰箱	1	3	0.05%
洗衣机	1	3	0.05%
电风扇	1	3	0.05%
微波炉	1	2	0.05%
吸尘器	1	3	0.05%
家用空调器	1	3	0.1%
吸排油烟机	0.5	1	0.05%
燃气热水器	1	1	0.05%

10.7　家电类三包有效期及折旧率表。

11　健身器材、乐器类。

11.1　健身器材及乐器在购买时应认真挑选、调试，一经售出，无质量问题或人为造成损坏的，不予退换。

11.2　如售出的健身器材及乐器经市级以上质检机构鉴定确属质量问题的，自售出之日起七日内保持原样的，凭发票包退包换；十五日内进行维修或更换。

12　家具、灯饰类。

12.1　家具（含办公家具）类商品自售出之日起，产品包修期为半年。

12.2　灯饰类商品售出之日起包修期为三个月。

12.3　包修期产品因自身质量问题无法修复或两次修理后仍严重影响使用的，可办理退货。

12.4　家具类商品无质量问题，原则上不予退货，如顾客坚持退货且条件允许的，在商品完好的情况下，可以自购买之日起三日内持购物凭证办理退货，但要收取（运输、装卸、组装）费用，标准如下：

12.4.1　进口拆装式商品按售价的5%收费。

12.4.2　国产拆装式商品按售价的4%收费。

12.4.3　其他商品按售价的2%收费。

12.4.4　不需要运输、装卸、组装的商品免收费用。

12.4.5　因特殊原因未能在三日内办理退货的，可酌情予以考虑办理，但每日按售价的 1% 加收费用，超过七日不予退货。

12.4.6 消费者预订非现货商品，可收取一定数额的预订金，因商品质量、数量及其他原因未能按约定向消费者提供商品或服务除应将预收货款退还外，还应向消费者支付以此为基础的活期存款利息；属消费者自身原因提出退货、退款的，按售价 10% 收取违约费用。

13 儿童玩具类。

13.1 无质量问题原则上不予退换。

13.2 商品存在性能故障方面的质量问题，七日内予以退换。

13.3 因人为损坏或私自拆开修理的玩具，不予退换及修理。

第十六节 商品流程

1 大宗流程。

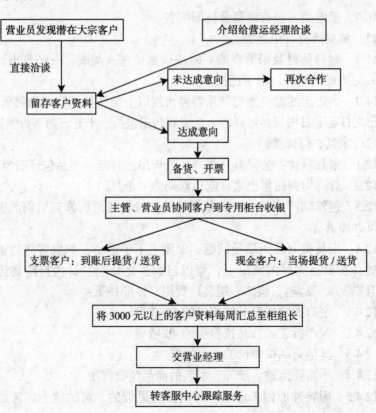

2 订货流程。

建立库存记录、单品销售的分析与跟踪。

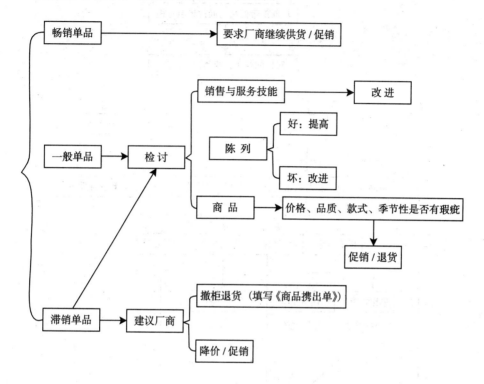

3　收货流程。

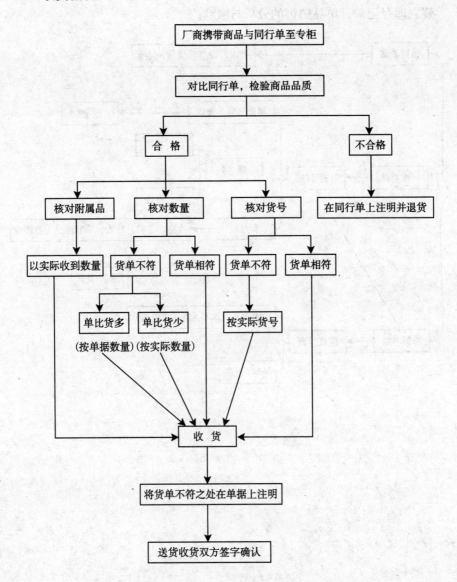

4 厂商退货流程。

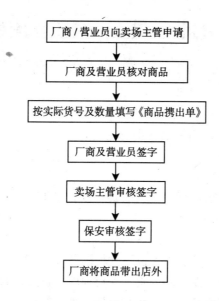

5 商品销售流程。

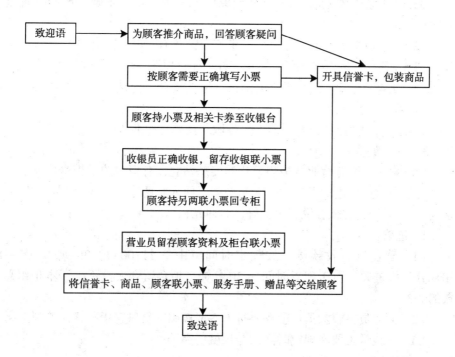

第十七节 员工一日工作流程

1 上下班打卡签到、签退。

1.1 员工上下班时要按规定打卡。

1.2 员工在商场柜组内书面签到、签退。

2 晨会及开场准备。

2.1 9:30~9:40办公室晨会。

开场前半小时，当班经理、综合管理员到指定地点集合，由值日总监召开晨会（约10分钟）。

2.2 开场准备。

管理人员晨会时间，营业员做以下开场准备：

2.2.1 打扫柜台及货架内外卫生，保持地面、货架、商品清洁。

2.2.2 整理和补充商品，做到商品陈列丰满、醒目。

2.2.3 检查价格标签、价码和现场广告是否齐全、正确，放的位置是否合适。

2.2.4 清理卖场废旧物品，保证走道通畅和消防设施安全。

2.2.5 确保店内灯光充足，货柜完好；如有损坏，马上通知管理人员报修。

2.3 9:40~9:55，所有营业员到指定地点集合，由楼层经理召集晨会（约5~15分钟）。

晨会结束，营业员在开门前5分钟做迎接顾客的准备。

3 9:55迎宾。

铃声响起，所有营业员按规范化的姿态站立，有柜台的沿柜台内站立，无柜台的站在通道口边，做到"一人站中间，两人站两边，三人分开站，四人一条线"；并对经过的顾客说"早上好，欢迎光临"。

4 进餐。

4.1 营业员（收款员）按规定时间（中午11:00~12:30或17:00~18:30）分三批进餐，员工就餐时间为30分钟，柜台留守人员不少于本柜组总人数的2/3。

4.2 营业员（收款员）就餐要打卡签退离岗，就餐完毕要打卡签到上岗。

4.3 一线员工要在规定时间内全部就餐完毕。

5 交接班（14:30~15:30）。

5.1　晚班营业员在 14:30 之前打卡并到商场柜组签到。

5.2　14:45 开始，晚班营业员上岗；在不影响接待顾客的情况下，早晚班营业员进行交接班盘点并填写《交接班记录》、《柜组库存商品明细账》。

5.3　15:00 早班营业员方可签退离岗打卡，到更衣室换下工装，从员工通道离开公司。

6　下班（营业结束后半小时）。

6.1　（营业结束前 5 分钟）送宾。

第一遍铃声起，仍在接待顾客的营业员继续接待好顾客；没有接待顾客的营业员，沿柜台内沿站立（无柜台的营业员站在通道口边），面带微笑面向过往顾客，并对经过的顾客说"欢迎再次光临"，直到第二遍铃声响；指定的人员到商场门口送宾。

6.2　营业结束后，专柜关灯，营业员整理商品和账目，清洁专柜，主管/物业进行顾客清场。

6.3　退场。

6.3.1　营业结束后 20 分钟，听到广播后，员工在楼层/柜组排队，由主管/柜组长主持召开晚班会议。

6.3.2　营业结束后 30 分钟，广播宣布退场，营业员在楼层排队至打卡处签退，并打卡退场。

6.3.3　营业员至更衣室换下工装，按规定路线离开公司。

6.4　清场。

员工退场后，参加清场人员在楼层经理及保安带领下，对楼层进行安全检查，相关人员进行封场。

第十八节　员工仪容仪表规范

1　站姿要求。

1.1　脚跟合拢，脚尖自然分开呈 30 度。

1.2　两腿挺直，膝盖自然并拢。

1.3　两手交叉放于腹前，女性右手在外，左手在内；男性左手在外，右手在内。

1.4　挺胸、收腹、目光平视。

1.5　禁忌的站姿：

1.5.1 叉腰或插入口袋。

1.5.2 臂抱于胸前或置于他处。

1.5.3 身体过分松弛、头歪、身斜或倚靠柜台货架。

1.5.4 对着顾客打哈欠、伸懒腰。

2 手势的要求。

2.1 在介绍、引导和指方向时，手指自然并拢，手掌向斜上倾斜，以肘关节为轴指向目标。

2.2 禁忌的手势：

2.2.1 一个手指指点方向。

2.2.2 手做各种小动作，如挖耳、抠鼻等。

2.2.3 摆手回答或简单否定顾客的询问。

3 行走要求。

3.1 基本要求：抬头挺胸，充满活力，带有自信向上的神态。

3.2 男性：步伐稳健、端正；女性：轻盈、灵敏。

3.3 要领：上身正直，两臂自然前后摆动，双眼平视前方，面带笑容，行走时脚尖对正前方。

3.4 注意事项。

3.4.1 二人或多人以上共同行走时，要自然成列，沿顺行的路右边走。

3.4.2 在卖场中行走时，遇顾客或他人要主动让行。

3.4.3 遇熟识的领导，要主动点头问候致意。

3.5 禁忌的行走姿势：

3.5.1 走时左顾右盼，四处张望。

3.5.2 对顾客上下打量，对人评头论足。

3.5.3 行走时插腰，手插入口袋或倒背手。

3.5.4 两人或多人行走时拉手、勾肩搭背、说笑打闹。

4 表情要求。

4.1 基本要求：要微笑服务、热情待客。

4.1.1 善于利用表情与顾客沟通，主动寻找与顾客的交流点。

4.1.2 面带自然微笑，态度诚恳，给人以亲切的感觉。

4.1.3 精神饱满、热情，精力集中、持久。

4.1.4 注意说话口型，说话语气和蔼、优美、文明礼貌，音量适中。

4.2 禁忌的表情：

4.2.1 冷笑、讥笑、傻笑、大笑。

4.2.2 表情呆滞、冷漠、萎靡不振。

4.2.3 口吻粗暴、声音过高。

5 个人装束要求。

基本要求：穿工装，戴工牌，保持个人卫生整洁。

5.1 穿着工装。

5.1.1 员工进入卖场按规定穿着工装。

5.1.2 员工要爱惜工装，及时清洗，保持整洁。

5.1.3 男员工穿着工装、衬衣，系领扣、袖扣，扎系领带，皮鞋保持光亮；女员工夏装穿裙子时要适配与皮肤相近的长筒袜。

5.1.4 禁忌的装束：

5.1.4.1 挽起袖口、裤腿。

5.1.4.2 工装污渍、褶皱或破损。

5.1.4.3 夏天穿凉鞋。

5.2 发型。

5.2.1 男员工发型前不遮眉，后不压领，两鬓不盖耳，不准留胡须。

5.2.2 女员工发型要梳理整齐，不准披肩散发，头发以不超过肩部为适度，长发应束发。头发不准染成黑色以外的其他颜色。

5.2.3 禁忌：留怪异发型。

5.3 其他装束。

5.3.1 工牌：营业员进入卖场必须佩戴工牌，工牌要端正地佩戴在左胸前。

5.3.2 其他物品：除工牌、手表、金银项链之外，在卖场内员工不得佩戴其他饰品，如：耳环、戒指、BP机、移动电话、火机等。

5.3.3 上岗要求：男员工要保持面部清洁，女员工保持淡妆上岗，不准浓妆艳抹。

5.3.4 保持个人卫生清洁，勤洗澡、勤理发、勤剪指甲，上班前不准吃带有异味的食品或饮酒。

第十九节　员工工作行为规范

1 迎宾时员工要对经过的顾客说"早上好，欢迎光临"，迎宾结束后无顾客时，员工要站在自己的货区内定岗定位，严禁到其他货区闲逛、串岗购物。

2 严禁与周围的员工扎堆聊天，谈论与工作无关的事情。

3 严禁趴、蹬、靠柜台货架，不准以开票、下账、介绍商品等理由趴在货架上。

4 双手自然下垂至于胸前，不准搭在货架上，双腿站直，不准双腿交叉或一直一曲等。

5 严禁隔着过道与对面的员工说话。

6 严禁员工在商场禁烟区内吸烟（包括卫生间），严禁带火、香烟等易燃物品进货区和仓库。

7 上班时间严禁串岗购物或以吃饭为由到其他楼层逗留。

8 严禁着工装外出吃饭办私事，特殊情况要通知主管人员。

9 当班时间严禁打私人电话、磁卡电话、信息电话及股票查询电话，公话长话短说。

10 严禁着工装乘电梯和扶梯。

11 就餐不准超时，按实际时间签到签退。

12 不准脱岗空岗、无故外出。

13 当班时间不准在货区内看书看报、乱写乱画、吃东西、剪指甲、化妆、照镜子、修眉毛、抠鼻子等。

14 严禁无故长时间在仓库内逗留。

15 严禁在柜台内存放私人物品、代存他人物品及与营业无关的物品。

16 严禁带食物及与营业无关的物品进入货区。

17 货区内不准乱放水杯、暖瓶、抹布、脸盆等杂物。

18 严禁员工当班时间嬉笑打闹，做出不得体的动作和言行。

19 介绍商品和交接工作时，不准大声喧哗、长距离喊人、手拉手走路，两人及多人走路时要前后成列。

20 严禁营业结束前收撤商品，严禁营业结束前换便装或到更衣室提前将便装带到货区或办公室，严禁员工着工装上下班。

21 上中班按时签到签退，签退前要换好工装。

22 任何事假必须填写《请假审批单》，按规定审批权限审批，病假应出具医院证明，节假日不准请事假（考试除外）。

23 因故不能按时到岗，要提前通知商场管理人员，商场概不接受其他营业员的转假。

24 遇刮风、下雨、下雪等恶劣天气时，员工应预见到可能会在路上耽搁时间，因此应提前出门，商场不接受以此为由的迟到或旷工。

25 一个月内迟到、早退、病事假次数超过三次，年内累计超过六次的联促人员给予除名。

26 下班不准无故在货区逗留，只要着工装无论上班还是下班，都要注意自己的仪容仪表和言行举止。

27 因非工作原因空岗时间不得超过 15 分钟（就餐 30 分钟），禁止以洗手或补妆为由频繁出入洗手间。

28 不准当班时间干私活，不准做与工作无关的事情。

29 听到本商场退场广播时到指定位置集合，不准穿越其他货区和大声喧哗，以柜组为单位排队站好，要听从管理人员的指挥，严禁提前退场。

30 严禁促销人员只跟厂商请假，而不经商场通过。

31 联促人员在商场内更换促销专柜时，应事先通知管理人员，严禁私自调换工作岗位。

32 促销人员必须面试后方可上岗，按时续办促销牌，续办前须先征得管理人员的同意。

33 商场组织的各种会议及活动，要求必须参加的严禁无故不到或迟到早退。

34 严禁当班时间长时间会客，不准与厂家人员在货区内谈论与柜组无关的事情。

35 商场组织的各种考试、培训和活动如无特殊情况应利用班后时间参加。

36 严禁促销员当班时间进行摘掉促销牌串岗购物、打电话、坐顾客休息椅、乘坐电梯等行为。

37 在打水、洗抹布、涮拖把时要防止洒到过道上或货区内。

38 成件的货物进出商场时严禁在过道上拖拉，应用小推车。

39 严禁在电梯间、过道和消防通道内堆放废旧纸箱和杂物，严禁厂家在以上地点乱丢纸箱等杂物。

40 卷帘门下 24 小时不准堆放任何物品，不准占用消防通道，仓库做到人走灯灭。

41 对在商场禁烟区内吸烟的顾客，任何员工都有义务和责任进行劝止。

42 柜组仓库严禁非本商场人员及厂家人员进入。

43 仓库内货物要摆放整齐，地面清洁无杂物，合用仓库要排好值日，严禁出现无负责人的情况。

44 仓库的灭火器要摆放在明显易取的地方并保持整洁，要爱护消防器材，掌握使用方法，熟悉消防预案及逃生路线，仓库内货物距离灯源不少于 50 厘米。

45 柜组长应按时参加开封场，如遇休息应指定本柜组人员或其他柜组长代替。

46 严禁柜组长以作账、打单等为由长时间在仓库内或到其他柜组的仓库内聊天。

47 在货区内遇到熟悉的领导要打招呼。

48 在货区捡到顾客遗失的物品要及时广播寻找失主或送到办公室，严禁占为己有。

49 严禁私留截留冒领促销奖券、奖品、赠品。

50 商场内不得随便张贴宣传材料和宣传画，厂家搞促销活动要事先通知管理人员。

51 柜组的广告、POP 纸等要规范、整洁，出现污渍、破损、过期的应及时更换。

52 一线员工要严格服从柜组长和管理人员的工作安排，严禁顶撞上级；后勤人员为一线员工提供优质服务，严禁不耐烦、推脱。

53 柜组长要严把上柜商品的质量关，坚决杜绝假冒伪劣商品上柜销售。

54 任何新旧商品上柜都要经组长验货，被通知有问题的商品严禁任何员工私自上柜，否则后果自负。

55 开票台应保持整洁，不准乱堆乱放物品。

56 标价签应填写规范，一律用黑色碳素笔填写，字迹工整清晰，数码准确，要求一货一签，货签对位。

57 在销售中要保持三价统一，即标价签、商品码、销售小票的价格一致，商品调价后要及时更换标价签和商品码，原商品码要撕掉，严禁将新码贴在旧码上（临时促销除外）。

58 中午交接班时，上午班一定要将晨会内容和还未完成的工作传达到下午班，做好衔接工作。

59 营业员的交接手册要保持账目清晰、整洁，严禁乱写乱画、随便改动。

60 进货商品严禁携带其他商场的商品码，退货商品要撕掉商场的商品码，严禁带码退货。

61 出样商品应打上商品码，严禁无码上柜。

62 领用物品应根据实际需要领取（包装袋、价签、小票、报表等），严禁乱用、私用、外借等浪费行为。

63 晨会布置的各项工作要保质保量地准时完成，严禁无故拖延。

64 柜组物价和质量要时刻严格把关，并定期采价，出现质量及价格问题由相关责任人员负连带责任。

65 在个人负责范围内严禁替顾客照看包、衣物等，提醒顾客自己注意物品安全，顾客试衣服时只留押金或人，严禁留物品做抵押。

66 小票填写要求工整规范，填写内容清晰准确无误，严禁出现错票。

67 员工开具小票应询问顾客有无会员卡，在顾客出示会员卡后方可开具打折小票，并注明会员卡。

68 当顾客购买金额比较大时，应先询问顾客的支付方式，以避免因支票付款（到账后方可提货）造成的纠纷。

69 任何商品打折需经值班管理人员批准，严禁私自给顾客打折，或将顾客直接介绍给厂家而不经过商场，严禁将自己的会员卡借给顾客使用，严禁直接从厂家拿进价。

70 员工收回小票时，一定要与微机小票核对无误后方可发货，支票三天后取货。

71 严禁私收货款，红票需经柜组长或经手人签字后方可找值班管理人员签字，严禁私退、空退商品，套取商品差价。

72 在销售有外包装的商品时，一定要和顾客一起打开商品检查一遍（国家有特殊规定的除外），在付货时应让顾客自己检查一下商品是否有误后，方可发货；严禁私自给顾客调换商品或发错货。

73 在付货时应双手将商品递送到顾客手中，严禁甩、扔等不礼貌的动作。

74 严禁私借、挪用柜台商品。

75 对缺货登记的内容要定期检查，不管是否有货都要给顾客一个答复，严禁不了了之。

76 对批量订购的情况，应积极与厂家联系，如无法保证备货，应如实告诉顾客，严禁拖延时间和随便承诺，如有货应定准取货时间，严禁出尔反尔。

77 员工介绍商品时一定要实事求是，严禁夸大商品的功能、长处或错误地介绍商品的优点、成分造成误导和使顾客误解。

78 当顾客询问时要有迎候语"您好，欢迎光临"；当员工到仓库取货时要说"您请稍候"；当服务中出现错误时必须道歉说"对不起"；当顾客取货离开时要说"谢谢，请走好，欢迎下次光临"；当在通道上遇见顾客时要说"欢迎光临"。

79 员工介绍商品或回答顾客的询问时一定要面对顾客。

80 严禁对顾客指指点点，严禁背后议论、乱评论顾客。

81 在解答顾客的询问时应实事求是，并解释清楚，对似是而非的问题严禁随便解释，应及时找管理人员解答。

82 盘点时出现长短现象，应用溢余表平账，严禁通过厂家冲单和款台平账。

83 商品需调价时应打调价单，严禁原编号冲零，编新号入账的行为。

84 营业员中的退货原则是本着实事求是、合理、合法、以我为主、以企业信誉为重的态度，坚持可换可不换以换为主，可退可不退以退为主，责任不清楚时以我方责任为主的原则。

85 对顾客都要一视同仁，视退换货如销售一样，严禁指桑骂槐，贬低顾客。

86 退货时一定要仔细检查发票，事先将特殊情况告知顾客，以免因商场的财务规定（顾客不知道的，如使用银行的各种储值卡不能退现金等）造成顾客的不满和投诉。

87 在服务中不要随意承诺，承诺的内容要符合实际情况和商场的有关规定，对承诺的事情要一诺千金，不可随意反悔，如承诺不能兑现而需变更要提前征得顾客的同意。

88 在发生服务纠纷时，无论谁的原因，员工都要保持镇静，注意自己的言行举止，尽力避免事态的扩大，并及时通知管理人员，严禁和顾客吵闹、出言不逊及其他过激行为。

89 在销售和售后服务中，不准供货商参与意见，严禁由供货商和顾客直接打交道或将纠纷交与供货商处理，任何事情都由商场管理人员解决。

90 顾客正常退换商品时，员工不准以推销自己的商品为目的而故意刁难顾客或限制顾客的挑选范围。

91 顾客无发票换货时，在确定是本商场商品的基础上可以调换价位不低于本商品的其他商品，会员卡只使用于差价部分。

92 当管理人员处理顾客纠纷时，员工未经允许不准发表个人意见，严禁发表不负责任的意见。

93 对顾客提出询问和合理要求要认真、及时、恰当地给予处理，解决不了的及时通知管理人员。

94 发生现场解决不了的顾客纠纷时，要由员工带顾客到办公室或顾客接待室，严禁让顾客自己找，绝对禁止员工告诉顾客商场总经理的电话或办公地点。

95 不得答应顾客的无理要求，否则责任自负；不准对顾客说脏话、粗话、气话。

96 员工不准以任何理由拒绝接待顾客。

97 在处理顾客的纠纷时，员工应坚决服从管理人员及顾客接待室的处理意见。

98 不得以推销自己的商品为由贬低商场的其他商品。

99 营业接待中不讲有伤顾客自尊心和人格的话，不讲埋怨责备顾客的话，不讲讽刺挖苦顾客的话。

100 接待顾客或接受顾客的询问时，应将注意力放在顾客身上，严禁说或做与工作无关的事，无视顾客的存在。

第二十节 员工劳动纪律与奖惩规定

一、柜台纪律

1 七必须：

1.1 必须规范着装，整齐划一。

1.2 必须发型规范，淡妆上岗。

1.3 必须精神饱满，站姿端正。

1.4 必须主动热情，微笑待客。

1.5 必须文明礼貌，端庄大方。

1.6 必须商品丰满，卫生干净。

1.7 必须优质服务，准确快捷。

2 七不准：

2.1 不准聊天、喧哗、打闹、擅离岗位、串岗、购物。

2.2 不准吃东西、喝饮料、看书看报。

2.3 不准借故冷淡顾客。

2.4 不准趴、蹬、靠柜台、货架。

2.5 不准私事会客。

2.6 不准提前收撤商品、清点账款，影响顾客购物。

2.7 不准与顾客怄气争吵、辱骂顾客。

二、奖惩规定

1 奖励条件。

1.1 年中、年末考核连续二次被评为优秀的员工。

1.2 对公司经营管理、服务质量和增收节支方面提出合理化建议，被采纳后在提高经济效益方面取得显著成效者。

1.3 忠于职守，优质服务，维护工作秩序和公司利益，为公司赢得良好声誉者。

1.4 钻研业务，提高技艺，在业务竞赛和评比活动中成绩优异者。

1.5 发现事故苗头，及时采取措施，防止重大事故发生者。

1.6 其他方面作出突出贡献者。

2 奖励办法。

奖励采取书面表扬、授予先进荣誉称号、记功等形式，并结合一定的物质奖励，直至晋升工资。

2.1 对员工的书面表扬，由部门或商场经理提出建议，总经理审批，由综合管理部记入本人档案。

2.2 对员工的记功、授予先进荣誉称号，由部门或商场经理提出建议，总经理审批，由综合管理部记入本人档案。

2.3 总经理有权根据特殊情况，对有特殊贡献的员工给予重奖。

3 违纪。

3.1 工作过失。

劳动纪律：

3.1.1 上班迟到、早退（迟到30分钟以上作旷工处理）。

3.1.2 不按规定时间刷卡、签到、签退。

3.1.3 不按规定路线退场。

3.1.4 迎送宾期间打水、搞卫生、点货结账。

3.1.5 上班时间乘坐扶梯、客梯。

3.1.6 上班时间带包、带饭进入商场。

3.1.7 当班时间吃东西、看书、看报、扎堆聊天、会客。

3.1.8 当班时间打瞌睡、干私活、化妆、剪指甲，处理与工作无关的事情。

3.1.9 超时吃饭、休息，外出吃饭，串岗、空岗。

3.1.10 当班时间佩带BP机、移动电话、打私人电话。

3.1.11 相邻两个款台同时空台。

3.1.12 私自更换更衣柜。

3.1.13 粗心大意造成财务、单据差错等。

仪容仪表：

3.1.14 不按规定要求穿着工装、佩戴工牌或工装不整洁。

3.1.15 当班时间佩戴规定以外的饰物。

3.1.16 发型不符合规定。

3.1.17 站姿不端正、手抱胸前、手插裤袋。

3.1.18 行走时手挽手或勾肩搭背。

3.1.19 当班时间趴、蹬、倚、靠柜台、货架。

环境质量：

3.1.20 卖场商品摆设、陈列混乱。

3.1.21 商品、货架、灯箱、款台、试衣间有积尘或破损。

3.1.22 模特、货柜有积尘或破损。

3.1.23 柜台、货区内堆积杂物或放置私人物品。

3.1.24 摆放破损商品。

3.1.25 损坏物品、设施、工具，不及时报修。

3.1.26 广告陈列乱贴、乱挂，对过期、卷边、破损广告不及时清理或更换。

服务质量：

3.1.27 接待顾客中服务语言不规范或不说好话。

3.1.28 不按公司规定为顾客办理退换货。

3.1.29 其他过失行为。

3.2 轻度违纪。

劳动纪律：

3.2.1 月内迟到、早退两次。

3.2.2 代人打卡或委托他人打卡，代人签到、签退或委托他人签到、签退。

3.2.3 上班时间无故穿工装外出。

3.2.4 工作时间私自离岗。

3.2.5 丢失工牌、《营业员手册》。

3.2.6 非本柜人员进入柜台、货区内。

3.2.7 当班时间在禁烟区吸烟。

3.2.8 当班嬉笑打闹、酒后上岗。

3.2.9 在更衣柜内私自存放贵重物品、食品、饮料及易燃、易爆、有毒等物品。

3.2.10 丢失更衣柜钥匙，私自撬更衣柜锁、配更衣柜钥匙。

3.2.11 带家属或朋友到餐厅就餐。

3.2.12 拾遗不报，占为己有。

3.2.13 值班期间不按值班规定去做，违反值班纪律。

3.2.14 私借会员卡给顾客购物。

环境质量：

3.2.15 在货梯间、扶梯或步梯通道堆放垃圾、货架等。

3.2.16 在营业场所随意摆放物品，影响安全。

服务质量：

3.2.17　接待顾客不热情，故意冷淡顾客。

3.2.18　收款不迅速，不唱收唱付，推诿顾客到其他款台交款。

3.2.19　动作迟缓，错开小票或发票造成顾客不满。

3.2.20　夸大商品功能或贬低其他商品。

3.2.21　对顾客提出的合理要求未做出恰当处理。

3.2.22　不负责任地许诺顾客，引起投诉的。

3.2.23　服务态度差，出言不逊，对顾客不尊重。

3.2.24　将商品或钱物甩给顾客，私下议论顾客。

3.2.25　收款不准确，造成差错（个人承担损失）。

3.2.26　后勤人员在对一线服务时，态度不积极、故意刁难。

3.2.27　后勤人员在对一线服务时，因个人原因不能满足其合理要求的。

3.2.28　其他轻度违纪行为。

3.3　重度违纪。

劳动纪律：

3.3.1　月内迟到、早退累计五次或旷工一天。

3.3.2　拒不服从领导工作安排，顶撞上级。

3.3.3　私自离岗 30 分钟以上。

3.3.4　工作时间私人购物、在公司打架斗殴。

3.3.5　由于本人原因，损坏、丢失公司贵重物品者，或故意损坏公司财物。

3.3.6　试用、损坏商品及附件。

3.3.7　私拿或浪费包装袋。

3.3.8　未经批准私自调换班次或值班脱岗。

3.3.9　不按公司规定程序运作，造成较严重后果。

服务质量：

3.3.10　故意怠慢顾客或辱骂欺辱顾客。

3.3.11　退换货、送货、安装、维修不及时，引起投诉。

3.3.12　因私推诿或争抢顾客，引起投诉。

3.3.13　其他重度违纪行为。

3.4　严重违纪。

劳动纪律：

3.4.1　连续旷工十五天。

3.4.2　在公司打架斗殴。

3.4.3　吃、用、偷、拿商品和截留、私分、挪用、贪污销货款、赠品以及其他账外款。

3.4.4 利用工作关系接受、索取客户任何形式的贵重礼品、回扣及其他形式的不正当利益。

3.4.5 采取不正当手段骗取奖励。

3.4.6 违反保密纪律，私自泄露公司商业秘密，遗失公章、秘密文件、重要资料。

3.4.7 严重违反操作规程，玩忽职守造成重大事故。

3.4.8 未经允许私自从事第二职业或在公司以外的单位兼职。

3.4.9 触犯国家法律、法规，被检察机关、公安机关、司法部门处理。

3.4.10 被传媒点名批评曝光，以致损害企业形象的。

3.4.11 其他严重违纪行为。

3.4.11.1 其他违纪行为：指本制度中没有涉及到的违纪或给公司造成不良影响的行为。

4 违纪处理。

4.1 员工出现工作过失，记工作过失一次，罚款 20 元。主管人员应与之沟通，了解其思想状态，指导员工改进。

4.2 员工轻度违纪每次罚款 50 元，记轻度违纪一次。主管人员应对其进行帮助指导，全面了解下属，使之深刻认识存在的问题，指导其作出书面的工作改善计划。年内累计工作过失两次，记轻度违纪一次；年内累计轻度违纪三次，记重度违纪一次。

4.3 重度违纪一次罚款 100 元，记重度违纪一次。主管人员应按上条规定对员工进行教育，指导其作出书面工作改善计划，同时该员工下岗培训两个月，下岗期间按公司下岗管理办法执行。一年内累计重度违纪两次，记严重违纪一次。

4.4 严重违纪一次，作辞退处理，并做好善后工作。员工出现工作过失，由各楼层、各部门做出处罚；员工轻度违纪，由各楼层、各部门进行处罚并报人力资源部备案；重度违纪、严重违纪的处罚，各楼层、部门须报人力资源部，经总经理研究决定。

第二十一节 员工岗位职责及职业道德

1 营业员岗位职责。

.1.1 直接上级：柜组长。

1.2 岗位职责。

1.2.1 在柜组长的带领下，认真执行公司各项规章制度，做好柜组的各项日常工作。

1.2.2 服务过程中，做到规范、文明、热情、周到，遵守柜台纪律。

1.2.3 保持好自己管辖范围内商品及货架卫生，记好台账，确保账账、账货相符，发现商品缺货或串号及时告知柜组长处理。

1.2.4 及时整理和补充商品，做到商品陈列整齐、丰满，并检查核对价签内容和摆放情况。

1.2.5 做好上柜商品质量检验工作，防止将标识不全、污损、残次、缺件商品销售给顾客，影响公司声誉。

1.2.6 积极学习销售技术和商品知识、品牌文化，做好销售工作，努力完成销售指标。营业过程中注意搜集相关的商业信息，及时反馈并提出建设性意见。

1.2.7 认真学习安全、消防知识，掌握安全消防器材、设备的使用方法，主动维护公司正常的营业秩序和安全。

2 营业员工作质量标准。

营业员在营业过程中须执行《营业员手册》的有关规定及要求，确保工作质量。

2.1 班前准备工作。

2.1.1 按时到岗、打卡、签到，仪容、仪表执行《营业员手册》规定标准，更衣应到更衣室，不得在商场内更衣。

2.1.2 自己所管辖的商品、货架和地面进行打扫，做到一货一签，货签对位准确。

2.1.3 按规定做好迎宾准备，提前五分钟各就各位，同时检查自己的仪容、仪表是否符合标准。

2.2 当班期间工作。

2.2.1 听从柜组长安排，认真完成柜组长分配的各项工作。

2.2.2 遵守柜台纪律，不串岗、不空岗，按规定时间轮流到餐厅就餐，不准外出就餐，就餐前后要按规定打卡、签退、签到。

2.2.3 待顾客热情、周到，来有迎声，问有答声，去有送声，认真执行相关服务规范。

2.2.4 组员之间互相协作，共同完成必需的工作。

2.2.5 交接班时，要认真、负责、快速地做好商品交接工作，下班员工着工装不得无故在柜组、商场内长时间逗留。

2.2.6 退场时，列队签退后打卡，不得吵闹、拥挤，听从现场管理人员指挥。

3 柜组长岗位职责。

3.1 直接上级：楼层主管。

直接下级：营业员。

3.2 岗位职责。

3.2.1 在楼层主管的直接领导下，协助其做好本柜组的核算管理和各项日常工作。

3.2.2 认真执行商场各项规章制度，抓好柜组的基础管理工作。

3.2.3 监督本柜组员工的工作纪律和服务质量。

3.2.4 调动本柜组全体员工的工作积极性，带领本柜组员工完成商场下达的经济指标和各项工作。

3.2.5 带领本柜组员工执行服务规范，做到文明服务，遵守柜台纪律、主动热情接待顾客。

3.2.6 带领本柜组员工学习销售技术和商品知识、品牌文化，做好销售工作；营业过程中注意搜集相关的商业信息，及时反馈并提出建设性意见。

3.2.7 以身作则，积极带领本柜组员工争创销货、服务先进柜组。

3.2.8 带领本柜组员工学习安全、消防知识，掌握安全和消防器材、设备的使用方法，主动维护公司正常的营业秩序和安全。

3.2.9 负责本柜组新进员工的培训工作，参与员工考核。

3.2.10 协助楼层管理人员为员工提供各项后勤服务，及时解决员工营业过程中的各种困难。

4 柜组长工作质量标准。

4.1 班前准备及检查。

4.1.1 检查员工考勤、签到情况。

4.1.2 检查当班人员的仪容仪表。

4.1.3 带领组员提货、整货，搞好货区内商品陈列及卫生，做到一货一签，标签内容符合要求。

4.1.4 在班前准备的时间内要注意收听广播，熟知近期公司发生的事件；按迎宾要求做好迎宾准备。

4.1.5 每周组织一次培训，使服务规范、操作技术、业务知识深入到每一位员工的头脑中，帮助组内员工提高业务素质。

4.2 当班期间工作。

4.2.1 出满勤、站满点，负责处理当日工作中自己权限范围以内的事。

4.2.2 随时督检组员的仪容仪表、柜台纪律及服务质量情况，发现问题及时纠正并率先垂范。

4.2.3 合理调度人力、物力，保证吃饭、上货时不空岗，畅销商品不断档。

4.2.4 掌握本柜组的销售动态，提出（自营商品）补货计划，报经经理/主管同意后，及时与厂家联系补货，同一厂家新品类上柜，要按有关规定，经批准后持新品上柜通知单才能上柜销售。

4.2.5 注意搜集有关的商品信息，保存好原始记录，及时反馈上报有关信息。

4.2.6 遇到顾客退换货及发生服务方面的矛盾时，应主动出面协调解决，解决不了的上报楼层主管处理并陪同顾客前往。

4.3 协助做好盘点工作。

4.3.1 盘点前一天，落实好盘点人员并做好盘点准备，与财务记账人员核对账务。

4.3.2 盘点时，柜组长应分别对柜组所经营品牌逐一盘点，发现问题及时做好记录，有关人员签字认可。

4.3.3 盘点完毕后要进行复核。

4.3.4 将盘点报表中的长短款或短货情况报经理，对盘点中出现的差错，分析原因制定解决措施。

4.3.5 盘点完毕后要写出厂家销售明细表和盘点分析报告报商场主管。

4.3.6 要组织人员搞好商品陈列和清洁卫生。

4.4 定期对平日搜集的数据和保存的票证、原始记录等进行整理，从中提炼出有价值的资料进行总结报领导参考。及时对有问题的商品进行清理，发现有质量问题的商品或残品应认真检查，填写单据报业务主管按规定报批处理。

5 柜组及柜组长的设立。

5.1 商场管理部根据管理的需要，在不增加费用的情况下，可设置柜组及柜组长。

5.2 柜组按招商商品布局划分，大类商品可按品类、规格、性能等划分，设立 3~4 个柜组；同类商品按属性、特点、风格的不同划分，设立 2~3 个柜组；每个柜组设立 2 名柜组长（正副各 1 名）。

5.3 柜组长在联营人员中提拔，任命前要对其工作能力、热情、处理问题的能力进行考察。

5.4 柜组长只负责日常工作的管理，并积极配合楼层管理员与主管的工作，但不具备处罚、奖励、解决商品退换货、顾客投诉等权力。

5.5 柜组长的奖励可分为经济、物质、晋级、加分等。

6 收银员岗位职责。

6.1 直接上级：收银组长。

6.2 岗位职责。

6.2.1 在楼层收银组长的直接领导下，严格执行《营业员手册》的各项规章制度，并接受现场管理人员的监督管理。

6.2.2 根据核对无误的小票进行收款操作，正确受理现金、支票、汇票、信用卡、促销券/购物券等业务，按规定开具普通发票。

6.2.3 热情服务，礼貌待客，唱收唱付，接待、送别顾客使用文明用语。

6.2.4 负责审核优惠销售权限及退货退款批准手续，并进行办理；退换货要登记在《退换货登记表》上。

6.2.5 收款正确，操作无误；收银员操作失误必须及时填操作说明，报收银主管批准后通知信息部门更正。

6.2.6 负责收款机的维护、保养和本款台卫生。

6.2.7 防骗防盗，加强对假币的甄别。

7 收银员工作质量标准。

7.1 班前准备工作。

7.1.1 早8：30之前到总收清交货款。

7.1.2 及时领还发票，检查所在款台POS机是否正常。

7.1.3 按规定做好迎宾准备，提前5分钟各就各位，同时检查自己的仪容仪表是否符合标准。

7.2 当班期间。

7.2.1 听从收银组长安排，认真完成组长分配的各项工作。

7.2.2 遵守柜台纪律，不串岗、不空岗，按规定时间轮流到餐厅就餐，不准外出就餐，就餐前后按规定打卡、签退、签到。

7.2.3 接待顾客热情、周到，做到语言规范、文明、得体，严格执行服务相关规范。

7.2.4 组员之间互相协作，共同完成必需的工作。

7.2.5 交接班时，要认真、负责、快速地做好款台交接工作，下班员工着工装不得无故在款台、商场内长时间逗留。

7.2.6 退场时，签退后列队打卡，不得吵闹、拥挤。

8 收银组长岗位职责。

8.1 直接上级：收银主管。

直接下级：收银员。

8.2 岗位职责。

8.2.1　在收银主管的领导下，全面负责本楼层收银工作，抓好公司有关规章制度、《营业员手册》的贯彻落实，副组长协助组长工作。

8.2.2　配合现场管理人员搞好本楼层款台现场管理，合理安排组员就餐时间，做到相邻款台不能同时空台，主持召开晨会，负责组员打卡、签到、签退。

8.2.3　组织本组成员开展优质服务，使用文明用语，赢得顾客满意。

8.2.4　负责组内人员合理调配，带领本组成员完成收款任务，保证实收金额准确无误。

8.2.5　负责本组成员的考核和培训工作。

8.2.6　负责普通发票的领用及发放，办公用品的领用和零钱换取等工作。

9　收银组长工作质量标准。

9.1　班前准备及检查。

9.1.1　早 8：30 检查收银员交款情况。

9.1.2　检查收银员到总收签到情况。

9.1.3　8：40 参加收银晨会并做好记录。

9.1.4　8：45 组织本楼层收银员召开晨会，传达商场的重要通知事项。

9.1.5　开场前检查各款台的发票领用情况及零币的准备情况。

9.1.6　查看办公用品的领用情况，各款台的纪律卫生情况，POS 机的工作状态等，做好一天的准备。

9.2　当班期间工作。

9.2.1　认真处理当日工作中自己权限范围内的事情。

9.2.2　随时检查督促收银员的仪容仪表、柜台纪律及服务质量情况，发现问题及时纠正并率先垂范。

10　员工职业道德规范。

10.1　遵纪守法、克己奉公、履行经营者业务、尊重消费者权益、坚持守法经营、保守商业秘密，清正廉洁，不谋私利。

10.2　文明经商，优质服务、尊重顾客、礼貌待人、严守服务规范，并积极创造和改善购物环境。

10.3　货真价实，公平交易，严把质量关，保证商品质量，严格执行价格政策，标签规范、有序，计量准确。

10.4　爱岗敬业，团结互助，热爱企业，具备主人翁责任感和奉献精神。

10.5　见义勇为，品格高尚，遵守社会公共秩序，加强自身道德修养，敢于同各种不正之风做斗争。

第二十二节　厂商导购员及临时促销员管理规定

为规范厂家联营人员及临时促销员的进、离店程序，加强对厂家联营人员及临时促销员的管理，保证商场的正常运转，特制定本规范。

1　厂家聘用导购员的办法。

大型商场对导购员的形象气质、专业技能、语言表达等方面有严格、统一的要求。因此，联营厂家聘用导购员可以采用如下的方法：

1.1　与我公司签订《返聘协议》，返聘我公司导购员。

1.2　招商厂家根据我公司用人标准及进店面试程序，作出书面申请。

2　厂家导购员进店程序。

2.1　面试及岗前培训。

2.1.1　厂家新聘用导购员，须由该公司负责人通知所在楼层主管。

2.1.2　面试。

2.1.2.1　填写应聘表。应聘者须持身份证（原件及复印件1张）、学历证明（原件及复印件1张）、有效期内的健康证、一寸照片2张到楼层主管处填写《厂家导购员应聘登记表》进行初试。

2.1.2.2　初试合格后，楼层主管在应聘登记表上签署意见，由应聘者持填写好的应聘表及上述证件到人力资源部参加复试。

2.1.2.3　岗前培训。复试合格者，缴纳培训费100元/人，工牌费10元/人，并参加人力资源部统一组织的上岗培训。培训考试合格后，方可持人力资源部统一发放的《培训合格证》上岗试用。

2.2　导购员上岗规定。

为保证广场统一、良好的企业形象，规定厂家导购员必须租用广场统一的工装，每套价格150元。租用程序：

2.2.1　导购员面试合格后，人力资源部开具《部门通知财务收账单》。

2.2.2　厂家导购员持上述通知单到公司财务部交纳工装费150元/套。

2.2.3　厂家导购员持有关财务交费单据到人力资源部领取工装。

2.2.4　在岗押金。

凡经过培训合格准备上岗的厂家导购员需交纳100元在岗押金。持人力资源部开具的《部门通知财务收账单》，到财务部交费。

3　厂家导购员在岗的管理及考核。

3.1 厂家导购员在岗期间，应严格执行我公司各项规章制度，如出现违纪行为，将根据《奖惩规定》等有关规定，进行相应处罚。

3.2 如未经商场管理部批准擅自录用或更换厂家导购员的，商场管理部将对其所属的厂家处以 1000 元罚款。

3.3 厂家聘用我广场其他厂家导购员时，需经楼层负责人批准，到人力资源部办理转岗手续后，方可上岗。未经商场管理部批准擅自使用其他公司导购员上岗的，商场管理部将对其所属厂家处以 1000 元罚款。

3.4 新进店导购员没有办理工牌上岗的，视情节处以该员工 100 元以下罚款。

3.5 厂家导购员丢失或损坏工牌的，两日内应及时到人力资源部补办。如不及时补办而导致未戴工牌上岗的，视情节处以 100 元以下的罚款。

3.6 厂家导购员在岗期间如有违纪现象，经批评教育仍不改正者，我公司有权建议厂家更换导购员。

4 关于厂家导购员转岗、换厂家的规定：

4.1 除因厂家撤柜和广场销售工作需要外，一律不允许厂家导购员擅自转换厂家，严重影响工作正常进行的有关厂家及厂家导购员，视情节处以 500~1000 元的罚款。

4.2 厂家导购员在本厂家工作满三个月以上，销售业绩优秀，原厂家同意辞职，其他厂家愿意接收，楼层认为有利于销售工作并同意其转岗的，经商场管理部同意，方可办理转岗手续。如跨楼层转岗，须经双方楼层同意。

4.3 转岗的厂家导购员应重新填写《厂家导购员应聘登记表》，楼层负责人同意后填写相应的意见，报人力资源部。

5 招商厂家导购员离店程序。

5.1 招商厂家导购员离店时，应提前三天通知所在楼层主管，并领取《离职登记表》。

5.2 办理离职的厂家导购员须按规定填写《离职手续表》，经楼层主管审核后交人力资源部。

5.3 到人力资源部办理工装、工牌的清退手续。

5.4 离职厂家导购员自交表后三日内清退岗位押金，逾期不候。

6 临时促销员进、离店和管理。

6.1 临时促销员的面试上岗。

临时促销员是厂家为促进销售而临时派驻公司的具有一定销售技巧的专业人员。为维护广场整体形象，临时促销员进店必须经过人力资源部的严格面试，面试和参加各楼层培训后，方可上岗。

6.2 临时促销员的管理。

6.2.1　临时促销员进店时，首先到所在楼层主管处填写《临时促销员应聘登记表》，在表中"促销时限"一栏，如实填写进、离店的时限。

6.2.2　持表至人事培训部交纳岗位押金100元，领取上岗证。

6.2.3　临时促销员严格按时限上岗。促销期间接受我公司统一的管理。

7　联营人员、促销人员工资管理办法。

为加大对联营人员、促销人员的管理力度，供货商每月月底将联营人员、促销人员基本工资××元/月·人汇入广场指定账号。广场根据该人员的工作表现发放。如发现供货商擅自发放基本工资，广场将视情况处以××元罚款。

联营人员及促销人员的销售提成、奖金等薪资由供货商直接发放，广场商场管理部予以监督。

第二十三节　人事相关流程

1　入职流程。

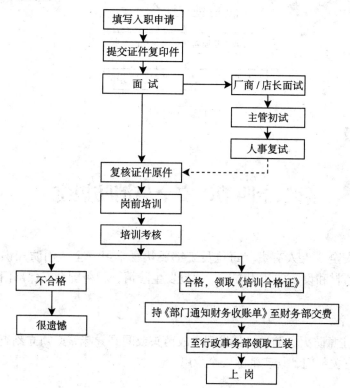

2 离职申请。

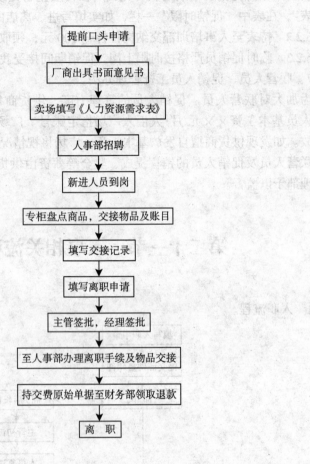

提前口头申请

↓

厂商出具书面意见书

↓

卖场填写《人力资源需求表》

↓

人事部招聘

↓

新进人员到岗

↓

专柜盘点商品，交接物品及账目

↓

填写交接记录

↓

填写离职申请

↓

主管签批，经理签批

↓

至人事部办理离职手续及物品交接

↓

持交费原始单据至财务部领取退款

↓

离　职

第二十四节　安全与消防规定

公司安全，人人有责。每位员工都要认真学习安全、消防知识，掌握安全、消防器材和设备的使用方法，一旦发生险情，积极配合安保部门做好紧急处理。

1　安全。

1.1　注意防火、防盗，如发现事故苗头或闻到异味，必须立刻查找处理并及时报告有关部门，切实消除安全隐患。

1.2 下班前要认真检查，关闭门窗，切断电源。

1.3 如发现有形迹可疑或有不法行为的人或事，应及时报告物业部安保值班室。

1.4 做好安全生产，严格按规程操作设备。

1.5 敢于同违法犯罪分子做斗争。

2 消防。

2.1 每个员工必须严格遵守消防安全规章，掌握一般的消防知识和消防器材的使用。

2.2 对易燃易爆物品必须妥善保管，爱护消防设备，不得擅自动用各种消防设施。

2.3 严禁私自安装各种电器设备和乱拉电线，禁止超负荷用电。

2.4 严禁随意焚烧物品，动用明火要到物业部办理手续。

2.5 下班离岗要做到人走灯灭，电器要断电。

2.6 防火卷帘门下和消防通道内严禁摆放物品。

2.7 使用可燃气体完毕后要关闭气源，爱护可燃气体管道和有关设施设备。

2.8 如发现火情，无论大小，必须采取如下措施：

2.8.1 立即按下手动报警按钮，向消防监控中心、安保值班室报警：

2.8.1.1 清楚说明起火地点、区域、楼层、位置、时间、燃烧物质。

2.8.1.2 是否有人被困或受伤。

2.8.1.3 报警人的姓名、工牌号、部门，并报告总经理及有关人员。

2.8.2 在安全情况下，利用就近的灭火器材将火扑灭。

2.8.3 听到火警要听从广播的指示，保持冷静，及时疏导顾客撤离火灾现场。

2.8.4 发生大规模火灾时，切勿搭乘电梯。

3 紧急事件处理办法。

紧急事件指突发的顾客/员工健康、人身安全、财产安全事件和因抢劫、劫持、火灾、不明包装物、爆炸装置等引起的公共安全事件。

对于紧急事件，员工应掌握所有预防规则，并严格按照广场或商场管理部经理安排及处理办法积极采取行动。对于在紧急事件处理过程中出现消极配合、不作为行为或存在故意与过失等情况的员工，将给予相应处分，并视情节轻重决定是否移送公安机关。

3.1 人员健康与安全事件的处理。

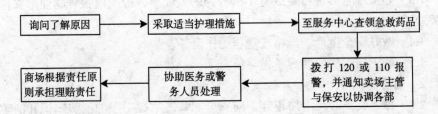

3.2 发生财产安全事件并引起顾客投诉后，营业员要立即通知卖场主管和保安，由卖场主管和保安进行处理，并调查责任，存在过失者给予相应处分。

3.3 公共安全事件的处理。

在公共安全问题上，各部门必须通力配合，严格执行公司有关规定与制度，定期检查，责任分工，消除安全隐患。

3.3.1 火灾处理。

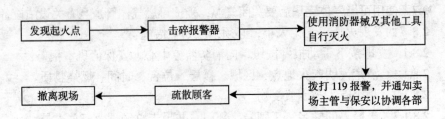

3.3.2 不明包装物、爆炸装置处理。

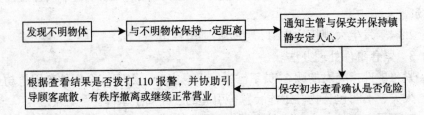

3.3.3 发现抢劫及劫持等暴力犯罪行为时立即拨打110报警并通知卖场主管和保安，服从调度。

4 资产维修流程。

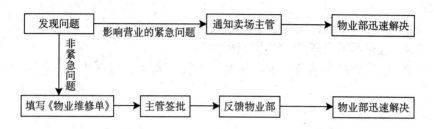

附录一 营业员服务规范用语250句

1 招呼用语。

要说好第一句话，落落大方，笑脸相迎，亲切称谓，使顾客有宾至如归之感。不允许爱答不理，不主动，不亲切，目中无客。

1.1 您好!

1.2 先生（小姐），您好!

1.3 老大爷（老大娘），您好!

1.4 小朋友，您好!

1.5 先生（小姐），您想看些什么？

1.6 您需要什么？我拿给您看。

1.7 您想看××（商品）吗？我给您拿。

1.8 这是刚到的商品，您看看吧，不买没关系。

1.9 请稍等一下，我这就给您拿。

1.10 请稍等一下，我这就来。

1.11 不买没关系，欢迎您随便参观。

1.12 欢迎您光临。

1.13 请多提宝贵意见。

1.14 这是您要的东西，请看一下。

1.15 您好，请多多关照。

2 介绍用语。

要求热情、诚恳、实事求是，突出商品特点，抓住顾客心理，当好"参谋"。不允许哗众取宠，言过其实，不符合实际，欺骗顾客。

2.1 您想看的是这个商品吗？

2.2　这是国产名牌产品，做工精细，价格便宜，一向很受欢迎，您可以看看。

2.3　这货不常有，我看您可以买一件。

2.4　这东西不耐高温，使用时请注意。

2.5　这种商品虽然价格偏高一些，但美观实用，很有特色，您买回去用用看。

2.6　请您看这份商品，比较适合您。

2.7　这种商品有两个品种，您自己比较一下，我看这个挺好。

2.8　这种商品，本地的与外地的都不错，您可随便选。

2.9　这种商品眼下很时兴，买回去送朋友或留作自己用都可以。

2.10　这件衣服跟您的肤色很相配，您穿能合适。

2.11　托您买的先生（小姐）个头、年龄怎样，我可以帮您选购。

2.12　这份商品是老品牌，质量一直稳定可靠，您可以看看。

2.13　这是新产品，它的特点（优点）是……

2.14　这种商品使用简单，携带方便，居家、旅游使用都好。

2.15　我看您穿这件漂亮。

2.16　如果需要的话，我可以帮您参谋一下。

2.17　这种商品更适合您上年纪的人使用，您可以看看。

2.18　对不起，您要买的品种已经卖完了，这是新品种，您要看看这件吗？

2.19　这件相不中，您可再看看这件。

2.20　这种商品可以用××（商品）代替，我拿给您看一看好吗？

2.21　您回去使用时，请先看一下说明书。

3　收、找款用语。

要求收付吐字清晰，交付清楚，将找款递送顾客手中。不允许扔、摔、重放，一递一扔反映的是对顾客的尊重与不尊重。

3.1　这是您×××元钱，请收好。

3.2　收您×××元钱。

3.3　这是找给您的×××元钱，请收好。

3.4　货款是××元××角，请您核对付款。

3.5　您买的东西共计×××元钱，收您×××元钱，找您×××元钱，请点一下。

3.6　您的钱正好。

3.7　您的钱不对，请您重数一下。

3.8　我们是集中收款，请到收款处去交款（兑换）。

3.9 您是否要兑换零钱，这没关系，我来帮您换。

3.10 您这是×××元，换您×××元，请点清收好。

4 包扎商品用语。

要求在包扎过程中关照顾客应注意事项，双手递交给顾客商品，不允许把商品扔给顾客不管，或摆柜台一堆，扔给一个塑料袋就完事，应帮助包装。

4.1 请稍候，我帮您包好。

4.2 这是您的东西，请拿好。

4.3 请您点清件数，我给您包装好。

4.4 如果需要礼品包装，请到总服务台。

4.5 好了，请您看一下。

4.6 让我帮您把这件东西包装一下，这样携带方便。

4.7 这里有礼品袋，我为您装好。

4.8 东西都放进去了，请您带好。

4.9 东西易碎，请您小心拿好，注意不要碰撞了。

4.10 这东西怕挤，乘车时请小心。

4.11 这东西我已替您捆扎结实了，请放心。

4.12 您买的东西太零碎了，我帮您捆在一起好吗？

4.13 东西我已帮您装好了，拿时请注意不要倒置。

4.14 我已把东西放在塑料袋里，拿时注意托着底。

5 答询用语。

要求热情有礼，认真负责，耐心帮助顾客解决疑难问题，不论顾客有什么问题，不允许用质问、审问的口气同顾客对话。

5.1 对不起，这种商品我们暂时缺货，方便的话，请您留下姓名和联系电话，一有货马上通知您，好吗？

5.2 对不起，我们商店不经营这种商品，请您到××商店去看看。

5.3 对不起，这个问题超出我所管商品的范围，不太懂，请原谅！

5.4 您到这如同到家一样，不用客气，有什么不便只管说，我们一定尽力。

5.5 对不起，您的话我听不懂，请写在纸上。

5.6 您要买的商品在××商场××楼出售。

5.7 这种可以吗？如不合适，我再给您拿别的。

5.8 这种很好，很合适您用。

5.9 您真有眼光，穿上它一定很漂亮。

5.10 您要去的地方在××路××号，可乘×路车到×站下车。

5.11 请您放心，我们一定帮您解决，办好后我们通知您。

5.12　谢谢合作，货到后一定通知您。

6　道歉用语。

要求态度诚恳，语言温和，争取得到顾客谅解。不允许做错了不向顾客道歉，反而刺激顾客、伤害顾客和戏弄顾客。

6.1　对不起，让您久等了。

6.2　对不起，今天人多，我一时忙不过来，没能及时接待您，您需要些什么？

6.3　对不起，这是我的错。

6.4　对不起，刚才忙没听见您叫我，您买什么？

6.5　对不起，我刚调到这个柜台，介绍得不够清楚，请原谅！

6.6　对不起，刚才是我工作大意，弄错了价格。

6.7　对不起，我拿错了型号，您要看哪种型号？

6.8　请原谅，我这就给您补（换）。

6.9　对不起，刚才是我没有帮您挑仔细，给您添麻烦了。

6.10　我们的服务还有许多不周之处，请多指点。

6.11　对不起，让您多跑了一趟。

6.12　对不起，没和您讲清楚，我这就给您重新挑选。

6.13　对不起，这问题我确实不太明白，请原谅。

6.14　对不起，我把票开错了，给您重开。

6.15　刚才的误会，请您能谅解。

6.16　我可以将您的意见向领导反映，改进我们的工作。

6.17　对不起，是我工作马虎，今后一定努力改正。

6.18　我们的服务还欠周到，请原谅！

6.19　由于我们工作上的过失，给您带来了麻烦，真对不起。

6.20　您提的意见很好，我们一定采纳，改进工作。

6.21　真对不起，这位营业员不在，我一定将您的意见转达。

6.22　实在对不起，这完全是我们工作的失误。

6.23　真的不好意思，让您受累了。

6.24　请原谅，工作时间不能长谈。

6.25　对不起，这个问题我解决不了，请您稍等一下，我请示一下领导。

6.26　非常抱歉，刚才是我说错了话，请原谅！

6.27　对不起，这个他一时解决不了，请您多包涵。

7　调解用语。

要求和气待客，站在顾客的角度想问题，看问题，处理问题，虚心听取顾客意见，多检查批评自己。不允许互相袒护，互相推诿，强词夺理，欺诈顾客，激化矛盾。

7.1　实在对不起，刚才那位营业员态度不好，惹您生气了，今后我们要加强教育。

7.2　我是×××（自我介绍身份），您有什么意见请对我说好吗？

7.3　请您放心，我们一定解决好这件事。

7.4　真对不起，这位营业员是新来的，有服务不周之处，请原谅！您需要什么，我帮您选。

7.5　没关系，只要您满意，我们就尽力去做。

7.6　没关系，您到商店来就是我们的客人，欢迎您仔细挑选。

7.7　真对不起，我们的工作没有做好，请您原谅！

7.8　对不起，给您添麻烦了，您有什么要求，请告诉我，我帮您解决好。

7.9　有事好商量，我尽力帮您解决。

7.10　请到办公室一坐，有什么宝贵意见，请具体说说好吗？

7.11　对不起，您先消消气，待会儿我让他来给您赔个礼，道个歉。

7.12　我们商店一楼有顾客接待室，您有什么意见，请到那里说说好吗？

7.13　这件事属质量问题，我们营业员解决不了，请到职能部门（商场顾客接待室）解决好吗？

7.14　如果您对我们的服务感到不满意的话，欢迎批评指正。

7.15　两位先生（小姐）都不要争执，要互相谦让，有话慢慢说。

7.16　公共场所人多，碰撞是难免的，两位都是来选购商品的，要互相谅解才是。

7.17　两位先生（小姐）都不要生气，互相谦让一下就是了。

7.18　请原谅，耽误您时间了，谢谢！

7.19　这件事是我们的责任，您不必着急，我们一定会处理解决好，请您谅解。

8　解释用语。

要求委婉、细心，用语恰当，以理服人，使顾客心悦诚服，不允许用生硬、刺激、过头的语言伤害顾客，不能掉以轻心，对顾客不负责任。

当顾客要求试用、退换一些不宜试用、退换的商品时：

8.1　实在对不起，这种衣服伸缩性较差，穿过容易走样，不宜试穿。如果您拿不准尺寸，我帮您量一下好吗？

8.2　请原谅，这种衣服颜色浅，容易弄脏，不宜试穿，您可以比一比大小。

8.3　对不起，这种商品是直接接触人体（某个部位），按规定是不能退换的，请您选好了再试用。

8.4　对不起，按国家有关规定，已出售的食品，若不属于质量问题，是不能退换的。

8.5　实在对不起，您这件商品已经使用过了，又不属于质量问题，不好再卖给其他顾客了，实在不好给您退换。

8.6　您这件商品已买了三个月，没有保持原质原样，请到质检站鉴定一下，确属质量问题，包退包换。

8.7　您提出的问题很特殊，咱们一起商量一下好吗？

8.8　对不起，这块料已让您剪成了半成品（成品），我需要向经理请示一下，请稍候。

8.9　这双鞋已超过了包退包换期，按规定，我们只能为您维修，请原谅。

8.10　对不起，这是商品的质量问题，我们可以负责退换。

在收、找款发生误会时：

8.11　您别着急，我们大家回忆一下，我记得刚才收您的是×张××元面额的人民币，找您××元，请您回忆一下。

8.12　今天较忙，双方都有疏忽的可能。请您将地址留下，我们结账时查一查，一定将结果通知您。

8.13　实在对不起，由于我们工作马虎，造成差错，这是多收您的×××元钱，请原谅。

8.14　不要紧，您自己的钱应该心中有数，当场点清，我们收付讲的不清楚，也有责任。

8.15　实在对不起，由于我工作马虎，忘了收您的钱，请您回忆一下，麻烦您了。

8.16　对不起，请稍候，我们核对一下账与货款再说。

8.17　对不起，让您久等了，经过核实，我们没有少找给您钱，请原谅。

接待繁忙而有顾客用不礼貌的语言或动作催促营业员时：

8.18　请别着急，我马上给您拿。

8.19　请大家谅解一下，今天人多，我动作快点，大家很快都能买到。

8.20　请大家谅解一下，这位先生（小姐）要赶车，让他（她）先买好吗？

8.21　您先别着急，我先照顾一下这位外地顾客，马上就来，多谢合作。

8.22　我知道您急，马上就来。

接待忙而又有顾客要求多挑选时：

8.23　您先挑着，不合适我再给您换。

8.24　先给×件，请您先挑选着，挑好了叫我一声，不行我再给您拿。

8.25 您慢慢选，我过去接待一下那几位顾客就过来。

8.26 对不起，今天人多，营业员少，拿太多商品出来一时不方便，先给您这件看看，不行我再给您换好吗？

8.27 请协助一下，顾客这么多，大家互相照应一下。

8.28 请稍候，我马上就过来接待您。

8.29 请您就近挑选，别拿太远了，请理解。

8.30 您是自己用还是替别人买？请说一下要求，我替您选一件好吗？

8.31 您的东西先放在这里，请到收款台付款，再到这里拿。

8.32 您想看看这个吗？需要什么样的，我给您拿。

8.33 这个颜色好吗？我再给您拿其他颜色的，您看怎样？

8.34 您仔细看，不合适的话我另给您拿。

8.35 别着急，您慢慢选吧。

8.36 挑好商品的先生（小姐），我给您开票了，请去收款台交款。

8.37 挑好商品的先生（小姐），我给您包一下。

有顾客故意或无意辱骂营业员时：

8.38 您这样说话就太不礼貌了，我们之间应互相尊重。

8.39 有意见可以提，骂人就不对了。

8.40 讲文明礼貌，人人都应自觉遵守，随便骂人是不对的。

8.41 工作上我有哪些做得不够，欢迎您提出来，或者向领导反映，这样在商场喧闹影响不好。

8.42 请您自重一些，这样做不合适，也没什么好处。

8.43 请您能够多理解和尊重我们的服务工作。

遇到政策性问题时：

8.44 这种商品按有关政策规定，属集团控购商品，请您办好手续，再来购买。

8.45 请谅解，您的心情我很理解，但有政策规定，我们实在不便帮您解决。

8.46 按国家有关规定，这种商品需要×××才能购买，实在对不起。

8.47 您的好意我心领了，我们商店规定，不能随便接收顾客的礼物，谢谢。

8.48 对不起，按规定补发开货票，需要介绍信。

9 道别用语。

要求谦逊有礼，和蔼可亲，使顾客感到愉快满意，不允许不作声。成交后，都应说声谢谢。

9.1 谢谢，欢迎再来，再见！

9.2 这是您的东西，请拿好。多谢！

9.3 请慢走，欢迎再来。

9.4 不用客气，这是我们应该做的，再见！

9.5 我们做得还不够，欢迎指点。

9.6 您还想买什么商品，请到××楼。

9.7 欢迎下次再来。

9.8 不合适没关系，请到其他商店看看，需要的话再回来。

9.9 您买的东西较多，请注意拿好。

9.10 不用谢，我们应该这样。

9.11 我们的工作做得还很不够，请多提宝贵意见。

9.12 您还想买其他东西吗？请到其他柜台参观选购，再见！

9.13 您买的大件商品，我们帮您送回家。

9.14 小朋友，注意安全，再见！

9.15 谢谢您对我们的鼓励。

9.16 欢迎您多批评。

9.17 欢迎提宝贵意见，以后请经常惠顾，谢谢！

9.18 祝您幸福！

9.19 祝您万事如意！

9.20 祝您工作顺利！

9.21 祝您身体健康！

9.22 祝您一路平安！

10 忌讳用语。

要求学会说委婉语，避免忌讳语，把话说得合顾客心，遂顾客意，入顾客耳，顺顾客情。不允许言辞不当，刺伤顾客。

10.1 对高个先生，忌讳说"太高了"、"不和谐"。应说"魁梧"、"强干"。

10.2 对矮个女士忌讳说"个矮"、"不够尺寸"。应说"小巧"、"干练"。

10.3 对失明的忌讳说"瞎"、"眼睛不好"。应说"眼神不太好"。

10.4 对腿脚残疾的人忌讳说"瘸"、"腿脚不好"。应说"腿脚不太灵便"。

10.5 对聋哑人忌讳说"聋"、"耳朵不好"。应说他（她）是"不便言谈的人"。

10.6 为胖人选衣服忌讳说"太胖了"、"没有长短"。应说"选宽松的"、"合体的"。

10.7 为瘦人选衣服忌讳说"太瘦了"、"长的细长"。应说"可体的"。

10.8 对老年人忌讳说"脸色不好"、"身子弱"、"瘦了"、"老了"。应说"多吃补品"、"身子骨硬实"。

10.9 对姑娘忌讳说"胖了"、"膀大腰圆"。应说"苗条"、"丰满"。

10.10 对瘦弱的小伙子忌讳说"瘦小"、"矮"。应说"结实"、"灵巧"。

10.11 对带小孩的母亲忌讳说孩子"弱"、"瘦"、"小"、"矮"。应说"机灵"、"水灵"、"胖乎乎的"。

10.12 买结婚用品或喜庆用品忌讳说"单"、"分"、"缺"、"少"。应说"双"、"合"、"多"、"足"等吉祥话。

11 营业员服务禁语50句。

顾客询问时，禁止说：

11.1 你不会看吗？

11.2 你买吗？要吗？

11.3 不买别问。

顾客挑选时，禁止说：

11.4 有完没完。

11.5 哎，快点挑。

11.6 都一样，没什么可挑的。

11.7 买不买？不买靠边。

顾客询问商品时，禁止说：

11.8 不知道。

11.9 我不懂。

11.10 你问我，我问谁？

11.11 有说明书，自己看。

顾客犹豫时，禁止说：

11.12 不买总看什么。

11.13 你买得起就快点，买不起就别买。

11.14 到底要不要？

业务忙时，禁止说：

11.15 喊什么，等一会。

11.16 没看我正在忙吗？

11.17 真能添乱。

收款处没零钱时，禁止说：

11.18 找不开，自己找去。

11.19 没有零钱。

缺货时，禁止说：

11.20 没有。

11.21 卖完了。

顾客交款时，禁止说：

11.22 交钱，快点。

11.23 怎么不提前准备好。

顾客退货时，禁止说：

11.24 你才买的，怎么又要换？

11.25 买的时候干什么来着。

11.26 你又不是小孩，一点主意也没有？

11.27 我解决不了，愿找谁找谁。

11.28 不是我卖的，谁卖的你找谁。

11.29 不能退。

11.30 不能换。

11.31 愿上哪上哪找。

受批评时，禁止说：

11.32 有意见找领导去。

11.33 我就这态度，你能怎么着。

和顾客打招呼时，禁止说：

11.34 哎，买什么？

不论接待什么样的顾客，禁止说：

11.35 神经病，毛病。

11.36 你看你那个样。

11.37 傻帽。

11.38 烦人。

顾客问价时，禁止说：

11.39 上面写着，自己看。

顾客挑选商品时，禁止说：

11.40 不是你能买的。

11.41 这种商品很贵重，别乱挑。

顾客包装时，禁止说：

11.42 没有。

11.43 自己找去。

发生冲突时，禁止说：

11.44 愿上哪告上哪告。

11.45 上面有领导，你随便找。

下班时，禁止说：

11.46　下班了，快点买。

11.47　快交钱。

11.48　今天不卖了，明天再来。

11.49　款都交了，不收了。

11.50　结账了，不卖了。

附录二　柜台英语 100 句

一、问候　Grettings

1　早上（下午、晚上）好，先生（小姐、夫人）。

Good morning (afternoon, evening), Sir (Miss, Madam) .

2　您需要什么？

Can I help you ?

3　请稍等一下，我这就来。

Please wait for a while, I'll come soon.

4　欢迎您随便参观。

Please look around as you like.

5　欢迎您光临。

Welcome to our Shopping Mall.

6　欢迎您再一次光临本店。

Welcome to our Mall again.

7　这是你要的东西，请看一下。

This is what you want. Please have a look.

二、介绍　Introtions

1　这是中国的名牌产品，做工精细，价格便宜，一向很受欢迎，您可以看看。

This commodity is famous in China for its good workmanship and cheap price, you may have a look.

2 这东西不耐高温，使用时请注意。

It can't bear high temperature, please take care when using.

3 这种商品有两个品种，您自己比较一下，我看这个挺好。

There are two types of this commodity, you can compare them, I think this one is better.

4 这种商品是中国传统工艺品，很有中国特色，买回去送朋友或留作自己用都可以。

This is a traditional Chinese handicraft with typical Chinese characteristics. You can use it yourself or sent it to your friends as a gift.

5 这件衣服跟您的肤色很相配。

This cloth is fit well with your skin color.

6 托您买的先生（小姐）个头、年龄怎样，我可以帮您选购。

Could you tell me his (her) height and age? I'd like to help you choosing one.

7 这份商品是老品牌，质量一直稳定可靠，您可以看看。

This commodity has a long history, it's famous for its good quality, please have a look.

8 这是新产品，它的优点是……

This is a new product, its characteristics are...

9 这种商品使用简单，携带方便，居家、旅游使用都好。

This commodity is portable and easily used, you can use it at home or on trip.

10 对不起，您要买的品种已经卖完了，这是新品种，您要看看这件吗？

Sorry, the type you want is out of stock. This is a new type of it, would you like to have a look?

11 这种商品可以用××（商品）代替，我拿给您看一看好吗？

It can be replaced by..., would you like to have a look?

12 您回去使用时，请先看一下说明书。

Please read the instruction carefully before using it.

三、收、找款 In Cashier

1 这是您×××元钱，请收好。

Your change × × × yuan, here you are.

2 您买的东西共计×××元钱，收您×××元钱，找您×××元钱，请点一下。

The total of your buyings is × × × yuan, you gave me × × × yuan, here is your change of × × × yuan, please count it.

3 您的钱正好。

Your money is just the amount.

4 对不起，您的钱不对，请您重数一下。

Sorry, your money is not right, please count it again.

5 请到收款处去交款。

Please pay the money to the cashier.

6 您是否要兑换零钱，我很愿意为您服务。

May you want some change? I'd like to do it for you.

7 对不起，请再付×××元钱。

Sorry, you need pay × × × yuan more, please.

四、包扎商品 Packing

1 请稍候，我帮您包好。

Please wait a moment, I'll pack it for you.

2 请您点清件数，我给您包装好。

Please check your commodities, I'll pack them for you.

3 如果需要礼品包装，请到总服务台。

If you need a gift package, please go to the Front Desk.

4 让我帮您把这件东西包装一下，这样携带方便。

Let me pack them for you, so that you can carry them easily.

5 东西都放进去了，请您带好。

All things are put in, here you are.

6 东西易碎，请您小心拿好，注意不要碰撞了。

It is easily broken, please take care and do not crush it.

7 您买的东西太零碎了，我帮您捆在一起好吗？

You've got a lot of things, would you like me to pack them for you?

8 东西我已帮您装好了，拿时请注意不要倒置。

I've packed them for you, please pay attention not to turn them.

9 这种商品我们暂时缺货，方便的话，请您留下姓名和联系电话，一有货马上通知您，好吗？

It is out of stock at the moment, if you like, please write down your name & telephone number, I'll inform you as soon as it is available.

10　对不起，我们商店不经营这种商品，请您到××商店去看看。

Sorry, our Mall doesn't sell this commodity, you may go to ××store to have a look.

11　对不起，您的话我听不太懂，请您重复一遍。

Sorry, I can't understand you, May I beg your pardon?

12　您要买的商品是包在一起还是分开包扎？

Shall I wrap them togother or pack them seperately?

13　对不起，××语我不太懂，我可以去找一位翻译来帮助您。

Sorry, I can't understand ××, I'd like to ask an interpreter to help you.

14　您要去的地方在××路××号，可乘×路车到×站下车。

The place where you want to go is located in No.××.××Street.

15　请您放心，我们一定帮您解决，办好后我们通知您，请您留下您的姓名和住处的电话。

Please take it easy, we will try our best to help you, and will inform you after is solved, please write down your name and telephone number.

五、道歉　Apology

1　对不起，让您久等了。
Sorry for letting you wait.

2　对不起，这是我的错。
Sorry, it is my fault.

3　对不起，刚才是我工作大意，弄错了价格。
Sorry, the price is mistaken because of my carelessness.

4　对不起，我拿错了型号，您要看哪种型号？
Sorry, I mistake the number, which number. do you want?

5　对不起，没和您讲清楚，我这就给您重新挑选。
Sorry for causing your troubles because of my carelessness.

6　对不起，刚才是我没有帮您挑仔细，给您添麻烦了。
Sorry, I haven't said it clearly. I'll choose it again for you.

7　请原谅，我这就给您重新挑选。

Sorry, I'll change it for you soon.

8　对不起，这问题我确实不明白，但我可以帮您问一下。

Sorry, I really know little about this problem, but I'll ask others to help you.

9　对不起，我把票开错了，给您重开。

Sorry, I make a mistake in the invoice, I'll write it again for you.

10　由于我们工作上的过失，给您带来了麻烦，真对不起。

I'm terribly sorry for causing your troubles because of the fault in our work.

11　您提的意见很好，我们一定采纳，改进工作。

Thanks for your good advice, we will adapt it to better our work.

12　对不起，请您稍等一下，这个问题我需要请示一下领导。

Excuse me, please wait a moment, I need report your problem to our manager.

13　我是×××，您有什么问题请对我说好吗？

I'm ×××, would you like to talk to me about your problem?

14　真对不起，这位营业员是新来的，有服务不周之处，请原谅！您需要什么？

Sorry, he (she) is a new comer, please forgive his (her) unsatisfactory service. What can I do for you?

15　对不起，给您添麻烦了，您有什么要求，请您告诉我，我帮您解决好。

I'm sorry for causing your trouble, please tell me your quirement, I'll try my best to help you.

六、解释 Interpretation

1　请到办公室一坐，有什么宝贵意见，请具体说说好吗？

Would you like to take a seat in my office and talk to me about your problems?

2　一楼有总服务台，有什么问题请您到那里询问好吗？

The Front Desk is on the first floor, would you like to talk about your problems there?

3　这属于质量问题，我可以带您到职能部门解决，好吗？

Your problem is releated to quality, I'm willing to come with you to our excutive departments to solve it, do you think it is all right?

4　请原谅，耽误您的时间了，谢谢！

I'm sorry for wasting your time, thank you for your patience.

5　这是我们的责任，请您放心，我们一定会处理好。

It is our responsibility, please believe that we will solve it properly.

6 对不起，这是商品的质量问题，我们可以负责退换。

Sorry, it really exists quality problem, you may have it returned or changged.

7 您先挑着，不合适我再给您换。

Please look at these first, if you are not satisfied, I'll show you more.

8 请稍候，我马上就来为您服务。

Please wait a moment, I'll serve you soon.

9 您是自己用还是替别人买？请说一下要求，我替您选一件好吗？

You buy it for yourself or for others? Please tell me your requirement, I'll help you choosing.

10 您的东西先放在这里，请到收款台付款，再到这里拿。

You could leave your things here and pay to the cashier, and then come back to fetch them.

11 这个颜色好吗？我再给您拿其他颜色的，您看怎样？

How about this color? Would you like me to show you some other colors?

12 挑好商品的先生（小姐），我给您开票了，请去收款台交款。

Sir (Miss, Madam), if you think it is OK, I'll write the invoice for you, and you could pay it to cashier.

13 挑好商品的先生（小姐），我给您包装一下。

Sir (Miss, Madam), if you think it is OK, I'll pack it for you.

14 您的好意我心领了，我们商店规定，不能随便接受顾客的礼物或小费，谢谢！

You are so kind to give me that, but I can't accept it. Our regulations do not allow us to accept gifts or tips. Thank you very much.

七、送别 Saying Goodbye

1 谢谢，欢迎再来，再见！

Thank you, welcome to our Mall again. Goodbye.

2 这是您的东西，请拿好。多谢！

Here are your buyings. Thank you very much.

3 不用客气，这是我们应该做的，再见！

It's my pleasure. Goodbye (You're welcome).

4 不用谢，很高兴为您服务。

It's my pleasure to serve you.

5　您还想买其他东西吗？请到其他柜台参观选购，再见！

Do you need buy other things? Please go to other counters to look and choose.

6　谢谢您对我们的鼓励。

Thank you for your encouragement to us.

7　祝您在中国旅行愉快。

Wish you having a good trip in China.

八、问答 Dialogue

1　请问×××（商品）在哪儿卖？

您要买的商品在×楼有售。

Can you tell me where × × × is sold?

The things you want are sold on × floor.

2　劳驾，请问洗手间在哪？

洗手间在……

Excuse me, where is the Wash Room?

The Wash Room is ...

3　请问这里有餐饮服务吗？

有的，餐饮服务在×楼。

Excuse me. Is there any food service in this Shopping Mall?

Yes, the food service is on × floor.

4　请问外币兑换处在哪？我想换些钱。

在×楼。楼梯在那边，请从这走。

Excuse me, where is the Foreign Exchange Service? I want to change some money.

The Foreign Exchange Service is on × floor. The stairs are over there. This way, please.

5　请问这里有邮政服务吗？

有的，邮政服务设在总服务台。

Excuse me, is there a Post Service in this Mall?

Yes, the Post Service is on the Front Desk.

6　你能给我介绍一下这件产品的使用方法吗？

好的，很愿意为您服务。

Can you show me how to use this product?

Yes, I'd like to do it.

7 您能给我推荐一下两种有中国特色的工艺品吗？

好的，很愿意为您介绍一下。

Can you show me some handicrafts with typical Chinese features?

Yes, I'd like to do that.

8 我买的东西太多了，您能帮我叫辆出租车吗？

好的，请稍候，我马上为您叫一辆。

I've got a lot of things, can you call a taxi for me?

Certainly, please wait a moment, I'll do it soon.

9 请问物品寄存处在哪儿？

物品寄存处位于……

Excuse me, where can I store my bag?

You can store it in ...

10 我能见一下贵店的经理吗？我有些问题想谈谈。

好的，我非常愿意为您介绍。

Can I talk with your manager? I have some problems needing his (her) help.

Please wait a moment, I'll go to see whether he (she) is in the office or nor.

11 您能为我介绍一下××的名胜景点吗？

好的，我非常愿意为您介绍。

Can you introduce to us some famous interesting places in × ×?

Yes, I am very glad to do it.

12 谢谢您的服务，再见。

不用客气，再见。

Thank you for your service. Goodbye.

It's my pleasure. Goodbye.

13 请问，你们商场有修理部吗？

有，它在×楼。

Excuse me, is there a repair service in your Mall?

Yes, it's on × floor.

14 在这付款吗？

是，这是您的收据，请收好。

Shall I pay here?

Yes, this is your receipt. Don't lose it, please.

15 非常感谢您，再见。

再见，祝您一路平安。

It's very kind of you. Goodbye.

Goodbye. Have a good luck.

16 我可以试一下这双鞋吗？

可以，那边有椅子，请坐下试。

Can I try the shoes（clothes）on?

Yes，please. There are chairs over there. You may sit there and try.

17 对不起，今天上午我在这买了××，但我的妻子（朋友）不喜欢，请问能退货吗？

让我看看，当然可以。

Excuse me，This morning I bought ××here，but my wife（friend）doesn't like it. Can I return it?

Let me see，certainly.

18 您服务真周到。

帮助您是我们的职责。

You have done me a very good service.

To help you is our duty.

19 对不起，我买了太多的东西，您能帮我一下吗？

当然可以，请不必介意。

Excuse me，I've bought too many things，can you help me?

Certainly，you're welcome.

20 这种款式是今年流行的吗？

是的，我想它很合适您。

Is this type fashionable this year?

Certainly，you're right. I think it is suitable for you.

21 这些商品一共多少钱？

它们的价格一共是×××元。

How much do they cost altogether?

×××yuan altogether.

22 这种商品是哪里产的？

它是×××（地方）制造的。

Where is the product made?

It's made in×××.

23　能把那个拿给我看看吗？

好的，请看。

Can you show me that one?

Yes，here it is.